U0716784

普通高等教育"十二五"经济与管理类专业核心课程规划教材

# 运 筹 学

主编 郭 鹏

西安交通大学出版社
XI'AN JIAOTONG UNIVERSITY PRESS

## 内 容 提 要

　　本书系统地介绍了运筹学的主要内容，包括线性规划、对偶规划、特殊线性规划（含运输规划、整数规划和目标规划）、动态规划、图与网络分析、排队论、存储论、决策论和对策论。在重点说明运筹学各主要分支的基本原理、模型和方法的基础上，突出案例分析或实例分析以加强其应用性；每章开始有内容简介，结束有小结与展望，便于读者阅读学习；例题以及习题涉及面较广，代表性强。本书编写坚持以问题为导向，注重理论与实践相联系，具有一定理论上的深度和应用上的广度。

　　本书属于普通高等教育"十二五"经济与管理类专业核心课程规划教材，既适用于经济管理类本科学生使用，也可供研究生以及相关管理人员学习参考。

普通高等教育"十二五"经济与管理类专业核心课程规划教材

# 编写委员会

**总 主 编**　汪应洛(中国工程院院士)

**编委会委员(按姓氏笔画排序):**

马治国　万映红　王文博　王林雪

邓晓兰　孙林岩　冯宗宪　冯宪芬

冯　涛　刘　儒　李　成　李　琪

张俊瑞　郭根龙　郭　鹏　相里六续

郝渊晓　袁治平　樊技飞　魏　玮

**策　　划**　魏照民

# 前言
## FOREWORD

运筹学于 20 世纪 50 年代后期被引入中国。1956 年,中国第一个运筹学小组在钱学森、许国志先生的推动下在中科院力学所成立。1959 年,中科院数学所成立了第二个运筹学小组。1963 年,中科院数学所的运筹学研究室为中国科学技术大学应用数学系的第一届学生开设了较为系统的运筹学专业课,这是第一次在中国的大学里开设运筹学专业和授课。如今,运筹学已经成为几乎所有大学的管理学院、理学院以及一些工学院的基本课程了。

运筹学发展至今已经成为一个庞大的、包含多个分支的学科。这些分支学科包括:数学规划(包含线性规划、非线性规划、整数规划、矩阵规划、动态规划、全局优化等)、图论、组合优化、排队论、库存论、决策论、对策论、可靠性理论、不确定性理论等。其中一些分支学科已经发展比较成熟,另外一些分支学科还有待完善,还有一些分支学科才刚刚形成。

本书属于普通高等教育"十二五"经济与管理类专业核心课程规划系列教材,适用对象主要为经济管理类本科学生。本书的主要特点有:在选材上系统性强,覆盖面广,除了非线性规划未写进本书外,其他各主要分支学科的内容均已经包含进去;每章后有案例分析或实例分析,为读者系统地呈现了运筹学研究和解决实际问题的步骤,即提出问题、分析变量、建立模型、求解检验和组织实施;每章根据内容设计了多道典型习题,并在书后附有答案,便于读者复习和提高;每章后都有小结与展望,为读者拓宽视野、深入学习和研究提供了素材。

参加本书编写的老师有:西北工业大学郭鹏教授(绪论、第 6、8、9 章),西安理工大学熊国强教授(第 5 章),西安工程大学郑唯唯教授(第 7 章),西安电子科技大学杜黎副教授(第 4 章),西北工业大学姜继娇副教授(第 3 章),西安建筑科技大学张炜讲师(第 1、2 章)。

尽管本书的各位编者做了很大努力,但是鉴于编者水平有限,错误之处在所难免,恳请读者批评指正。

编者　2013 年 9 月

# 目录
CONTENTS

# 绪 论

## 1 运筹学的简史

运筹学作为朴素的优化思想在中国发展历史中源远流长。春秋时期的《孙子兵法》处处体现了军事运筹的思想；同一时期，我国创造的轮作制、间作制与绿肥制等先进的耕作技术暗含了二阶段决策问题的雏形；战国时期的田忌赛马则是对策论的典型范例。这些事例无不闪耀着运筹帷幄、整体优化的思想，但却很少有人运用数学的方法将这些运筹思想和方法进行提升。

现代运筹学的思想萌芽于第一次世界大战时期，人们开始利用数学的方法探讨各种运筹问题。1914 年，兰彻斯特开展了关于战争中兵力部署的理论，这就是军事运筹学中的战斗方程。1915 年，哈里斯对商业库存问题的研究是库存模型最早的工作。1921 年，博雷尔引进了博弈论中最优策略的概念，对某些博弈问题证明了最优策略的存在。1928 年，冯·诺依曼提出了二人零和博弈的一般理论。1939 年，康托洛维奇在解决工业生产组织和计划问题时，开创性地提出了线性规划模型，并给出了"解乘数法"的求解方法，于 1975 年获得了诺贝尔经济学奖。以上这些先驱性的研究工作对运筹学发展有着深远的影响。

运筹学真正作为科学名词出现在第二次世界大战期间。20 世纪 20 年代末期，英国为了对付德国飞机的空袭研制了雷达系统，这些武器在技术上虽然是可行的，但如何有效的使用它们，却成为了当务之急。因此，英国组织了一批科学家，对新武器进行新战术试验和战术效率的研究，并取得了满意的效果。因为与技术研究不同，他们把自己从事的工作叫做"运用研究"(operation research)（我国在 1956 年曾用过运用学的名词，1957 年正式定为运筹学）。因此，英军每一个大的指挥部基本都成立了运筹研究小组，其成员包括数学家、物理学家、天文学家和军事专家多人，探讨如何抵御敌人的飞机和潜艇的袭击。随后，美国和加拿大的军事部门也成立了一些专门小组，对战术革新、技术援助、战略决策、战术计划以及战果评价等问题开展了广泛的研究。这些运筹小组的研究为运筹学的发展积累了丰富的材料。第二次世界大战后，英国和美国在军队中成立了专门的运筹研究组织，美国还成立了著名的兰德(RAND)公司，开始着重研究战略性问题、未来武器系统的设计和其可能合理运用的方法。例如为美国空军评价各种轰炸机系统，讨论了未来的武器系统和未来战争的战略。他们还研究了前苏联的军事能力及未来的预测，分析前苏联政府计划的行动原则和未来的行动预测。同时一些运筹专家将研究的重点转向了国民经济发展中的民用问题，使运筹学相继在工业、能源、经济和社会问题等各个领域都有应用。在新的、更宽阔的环境中，运筹学的理论和应用研究得到了蓬勃的发展，并形成了运筹学的众多分支。研究优化模型的规划论，研究排队（或服务）模型的排队论以及研究博弈模型的博弈论（亦称对策论）是运筹学最早的三个重要分支，也称其为运筹学早期的三大支柱。随着学科的发展以及计算机科学的出现，运筹学现在的分支更细，名目更多。数学规划(线性规划、非线性规则、整数规划、目标规划、动态规划、随机规划等)、图论与网络、排队论(随机服务系统理论)、存储论、对策论、决策论、维修更新理论、搜索论、可靠性和质量管理等基础学科分支,以及工程技术运筹学、管理运筹学、工业运筹学、农业运筹学等交叉与应用学科分支也先后形成,运筹学发展成为一个庞大的、包含多个分支的学科。

在我国,运筹学的研究与应用起步较晚。20世纪50年代后期,钱学森、许国志等教授才将运筹学由西方引入我国,并结合我国的特点在国内推广应用。在钱学森、许国志教授的推动下,中国第一个运筹学小组于1956年在中国科学院力学研究所成立。20世纪60、70年代,华罗庚先生的"优选法"和"统筹法"深入人心,他在这一时期的推广工作中播下了运筹学哲学思想的种子,大大推动了运筹学在中国的普及发展。许国志和越民义先生在排队论的瞬时概率性态问题、非线性规划梯度算法收敛问题、组合优化中的排序问题等方面的研究取得了一批重要成果,得到了国外同行的关注和好评,为中国运筹学的发展打下了坚实的基础,同时培养了一批学科带头人和骨干。20世纪80年代,随着国内外学术交流的不断增加,中国运筹学有了快速的发展,取得了一批有国际影响的理论和成果。同时中国运筹学工作者坚持将运筹学理论研究与国民经济建设等重大项目和问题紧密结合,在国家若干重大工程计划实施方面发挥了积极的作用,产生了良好的经济效益和社会效益。

# 2　运筹学的特点

运筹学作为一门应用性很强的科学,其学科内涵广泛,具有复杂的应用科学特征。以下几个具有代表性的定义可以说明运筹学的性质和特点。莫斯和金博尔曾对运筹学下的定义是:"为决策机构在对其控制下业务活动进行决策时,提供以数量化为基础的科学方法。"这个定义说明运筹学首先强调的是科学方法,所重视的某种研究方法应能用于整个一类问题上,并能传授和有组织地活动,而不单是某种研究方法的分散和偶然的应用。同时,它强调以量化为基础,必然要用数学理论和成果。但任何决策都包含定量和定性两方面,而定性方面又不能简单地用数学表示,如政治、社会等因素。只有综合多种因素的决策才是全面的。运筹学工作者的职责是为决策者提供可以量化方面的分析,指出有哪些定性的因素。运筹学的另一定义是:"运筹学是一门应用科学,它广泛应用现有的科学技术知识和数学方法,解决实际中提出的专门问题,为决策者选择最优决策提供定量依据。"这个定义反映出运筹学具有多学科交叉的特点,如综合运用经济学、心理学、物理学、工程学中的一些方法。运筹学是强调最优决策,"最"是过分理想化了,在现实中往往用次优、满意等概念代替最优。因此,运筹学的又一定义是:"运筹学是一种给出问题坏的答案的艺术,否则的话问题的结果会更坏。"

可以认为,运筹学研究的对象是政治、经济及科学技术等活动中能用数量关系来描述的有关运用、筹划与管理等方面的问题。当然这里着重是以经济活动方面,尤其是生产经营活动的问题以及解决这些问题的原理和方法作为研究对象的。

综上所述,运筹学研究问题具有以下特点:

(1)科学性。运筹学研究是在科学方法论的指导下通过一系列规范化步骤进行的。运筹学研究是广泛利用多种学科的科学技术知识进行的研究,其不仅仅涉及数学,还要涉及经济科学、系统科学、工程物理科学等其他学科。

(2)实践性。运筹学以实际问题为分析对象,通过鉴别问题的性质、系统的目标以及系统内主要变量之间的关系,利用科学方法达到对系统进行优化的目的。更为重要的是用运筹学分析获得的结果应经得起实践检验,并被用来指导实际工作。

(3)系统性。运筹学用系统的观点来分析一个组织(或系统),它着眼于整个系统而不是一个局部,通过协调各组成部分之间的关系和利害冲突,使整个系统达到最满意状态。

(4)综合性。运筹学分析是一种综合性的研究,涉及问题的方方面面,要应用多学科的知识,由各方面的专家组成团队来完成。

# 3　运筹学的模型

运筹学模型是在对客观现实经过思维抽象后,用文字、图表、符号、关系式以及实体模样来描述客观对象,这些文字、图表、符号、关系式、实体模样就称为模型。一般模型有三种基本形式:形象模型、模拟模型、符号或数学模型(关系式)。目前使用最多的是符号或数学模型,运筹学中已有不少这类模型,如线性规划、网络规模、投入产出模型、排队模型、存储模型、决策和对策模型等。模拟模型是通过各种实验设计,搜集资料,并对资料进行统计推理的一套方法。它用计算机语言、图像显示或专门的模拟语言来实现"仿真",适用于那些不能用数学模型和数学方法求解的复杂问题。目前模拟模型使用的也越来越多。构造一个良好的模型是运筹学研究和解决问题的基础,而构造模型是一种创造性劳动,成功的模型可以说是科学与艺术的结晶。

模型的一般数学形式可用下列表达式描述:

目标的评价准则　　　　　　　　$U = f(x_l, y_j, \epsilon_k)$

约束条件　　　　　　　　　　　$g(x_l, y_j, \epsilon_k) \geqslant 0$

其中:$x_l$——可控变量;

$y_j$——已知参数;

$\epsilon_k$——随机因素。

目标的评价准则一般要求达到最佳(最大或最小)、适中、满意等。准则可以是单一的,也可是多个的。约束条件可以没有,也可有多个。当 $g$ 是等式时,即为平衡条件。当模型中无随机因素时,称它为确定性模型,否则为随机模型。随机模型的评价准则可用期望值,也可用方差,还可用某种概率分布来表示。当可控变量只取离散值时,称为离散模型,否则称为连续模型。模型也可按使用的数学工具分为代数方程模型、微分方程模型、概率统计模型、逻辑模型等。模型若用求解方法来命名时,有直接最优化模型、数字模拟模型、启发式模型。模型也有按用途来命名的,如分配模型、运输模型、更新模型、排队模型、存储模型等。此外,模型还可以用研究对象来命名,如能源模型、教育模型、军事对策模型、宏观经济模型等。

运筹学在解决大量实际问题过程中逐步形成了一套系统的解决问题的方法和步骤,主要包括以下几个阶段:

(1)提出和形成问题。通过对实际问题的调查研究,明确问题的目标、可能的约束、问题的可控变量以及有关参数,搜集相关资料,将一个实际问题表示为一个运筹学问题。

(2)建立模型。把问题中的可控变量、参数和目标与约束之间的关系用一定的模型表示出来。

(3)求解模型。分析问题解的性质和求解的难易程度,寻求合适的求解方法。设计求解相应问题的算法,并对算法的性能进行理论分析。

(4)解的检验。判断模型和解法的有效性,提出解决实际问题的方案。

(5)解的实施。对实施部门讲清楚解的用法,在实际中加以应用,并在实施中发现问题,进行修改。

以上过程不是独立存在的,也绝非依次进行的,而是一个呈螺旋状发展的过程。

# 4  运筹学的应用与展望

由于任何现实的决策问题都是优化问题,任何有参数需要选取的问题都是运筹问题,所以运筹学的应用随处可见。运筹学的广泛应用使得它和生命科学、网络科学、管理科学等众多科学领域的交叉日益加强,这些交叉不仅为运筹学的应用提供了很好的舞台,同时也为运筹学的新兴分支提供了土壤,并极大地推动了运筹学的发展。例如,在生命科学中,将全局最优化、图论、神经网络等运筹学理论及方法应用于分子生物信息学中的 DNA 与蛋白质序列比较、芯片测试、生物进化分析、蛋白质结构预测等问题的研究;在金融管理方面,将优化及决策分析方法应用于金融风险控制与管理、资产评估与定价分析模型等;在网络管理上,利用随机过程方法研究排队网络的数量指标分析等;在供应链管理问题中,利用随机动态规划模型研究多重决策最优策略的计算方法等。这些问题和方法的推出,极大地推动了运筹学的发展,而运筹学的发展必将进一步研究和解决其他科学领域中越来越多的问题,并对其他学科产生一定的影响。

运筹学经过 60 多年的发展,其理论越来越深,应用愈来愈广泛,目前已经没有任何一个人可以说自己是运筹学所有方向的专家。因而对未来运筹学的任何一个具有挑战性的课题的研究,尤其是对出现在新的学科交叉领域的重大问题的探索,就更需要一组具有运筹学的不同专长的人才组成的研究团队(类似于运筹学发展初期时的研究小组),其中还应该包含统计学、经济学、工商管理、计算机科学、行为科学等学科背景的人才,这样才能做出重要的科学发现和贡献。总之,运筹学还在不断地发展中,新的思想、观点和方法将会不断地出现。

# 第 1 章

# 线 性 规 划

线性规划(linear programming,简称 LP)是运筹学的一个重要分支,其研究始于 20 世纪 30 年代末期,线性规划理论的发展与应用被认为是 20 世纪最重要的科学成果之一。1947 年美国数学家丹捷格(G. B. Dantzig)提出求解线性规划的一般方法——单纯形法,从而使线性规划在理论上趋于成熟。目前,从解决企业管理的最优化问题,到工业、农业、交通运输、军事国防等部门的计划管理与决策分析,乃至整个国民经济计划的综合平衡,线性规划都有广泛的应用,它已成为现代管理科学的重要基础之一。本章共分为六个小节,第一节介绍了线性规划的数学模型及解的基本概念,第二节主要介绍线性规划的图解法,第三节和第四节分别系统介绍求解线性规划一般方法即单纯形法的理论依据和计算步骤,第五节则是单纯形法的进一步讨论,最后通过应用实例的分析和求解,说明线性规划的建模思路和求解方法。

本章的要点包括线性规划数学模型的结构和标准形式,线性规划的基本概念,线性规划的图解及相应的概念,单纯形法的原理,单纯形表的构成与运算方法,人工变量法和两阶段法。

## 1.1 线性规划问题及数学模型

### ➤ 1.1.1 问题的提出

在生产经营管理工作中,常常需要进行计划或规划。虽然不同行业计划的内容千差万别,但其共同点均可归结为解决两类主要的问题:一类是在资源(人力、物力、财力……)一定的情况下,如何利用这些有限的资源来完成最多的任务;另一类是在预期目标确定的情况下,如何利用最少的资源来完成这个确定的任务。

**例 1-1** 某建筑公司的预制厂利用沙、石、水泥三种原料 $A_1$、$A_2$、$A_3$,来生产两种产品 $B_1$ 和 $B_2$,已知该厂各种原料的现有数量、单位产品对各种原料的消耗量及单位利润如表 1-1 所示。在这些现有资源的条

**表 1-1 生产消耗及现有原料**

| 单位产品 的消耗 原料 | $B_1$ | $B_1$ | 原料现有 (m³) |
|---|---|---|---|
| $A_1$ | 1 | 3 | 90 |
| $A_2$ | 2 | 1 | 80 |
| $A_3$ | 1 | 1 | 45 |
| 单位利润(百元) | 5 | 4 | |

件下,如何分配产品 $B_1$ 和 $B_2$ 的生产,才使公司取得最大利润。

分析:该问题可以用以下的数学模型来描述,设 $x_1$ 表示产品 $B_1$ 的生产数量, $x_2$ 为产品 $B_2$ 的生产数量。这时该公司可以获取的利润为 $(5x_1+4x_2)$ 百元,令 $z=5x_1+4x_2$ ,因问题中要求获利最大,即 $\max z$ 。又 $z$ 是该公司能获取的利润的目标值,它是变量 $x_1,x_2$ 的函数,称为目标函数。$x_1,x_2$ 的取值受到原材料 $A_1$、$A_2$、$A_3$ 的限制,这些用于描述限制的数学表达式称为约束条件。由此例 $1-1$ 的数学模型可表示为:

目标函数 $\qquad\qquad\qquad \max z = 5x_1 + 4x_2$

满足约束条件 $\qquad \begin{cases} x_1 + 3x_2 \leqslant 90 \\ 2x_1 + x_2 \leqslant 80 \\ x_1 + x_2 \leqslant 45 \\ x_1, x_2 \geqslant 0 \end{cases}$

**例 $1-2$** 现要做 100 套钢架,每套用长为 $3.5\mathrm{m},2.6\mathrm{m}$ 和 $1.6\mathrm{m}$ 的圆钢各一根。已知原料长 $8.8\mathrm{m}$ ,问如何下料,使用的原材料最省。

分析:最简单做法是在每一根原料上截取 $3.5\mathrm{m},2.6\mathrm{m}$ 和 $1.6\mathrm{m}$ 的圆钢各一根组成一套,每根原料剩下料头 $1.1\mathrm{m}$ 。为了做 100 套钢架,需用原料 100 根。若改为用套裁,就可以节约原材料。套裁方案见表 $1-2$ 。

表 $1-2$ 套裁方案

| 下 $j$ 根数<br>长 $k$(m) | 方案 | | | | |
|---|---|---|---|---|---|
| | Ⅰ | Ⅱ | Ⅲ | Ⅳ | Ⅴ |
| 3.5 | 2 | 1 | 1 | | |
| 2.6 | | 2 | | 2 | |
| 1.6 | 1 | | 3 | 2 | 5 |
| 合计 | 8.6 | 8.7 | 8.3 | 8.4 | 8 |
| 料头 | 0.2 | 0.1 | 0.5 | 0.4 | 0.8 |

为了得到 100 套钢架,需要混合使用各种下料方案。设按Ⅰ方案下料的原材料根数为 $x_1$ ,Ⅱ方案为 $x_2$ ,Ⅲ方案为 $x_3$ ,Ⅳ方案为 $x_4$ ,Ⅴ方案为 $x_5$ 。根据表 $1-2$ 的方案,可列出以下数学模型:

$$\min z = x_1 + x_2 + x_3 + x_4 + x_5$$

$$\begin{cases} 2x_1 + x_2 + x_3 = 100 \\ 2x_2 + 2x_4 = 100 \\ x_1 + 3x_3 + 2x_4 + 5x_5 = 100 \\ x_1, x_2, x_3, x_4, x_5 \geqslant 0 \end{cases}$$

## ➢ 1.1.2 线性规划问题的数学模型

通常称现实世界中人们关心、研究的实际对象为原型。模型是指将一部分信息简缩、提炼而构造的原型替代物,数学模型则是对现实世界的一个特定对象,为达到一定目的,根据内在规律做出必要的简化假设,并运用适当数学工具得到的一个数学结构。从以上两个例子可以

看出,规划问题的数学模型包含三个组成要素:

(1)变量,或称决策变量,是问题中要确定的未知量。每一个问题都用一组决策变量( $x_1$, $x_2,\cdots,x_n$ )表示某一方案,这组决策变量的值就代表一个具体的方案。

(2)约束条件,是指决策变量取值时受到的各种资源条件的限制,通常可用一组含决策变量的等式或不等式来表示。

(3)目标函数,它是决策变量的线性函数,按问题的不同,要求目标函数实现最大化或最小化。

如果规划问题的数学模型中,决策变量的取值是连续的,即可以为整数,也可以为分数、小数或实数,目标函数是决策变量的线性函数,约束条件是含决策变量的线性等式或不等式,则该类规划问题的数学模型称为线性规划的数学模型。实际问题中线性的含义为:一是严格的比例性,如生产某产品对资源的消耗量和可获取的利润,同其生产数量严格成比例;二是可叠加性,如生产多种产品时,可获取的总利润是各项产品的利润之和,对某项资源的消耗量应等于各产品对该项资源的消耗量的和。但很多实际问题往往不符合上述条件,为处理问题方便,可看作近似满足线性条件。

假定线性规划问题中含 $n$ 个变量,分别用 $x_j(j=1,\cdots,n)$ 表示,在目标函数中 $x_j$ 的系数为 $c_j(c_j$ 通常称为价值系数), $x_j$ 的取值受 $m$ 项资源的限制,用 $b_i(i=1,\cdots,m)$ 表示第 $i$ 种资源的拥有量,用 $a_{ij}$ 表示变量 $x_j$ 取值为 1 个单位时所消耗或含有的第 $i$ 种资源的数量( $a_{ij}$ 通常称为技术系数或工艺系数),则上述线性规划问题的数学模型可表示为:

$$\max(或\ \min)z = c_1x_1 + c_2x_2 + \cdots + c_nx_n$$

$$s.t.\begin{cases} a_{11}x_1 + a_{12}x_2 + \cdots + a_{1n}x_n \leqslant (或=,\geqslant)b_1 \\ a_{21}x_1 + a_{22}x_2 + \cdots + a_{2n}x_n \leqslant (或=,\geqslant)b_2 \\ \quad\quad\quad\quad\quad\vdots \\ a_{m1}x_1 + a_{m2}x_2 + \cdots + a_{mn}x_n \leqslant (或=,\geqslant)b_m \\ x_1,x_2,\cdots,x_n \geqslant 0 \end{cases} \quad (1-1)$$

上述模型的简写形式为:

$$\max(或\ \min)z = \sum_{j=1}^{n}c_jx_j$$

$$s.t.\begin{cases} \sum_{j=1}^{n}a_{ij}x_j \leqslant (或=,\geqslant)b_i \quad (i=1,2,\cdots,m) \\ x_j \geqslant 0 \quad\quad (j=1,2,\cdots,n) \end{cases} \quad (1-2)$$

用向量形式表示时,上述模型可写为:

$$\max(或\ \min)z = CX$$

$$s.t.\begin{cases} \sum_{j=1}^{n}P_jx_j \leqslant (或=,\geqslant)b \\ X \geqslant 0 \end{cases} \quad (1-3)$$

式 $(1-3)$ 中 $C = (c_1, c_2, \cdots, c_n)$; $X = \begin{pmatrix} x_1 \\ x_2 \\ \vdots \\ x_n \end{pmatrix}$; $P_j = \begin{pmatrix} a_{1j} \\ a_{2j} \\ \vdots \\ a_{mj} \end{pmatrix}$; $b = \begin{pmatrix} b_1 \\ b_2 \\ \vdots \\ b_m \end{pmatrix}$。

用矩阵和向量形式表示可写为：

$$\max(\text{或} \min)z = CX$$
$$s.t. \begin{cases} AX \leqslant (\text{或} =, \geqslant)b \\ X \geqslant 0 \end{cases} \tag{1-4}$$

$$A = \begin{bmatrix} a_{11} & a_{12} & \cdots & a_{1n} \\ a_{21} & a_{22} & \cdots & a_{2n} \\ \vdots & \vdots & & \vdots \\ a_{m1} & a_{m2} & \cdots & a_{mn} \end{bmatrix}$$

式中，$A$ 称为约束方程组（约束条件）的系数矩阵。

### ➤ 1.1.3  线性规划问题的标准形式

由于目标函数和约束条件内容和形式上的不同，线性规划问题可以有多种表达式。为了便于讨论和制定统一的算法，规定线性规划问题的标准形式如下：

$$\max z = \sum_{j=1}^{n} c_j x_j$$
$$s.t. \begin{cases} \sum_{j=1}^{n} a_{ij} x_j = b_i & (i = 1, 2, \cdots, m) \\ x_j \geqslant 0 & (j = 1, 2, \cdots, n) \end{cases} \tag{1-5}$$

标准形式的线性规划模型中，目标函数为求最大值（有些书中规定是求最小值），约束条件全为等式，约束条件右端常数项 $b_i$ 全为非负值。对不符合标准形式（或称非标准形式）的线性规划问题，可分别通过以下方法转化为标准形式。

（1）目标函数为求最小值，即 $\min z = CX$。这时只需将目标函数最小化变换求目标函数最大化，即令 $z' = -z$，于是得到 $\max z' = -CX$。

（2）约束条件的右端项 $b_i < 0$ 时，只需将等式或不等式两端同乘 $-1$，则约束条件右端项必大于零。

（3）约束条件为不等式。这里有两种情况：

①约束条件为 "$\leqslant$" 形式。对这样的约束，在 "$\leqslant$" 不等式的左端加上一个非负的新变量，即可以化为等式。新增的非负变量称为松弛变量。

②约束条件为 "$\geqslant$" 形式。对这样的约束，在 "$\geqslant$" 不等式的左端减去一个非负的新变量，即可以化为等式。新增的非负变量称为剩余变量，也可以称为松弛变量。

（4）决策变量，这时可能有以下三种情况：

①决策变量 $x_j \leqslant 0$，则令非负变量 $x'_j = -x_j$，显然 $x'_j \geqslant 0$。

②决策变量 $x_j$ 取值不受限制，可以用两个非负的新变量之差来代替。如变量 $x_j$ 取值不受限制，则令 $x_j = x'_j - x''_j$，新变量 $x'_j$ 和 $x''_j$ 为非负变量，$x_j$ 的符号由 $x'_j$ 和 $x''_j$ 来确定。

③决策变量有上下界。对这种情况,可将上下界分别处理。引进新的变量使等于原变量减去下限值,则下限为零,满足标准形式的非负性要求。如已知决策变量 $x_j$ 的限制为 $a_j \leqslant x_j \leqslant b_j$,则令 $x'_j = x_j - a_j$,从而得 $0 \leqslant x'_j \leqslant b_j - a_j$,现时的 $x'_j$ 满足了非负要求。用新变量 $x'_j$ 替换目标函数和约束条件中所有的原变量 $x_j$,再将上限约束列为新的约束条件并化为等式。

以上讨论说明,任何形式的数学模型都可化为标准形式,下面举例说明。

**例 1-3**　将下列线性规划问题化为标准形式。

$$\max z = 2x_1 - x_2 + x_3$$

$$s.t. \begin{cases} x_1 + 3x_2 - x_3 \leqslant 20 \\ 2x_1 - x_2 + x_3 \geqslant 12 \\ x_1 - 4x_2 - 4x_3 \geqslant 2 \\ x_1, x_2 \geqslant 0, x_3 \text{ 无约束} \end{cases}$$

解:(1)因为 $x_3$ 符号不限,以 $x_3 = x'_3 - x''_3$ 代入目标函数和所有约束条件中,其中 $x'_3, x''_3$ 均为非负变量。

(2)对第一个约束加上松弛变量 $x_4$ 化为等式。

(3)对后两个约束分别减去剩余变量 $x_5$ 和 $x_6$ 化为等式。

(4)为了保持目标函数不变,使 $x_4, x_5$ 和 $x_6$ 的目标系数均为零,则得到的标准形式线性规划为:

$$\max z = 2x_1 - x_2 + (x'_3 - x''_3) + 0x_4 + 0x_5 + 0x_6$$

$$s.t. \begin{cases} x_1 + 3x_2 - (x'_3 - x''_3) + x_4 = 20 \\ 2x_1 - x_2 + (x'_3 - x''_3) - x_5 = 12 \\ x_1 - 4x_2 - 4(x'_3 - x''_3) - x_6 = 2 \\ x_1, x_2, x'_3, x''_3, x_4, x_5, x_6 \geqslant 0 \end{cases}$$

**例 1-4**　将下列线性规划问题化为标准形式。

$$\min z = x_1 + 2x_2 + 4x_3$$

$$s.t. \begin{cases} 2x_1 + x_2 + 3x_3 = 20 \\ 3x_1 + x_2 + 4x_3 = 25 \\ x_1, x_2 \geqslant 0, 2 \leqslant x_3 \leqslant 6 \end{cases}$$

解:(1)令 $z' = -z$,把求 $\min z$ 改为求 $\max z'$;

(2)令 $x'_3 = x_3 - 2$ 代入,问题化为:

$$\max z' = -x_1 - 2x_2 - 4x'_3 - 8$$

$$s.t. \begin{cases} 2x_1 + x_2 + 3x'_3 = 14 \\ 3x_1 + x_2 + 4x'_3 = 17 \\ x'_3 \leqslant 4 \\ x_1, x_2, x'_3 \geqslant 0 \end{cases}$$

将变量 $x'_3$ 的上限约束转化为等式,则标准形式为:

$$\max z' = -x_1 - 2x_2 - 4x'_3 - 8$$

$$s.t. \begin{cases} 2x_1 + x_2 + 3x'_3 = 14 \\ 3x_1 + x_2 + 4x'_3 = 17 \\ x'_3 + x_4 = 4 \\ x_1, x_2, x'_3, x_4 \geqslant 0 \end{cases}$$

### ➤ 1.1.4 线性规划问题的解的概念

线性规划问题的标准形式如下：

$$\max z = \sum_{j=1}^{n} c_j x_j \qquad (1-6)$$

$$s.t. \begin{cases} \sum_{j=1}^{n} a_{ij} x_j = b_i \qquad (i = 1, 2, \cdots, m) & (1-7) \\ x_j \geqslant 0 \qquad (j = 1, 2, \cdots, n) & (1-8) \end{cases}$$

求解线性规划问题，就是从满足约束条件(1-7)和(1-8)的方程组中找出一个解，使目标函数(1-6)达到最大值。

（1）可行解。

满足线性规划的约束条件(1-7)和(1-8)的解 $X = (x_1, x_2, \cdots, x_n)^T$ 称为线性规划问题的可行解。所有可行解组成的集合称为可行域。

（2）最优解。

使线性规划目标函数(1-6)达到最大值的可行解为最优解。

（3）基。

设 $A$ 是约束方程组(1-7)的 $m \times n$ 阶系数矩阵（设 $m < n$），其秩为 $m$。若 $B$ 是矩阵 $A$ 中 $m \times m$ 阶非奇异子阵（$|B| \neq 0$），则称 $B$ 是线性规划问题的一个基。这就是说，矩阵 $B$ 是由 $m$ 个线性无关的列向量组成的，为了不失一般性，可设

$$B = \begin{bmatrix} a_{11} & a_{12} & \cdots & a_{1m} \\ a_{21} & a_{22} & \cdots & a_{2m} \\ \vdots & \vdots & & \vdots \\ a_{m1} & a_{m2} & \cdots & a_{mm} \end{bmatrix} = (P_1, P_2, \cdots, P_m)$$

$B$ 中的每一个列向量 $P_j (j = 1, 2, \cdots, m)$ 称为基向量，与基向量 $P_j$ 对应的决策变量 $x_j (j = 1, 2, \cdots, m)$ 称为基变量。线性规划中除基变量以外的其他变量称为非基变量。

为了进一步讨论线性规划问题的解，我们先来研究方程组(1-7)的求解问题。假设系数矩阵 $A$ 的秩为 $m (m < n)$，则方程组(1-7)有无穷多个解。为了不失一般性，不妨假设方程组的前 $m$ 个变量的系数列向量是线性无关的，于是方程组(1-7)可改写为：

$$\begin{bmatrix} a_{11} \\ a_{21} \\ \vdots \\ a_{m1} \end{bmatrix} x_1 + \begin{bmatrix} a_{12} \\ a_{22} \\ \vdots \\ a_{m2} \end{bmatrix} x_2 + \cdots + \begin{bmatrix} a_{1m} \\ a_{2m} \\ \vdots \\ a_{mm} \end{bmatrix} x_m = \begin{bmatrix} b_1 \\ b_2 \\ \vdots \\ b_m \end{bmatrix} - \begin{bmatrix} a_{1,m+1} \\ a_{2,m+1} \\ \vdots \\ a_{m,m+1} \end{bmatrix} x_{m+1} - \cdots - \begin{bmatrix} a_{1n} \\ a_{2n} \\ \vdots \\ a_{mn} \end{bmatrix} x_n \quad (1-9)$$

或

$$\sum_{j=1}^{m} P_j x_j = b - \sum_{j=m+1}^{n} P_j x_j$$

方程组(1-9)的一个基为:

$$B = \begin{bmatrix} a_{11} & a_{12} & \cdots & a_{1m} \\ a_{21} & a_{22} & \cdots & a_{2m} \\ \vdots & \vdots & & \vdots \\ a_{m1} & a_{m2} & \cdots & a_{mn} \end{bmatrix} = (P_1, P_2, \cdots, P_m)$$

设 $X_B$ 是对应于基的基变量,则 $X_B = (x_1, x_2, \cdots, x_m)^T$。

(4)基解。

若令(1-9)式的非基变量 $x_{m+1} = x_{m+2} = \cdots = x_n = 0$,又因为有 $|B| \neq 0$,根据克莱姆法则,由 $m$ 个约束方程可解出个 $m$ 基变量的唯一解 $X_B = (x_1, x_2, \cdots, x_m)^T$,将这个解加上非基变量取 0 的值,得到(1-9)的一个解 $X = (x_1, x_2, \cdots, x_m, 0, \cdots, 0)^T$,称 $X$ 为线性规划的基解。显然在基解中变量取非零值的个数不大于方程的个数 $m$,线性规划最多有 $C_n^m$ 个基解。

(5)基可行解。

满足变量非负约束条件(1-8)的基解称为基可行解。显然,线性规划的基可行解的个数最多也只能为 $C_n^m$ 个。

(6)可行基。

对应于基可行解的基称为可行基。

**例 1-5** 找出下述线性规划问题的全部基解,指出其中的基可行解,并确定最优解。

$$\max z = 2x_1 + 3x_2 + x_3$$

$$s.t. \begin{cases} x_1 + x_3 = 5 \\ x_1 + 2x_2 + x_4 = 10 \\ x_2 + x_5 = 4 \\ x_1, x_2, x_3, x_4, x_5 \geqslant 0 \end{cases}$$

解:该线性规划问题的全部基解见表 1-3,注 * 者为最优解,$z^* = 19$。

表 1-3 线性规划的基解

| 基 | $x_1$ | $x_2$ | $x_3$ | $x_4$ | $x_5$ | $z$ | 是否基可行解 |
|---|---|---|---|---|---|---|---|
| $P_3\ P_4\ P_5$ | 0 | 0 | 5 | 10 | 4 | 5 | 是 |
| $P_2\ P_3\ P_4$ | 0 | 4 | 5 | 2 | 0 | 17 | 是 |
| $P_1\ P_4\ P_5$ | 5 | 0 | 0 | 5 | 4 | 10 | 是 |
| $P_2\ P_3\ P_4$ | 0 | 5 | 5 | 0 | -1 | 20 | 否 |
| $P_1\ P_3\ P_5$ | 10 | 0 | -5 | 0 | 4 | 15 | 否 |
| $P_1\ P_2\ P_5$ | 5 | 2.5 | 0 | 0 | 1.5 | 17.5 | 是 |
| $P_1\ P_2\ P_4$ | 5 | 4 | 0 | -3 | 0 | 22 | 否 |
| $P_1\ P_2\ P_3$ | 2 | 4 | 3 | 0 | 0 | 19 | 是 |

# 1.2 线性规划的图解法

对模型中只含 2 个变量的线性规划问题,可以通过在平面上作图的方法求解。一个线性规划问题有解,是指能找出一组 $x_j (j = 1, \cdots, n)$,满足约束条件,则称这组 $x_j$ 为问题的可行解。通常线性规划问题总是含有多个可行解,称全部可行解的集合为可行域,可行域中使目标函数值达到最优的可行解称为最优解。对不存在可行解的线性规划问题,则称该问题无解。对于图解法求解的目的,一是判别线性规划问题的求解结局,二是在存在最优解的条件中,把问题的最优解找出来。

## ➤ 1.2.1 图解法的步骤

图解法是采用直角坐标系及其基本原理设计出的一种求解方法,其步骤如下:

(1)在平面坐标系中,给出各约束条件的图形,并确定出可行域。

(2)画出目标函数直线束中穿过可行域的任一条直线,并将该直线沿目标函数取优(大或小)的方向平行移动,当直线离开可行域时,最后接触的可行域的顶点(极点)为最优点。

(3)联立通过最优点的方程得出最优解。

(4)将最优解代入目标函数得出最优值。现举例说明。

**例 1-6** 用图解求解线性规划

$$\max z = 6x_1 + 7x_2$$
$$s.t. \begin{cases} 2x_1 + 3x_2 \leqslant 12 \\ 2x_1 + x_2 \leqslant 8 \\ x_1, x_2 \geqslant 0 \end{cases}$$

解:第一步:确定可行域。

(1)在图上做出 $2x_1 + 3x_2 = 12$ 对应的直线。

(2)定出 $2x_1 + 3x_2 \leqslant 12$ 的区域,满足该不等式的点在直线 $AB$ 左侧。

(3)在图上画出 $2x_1 + x_2 = 8$ 对应的直线。

(4)定出 $2x_1 + x_2 \leqslant 8$ 的区域,在直线 $BC$ 的左方。

(5)由 $x_1, x_2 \geqslant 0$,知可行域在第一象限。归纳以上得出可行域如图 1-1 所示。

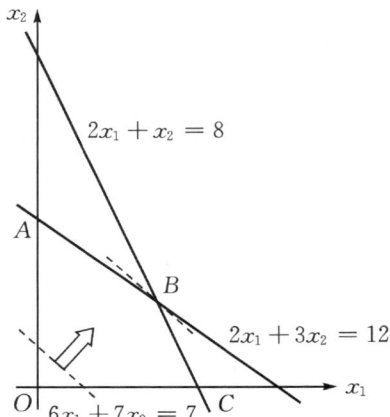

图 1-1

图中可行域为凸多边形 $OABC$,即在该凸多边形的任一点对应一个可行解,反之任一个可行解必与多边形上的一点与之对应。

第二步:由于目标函数 $z = 6x_1 + 7x_2$ 是以斜率为 $-\frac{6}{7}$ 的平行直线束,所以我们一旦赋予 $z$ 赋一个值就确定了一条直线,令 $z = 7$,即 $6x_1 + 7x_2 = 7$,并在可行域 $OABC$ 上做出该直线,然后将其沿目标函数增加方向(图中箭头所指方向)平行移动,最后与可行域相遇的顶点为 $B$ 点,即该规划的最优点为 $B$。

第三步:联立通过点 $B$ 的直线方程。

$$\begin{cases} 2x_1 + 3x_2 = 12 \\ 2x_1 + x_2 = 8 \end{cases}$$

得 $B$ 点坐标 $(3,2)^T$，即最优解 $X^* = (3,2)^T$。

第四步：将 $X^* = (3,2)^T$ 代入目标函数得出最优值 $\max z = 6 \times 3 + 7 \times 2 = 32$。

## ▷ 1.2.2　线性规划问题求解的几种可能结局

例 1-6 用图解法得到的最优解是唯一的，但对线性规划问题求解还可能出现下列情况：

### 1. 无穷多解

**例 1-7**　用图解求解线性规划

$$\max z = x_1 + 2x_2$$

$$s.t. \begin{cases} x_1 \leqslant 4 \\ x_2 \leqslant 3 \\ x_1 + 2x_2 \leqslant 8 \\ x_1, x_2 \geqslant 0 \end{cases}$$

解：得出满足五个不等式的可行域如图 1-2 所示，它是凸多边形 $OABCD$。

$BC$ 边上每一点的坐标都是最优解（因为平行直线束中，最后与可行域相遇的一条直线 $2x_1 + 2x_2 = 8$ 与 $BC$ 边重合），因此，最优解有无穷多个。

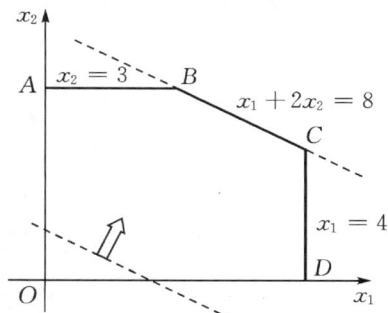

图 1-2

### 2. 无界解

**例 1-8**　用图解求解线性规划

$$\max z = x_1 + x_2$$

$$s.t. \begin{cases} x_1 - x_2 \geqslant 1 \\ -x_1 + 2x_2 \leqslant 0 \\ x_1, x_2 \geqslant 0 \end{cases}$$

解：因为满足约束条件的点，即图 1-3 中的凸多边形 $ABCD$ 为线性规划的可行域，它是无界的，因而可行解集也是无界集合。

当平行直线束直线无限远离原点时，都可以与可行域 $ABCD$ 相交，但无最后相触的顶点，所以目标函数无上界，

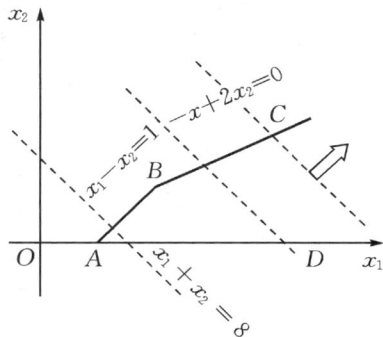

图 1-3

因此该线性规划无最优解。产生无界解的原因是由于在建立实际问题的数学模型时遗漏了某些必要的资源约束条件。

### 3. 无解或无可行解

**例 1-9**　用图解求解线性规划

$$\min z = x_1 + x_2$$

$$s.t. \begin{cases} -x_1 + x_2 \geqslant 1 \\ x_1 + x_2 \leqslant -2 \\ x_1, x_2 \geqslant 0 \end{cases}$$

解:由图 1-4 可知,同时满足四个不等式的点不存在,所以该线性规划无可行解,即无可行域,也无最优解。产生无解或无可行解的原因是模型的约束条件之间存在矛盾,建模时有错误。

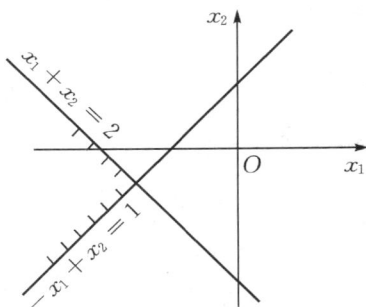

从图解法中直观得到,当线性规划问题的可行域非空时,它是有界或无界凸多边形。若线性规划问题存在最优解,它一定在有界可行域的某个顶点得到;若在两个顶点同时得到最优解,则它们连线上的任意一点都是最优解,即有无穷多最优解。

图 1-4

# 1.3 单纯形法原理

单纯形法是求解一般线性规划问题的基本方法,是丹捷格(G·B·Dantzig)于 1947 年提出的,下面介绍单纯形法的理论依据。

## ➤ 1.3.1 线性规划问题的几何意义

### 1. 基本概念

(1)凸集。设 $M$ 是 $n$ 维欧氏空间的一个点集。若 $M$ 中任意两点 $X^{(1)}$,$X^{(2)}$ 的连线上的一切点 $\alpha X^{(1)} + (1-\alpha) X^{(2)} (0 \leqslant \alpha \leqslant 1)$ 仍在点集 $M$ 中,则称 $M$ 为凸集。

三角形、矩形、圆面等都是二维凸集,球体、长方体、圆柱体等是三维凸集。而圆周、圆环、空心球等都不是凸集。从直观上讲,一个无凹、无洞的几何实体才能为凸集。例如,图 1-5 中的(a)是凸集,(b)(c)均不是凸集。

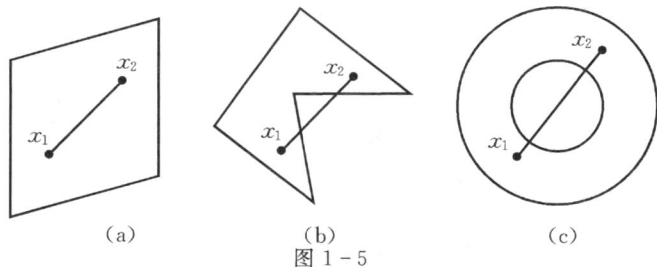

图 1-5

(2)顶点。设 $M$ 是凸集,$X \in M$;若 $X$ 不能用 $M$ 中两个不同点 $X^{(1)}$,$X^{(2)}$ 的线性组合表示为 $X = \alpha X^{(1)} + (1-\alpha) X^{(2)}$,$(0 < \alpha < 1)$,则称为凸集 $M$ 的一个顶点(或极点)。

(3)凸组合。设 $X^{(1)}$,$X^{(2)}$,$\cdots$,$X^{(k)}$ 是 $n$ 维欧氏空间 $E^n$ 中 $k$ 个点,若存在 $\lambda_1$,$\lambda_2$,$\cdots$,$\lambda_k$,且 $0 \leqslant \lambda_i \leqslant 1 (i = 1, 2, \cdots, k)$,$\sum_{j=1}^{K} \lambda_j = 1$,使得

$$X = \lambda_1 X^{(1)} + \lambda_2 X^{(2)} + \cdots + \lambda_k X^{(k)}$$

则称 $X$ 为 $K$ 个点 $X^{(1)}$,$X^{(2)}$,$\cdots$,$X^{(k)}$ 的凸组合(当 $0 < \lambda_i < 1$ 时,称为严格凸组合)。

### 2. 几个定理

**定理 1-1** 线性规划问题的所有可行解的集合(即可行域)$S = \{X \mid AX = b, X \geqslant 0\}$ 是凸集。

**证明:**要证明可行域 $S$ 为凸集,只要证明 $S$ 中任意两点连线上的一切点均在 $S$ 内即可。

设 $X^{(1)}, X^{(2)}$ 是可行域 $S$ 内任意两点, $X^{(1)} \neq X^{(2)}$ ,由可行解的定义可知:
$$AX^{(1)} = b, AX^{(2)} = b, X^{(1)} \geqslant 0, X^{(2)} \geqslant 0$$
令 $X$ 为 $X^{(1)}, X^{(2)}$ 连线上的任意一点,即 $X = \alpha X^{(1)} + (1-\alpha)X^{(2)} (0 \leqslant \alpha \leqslant 1)$ 。

因为,当 $X^{(1)} \geqslant 0, X^{(2)} \geqslant 0, 0 \leqslant \alpha \leqslant 1$ 时,有
$$X = \alpha X^{(1)} + (1-\alpha)X^{(2)} \geqslant 0$$
并且有
$$AX = A(\alpha X^{(1)} + (1-\alpha)X^{(2)}) = \alpha AX^{(1)} + (1-\alpha)AX^{(2)} = \alpha b + (1-\alpha)b = b$$
由此知, $X = \lambda X^{(1)} + (1-\lambda)X^{(2)}$ 仍是 $S$ 中的点,所以 $S$ 是凸集。

**引理 1** 线性规划问题的可行解 $X = (x_1, x_2, \cdots, x_n)^T$ 是基可行解的充要条件是的正分量所对应的系数列向量是线性独立的。

**证明:**①必要性。由基可行解的定义可知。

②充分性。若向量 $P_l, P_2, \cdots, P_k$ 线性独立,则必有 $k \leqslant m$ ;当 $k = m$ 时,它们恰好构成一个基,从而 $X = (x_1, x_2, \cdots, x_m, 0, \cdots, 0)^T$ 为相应的基可行解。当 $k < m$ 时,则一定可以从其余列向量中找出 $(m-k)$ 个与 $P_l, P_2, \cdots, P_k$ 构成一个基,其对应的解恰好为 $X$ ,所以根据定义它是基可行解。

**定理 1-2** 线性规划问题的基可行解 $X$ 对应于可行域 $S$ 的顶点。

**证明:**为了不失一般性,假设基可行解 $X$ 的前 $m$ 个分量为正。故
$$\sum_{j=1}^{m} P_j x_j = b$$
下面采用反证法分两步来讨论。

①若 $X$ 不是基可行解,则它一定不是可行域 $S$ 的顶点。

根据引理1,若 $X$ 不是基可行解,则其正分量所对应的系数向量 $P_l, P_2, \cdots, P_m$ 线性相关,即存在一组不全为零的数 $\alpha_i$ ,使得
$$\alpha_1 P_1 + \alpha_2 P_2 + \cdots + \alpha_k P_k = 0 \tag{1-10}$$
再设 $\mu$ 为一任意小的正实数,(1-10)式两端同时乘以 $\mu$ 分别与(1-9)式相加和相减,得到
$$P_1(x_1 + \alpha_1\mu) + P_2(x_2 + \alpha_2\mu) + \cdots + P_k(x_k + \alpha_k\mu) = b$$
$$P_1(x_1 - \alpha_1\mu) + P_2(x_2 - \alpha_2\mu) + \cdots + P_k(x_k - \alpha_k\mu) = b$$
若取
$$X^{(1)} = [(x_1 + \alpha_1\mu), (x_2 + \alpha_2\mu), \cdots, (x_k + \alpha_k\mu), 0, \cdots, 0]^T$$
$$X^{(2)} = [(x_1 - \alpha_1\mu), (x_2 - \alpha_2\mu), \cdots, (x_k - \alpha_k\mu), 0, \cdots, 0]^T$$
由 $X^{(1)}, X^{(2)}$ 可以得到 $X = 0.5X^{(1)} + 0.5X^{(2)}$ ,即 $X$ 是 $X^{(1)}, X^{(2)}$ 连线的中点。

又因为当 $\mu$ 足够小,一定能使 $x_i \pm \alpha_i\mu \geqslant 0, i = 1, 2, \cdots, m$ 。即 $X^{(1)}, X^{(2)}$ 是可行解。这证明了 $X$ 不是可行域 $S$ 的顶点。

②若不是可行域 $S$ 的顶点,则它一定不是基可行解。

因为 $X$ 不是可行域 $S$ 的顶点,故在可行域 $S$ 中可找到不同的两点
$$X^{(1)} = (x_1^{(1)}, x_2^{(1)}, \cdots, x_n^{(1)})^T, X^{(2)} = (x_1^{(2)}, x_2^{(2)}, \cdots, x_n^{(2)})^T$$
使 $$X = \alpha X^{(1)} + (1-\alpha)X^{(2)} \qquad (0 < \alpha < 1)$$
设 $X$ 是基可行解,对应向量组 $P_l, P_2, \cdots, P_m$ 线性独立。当 $j > m$ 时,有 $x_j = x_j^{(1)} = x_j^{(2)} = 0$ ,由于 $X^{(1)}, X^{(2)}$ 是可行域的两点。应该满足

$$P_1 x_1^{(1)} + P_2 x_2^{(1)} + \cdots + P_m x_m^{(1)} = b \ \text{与}\ P_1 x_1^{(2)} + P_2 x_2^{(2)} + \cdots + P_m x_m^{(2)} = b$$

将这两式相减得到

$$P_1(x_1^{(1)} - x_1^{(2)}) + P_2(x_2^{(1)} - x_2^{(2)}) + \cdots + P_m(x_m^{(1)} - x_m^{(2)}) = 0$$

因 $X^{(1)} \neq X^{(2)}$，所以上式中 $(x_j^{(1)} - x_j^{(2)})$ 不全为 0，故 $P_1, P_2, \cdots, P_k$ 线性相关，这与假设矛盾，即 $X$ 不是基可行解。

**引理 2** 若 $M$ 是有界凸集，则任何一点 $X \in M$ 可表示为的 $M$ 顶点的凸组合。

**定理 1 - 3** 若可行域有界，线性规划问题的目标函数一定可以在其可行域的顶点达到最优。

证明：设 $X^{(1)}, X^{(2)}, \cdots, X^{(K)}$ 是可行域 $S$ 的顶点。若 $X^{(0)}$ 是 $S$ 中的一点，但不是顶点，且目标函数在 $X^{(0)}$ 处达到最优 $z^*$，标准型是 $z^* = \max z$。

因 $X^{(0)}$ 不是顶点，所以它可以用 $S$ 的顶点线性表示为

$$X^{(0)} = \sum_{i=1}^{k} \alpha_i X^{(i)}, \alpha_i > 0, \sum_{i=1}^{k} \alpha_i = 1$$

因此

$$CX^{(0)} = C\sum_{i=1}^{k} \alpha_i X^{(i)} = \sum_{i=1}^{k} \alpha_i CX^{(i)} \tag{1-11}$$

在所有的顶点中一定可以找到一个顶点 $X^{(i_0)}$ 使得 $CX^{(i_0)}$ 是所有 $CX^{(i)}$ 中最大者。将 $X^{(i_0)}$ 代替 (1-11) 式中的所有 $CX^{(i)}$，得到

$$\sum_{i=1}^{k} \alpha_i CX^{(i)} \leqslant \sum_{i=1}^{k} \alpha_i CX^{(i_0)} = CX^{(i_0)}$$

由此得到

$$CX^{(0)} \leqslant CX^{(i_0)}$$

根据假设 $CX^{(0)}$ 是最大值，所以只有

$$CX^{(0)} = CX^{(i_0)}$$

即目标函数在顶点 $X^{(i_0)}$ 处也达到最大值。

有时目标函数可能在多个顶点处达到最大值，这时在这些顶点的凸组合上也达到最大值，则称这种线性规划问题有无限多个最优解。

另外，若可行域无界，则可能没有最优解，也可能有最优解。如果有最优解也一定可以在某个顶点上达到。

综合以上讨论的定理，可得到如下重要结论：

线性规划问题所有可行解构成的集合是凸集，也可能为无界域，它们有有限个顶点，线性规划的每个基可行解对应可行域的一个顶点；若线性规划问题有最优解，必定在某个顶点上得到。

## ➤ 1.3.2 确定初始基可行解

如果线性规划问题存在最优解，一定有一个基可行解是最优解。因此单纯形法迭代的基本思路是：先找出一个基可行解，判断其是否为最优解，如果不是，则转换到相邻的基可行解，并使目标函数值不断增大，一直找到最优解为止。

为了确定初始基可行解，要首先初始可行基，方法如下：

(1)若线性规划问题

$$\max z = \sum_{j=1}^{n} c_j x_j \qquad (1-12)$$

$$s.t. \begin{cases} \sum_{j=1}^{n} a_{ij} x_j = b_i & (i = 1, 2, \cdots, m) \\ x_j \geqslant 0 & (j = 1, 2, \cdots, n) \end{cases} \qquad (1-13)$$

在约束条件式(1-13)的变量的系数矩阵中一般能直接观察到存在一个初始可行基

$$B = (P_1, P_2, \cdots, P_m) = \begin{bmatrix} 1 & 0 & \cdots & 0 \\ 0 & 1 & \cdots & 0 \\ \vdots & \vdots & & \vdots \\ 0 & 0 & \cdots & 1 \end{bmatrix}$$

(2)若线性规划问题的约束条件全部为"$\leqslant$"形式的不等式,可以利用化为标准形式的方法,在每个约束条件的左端加上一个松弛变量。经过整理并重新对 $x_j(i = 1, \cdots, m)$ 和 $x_{ij}(i = 1, \cdots, m; j = 1, \cdots, n)$ 编号,可得到如下方程组

$$\begin{cases} x_i + \sum_{j=m+1}^{n} a_{ij} x_j = b_i & (i = 1, 2, \cdots, m) \\ x_j \geqslant 0 & (j = 1, 2, \cdots, n) \end{cases} \qquad (1-14)$$

由于这个系数矩阵中含有一个单位矩阵 $(P_1, \cdots, P_m)$,以这个单位矩阵为基,可以解出基变量值 $x_i = b_i (i = 1, \cdots, m)$,因为有 $b_i \geqslant 0$,由此 $X = (b_1, \cdots, b_m, 0, \cdots, 0)^T$ 就是一个基可行解。

(3)若线性规划问题的约束条件为"$\geqslant$"或"$=$"时,化为标准形式后,一般约束条件的系数矩阵中不包含有单位矩阵。这时为了方便地找出一个初始可行解,可添加人工变量来人为构造一个单位矩阵作为基,称为人工基。这种方法将在本章第五节中讨论。

### ▷ 1.3.3　最优性检验与解的判别

对线性规划问题的求解结果可能出现唯一最优解、无穷多最优解、无界解和无可行解四种情况,需要建立解的判别准则。一般情况下,经过迭代后(1-14)式变成

$$x_i = b'_i - \sum_{j=m+1}^{n} a'_{ij} x_j \qquad (i = 1, 2, \cdots, m) \qquad (1-15)$$

将(1-15)式代入目标函数(1-12)式,得

$$z = \sum_{i=1}^{m} c_i b'_i + \sum_{j=m+1}^{n} (c_j - \sum_{i=1}^{m} c_i a'_{ij}) x_j \qquad (1-16)$$

令

$$z_0 = \sum_{i=1}^{m} c_i b'_i, z_j = \sum_{i=1}^{m} c_i a'_{ij} \qquad (j = m+1, \cdots, n) \qquad (1-17)$$

于是

$$z = z_0 + \sum_{j=m+1}^{n} (c_j - z_j) x_j$$

再令

$$\lambda_j = c_j - z_j \qquad (j = m+1, \cdots, n) \qquad (1-18)$$

则

$$z = z_0 + \sum_{j=m+1}^{n} \lambda_j x_j$$

**1. 最优解判别定理**

若 $X^0 = (b'_1, b'_2, \cdots, b'_m, 0, \cdots, 0)^T$ 为一个基可行解，且对于一切 $j = m+1, \cdots, n$，有 $\lambda_j \leqslant 0$，则 $X$ 为最优解。其中，称 $\lambda_j$ 为检验数。

**2. 无穷多最优解判别定理**

若 $X^0 = (b'_1, b'_2, \cdots, b'_m, 0, \cdots, 0)^T$ 为一个基可行解，且对于一切 $j = m+1, \cdots, n$，有 $\lambda_j \leqslant 0$，又存在某个非基变量的检验数 $\lambda_{m+k} = 0$，则线性规划问题有无穷多最优解。

**3. 无界解判别定理**

若 $X^0 = (b'_1, b'_2, \cdots, b'_m, 0, \cdots, 0)^T$ 为一个基可行解，有一个非基变量的检验数 $\lambda_{m+k} > 0$，并且对 $i = 1, \cdots, m$，有 $a'_{i,m+k} \leqslant 0$，那么该线性规划问题有无界解。

## ➤ 1.3.4 基变换

如果初始基可行解 $X^{(0)}$ 不是最优解及不能判别无界时，需要找一个新的基可行解。具体做法是从原可行基中换一个列向量，得到一个新的可行基，这个过程称为基变换。为了换基，先要确定换入变量，再确定换出变量，让它们相应的系数向量进行对换，这样就得到一个新的基可行解。

**1. 换入变量的确定**

由式(1-18)可以看到，当某些 $\lambda_j > 0$ 时，$x_j$ 增加则目标函数值还可以增大，这时需要将某个非基变量 $x_j$ 换到基变量中去(称为换入变量)。若有两个以上的 $\lambda_j > 0$，为了使目标函数值增加得快，一般选 $\lambda_j > 0$ 中的较大者，即

$$\max_j (\lambda_j > 0) = \lambda_k$$

则对应的 $x_k$ 为换入变量。

**2. 换出变量的确定**

设初始基可行解为 $X^{(0)} = (x_1^0, x_2^0, \cdots, x_n^0)$，其中非零分量有 $m$ 个，为不失一般性，假定前 $m$ 个分量为非零，即 $X^{(0)} = (x_1^0, x_2^0, \cdots, x_m^0, 0, \cdots, 0)$。

因为 $X^{(0)}$ 是基可行解，所以有

$$\sum_{i=1}^{m} P_i x_i^0 = b \qquad (1-19)$$

$P_1, \cdots, P_m$ 是一个基，其他向量 $P_j (j = m+1, \cdots, n)$ 可以用这个基的线性组合来表示，若确定非基变量 $P_{m+t}$ 为换入变量，必然可以找到一组不全为零的数，使得

$$P_{m+t} = \sum_{i=1}^{m} \beta_{i,m+t} P_i \text{ 或 } P_{m+t} - \sum_{i=1}^{m} \beta_{i,m+t} P_i = 0 \qquad (1-20)$$

给式(1-20)两边同乘一个正数 $\theta$，并将它加到(1-19)式上，得到

$$\sum_{i=1}^{m} (x_i^0 - \theta\beta_{i,m+t}) P_i + \theta P_{m+t} = b \qquad (1-21)$$

当 $\theta$ 取适当值时，就能得到满足约束条件的一个可行解(非零分量的数目不大于 $m$ 个)，就应当使 $(x_i^0 - \theta\beta_{i,m+t})(i = 1, 2, \cdots, m)$ 中的某一个为零，并保证其余的分量为非负。这个可以通过比较各比值 $\frac{x_i^0}{\beta_{i,m+t}}$ 来达到。同时因为 $\theta$ 必须是正数，所以只能选择 $(\frac{x_i^0}{\beta_{i,m+t}}) > 0$ 中比值最小的等于 $\theta$，即

$$\theta = \min_i \left( \frac{x_i^0}{\beta_{i,m+t}} \mid \beta_{i,m+t} > 0 \right) = \frac{x_l^0}{\beta_{l,m+t}}$$

这时 $x_l$ 为换出变量。按最小比值确定 $\theta$ 值,称为最小比值规则。将 $\theta = \dfrac{x_l^0}{\beta_{l,m+t}}$ 代入 $X$ 中,就可得到新的基可行解。

由 $X^{(0)}$ 转换到 $X^{(1)}$ 的各分量的转换公式为:

$$x_i^1 = \begin{cases} x_i^0 - \dfrac{x_l^0}{\beta_{l,m+t}} \cdot \beta_{i,m+t} & i \neq l \\[3mm] \dfrac{x_l^0}{\beta_{l,m+t}} & i = l \end{cases} \tag{1-22}$$

这里 $x_i^0$ 是原基可行解 $X^{(0)}$ 的各分量;$x_i^1$ 是新基可行解 $X^{(1)}$ 的各分量;$\beta_{i,m+t}$ 是换入向量的对应原来一组基向量的坐标。

## 1.4 单纯形法的计算步骤

根据以上讨论的结果,单纯形法的计算步骤归纳如下:

(1)求初始基可行解,列出初始单纯形表。

对非标准型的线性规划问题,首先要化成标准形式,由于总可以设法使约束方程的系数矩阵中包含一个单位矩阵,设这个单位矩阵式 $(P_1, \cdots, P_m)$,以此作为基可求出问题的一个初始基可行解 $X = (b_1, \cdots, b_m, 0, \cdots, 0)^T$。

为了计算上的方便和规格化,对单纯形法的计算设计了一种专门表格,称为单纯形表(见表 $1-4$)。迭代计算中每找出一个新的基可行解时,就构造一个新单纯形表。含初始基可行解的单纯形表称为初始单纯形表,含最优解的单纯形表称为最终单纯形表。

单纯形表结构为:表的第 $2 \sim 3$ 列列出基可行解中的基变量及其取值,接下来在第 2 行列出问题中的所有变量。在基变量下面各列数字分别是对应的基向量数字,表 $1-4$ 中变量 $x_1$,$x_2, \cdots, x_m$ 下面各列组成的单位矩阵就是初始基可行解对应的基。

每个非基变量 $x_j$ 下面的数字,是该变量在约束方程的系数向量 $P_j$ 表达为基向量线性组合时的系数。因为 $P_1, P_2, \cdots, P_m$ 都是单位向量,故有

$$P_j = a_{1j}P_1 + a_{2j}P_2 + \cdots + a_{mj}P_j \tag{1-23}$$

因此,初始单纯形表中 $x_j$ 下面这一列数字就是 $P_j$ 中各元素的值。

表 1-4　单纯形表

| $C_B$ | $X_B$ | $b$ | $c_j \rightarrow$ $x_1$ | $\cdots$ | $c_m$ $x_m$ | $\cdots$ | $c_j$ $x_j$ | $\cdots$ | $c_n$ $x_n$ | $\theta_i$ |
|---|---|---|---|---|---|---|---|---|---|---|
| $c_1$ | $x_1$ | $b_1$ | 1 | $\cdots$ | 0 | $\cdots$ | $a_{1j}$ | $\cdots$ | $a_{1n}$ | $\theta_1$ |
| $c_2$ | $x_2$ | $b_2$ | 0 | $\cdots$ | 0 | $\cdots$ | $a_{2j}$ | $\cdots$ | $a_{2n}$ | $\theta_2$ |
| $\cdots$ | $\cdots$ | $\cdots$ | $\cdots$ | $\cdots$ | $\cdots$ | $\cdots$ | $\cdots$ | $\cdots$ | $\cdots$ | $\cdots$ |
| $c_m$ | $x_m$ | $b_m$ | 0 | $\cdots$ | 1 | $\cdots$ | $a_{mj}$ | $\cdots$ | $a_{mn}$ | $\theta_m$ |
| $c_j - z_j$ | | | 0 | $\cdots$ | 0 | $\cdots$ | $c_j - \sum\limits_{i=1}^{m} c_i a_{ij}$ | $\cdots$ | $c_n - \sum\limits_{i=1}^{m} c_i a_{in}$ | |

表 1-4 最上面一行的数字是各变量在目标函数中的系数值,最左端一列数字是与各基变量对应的目标函数中的系数值 $C_B$,最右端一列数字是在确定换入变量后,按 $\theta$ 规则计算后填入的。最后一行称为检验数行,对应各非基变量 $x_j$ 检验数等于它下面这一列数字与 $C_B$ 中同行的数字分别相乘,再用它上端的 $c_j$ 值减去上述乘积之和,即

$$c_j - (c_1 a_{1j} + c_2 a_{2j} + \cdots + c_m a_{mj}) = c_j - \sum_{i=1}^{m} c_i a_{ij} \tag{1-24}$$

因此,初始单纯形表中 $x_j$ 下面这一列数字就是 $P_j$ 中各元素的值。

(2)进行最优性检验。

如果表中所有检验数 $\lambda_j \leqslant 0$,则表中的基可行解就是问题的最优解,计算到此结束;否则转入下一步。

(3)进行基变换,列出新的单纯形表。

①确定换入变量。只要有检验数 $\lambda_j > 0$,对应的变量就可以作为换入变量,当有一个以上检验数大于零时,一般从中找出最大一个 $\lambda_k$ ,即

$$\lambda_k = \max_j (\lambda_j \mid \lambda_j > 0)$$

则对应的 $x_k$ 为换入变量。

②确定换出变量。根据上一节中确定的 $\theta$ 规则计算

$$\theta = \min_i (\frac{b_i}{a_{ik}} \mid a_{ik} > 0) = \frac{b_l}{a_{lk}}$$

确定 $x_l$ 为换出变量。元素 $a_{lk}$ 决定了从一个基可行解到另一个基可行解的转移方向,称为主元素。

③以 $a_{lk}$ 为主元素进行迭代,把 $x_k$ 所对应的列向量

$$P_k = \begin{bmatrix} a_{1k} \\ a_{2k} \\ \vdots \\ a_{lk} \\ \vdots \\ a_{mk} \end{bmatrix} \Rightarrow \begin{bmatrix} 0 \\ 0 \\ \vdots \\ 1 \\ \vdots \\ 0 \end{bmatrix} \leftarrow \text{第 } l \text{ 行}$$

(4)重复第二、三步,一直到计算终止。

**例 1-10** 用单纯形法求解例 1-1 的线性规划问题。

解:首先给例 1-1 各约束条件添加松弛变量,将问题化为标准形式。

$$\max z = 5x_1 + 4x_2 + 0x_3 + 0x_4 + 0x_5$$

$$s.t. \begin{cases} x_1 + 3x_2 + x_3 = 90 \\ 2x_1 + x_2 + x_4 = 80 \\ x_1 + x_2 + x_5 = 45 \\ x_1, x_2, x_3, x_4, x_5 \geqslant 0 \end{cases}$$

取松弛变量 $x_3, x_4, x_5$ 为基变量,它对应的单位矩阵为基,这样得到初始基可行解

$$X^{(0)} = (0, 0, 90, 80, 45)^T$$

并据此列出初始单纯形表(见表 1-5)。

表中有大于零的检验数,故表中的基可行解不是最优解,因为 $\lambda_1 > \lambda_2$,故确定 $x_1$ 为换入变量。为确定换出变量,将 $b$ 列数字除以 $x_1$ 列同行数字,得

$$\theta = \min\left(\frac{90}{1}, \frac{80}{2}, \frac{45}{1}\right) = \frac{80}{2} = 40$$

因此,$x_4$ 为换出变量。2 为主元素,将其加上"[ ]"标记。将换入变量 $x_1$ 替换基变量中的 $x_4$,画出新的单纯形表(见表 1-6)。

**表 1-5 初始单纯形表**

| $C_B$ | $X_B$ | $b$ | $x_1$ | $x_2$ | $x_3$ | $x_4$ | $x_5$ | $\theta$ | |
|---|---|---|---|---|---|---|---|---|---|
| | $c_j \rightarrow$ | | 5 | 4 | 0 | 0 | 0 | | |
| 0 | $x_3$ | 90 | 1 | 3 | 1 | 0 | 0 | 90 | (1) |
| 0 | $x_4$ | 80 | [2] | 1 | 0 | 1 | 0 | 40 | (2) |
| 0 | $x_5$ | 45 | 1 | 1 | 0 | 0 | 1 | 45 | (3) |
| | $c_j - z_j$ | | 5 | 4 | 0 | 0 | 0 | | (4) |

为清楚说明计算过程,表 1-5 中各行分别以 (1)、(2)、(3)、(4) 标记,表 1-6 中相应行标以 (1)′、(2)′、(3)′、(4)′。

首先将主元素行除以主元素,故有 (2)′=(2)/2,即 (2)′ 行数字由表 1-5 中第 (2) 行数字除以主元素 2 得来。

$$(1)' = (1) - \frac{1}{2}(2)$$

即表 1-6 中第 (1)′ 行数字为表 1-5 中第 (2) 行数字乘 (-1/2) 加到表 1-6 中的第 (1) 行得来。

类似的有

$$(3)' = (3) - \frac{1}{2}(2) \qquad (4)' = (4) - \frac{5}{2}(2)$$

**表 1-6**

| $C_B$ | $X_B$ | $b$ | $x_1$ | $x_2$ | $x_3$ | $x_4$ | $x_5$ | $\theta$ | |
|---|---|---|---|---|---|---|---|---|---|
| | $c_j \rightarrow$ | | 5 | 4 | 0 | 0 | 0 | | |
| 0 | $x_3$ | 50 | 0 | 5/2 | 1 | -1/2 | 0 | 20 | (1)′ |
| 5 | $x_1$ | 40 | 1 | 1/2 | 0 | 1/2 | 0 | 80 | (2)′ |
| 0 | $x_5$ | 5 | 0 | [1/2] | 0 | -1/2 | 1 | 10 | (3)′ |
| | $c_j - z_j$ | | 0 | 3/2 | 0 | -5/2 | 0 | | (4)′ |

表中仍有大于零的检验数 $\lambda_2$,故确定 $x_1$ 为换入变量。又因

$$\theta = \min\left(\frac{50}{5/2}, \frac{40}{1/2}, \frac{5}{1/2}\right) = \frac{5}{1/2} = 10$$

因此 $x_5$ 为换出变量。1/2 为主元素,用换入变量 $x_2$ 替换基变量中的 $x_5$,画出新的单纯形表(见表 1-7)。

表 1-7

| $c_j \rightarrow$ | | | 5 | 4 | 0 | 0 | 0 | $\theta$ |
|---|---|---|---|---|---|---|---|---|
| $C_B$ | $X_B$ | $b$ | $x_1$ | $x_2$ | $x_3$ | $x_4$ | $x_5$ | |
| 0 | $x_3$ | 25 | 0 | 0 | 1 | 2 | $-5$ | $(1)''$ |
| 5 | $x_1$ | 35 | 1 | 0 | 0 | 1 | $-1$ | $(2)''$ |
| 4 | $x_2$ | 10 | 0 | 1 | 0 | $-1$ | 2 | $(3)''$ |
| | $c_j - z_j$ | | 0 | 0 | 0 | $-1$ | $-3$ | $(4)''$ |

表 1-7 中相应各行数字得计算过程如下:

$$(3)'' = \frac{(3)'}{1/2} \qquad\qquad (1)'' = (1)' - 5(3)'$$

$$(2)'' = (2)' - (3)' \qquad\qquad (4)'' = (4)' - 3(3)'$$

表 1-7 中所有检验数 $\sigma_j \leqslant 0$,说明已找到问题的最优解

$$X^* = X^{(2)} = (35,10,25,0,0)^T$$

目标函数值 $\qquad\qquad z(X^*) = 5 \times 35 + 4 \times 10 = 215$

下面对图解法中所介绍的线性规划问题的解的几种特殊情况,用单纯形法进一步求解说明。

**例 1-11** 假如例 1-1 中生产单位产品 $B_1$ 的利润由原来 5 百元降低至 4 百元,其他条件不变,应如何安排生产获利最多。

解:所求问题的标准形式为:

$$\max z = 4x_1 + 4x_2 + 0x_3 + 0x_4 + 0x_5$$

$$s.t. \begin{cases} x_1 + 3x_2 + x_3 = 90 \\ 2x_1 + x_2 + x_4 = 80 \\ x_1 + x_2 + x_5 = 45 \\ x_1,x_2,x_3,x_4,x_5 \geqslant 0 \end{cases}$$

取松弛变量 $x_3,x_4,x_5$ 为基变量,确定初始基可行解并建立初始单纯形表,其整个求解过程如表 1-8 所示。

因为所有检验数 $\lambda_j \leqslant 0$,说明已找到问题的最优解:

$$X_1^* = (35,10,25,0,0)^T$$

目标函数值 $\qquad\qquad z(X^*) = 4 \times 35 + 4 \times 10 = 180$

表 1-8

| $c_j \rightarrow$ | | | 4 | 4 | 0 | 0 | 0 | $\theta$ |
|---|---|---|---|---|---|---|---|---|
| $C_B$ | $X_B$ | $b$ | $x_1$ | $x_2$ | $x_3$ | $x_4$ | $x_5$ | |
| 0 | $x_3$ | 90 | 1 | 3 | 1 | 0 | 0 | 90 |
| 0 | $x_4$ | 80 | [2] | 1 | 0 | 1 | 0 | 40 |
| 0 | $x_5$ | 45 | 1 | 1 | 0 | 0 | 1 | 45 |
| | $c_j - z_j$ | | 4 | 4 | 0 | 0 | 0 | |
| 0 | $x_3$ | 50 | 0 | 5/2 | 1 | $-1/2$ | 0 | 20 |

| 4 | $x_1$ | 40 | 1 | 1/2 | 0 | 1/2 | 0 | 80 |
|---|---|---|---|---|---|---|---|---|
| 0 | $x_5$ | 5 | 0 | [1/2] | 0 | $-1/2$ | 1 | 10 |
| $c_j - z_j$ | | | 0 | 2 | 0 | $-2$ | 0 | |
| 0 | $x_3$ | 25 | 0 | 0 | 1 | [2] | $-5$ | |
| 4 | $x_1$ | 35 | 1 | 0 | 0 | 1 | $-1$ | |
| 4 | $x_2$ | 10 | 0 | 1 | 0 | $-1$ | 2 | |
| $c_j - z_j$ | | | 0 | 0 | 0 | 0 | $-4$ | |

需要注意的是,在最终单纯形表中,除基变量的检验数为零外,非基变量 $x_4$ 的检验数也为零,这表明如果让 $x_4$ 增加不会使目标函数值有所变化,也就是说,如果让 $x_4$ 作为换入变量继续迭代,就会得到另一个基可行解,见表 1-9。

表 1-9 给出的最优解为 $\lambda_j \leqslant 0$,说明已找到问题的最优解:

$$X_2{}^* = (\frac{45}{2}, \frac{45}{2}, 0, \frac{25}{2}, 0)^T$$

表 1-9

| | $c_j \rightarrow$ | | 5 | 4 | 0 | 0 | 0 | $\theta$ |
|---|---|---|---|---|---|---|---|---|
| $C_B$ | $X_B$ | $b$ | $x_1$ | $x_2$ | $x_3$ | $x_4$ | $x_5$ | |
| 0 | $x_4$ | 25/2 | 0 | 0 | 1/2 | 1 | $-5/2$ | |
| 4 | $x_1$ | 45/2 | 1 | 0 | $-1/2$ | 0 | 3/2 | |
| 4 | $x_2$ | 45/2 | 0 | 1 | 1/2 | 0 | $-1/2$ | |
| | $c_j - z_j$ | | 0 | 0 | 0 | 0 | $-4$ | |

其目标函数值也为 180。按最优解的定义,是目标函数达到最大值的任一可行解都是一个最优解。所以这个线性规划问题有多个最优解。由表 1-8 和表 1-9 求出的两个最优解为可行域的两个顶点。实际上这两个顶点连线上的所有点都是该线性规划问题的最优解。例如 $(30, 15)$,其对应的目标函数值也为 180。这表明该点虽然不是基可行解,但同样是该线性规划问题的一个最优解。

当线性规划问题具有多重最优解释,在实际应用中,可以在这些取得相同最优值的方案中,结合实际情况,考虑其他条件进行比较选择,确定一个最好的方案。如本例表 1-8 中,松弛变量 $x_3 = 25$,即表明第一种资源的剩余量为 25 个单位;表 1-9 所示最优解中,松弛变量 $x_4 = 12.5$,即表明第二种资源的剩余量为 12.5 个单位;而由另一个最优解:$x_1 = 30$,$x_2 = 15$,知 $x_3 = 15$,$x_4 = 5$,即表明第一种资源和第二种资源的剩余量分别为 15 个单位和 5 个单位。这样在获取相同经济效益的前提下,出现了不同资源的剩余。此时可根据资源的稀缺程度,选择更有利于发挥资源效用的方案作为实施方案。

**例 1 - 12** 利用单纯形表法求解下列线性规划问题。

$$\max z = -x_1 + 2x_2 - x_3$$

$$s.t. \begin{cases} 3x_1 - x_2 + x_3 + x_4 = 4 \\ x_1 - x_2 + x_3 + x_5 = 2 \\ -2x_1 + x_2 - x_3 + x_6 = 4 \\ x_1, x_2, x_3, x_4, x_5 x_6 \geqslant 0 \end{cases}$$

取松弛变量 $x_4, x_5, x_6$ 为基变量,确定初始基可行解并建立初始单纯形表,其整个求解过程如表 1 - 10 所示。

在表 1 - 10 中,因为 $\lambda_3 > 0$,选 $x_3$ 为换入变量,但换入变量 $x_3$ 所在列的所有系数均小于等于零,故此问题具有无界解。

**表 1 - 10**

| $c_B$ | $x_B$ | $b$ | $-1$ | $2$ | $-1$ | $0$ | $0$ | $0$ | $\theta$ |
| | | | $x_1$ | $x_2$ | $x_3$ | $x_4$ | $x_5$ | $x_6$ | |
|---|---|---|---|---|---|---|---|---|---|
| $0$ | $x_4$ | $4$ | $3$ | $-1$ | $1$ | $1$ | $0$ | $0$ | |
| $0$ | $x_5$ | $2$ | $1$ | $-1$ | $1$ | $0$ | $1$ | $0$ | |
| $0$ | $x_6$ | $4$ | $-2$ | $[1]$ | $-1$ | $0$ | $0$ | $1$ | $4$ |
| | $c_j - z_j$ | | $-1$ | $2$ | $-1$ | $0$ | $0$ | $0$ | |
| $0$ | $x_4$ | $8$ | $[1]$ | $0$ | $0$ | $1$ | $0$ | $1$ | $8$ |
| $0$ | $x_5$ | $6$ | $-1$ | $0$ | $0$ | $0$ | $1$ | $1$ | |
| $2$ | $x_2$ | $4$ | $-2$ | $1$ | $-1$ | $0$ | $0$ | $1$ | |
| | $c_j - z_j$ | | $3$ | $0$ | $1$ | $0$ | $0$ | $-2$ | |
| $-1$ | $x_1$ | $8$ | $1$ | $0$ | $0$ | $1$ | $0$ | $1$ | |
| $0$ | $x_5$ | $14$ | $0$ | $0$ | $0$ | $1$ | $1$ | $2$ | |
| $2$ | $x_2$ | $20$ | $0$ | $1$ | $-1$ | $2$ | $0$ | $3$ | |
| | $c_j - z_j$ | | $0$ | $0$ | $1$ | $-3$ | $0$ | $-5$ | |

# 1.5　单纯形法的进一步讨论

## ➤ 1.5.1　人工变量法

上节讨论了线性规划问题的约束条件为:

$$\sum_{j=1}^{n} a_{ij} x_j \leqslant b_i \quad (i = 1, 2, \cdots, m)$$

化为标准形式时,在每个不等式左端添加一个松弛变量,由此在约束方程的系数矩阵中包含一个单位矩阵,选这个单位矩阵作为初始基,求初始基可行解和建立初始单纯形表十分简单方便。但当线性规划的约束条件都是等式,而系数矩阵中不含有单位矩阵时,为了迅速地找到一个初始基可行解,往往通过人为添加非负变量(称这种人为引入的变量为人工变量)来构造一个单位基矩阵。当约束条件是"≥"的情况,可以先在不等式左端减去一个非负的剩余变量(也可称为松弛变量)化为等式,然后再添加一个人工变量。设线性规划问题的约束条件是:

$$\sum_{j=1}^{n} a_{ij}x_j = b_i \qquad (i=1,2,\cdots,m)$$

分别给每一个约束方程加入人工变量 $x_{n+1},\cdots,x_{n+m}$,得到

$$\begin{cases} a_{11}x_1 + a_{12}x_2 + \cdots + a_{1n}x_n + x_{n+1} = b_1 \\ a_{21}x_1 + a_{22}x_2 + \cdots + a_{2n}x_n + x_{n+2} = b_2 \\ \qquad\qquad\vdots \\ a_{m1}x_1 + a_{m2}x_2 + \cdots + a_{mn}x_n + x_{n+m} = b_m \\ x_1,x_2,\cdots,x_n \geq 0, x_{n+1},\cdots,x_{n+m} \geq 0 \end{cases}$$

以 $x_{n+1},\cdots,x_{n+m}$ 为基变量,令非基变量 $x_1,\cdots,x_n$ 为零,就可以得到一个初始基可行解

$$X^{(0)} = (0,0,\cdots,0,b_1,\cdots b_m)^T$$

由于人工变量的加入,破坏了原有模型的约束条件,因此上面得到 $X^{(0)}$ 的不再是原问题的基可行解。但如果在求解迭代过程中,人工变量能从基变量中退出,变为非基变量,即 $x_{n+1} = \cdots = x_{n+m} = 0$,则新问题的基可行解就是原来线性规划问题的基可行解。为了实现这一目的,就要设法在迭代过程中让人工变量从基变量中退出去(或其值为零)。基变量中不再含有非零的人工变量,这表明原问题有解。若在最终表中,当所有的 $\sigma_j \leq 0$,而在其中还有某个非零人工变量,表示原问题无可行解。

**1. 大 $M$ 法**

在一个线性规划问题的约束条件中加进人工变量后,要求人工变量对目标函数取值不受影响,为此取人工变量在目标函数中的系数为 $-M$(在最小化问题中取 $M$),这里是一个很大的正数,通常称 $M$ 为惩罚因子,这样目标函数要实现最大化时,必须把人工变量从基变量换出;否则目标函数不可能实现最大化。

**例 1–13** 试用大 $M$ 法求解下列线性规划问题。

$$\max z = x_1 + 3x_2 + 4x_3$$
$$s.t. \begin{cases} 3x_1 + 2x_2 \leq 13 \\ x_2 + 3x_3 \leq 17 \\ 2x_1 + x_2 + x_3 = 13 \\ x_1,x_2,x_3 \geq 0 \end{cases}$$

解:在上述问题的约束条件中加入松弛变量 $x_4,x_5$,人工变量 $x_6$,得到

$$\max z = x_1 + 3x_2 + 4x_3 - Mx_6$$
$$s.t. \begin{cases} 3x_1 + 2x_2 + x_4 = 13 \\ x_2 + 3x_3 + x_5 = 17 \\ 2x_1 + x_2 + x_3 + x_6 = 13 \\ x_1,x_2,x_3,x_4,x_5,x_6 \geq 0 \end{cases}$$

利用单纯形法求解,求解过程见表 1–11。

表中所有检验数全部为负,所以线性规划的最优解 $X^* = (3,2,5)^T$,目标函数 $z = 29$。

表 1 - 11

| $c_j$ | | | 1 | 3 | 4 | 0 | 0 | $-M$ | |
|---|---|---|---|---|---|---|---|---|---|
| $c_B$ | $x_B$ | $b$ | $x_1$ | $x_2$ | $x_3$ | $x_4$ | $x_5$ | $x_6$ | $\theta$ |
| 0 | $x_4$ | 13 | [3] | 2 | 0 | 1 | 0 | 0 | 13/3 |
| 0 | $x_5$ | 17 | 0 | 1 | 3 | 0 | 1 | 0 | — |
| $-M$ | $x_6$ | 13 | 2 | 1 | 1 | 0 | 0 | 1 | 13/2 |
| $c_j - z_j$ | | | $1+2M$ | $3+M$ | $4+M$ | 0 | 0 | 0 | |
| 1 | $x_1$ | 13/3 | 1 | 2/3 | 0 | 1/3 | 0 | 0 | — |
| 0 | $x_5$ | 17 | 0 | 1 | 3 | 0 | 1 | 0 | 17/3 |
| $-M$ | $x_6$ | 13/3 | 0 | $-1/3$ | [1] | $-2/3$ | 0 | 1 | 13/3 |
| $\lambda_j = c_j - z_j$ | | | 0 | $7/3-M/3$ | $4+M$ | $-1/3-2M/3$ | 0 | 0 | |
| 1 | $x_1$ | 13/3 | 1 | 2/3 | 0 | 1/3 | 0 | 0 | 13/2 |
| 0 | $x_5$ | 4 | 0 | [2] | 0 | 2 | 1 | $-3$ | 2 |
| 4 | $x_3$ | 13/3 | 0 | $-1/3$ | 1 | $-2/3$ | 0 | 1 | — |
| $\lambda_j = c_j - z_j$ | | | 0 | 11/3 | 0 | 7/3 | 0 | $-4-M$ | |
| 1 | $x_1$ | 3 | 1 | 0 | 0 | $-1/3$ | $-1/3$ | 1 | |
| 3 | $x_2$ | 2 | 0 | 1 | 0 | 1 | 1/2 | $-3/2$ | |
| 4 | $x_3$ | 5 | 0 | 0 | 1 | $-1/3$ | 1/6 | 1/2 | |
| $\lambda_j = c_j - z_j$ | | | 0 | 0 | 0 | $-4/3$ | $-11/6$ | $3/2-M$ | |

**2. 两阶段法**

利用电子计算机求解含有人工变量的线性规划问题时，只能在计算机内输入一个很大的数字来代替 $M$，如果线性规划问题中的 $a_{ij}$，$b_i$ 或 $c_i$ 等参数值与这个代表 $M$ 的数相对比较接近，或远远小于这个数字，由于计算机计算时取值的误差，有可能使计算结果发生错误。为了克服这个困难，可以对添加人工变量后的线性规划问题分两个阶段来计算，故称为两阶段法。

两阶段法的第一阶段是先求解一个目标函数中只包含人工变量的线性规划问题，即令目标函数中其他变量的系数为零，人工变量的系数取某个正的常数(一般取1)，在保持原问题约束条件不变的情况下求这个目标函数极小值时的解。在第一阶段中，当人工变量取值为 0 时，目标函数值也为 0，这时的最优解是原线性规划问题的一个基可行解。如果第一阶段求解结果最优解的目标函数值不为 0，也即最优解的基变量中含有人工变量，表明原线性规划问题无可行解。

当第一阶段求解结果表明问题有可行解时，第二阶段是从第一阶段的最终单纯形表出发，去掉人工变量，并按问题原来的目标函数继续寻找问题的最优解。

**例 1 - 14**  试用两阶段法求解下列线性规划问题。

$$\max z = x_1 + 3x_2 + 4x_3$$

$$s.t. \begin{cases} 3x_1 + 2x_2 \leqslant 13 \\ x_2 + 3x_3 \leqslant 17 \\ 2x_1 + x_2 + x_3 = 13 \\ x_1, x_2, x_3 \geqslant 0 \end{cases}$$

解：在上述问题的约束条件中加入松弛变量 $x_4,x_5$，人工变量 $x_6$，给出第一阶段的数学模型为

$$\min z = x_6$$

$$s.t. \begin{cases} 3x_1 + 2x_2 + x_4 = 13 \\ x_2 + 3x_3 + x_5 = 17 \\ 2x_1 + x_2 + x_3 + x_6 = 13 \\ x_1,x_2,x_3,x_4,x_5,x_6 \geqslant 0 \end{cases}$$

利用单纯形法求解，求解过程见表 1-12。第一阶段求得的结果是 $z=0$，得到的最优解是

$$x_1 = 13/3, x_2 = 0, x_3 = 13/3, x_4 = 0, x_5 = 4, x_6 = 0$$

因为人工变量 $x_6 = 0$，所有 $(13/3,0,13/3,0,4)^T$ 是线性规划问题的基可行解，所以可进行第二阶段运算。将第一阶段的最终表中的人工变量取消，并填入原问题的目标函数得系数，进行第二阶段计算，见表 1-13。

从表 1-13 得到最优解为 $x_1 = 3, x_2 = 2, x_3 = 5$，目标函数值 $z = 29$。

表 1-12

| | $c_j$ | | 0 | 0 | 0 | 0 | 0 | 1 | |
|---|---|---|---|---|---|---|---|---|---|
| $c_B$ | $x_B$ | $b$ | $x_1$ | $x_2$ | $x_3$ | $x_4$ | $x_5$ | $x_6$ | $\theta$ |
| 0 | $x_4$ | 13 | [3] | 2 | 0 | 1 | 0 | 0 | 13/3 |
| 0 | $x_5$ | 17 | 0 | 1 | 3 | 0 | 1 | 0 | — |
| 1 | $x_6$ | 13 | 2 | 1 | 1 | 0 | 0 | 1 | 13/2 |
| | $\lambda_j = c_j - z_j$ | | −2 | −1 | −1 | 0 | 0 | 0 | |
| 0 | $x_1$ | 13/3 | 1 | 2/3 | 0 | 1/3 | 0 | 0 | — |
| 0 | $x_5$ | 17 | 0 | 1 | 3 | 0 | 1 | 0 | 17/3 |
| 1 | $x_6$ | 13/3 | 0 | −1/3 | [1] | −2/3 | 0 | 1 | 13/3 |
| | $\lambda_j = c_j - z_j$ | | 0 | 1/3 | −1 | 2/3 | 0 | 0 | |
| 0 | $x_1$ | 13/3 | 1 | 2/3 | 0 | 1/3 | 0 | 0 | 13/2 |
| 0 | $x_5$ | 4 | 0 | [2] | 0 | 2 | 1 | −3 | 2 |
| 0 | $x_3$ | 13/3 | 0 | −1/3 | 1 | −2/3 | 0 | 1 | — |
| | $\lambda_j = c_j - z_j$ | | 0 | 0 | 0 | 0 | 0 | 1 | |

表 1-13

| | $c_j$ | | 1 | 3 | 4 | 0 | 0 | |
|---|---|---|---|---|---|---|---|---|
| $c_B$ | $x_B$ | $b$ | $x_1$ | $x_2$ | $x_3$ | $x_4$ | $x_5$ | $\theta$ |
| 1 | $x_1$ | 13/3 | 1 | 2/3 | 0 | 1/3 | 0 | 13/2 |
| 0 | $x_5$ | 4 | 0 | [2] | 0 | 2 | 1 | 2 |
| 4 | $x_3$ | 13/3 | 0 | −1/3 | 1 | −2/3 | 0 | — |
| | $\lambda_j = c_j - z_j$ | | 0 | 11/3 | 0 | 7/3 | 0 | |

| 1 | $x_1$ | 3 | 1 | 0 | 0 | $-1/3$ | $-1/3$ | |
| 3 | $x_2$ | 2 | 0 | 1 | 0 | 1 | $1/2$ | |
| 4 | $x_3$ | 5 | 0 | 0 | 1 | $-1/3$ | $1/6$ | |
| $\lambda_j = c_j - z_j$ | | | 0 | 0 | 0 | $-4/3$ | $-11/6$ | |

## ▷1.5.2　退化

单纯形法计算中用 $\theta$ 规则确定换出变量时,有时存在两个以上相同的最小比值,这样在下一次迭代中就有一个或者几个基变量等于零,这就出现退化解。这时换出变量 $x_l = 0$,迭代后目标函数值不变,这时不同基表示为同一顶点。有人构造了一个特例,当出现退化时,进行多次迭代,基从 $B_1, B_2, \cdots$,最后又返回到 $B_1$,即出现计算过程的循环,这时永远达不到最优解。

尽管计算过程的循环现象很少出现,但还是有可能的。为了解决这问题,先后有人提出了"摄动法"、"字典序法",其中最著名的是 1974 年勃兰特提出的一种简便规则,简称勃兰特规则:

(1)选取 $c_j - z_j > 0$ 中下标最小的非基变量 $x_k$ 为换入变量,即
$$k = \min(j \mid c_j - z_j > 0)$$

(2)当按 $\theta$ 规则计算存在两个和两个以上最小比值时,选取下标最小的基变量为换出变量。

按勃兰特规则计算时,就解决了上述出现循环的问题。

## ▷1.5.3　单纯形法计算的矩阵表示

用矩阵形式描述线性规划的标准形式为:
$$\max z = CX$$
$$s.t. \begin{cases} AX = b \\ X \geqslant 0 \end{cases}$$

在转化成标准形式时,总可以构造一个单位矩阵作为初始单纯性表中的基,因此在初始单纯形表中,可以将矩阵 $A$ 分成作为初始基的单位矩阵 $I$ 和非基变量的系数矩阵 $N$ 两块。经过计算迭代后,新单纯形表中的基是由上述两块矩阵中的部分向量转化并组合而成。为清楚起见,把新单纯形表中的基(即单位矩阵 $I$)对应的初始单纯形表中的那些向量抽出来单独列出一块,用 $B$ 表示,这样初始单纯形表可见表 1-14。

表 1-14

| 初始解 | 非基变量 | | 基变量 |
|---|---|---|---|
| $b$ | $B$ | $N$ | $I$ |
| $c_j - z_j$ | $\lambda_N$ | | $0, \cdots, 0$ |

单纯形法的迭代计算实际上是对约束方程的系数矩阵进行行的初等变换。由线性代数的知识可知,对矩阵 $[b\,|\,B\,|\,N\,|\,I]$ 进行矩阵的初等行变换时,当 $B$ 变换为 $I$, $I$ 将变换为 $B^{-1}$。上述矩阵将变换为 $[B^{-1}b\,|\,I\,|\,B^{-1}N\,|\,B^{-1}]$。将基变换后的新单纯形表见表 $1-15$:

表 $1-15$

| 基可行解 | 基变量 | 非基变量 | |
|---|---|---|---|
| $b'$ | $I$ | $N'$ | $B^{-1}$ |
| $c_j - z_j$ | $0,\cdots,0$ | $\lambda'_N$ | $-y_1,\cdots,-y_m$ |

显然有

$$b' = B^{-1}b \qquad\qquad (1-25)$$

$$N' = B^{-1}N \text{ 或 } P'_j = B^{-1}P_j \qquad\qquad (1-26)$$

$$-Y = (-y_1,\cdots,-y_m)^T = 0 - C_B B^{-1} = -C_B B^{-1} \qquad\qquad (1-27)$$

$$\lambda'_N = C_N - C_b N' = C_N - C_B B^{-1} N \text{ 或 } \lambda'_j = c_j - C_B P'_j = c_j - C_B B^{-1} P_j \qquad (1-28)$$

**例 $1-15$** 对例 $1-10$ 的计算用矩阵描述。

解:在表 $1-5$ 和表 $1-6$ 的变量 $x_1$ 前增加一个变量 $x_3$,即在表中将 $P_3$ 列多写一次,见表 $1-16$ 和表 $1-17$。

表 $1-16$

| $C_B$ | $X_B$ | $b$ | $x_3$ | $x_1$ | $x_2$ | $x_3$ | $x_4$ | $x_5$ |
|---|---|---|---|---|---|---|---|---|
| 0 | $x_3$ | 90 | 1 | 1 | 3 | 1 | 0 | 0 |
| 0 | $x_4$ | 80 | 0 | 2 | 1 | 0 | 1 | 0 |
| 0 | $x_5$ | 45 | 0 | 1 | 1 | 0 | 0 | 1 |
| | $c_j - z_j$ | | 0 | 5 | 4 | 0 | 0 | 0 |

表 $1-17$

| $C_B$ | $X_B$ | $b$ | $x_3$ | $x_1$ | $x_2$ | $x_3$ | $x_4$ | $x_5$ |
|---|---|---|---|---|---|---|---|---|
| 0 | $x_3$ | 25 | 1 | 0 | 0 | 1 | 2 | $-5$ |
| 5 | $x_1$ | 35 | 0 | 1 | 0 | 0 | 1 | $-1$ |
| 4 | $x_2$ | 10 | 0 | 0 | 1 | 0 | $-1$ | 2 |
| | $c_j - z_j$ | | 0 | 0 | 0 | 0 | $-1$ | $-3$ |

在表 $1-5$ 中,$P_3,P_1,P_2$ 组成的矩阵为 $B$,$P_3,P_4,P_5$ 构成单位矩阵 $I$。经过单纯形法计算进行矩阵的初等行变换后,表 $1-17$ 中 $P_3,P_1,P_2$ 构成的矩阵变换成单位矩阵 $I$,$P_3,P_4,P_5$ 构成的矩阵成为 $B$ 的逆矩阵 $B^{-1}$。因此有:

$$B^{-1} = \begin{bmatrix} 1 & 2 & -5 \\ 0 & 1 & -1 \\ 0 & -1 & 2 \end{bmatrix}$$

由 $(1-25)$ 至 $(1-28)$,得

$$b' = B^{-1}b = \begin{bmatrix} 1 & 2 & -5 \\ 0 & 1 & -1 \\ 0 & -1 & 2 \end{bmatrix} \begin{bmatrix} 90 \\ 80 \\ 45 \end{bmatrix} = \begin{bmatrix} 25 \\ 35 \\ 10 \end{bmatrix}$$

$$P'_1 = B^{-1}P_1 = \begin{bmatrix} 1 & 2 & -5 \\ 0 & 1 & -1 \\ 0 & -1 & 2 \end{bmatrix} \begin{bmatrix} 1 \\ 2 \\ 1 \end{bmatrix} = \begin{bmatrix} 0 \\ 1 \\ 0 \end{bmatrix}$$

$$P'_2 = B^{-1}P_2 = \begin{bmatrix} 1 & 2 & -5 \\ 0 & 1 & -1 \\ 0 & -1 & 2 \end{bmatrix} \begin{bmatrix} 3 \\ 1 \\ 1 \end{bmatrix} = \begin{bmatrix} 0 \\ 0 \\ 1 \end{bmatrix}$$

$$(-y_1, -y_2, -y_3) = -(0,5,4) \begin{bmatrix} 1 & 2 & -5 \\ 0 & 1 & -1 \\ 0 & -1 & 2 \end{bmatrix} = (0, -1, -3)$$

由单纯形法计算的矩阵描述可以得到,对线性规划问题,只要给出一个新的基,可以直接计算得出新的单纯形表,而不需要进行逐步迭代。

### ▶ 1.5.4　单纯形法小结

(1)对给定的线性规划问题,应该首先转化为标准形式,选取或构造出一个单位矩阵作为基,求出初始基可行解并列出初始单纯形表。对各种类型线性规划问题转换成标准形式可参见表 1-18,表中 $x_{si}$ 为松弛变量,$x_{ai}$ 为人工变量。

表 1-18

| 线性规划模型 | | | 标准形式 |
|---|---|---|---|
| 变量 | | $x_j \geqslant 0$ | 不变 |
| | | $x_j \leqslant 0$ | 令 $x'_j = -x_j$,则 $x'_j \geqslant 0$ |
| | | $x_j$ 取值无约束 | 令 $x_j = x'_j - x''_j$,其中 $x'_j, x''_j \geqslant 0$ |
| 约束条件 | 右端项 | $b_i \geqslant 0$ | 不变 |
| | | $b_i < 0$ | 约束条件两端同乘"-1" |
| | 形式 | $\sum\limits_{j=1}^{n} a_{ij}x_j \leqslant b_i$ | $\sum\limits_{j=1}^{n} a_{ij}x_j + x_{si} = b_i$ |
| | | $\sum\limits_{j=1}^{n} a_{ij}x_j = b_i$ | $\sum\limits_{j=1}^{n} a_{ij}x_j + x_{ai} = b_i$ |
| | | $\sum\limits_{j=1}^{n} a_{ij}x_j \geqslant b_i$ | $\sum\limits_{j=1}^{n} a_{ij}x_j - x_{si} + x_{ai} = b_i$ |
| 目标函数 | 极大或极小 | $\max z = \sum\limits_{j=1}^{n} c_j x_j$ | 不变 |
| | | $\min z = \sum\limits_{j=1}^{n} c_j x_j$ | 令 $z' = -z$,化为求 $\max z' = -\sum\limits_{j=1}^{n} c_j x_j$ |
| | $x_{si}$ 和 $x_{ai}$ 前的系数 | 加松弛变量 $x_{si}$ 时 | $\max z = \sum\limits_{j=1}^{n} c_j x_j + 0x_{si}$ |
| | | 加人工变量 $x_{ai}$ 时 | $\max z = \sum\limits_{j=1}^{n} c_j x_j - Mx_{ai}$ |

（2）单纯形法计算步骤的框图见图 1-6。

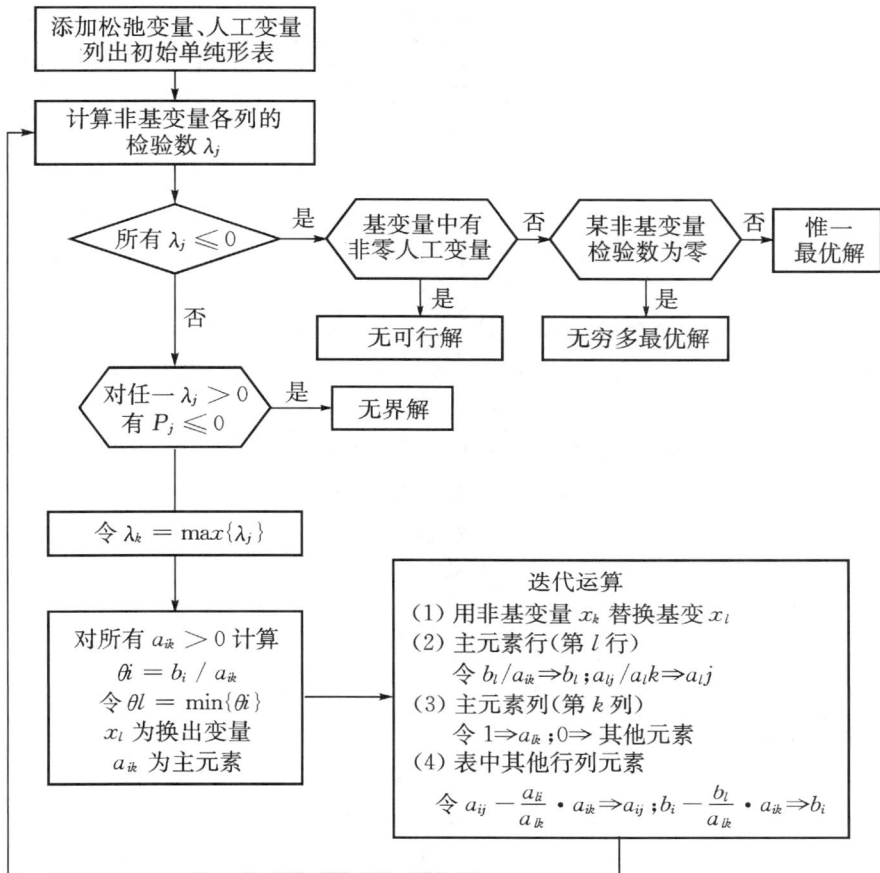

图 1-6 单纯形法计算步骤的框图

# 1.6 应用举例

应用运筹学研究实际问题要经历分析和表述问题、建立数学模型、求解、解的检验、对解的控制和方案实施等六个步骤,而数学模型的建立是运筹学方法的核心和精髓。

将经济管理领域的实际问题抽象为数学模型,是一项技巧性很强的创造性工作。建模要求对研究对象的本质有深刻的理解,并可以熟练掌握有关线性规划模型的结构特点,运用数学技巧。一般来讲,一个经济管理问题要满足下列条件,才能归纳为线性规划的模型:①要求解问题的目标能用某种效益指标度量大小程度表示,并能用线性函数描述目标的要求;②为达到这个目标存在多种方案;③要达到的目标是在一定条件下实现的,这些条件可用线性等式或不等式表示。

**例 1-16** 混合配料问题。

某饲料厂用原料 $A$、$B$、$C$ 加工生产三种不同的饲料甲、乙、丙。已知各种饲料中原料 $A$、$B$、$C$ 的含量,原料成本,各种原料的限制用量,三种饲料的单位加工费及其售价如表 1-17 所示。

该厂每月生产三种饲料各多少,可使饲料厂获利最大。

表 1 - 19

|  | 甲 | 乙 | 丙 | 原料成本(元/kg) | 每天限制用量(kg) |
|---|---|---|---|---|---|
| A | $\geqslant 50\%$ | $\geqslant 25\%$ |  | 65 | 100 |
| B | $\leqslant 25\%$ | $\leqslant 50\%$ |  | 25 | 100 |
| C |  |  |  | 35 | 60 |
| 售价(元/kg) | 50 | 35 | 25 |  |  |

解:(1)用 $i=1,2,3$ 分别代表原料 $A$、$B$、$C$,用 $j=1,2,3$ 分别代表甲、乙、丙三种不同的饲料。设 $x_{ij}$ 为生产第 $j$ 种饲料使用的第 $i$ 种原料的质量。

(2)目标函数。

问题是使利润最大,即产品价格减去原材料的价格为最大。

产品价格为:$50(x_{11}+x_{21}+x_{31})$——产品甲

$\qquad 35(x_{12}+x_{22}+x_{32})$——产品乙

$\qquad 25(x_{13}+x_{23}+x_{33})$——产品乙

原材料价格为:$65(x_{11}+x_{12}+x_{13})$——原料 $A$

$\qquad 25(x_{21}+x_{22}+x_{23})$——原料 $B$

$\qquad 35(x_{31}+x_{32}+x_{33})$——原料 $C$

目标函数:

$$\max z = 50(x_{11}+x_{21}+x_{31})+35(x_{12}+x_{22}+x_{32})+25(x_{13}+x_{23}+x_{33})-$$
$$65(x_{11}+x_{12}+x_{13})-25(x_{21}+x_{22}+x_{23})-35(x_{31}+x_{32}+x_{33})$$
$$=-15x_{11}-30x_{12}-40x_{13}+25x_{21}+10x_{22}+15x_{31}-10x_{33}$$

(3)约束条件。

由表 1 - 19 有

$$x_{11} \geqslant 0.5(x_{11}+x_{21}+x_{31})$$
$$x_{21} \leqslant 0.25(x_{11}+x_{21}+x_{31})$$
$$x_{12} \geqslant 0.25(x_{12}+x_{22}+x_{32})$$
$$x_{22} \leqslant 0.5(x_{12}+x_{22}+x_{32})$$

同时,生产甲、乙、丙的原材料的总量不能超过每天的限制用量。

$$x_{11}+x_{12}+x_{13} \leqslant 100$$
$$x_{21}+x_{22}+x_{23} \leqslant 100$$
$$x_{31}+x_{32}+x_{33} \leqslant 60$$

所以问题的数学模型为:

$$\max z = -15x_{11} - 30x_{12} - 40x_{13} + 25x_{21} + 10x_{22} + 15x_{31} - 10x_{33}$$

$$s.t. \begin{cases} -0.5x_{11} + 0.5x_{21} + 0.5x_{31} \leqslant 0 \\ -0.25x_{11} + 0.75x_{21} - 0.25x_{31} \leqslant 0 \\ -0.75x_{12} + 0.25x_{22} + 0.25x_{32} \leqslant 0 \\ -0.5x_{12} + 0.5x_{22} - 0.5x_{32} \leqslant 0 \\ x_{11} + x_{12} + x_{13} \leqslant 100 \\ x_{21} + x_{22} + x_{23} \leqslant 100 \\ x_{31} + x_{32} + x_{33} \leqslant 60 \\ x_{ij} \geqslant 0 \quad (i = 1,2,3; j = 1,2,3) \end{cases}$$

上述模型求解结果是:每天生产产品甲 200Kg,分别需要用原料 $A$ 为 100Kg,原料 $B$ 为 50Kg,原料 $C$ 为 50Kg。

**例 1-17** 投资项目组合问题。

某部门拥有 20 万资金,拟在今后五年内对下列项目投资。

项目 $A$:从第一年到第四年每年初需投资,并于次年末回收本利 150%;

项目 $B$:第三年初投资,第五年末能回收本利 135%,但最大投资额不超过 8 万元;

项目 $C$:第二年初投资,第五年末能回收本利 140%,但最大投资额不超过 6 万元;

项目 $D$:五年内每年年初可购买公债或定期储蓄,于当年末归还,并回收本利 9%。

现要求确定这些项目每年的投资额,使到第五年末拥有的资金本利额最大。

解:(1)确定变量。

设 $x_{iA}, x_{iB}, x_{iC}, x_{iD}(i = 1,2,3,4,5)$ 分别表示第 $i$ 年初投资项目 $A$、$B$、$C$、$D$ 的资金额。

(2)资金流转分析。

资金流转的原则是每年年初应把资金全部投资出去,手中不留资金。因此,第一年年初需要将 20 万元资金投资给项目 $A$、$D$,所以有:$x_{1A} + x_{1D} = 20$,则年底回收项目 $D$ 的本利为:$x_{1D}(1 + 9\%) = 1.09x_{1D}$,这些资金应在第二年年初投资给 $A,C,D$ 三个项目,故有:$x_{2A} + x_{2C} + x_{2D} = 1.09x_{1D}$。

第二年年底回收项目 $A$ 第一年投资和项目 $D$ 当年投资本利的总和为:$1.15x_{1A} + 1.09x_{2D}$,这些资金在第三年初投资给项目 $A,B,D$,有:$x_{3A} + x_{3B} + x_{3D} = 1.15x_{1A} + 1.09x_{2D}$。

第三年年底回收项目 $A$ 第二年投资和项目 $D$ 当年投资的本利总和为:$1.15x_{2A} + 1.09x_{3D}$,类似地,可得第四年投资为:$x_{4A} + x_{4D} = 1.15x_{2A} + 1.09x_{3D}$。

第五年投资为:$x_{5D} = 1.15x_{3A} + 1.09x_{4D}$,第五年年末共回收资金:

项目 $A$:$1.15x_{4A}$;

项目 $B$:$1.25x_{3B}$,且 $x_{3B} \leqslant 8$;

项目 $C$:$1.4x_{2C}$,且 $x_{2C} \leqslant 6$;

项目 $D$:$1.09x_{5D}$。

此外由于对项目 $B$、$C$ 的投资有限额的规定,即

项目 $B$:$x_{3B} \leqslant 8$;

项目 $C$:$x_{2C} \leqslant 6$。

(3)目标函数。

问题是要求在第五年末该部门拥有的资金达到最大,目标函数可表示为:

$$\max z = 1.15x_{4A} + 1.35x_{3B} + 1.4x_{2C} + 1.09x_{5D}$$

(4)数学模型。

经过以上分析,该投资问题可以用以下线性规划模型描述:

$$\max z = 1.15x_{4A} + 1.35x_{3B} + 1.4x_{2C} + 1.09x_{5D}$$

$$\begin{cases}
x_{1A} + x_{1D} = 20 \\
-1.09x_{1D} + x_{2A} + x_{2C} + x_{2D} = 0 \\
-1.15x_{1A} - 1.09x_{2D} + x_{3A} + x_{3B} + x_{3D} = 0 \\
-1.15x_{2A} - 1.09x_{3D} + x_{4A} + x_{4D} = 0 \\
-1.15x_{3A} - 1.09x_{4D} + x_{5D} = 0 \\
x_{3B} \leqslant 8 \\
x_{2C} \leqslant 6 \\
x_{iA}, x_{iB}, x_{iC}, x_{iD} \geqslant 0 \quad (i = 1,2,3,4)
\end{cases}$$

(5)用单纯形法计算得到如下结果:

第一年:$x_{1A} = 0$,$x_{1D} = 20$

第二年:$x_{2A} = 0$,$x_{2C} = 0$,$x_{2D} = 21.8$

第三年:$x_{3A} = 0$,$x_{3B} = 8$,$x_{3D} = 15.762$

第四年:$x_{4A} = 0$,$x_{4D} = 17.18058$

第五年:$x_{5D} = 18.72683$

根据目标函数公式,可知:到第五年该部门拥有资金总额为 31.21225 万元。

**例 1-18** 生产、库存与设备维修综合计划的安排。

西华厂用 2 台车床、1 台钻床、1 台磨床承担 4 种产品的生产任务。已知生产各种产品所需的设备台时及生产单位产品的售价如表 1-20 所示。对各种产品今后三个月的市场最大需求及各产品在今后三个月的生产成本如表 1-21 和表 1-22 所示。

表 1-20　$a_{ij}$ 值

| $i$ ＼ $j$ | Ⅰ | Ⅱ | Ⅲ | Ⅳ |
|---|---|---|---|---|
| 车　床 | 0.6 | 0.8 | — | 0.6 |
| 钻　床 | 0.2 | 0.6 | 0.7 | — |
| 磨　床 | 0.3 | — | 0.3 | 0.7 |
| 售价(元/件) | 90 | 65 | 50 | 45 |

上述设备在 1~3 月内各需进行一次维修,具体安排为:2 台车床于 2 月份、3 月份各维修一台,钻床安排在 2 月份维修,磨床安排在 3 月份维修。各设备每月工作 22 天,每天 2 班,每班 8 小时,每次维修占用半个月时间。生产出来的产品单月销售不出去(超过最大需求)时,可以在以后各月销售,但每件每月需要支付存储费 8 元。但是每个月底各种产品存储量均不得超过 80 件。1 月初各产品均无库存,要求 3 月底各产品均库存 50 件。试安排该厂各月的生产计划,使总的利润最大。

表 1 - 21　最大需求量

| k \ j | Ⅰ | Ⅱ | Ⅲ | Ⅳ |
|---|---|---|---|---|
| 1月 | 300 | 400 | 250 | 250 |
| 2月 | 350 | 250 | 0 | 400 |
| 3月 | 300 | 150 | 450 | 0 |

表 1 - 22　产品成本

| k \ j | Ⅰ | Ⅱ | Ⅲ | Ⅳ |
|---|---|---|---|---|
| 1月 | 55 | 50 | 45 | 32 |
| 2月 | 60 | 50 | 43 | 35 |
| 3月 | 63 | 52 | 45 | 40 |

解：设 $x_{kj}$ 为第 $j$ 种产品在 $k$ 月的生产量，$S_{kj}$ 为第 $j$ 种产品在 $k$ 月的销售量，$I_{kj}$ 为第 $j$ 种产品在 $k$ 月末的库存量，$R_{kj}$ 为第 $j$ 种产品在 $k$ 月的最大需求量，$C_{ik}$ 为第 $i$ 种设备在 $k$ 月的生产能力，$P_j$ 为第 $j$ 种产品的单位售价，$V_{kj}$ 为第 $j$ 种单位产品在 $k$ 月的生产成本，$a_{ij}$ 为第 $j$ 种单位产品所需第 $i$ 种设备的工时。

约束条件有：

(1)各种产品的生产量不超过设备生产能力的允许值：

$$\sum_{j=1}^{4} a_{ij}x_{kj} \leqslant C_{ik} \quad (i=1,2,3;k=1,2,3)$$

一台设备每月生产工时为 $22 \times 2 \times 8 = 352$，例如 2 月份有一台车床和一台钻床维修，故车床、钻床、磨床的允许工时分别为 $352 \times 1.5 = 528, 352 \times 0.5 = 176$ 和 352。

(2)产品销售不超过当月最大需求：

$$S_{kj} \leqslant R_{kj} \quad (k=1,2,3;j=1,2,3,4)$$

(3)产品的库存约束为：

$$I_{k-1,j} + x_{kj} - S_{kj} = I_{kj} \quad (k=1,2,3;j=1,2,3,4)$$

1月初各产品库存为零，所以有

$$I_{0j} = 0 \quad (j=1,2,3,4)$$
$$I_{kj} \leqslant 80 \quad (k=1,2;j=1,2,3,4)$$
$$I_{kj} = 50 \quad (k=3;j=1,2,3,4)$$

目标函数为利润最大，有

$$\max z = \sum_{k=1}^{3}\sum_{j=1}^{4} P_j S_{kj} - \sum_{k=1}^{3}\sum_{j=1}^{4} V_{kj} x_{kj} - 8\sum_{k=1}^{2}\sum_{j=1}^{4} I_{kj}$$

## 小结与展望

本章详细介绍了线性规划的一些基本内容。首先结合实际背景和几何意义，讨论了线性规划的一些基本概念和基本理论；其次在介绍单纯形法原理和单纯形表结构的基础上，讨论单纯形法求解线性规划问题的过程；最后是如何运用线性规划的原理和方法解决实际问题，首要的一步，也是关键的一步，就是如何将实际问题归结为线性规划的数学模型。一般来说，建模的工作是相当困难的一项工作，这不仅需要各方面有关知识的积累，而且需要在今后的学习和工作中，逐步培养起分析问题和解决问题的能力。

自从一般线性规划问题求解的方法——单纯形法提出之后，线性规划在理论上趋向成熟，在应用中日益广泛与深入。线性规划的应用与计算机软件的开发紧密联系，规模稍大的线性规划模型是无法用手工计算来求解的。对线性规划模型在实践中的模型一般含有几百到几千个变量和约束条件,有时变量和约束条件个数可达几十万个到百万个之多。对这类大规模的模型要用手工建模及输入计算机不现实的,因此,近几年已开发出如 AMPL(a mathematical programming language)等建模语言,有效解决了大规模线性规划建模和优化计算问题。

# 习题 1

1. 用图解法求解下列线性规划问题,并指出问题是具有唯一最优解、无穷多最优解,还是无界解或无可行解。

(1) $\min z = 6x_1 + 4x_2$

$$s.t. \begin{cases} 2x_1 + x_2 \geqslant 1 \\ 3x_1 + 4x_2 \geqslant 1.5 \\ x_1, x_2 \geqslant 0 \end{cases}$$

(2) $\max z = 2x_1 + 2x_2$

$$s.t. \begin{cases} x_1 - x_2 \geqslant -1 \\ -0.5x_1 + x_2 \leqslant 2 \\ x_1, x_2 \geqslant 0 \end{cases}$$

(3) $\max z = 4x_1 + 8x_2$

$$s.t. \begin{cases} 2x_1 + 2x_2 \leqslant 10 \\ -x_1 + x_2 \geqslant 8 \\ x_1, x_2 \geqslant 0 \end{cases}$$

(4) $\max z = 3x_1 + 6x_2$

$$s.t. \begin{cases} x_1 - x_2 \geqslant -2 \\ x_1 + 2x_2 \leqslant 6 \\ x_1, x_2 \geqslant 0 \end{cases}$$

2. 在下列线性规划问题中,找出所有基解,并指出哪些是基可行解,确定最优解。

(1) $\max z = 3x_1 + 5x_2$

$$s.t. \begin{cases} x_1 + x_3 = 4 \\ 2x_2 + x_4 = 12 \\ x_1 + 2x_2 + x_5 = 18 \\ x_j \geqslant 0, j = 1, \cdots, 5 \end{cases}$$

(2) $\min z = 4x_1 + 12x_2 + 18x_3$

$$s.t. \begin{cases} x_1 + 3x_3 - x_4 = 3 \\ 2x_2 + 2x_3 - x_5 = 12 \\ x_j \geqslant 0, j = 1, \cdots, 5 \end{cases}$$

3. 将下列线性规划问题变换为标准型,并列出初始单纯形表。

(1) $\min z = 2x_1 + 5x_2 - 3x_3$

$$s.t. \begin{cases} -x_1 + 2x_2 + x_3 = 5 \\ -x_1 + x_2 + 3x_3 \leqslant 10 \\ x_1 \leqslant 0, x_2 \geqslant 0, x_3 \text{ 自由} \end{cases}$$

(2) $\max z = x_1 + 3x_2 - x_3 + x_4$

$$s.t. \begin{cases} x_1 + 2x_2 - 2x_3 + x_4 \leqslant 5 \\ 3x_1 - x_2 + 3x_3 + x_4 = -6 \\ x_1 - x_2 + 2x_4 \geqslant 3 \\ x_1, x_3 \geqslant 0, -1 \leqslant x_2 \leqslant 4, x_4 \leqslant 0 \end{cases}$$

4. 分别用图解法和单纯形法求解下列线性规划问题,并指出单纯形法迭代的每一步相当于图形上哪一个顶点。

(1) $\max z = 2x_1 + x_2$

$$s.t. \begin{cases} 3x_1 + 5x_2 \leqslant 15 \\ 6x_1 + 2x_2 \leqslant 24 \\ x_1, x_2 \geqslant 0 \end{cases}$$

(2) $\max z = 10x_1 + 5x_2$

$$s.t. \begin{cases} 3x_1 + 4x_2 \leqslant 9 \\ 5x_1 + 2x_2 \leqslant 8 \\ x_1, x_2 \geqslant 0 \end{cases}$$

5. 分别用大 $M$ 法或两阶段法求解下面线性规划问题,并指出最优解属于哪种类型。

(1) $\min z = x_1 + 3x_2$

$s.t. \begin{cases} 2x_1 - 3x_2 \geqslant 2 \\ -x_1 + x_2 \geqslant 3 \\ x_1, x_2 \geqslant 0 \end{cases}$

(2) $\min z = 3x_1 + 4x_2 + 2x_3$

$s.t. \begin{cases} x_1 + x_2 + x_3 + x_4 \geqslant 30 \\ 3x_1 + 6x_2 + x_3 - 2x_4 \geqslant 0 \\ x_1, x_2, x_3, x_4 \geqslant 0 \end{cases}$

(3) $\max z = 2x_1 - x_2 + 2x_3$

$s.t. \begin{cases} -x_1 + x_2 + x_3 = 4 \\ -x_1 + x_2 - x_3 \leqslant 6 \\ x_1, x_2, x_3 \geqslant 0 \end{cases}$

(4) $\max z = 2x_1 + x_2 + x_3$

$s.t. \begin{cases} 2x_1 + x_2 + x_3 \geqslant 2 \\ x_1 + 2x_2 \leqslant 10 \\ 2x_1 + 4x_2 + x_3 \leqslant 8 \\ x_1, x_2, x_3 \geqslant 0 \end{cases}$

6. 已知表1-23是求极大线性规划问题计算得到的单纯形表。表中无人工变量,$a_1$、$a_2$、$a_3$、$d$、$c_1$、$c_2$为待定常数。说明这些常数分别取何值时,以下结论成立。

(1) 表中解为唯一最优解;

(2) 表中解为最优解,但存在无穷多最优解;

(3) 该线性规划问题具有无界解;

(4) 表中解非最优,为对解改进,换入变量为 $x_1$,换出变量为 $x_6$。

表 1-23

| $X_B$ | $b$ | $x_1$ | $x_2$ | $x_3$ | $x_4$ | $x_5$ | $x_6$ |
|-------|-----|-------|-------|-------|-------|-------|-------|
| $x_2$ | $d$ | 4 | $a_1$ | 1 | 0 | $a_2$ | 0 |
| $x_4$ | 2 | $-1$ | $-3$ | 0 | 1 | $-1$ | 0 |
| $x_6$ | 3 | $a_3$ | $-5$ | 0 | 0 | $-4$ | 1 |
| $c_j - z_j$ | | $c_1$ | $c_2$ | 0 | 0 | $-3$ | 0 |

7. 已知表1-24为用单纯形法计算时某一步的表格。该线性规划的目标函数为 $\max z = 5x_1 + 3x_2$,约束形式为 $\leqslant$ 型,$x_3, x_4$ 为松弛变量,表中解代入目标函数后得 $z = 10$。

(1) 求 $a \sim g$ 的值;

(2) 表中给出的解是否为最优解?

表 1-24

| $b$ | $x_B$ | $x_1$ | $x_2$ | $x_3$ | $x_4$ |
|-----|-------|-------|-------|-------|-------|
| 2 | $x_3$ | $c$ | 0 | 1 | 1 |
| $a$ | $x_1$ | $d$ | $e$ | 0 | 1 |
| $\lambda_j = c_j - z_j$ | | $b$ | $-1$ | $f$ | $g$ |

8. 表1-25所示为某极大化线性规划的初始单纯形表和迭代后的单纯形表,$x_4, x_5$ 为松弛变量,试求表中未知常数 $a \sim l$ 的值及变量下标 $m$、$n$、$p$、$t$ 的值?

表 1 - 25

| $c_B$ | $x_B$ | $x_1$ | $x_2$ | $x_3$ | $x_4$ | $x_5$ | $b$ | $\theta$ |
|---|---|---|---|---|---|---|---|---|
| $c_m$ | $x_m$ | $b$ | $c$ | $d$ | 1 | 0 | 6 | |
| $c_n$ | $x_n$ | $-1$ | 3 | $e$ | 0 | 1 | 1 | |
| $\lambda_j = c_j - z_j$ | | $a$ | 1 | $-2$ | 0 | 0 | | |
| $c_p$ | $x_p$ | $g$ | 2 | $-1$ | 1/2 | 0 | $f$ | |
| $c_t$ | $x_t$ | $h$ | $i$ | 1 | 1/2 | 1 | 4 | |
| $\lambda_j = c_j - z_j$ | | 0 | 7 | $j$ | $k$ | $l$ | | |

9. 一家玩具公司制造三种桌上高尔夫球玩具,每一种要求不同的制造技术。高级的一种需要 17 小时加工装配劳动力,8 小时检验,每台利润 300 元。中级的需要 10 小时劳动力,4 小时检验,利润 200 元。低级的需要 2 小时劳动力,2 小时检验,利润 100 元。可供利用的加工劳动力为 1000 小时,检验 500 小时。其次,由市场预测表明,对高级的需求量不超过 50 台,中级的不超过 80 台,低级的不超过 150 台。试决定公司的生产计划,使利润为最大。

10. 某商店制订某商品 7—12 月进货售货计划,已知商店仓库容量不得超过 500 件,6 月底已存货 200 件,以后每月初进货一次,假设各月份某商品买进、售出单价如表 1 - 26 所示,问各月进货售货各多少,才能使总收入最多。

表 1 - 26

| 月 | 7 | 8 | 9 | 10 | 11 | 12 |
|---|---|---|---|---|---|---|
| 买进 | 28 | 24 | 25 | 27 | 23 | 23 |
| 售出 | 29 | 24 | 26 | 28 | 22 | 25 |
| 售出 | 29 | 24 | 26 | 28 | 22 | 25 |

11. 某厂生产 $A$、$B$、$C$ 三种产品。每单位产品 $A$ 需要 1 小时技术准备、10 小时直接劳动和 3 千克材料。每单位产品 $B$ 需要 2 小时术准备、4 小时劳动和 2 千克材料。每单位产品 $C$ 需要 1 小时技术准备、5 小时劳动和 1 千克材料。可利用的技术准备时间为 100 小时,劳动时间为 700 小时,材料为 400 千克。公司对大量购买提供较大的折扣,具体如表 1 - 27 所示。试确定公司的生产计划,使利润最大。

表 1 - 27

| 产品 A | | 产品 B | | 产品 C | |
|---|---|---|---|---|---|
| 销售量(件) | 利润(元) | 销售量(件) | 利润(元) | 销售量(件) | 利润(元) |
| 0～40 | 10 | 0～50 | 6 | 0～100 | 5 |
| 40～100 | 9 | 50～100 | 4 | 100 以上 | 4 |
| 100～150 | 8 | 100 以上 | 3 | | |
| 150 以上 | 7 | | | | |

12.某昼夜便利店24h各时段内需要的售货员数量如下:2:00~6:00——10人,6:00~10:00——15人,10:00~14:00——25人,14:00~18:00——20人,18:00~22:00——18人,22:00~2:00——12人,售货员分别于2:00、6:00、10:00、14:00、18:00、22:00上班,连续工作8h。试确定:该便利店至少有多少售货员,才能满足需要。

13.某人有一笔50万元的资金,在今后三年内有以下投资项目:

(1)三年内每年年初均可投资,每年获利为投资额的20%;

(2)只允许第一年年初投入,第二年年末可收回,本利合计为投资额的150%,但此类投资限额不超过12万元;

(3)第二年年初投入,第二年年末可收回,本利合计为投资额的160%,此类投资限额15万元。

(4)第三年年初允许投资,一年回收,可获利40%,投资限额10万元。

试为该人确定一个使第三年末本利和最大的投资计划。

14.某公司Ⅰ、Ⅱ、Ⅲ三种产品下一年各季度的合同预订数如表1-28所示。该三种产品1季度初无库存,要求在4季度末各库存150件。已知该公司每季度生产工时为15000h,生产Ⅰ、Ⅱ、Ⅲ产品每件分别需要2h、4h、3h。因更换工艺装备,产品Ⅰ在2季度无法生产。规定当产品不能按期交货时,产品Ⅰ、Ⅱ每件每迟交一个季度赔偿20元,产品Ⅲ赔偿10元;生产出的产品不在本季度交货的,每件每季度的库存费用为5元。问该公司应如何安排生产,使总的赔偿加上库存费用最小。

表1-28

| 产品 | 季度 | | | |
| --- | --- | --- | --- | --- |
| | 1 | 2 | 3 | 4 |
| Ⅰ | 1500 | 1000 | 2000 | 1200 |
| Ⅱ | 1500 | 1500 | 1200 | 1500 |
| Ⅲ | 1000 | 2000 | 1500 | 2500 |

# 第 2 章
# 线性规划的对偶理论

线性规划问题求得最优解后,还可以进一步进行对偶分析和灵敏度分析,从而了解线性规划模型的各种参数变化对最优解的影响。对偶理论(duality theory)和方法是线性规划的重要内容,引进对偶的概念后,可以加深对线性规划理论的理解,扩大线性规划的应用范围。线性规划不再只是一种优化的计算方法,而是一种经济分析的工具。本章共分为六个小节,第一节引出线性规划的对偶问题,第二节主要介绍线性规划对偶问题的性质,第三节介绍求解线性规划的另一种方法——对偶单纯形法,第四节和第五节介绍了灵敏度分析和参数分析,最后应用以上概念对实际问题进行经济分析。

本章的要点包括线性规划对偶问题的定义,对偶的性质,单纯形法与对偶的关系以及灵敏度分析和参数分析的原理和方法。

## 2.1 对偶线性规划模型

### ➤ 2.1.1 问题的提出

一般来说,对于每一个线性规划问题都伴随有另一个线性规划问题,称另一个线性规划问题为对偶线性规划问题,原来的线性规划问题则称为原始线性规划问题。

**例 2-1** 某工厂计划用三种资源生产生产甲、乙两种产品,该厂可使用 $d_1$、$d_2$、$d_3$ 三种生产资源的数量限制、每种产品所需各种生产资源及出厂后可获利润如表 2-1 所示,试建立该厂总利润最大的数学模型。

表 2-1 生产消耗及现有原料

| 产品 \ 资源 | $d_1$ | $d_2$ | $d_3$ | 每件产品利润 |
|---|---|---|---|---|
| 甲 | 1 | 2 | 1 | 5 |
| 乙 | 3 | 1 | 1 | 4 |
| 资源限量 | 90 | 80 | 45 | |

解:设 $x_1$ 为甲产品的生产数量,$x_2$ 为乙产品的生产数量,则线性规划数学模型如下:

$$\max z = 5x_1 + 4x_2$$

$$s.t. \begin{cases} x_1 + 3x_2 \leqslant 90 \\ 2x_1 + x_2 \leqslant 80 \\ x_1 + x_2 \leqslant 45 \\ x_1, x_2 \geqslant 0 \end{cases} \quad (2-1)$$

现在从另一种角度讨论这个问题。假如工厂决定放弃生产产品甲、乙,而将其所有资源出租或出售,工厂就需要考虑如何给每种资源定价的问题。假设用 $y_1, y_2, y_3$ 分别表示三种生产资源 $d_1, d_2$ 和 $d_3$ 的单位附加额(售价 = 成本 + 附加额)。工厂做定价决策时会做如下考虑:用 1 个单位资源 $d_1$,2 个单位资源 $d_2$ 和 1 个单位资源 $d_3$ 可以生产一件产品甲,可获利 5 元,那么生产每件产品甲的资源出让的所有收入应不低于生产一件产品甲的利润,也就是有

$$y_1 + 2y_2 + y_3 \geqslant 5$$

同理生产每件产品乙的资源出让的所有收入不应低于生产一件产品乙的利润,即

$$3y_1 + y_2 + y_3 \geqslant 4$$

从工厂的角度看,希望资源出让的利润越多越好,但从购买者来看支付越少越好,所以合理的价格是购买者用最少的资金购买全部资源,而工厂所获得的利润不应低于自己将资源用于生产时所获得的利润。这一决策问题就可以用以下线性规划数学模型表示:

$$\min w = 90y_1 + 80y_2 + 45y_3$$

$$s.t. \begin{cases} y_1 + 2y_2 + y_3 \geqslant 5 \\ 3y_1 + y_2 + y_3 \geqslant 4 \\ y_1, y_2, y_3 \geqslant 0 \end{cases} \quad (2-2)$$

将线性规划问题(2-1)称为原问题,线性规划问题(2-2)称为上述线性规划问题的对偶问题。这两个问题的数学模型之间有如下对应关系:

(1)两个矩阵的系数矩阵互为转置;

(2)原问题 $P$ 的常数项是对偶问题 $D$ 目标函数系数;反之,原问题 $P$ 的目标函数系数是对偶问题 $D$ 的常数项;

(3)原问题 $P$ 有 $n$ 个决策变量,对偶问题 $D$ 有 $n$ 个约束方程;原问题 $P$ 有 $m$ 个约束方程,对偶问题 $P$ 就有 $m$ 个决策变量;

(4)原问题 $P$ 的约束是"$\leqslant$"型,对偶问题 $D$ 的约束是"$\geqslant$"型;

(5)原问题 $P$ 的目标函数是求极大,对偶问题 $D$ 的目标是求极小。

我们把上述这种对应关系称为对称型对偶关系。

## ➤ 2.1.2 对称型对偶关系的一般形式

每一个线性规划问题都有与之相伴随的对偶问题存在,为了讨论方便,先讨论对称型对偶关系。对于非对称型出现的线性规划问题,可以先转换为对称型,然后再进行分析,也可以直接从非对称型进行分析。

线性规划问题(2-1)的一般形式为:

$$\max z = \sum_{j=1}^{n} c_j x_j$$

$$s.t. \begin{cases} \sum\limits_{j=1}^{n} a_{ij} x_j \leqslant b_i & (i = 1, 2, \cdots, m) \\ x_j \geqslant 0 & (j = 1, 2, \cdots, n) \end{cases} \qquad (2-3)$$

如果把式(2-3)作为原问题,根据上述原问题和对偶问题的五条对应关系可得到其对偶问题为:

$$\min w = \sum_{i=1}^{m} b_i y_i$$

$$s.t. \begin{cases} \sum\limits_{i=1}^{m} a_{ij} y_i \geqslant c_j & (j = 1, 2, \cdots, n) \\ y_i \geqslant 0 & (i = 1, 2, \cdots, m) \end{cases} \qquad (2-4)$$

原问题(2-3)和对偶问题(2-4)之间的对应关系可用表2-2表示。这个表从行向看是原问题,从列向看就是对偶问题。用矩阵形式表示原问题(2-3)和对偶问题(2-4)为

原问题

$$\max z = CX$$

$$s.t. \begin{cases} AX \leqslant b \\ X \geqslant 0 \end{cases} \qquad (2-5)$$

对偶问题

$$\min w = Yb$$

$$s.t. \begin{cases} YA \geqslant C \\ Y \geqslant 0 \end{cases} \qquad (2-6)$$

表 2-2　对称型对偶关系表

| $x_j$ $y_i$ | $x_1$ | $\cdots$ | $x_n$ | 原始约束 | $\min w$ |
|---|---|---|---|---|---|
| $y_1$ | $a_{11}$ | $\cdots$ | $a_{1n}$ | $\leqslant$ | $b_1$ |
| $\vdots$ | $\vdots$ | | $\vdots$ | $\vdots$ | $\vdots$ |
| $y_m$ | $a_{m1}$ | $\cdots$ | $a_{mn}$ | $\leqslant$ | $b_m$ |
| 对偶约束 | $\geqslant$ | $\cdots$ | $\geqslant$ | | |
| $\max z$ | $c_1$ | $\cdots$ | $c_n$ | | |

## ▶ 2.1.3　非对称型对偶关系

在一般线性规划问题中遇到非对称型时,处理如下:

原问题的约束条件中含有等式约束条件时,按以下步骤处理。设有等式约束条件的线性规划问题为:

$$\max z = \sum_{j=1}^{n} c_j x_j$$

$$s.t. \begin{cases} \sum_{j=1}^{n} a_{ij} x_j = b_i & (i=1,2,\cdots,m) \\ x_j \geqslant 0 & (j=1,2,\cdots,n) \end{cases}$$

(1)将等式约束条件表示成两个不等式约束条件,上述线性规划问题可表示为:

$$\max z = \sum_{j=1}^{n} c_j x_j$$

$$s.t. \begin{cases} \sum_{j=1}^{n} a_{ij} x_j \leqslant b & (i=1,2,\cdots,m) \quad\quad (2-7) \\ -\sum_{j=1}^{n} a_{ij} x_j \leqslant -b_i & (i=1,2,\cdots,m) \quad\quad (2-8) \\ x_j \geqslant 0 & (j=1,2,\cdots,n) \end{cases}$$

设 $y'_i$ 是对应(2-7)式的对偶变量,$y''_i$ 是对应(2-8)式的对偶变量。

(2)按对称型变换关系可写出其对偶问题为:

$$\min w = \sum_{i=1}^{m} b_i y'_i + \sum_{i=1}^{m} (-b_i y''_i)$$

$$s.t. \begin{cases} \sum_{i=1}^{m} a_{ij} y'_i + \sum_{i=1}^{m} (-a_{ij} y''_i) \geqslant c_j & (j=1,2,\cdots,n) \\ y'_i, y''_i \geqslant 0 & (i=1,2,\cdots,m) \end{cases}$$

整理后得到

$$\min w = \sum_{i=1}^{m} b_i (y'_i - y''_i)$$

$$\sum_{i=1}^{m} a_{ij} (y'_i - y''_i) \geqslant c_j \quad\quad (j=1,2,\cdots,n)$$

令 $y_i = y'_i - y''_i, y'_i, y''_i \geqslant 0$。所以 $y_i$ 不受正、负限制。将其代入上述规划问题,得到其对偶问题为:

$$\min w = \sum_{i=1}^{m} b_i y_i$$

$$s.t. \begin{cases} \sum_{i=1}^{m} a_{ij} y_i \geqslant c_j & (j=1,2,\cdots,n) \\ y_i \text{ 为无约束} & (i=1,2,\cdots,m) \end{cases}$$

综合上述,线性规划的原问题与对偶问题的关系,其变换形式归纳为表 2-3 中所示的对应关系。表中 $x_{\mathrm{I}}, x_{\mathrm{II}}, x_{\mathrm{III}}$ 以及 $y_A, y_B, y_C$ 均表示同种约束类型变量的集合,而不是表示单个变量;表中的每个约束函数类型也是同类型约束的集合。表的行向表示的是原问题,目标类型为极大化,第一行的变量与第二行相应元素乘积的连和便是 $P$ 的目标函数,目标类型为极大化,第一行的变量与系数矩阵任一行相应元素乘积的连和便是 $P$ 的一个约束函数,约束类型由第二列右侧相应位置的符号表示。表的列向表示的是对偶问题 $D$,第一列的变量与第二列相应元素乘积的连和便是 $D$ 的目标函数,目标类型为极小化;第一列的变量与系数矩阵任一列相应元素乘积的连和便是 $D$ 的一个约束函数,约束类型由第二行下方相应位置的符号表示。

**表 2 - 3    非对称型对偶关系表**

| maxz / ming | | $x_{\text{I}} \geqslant 0$ | $x_{\text{II}}$ 自由 | $x_{\text{III}} \leqslant 0$ |
|---|---|---|---|---|
| | | $c_{\text{I}} \leqslant$ | $c_{\text{II}} =$ | $c_{\text{III}} \geqslant$ |
| $y_A \geqslant 0$ | $\geqslant b_A$ | $a_{A\,\text{I}}$ | $a_{A\,\text{II}}$ | $a_{A\,\text{III}}$ |
| $y_B$ 自由 | $= b_B$ | $a_{B\,\text{I}}$ | $a_{B\,\text{II}}$ | $a_{B\,\text{III}}$ |
| $y_C \leqslant 0$ | $\leqslant b_C$ | $a_{C\,\text{I}}$ | $a_{C\,\text{II}}$ | $a_{C\,\text{III}}$ |

下面我们通过一个例子来介绍对偶关系表的使用方法。

**例 2 - 2**    写出如下线性规划的对偶问题。

$$\max z = 2x_1 + x_2 + x_3 + x_4$$

$$s.t. \begin{cases} x_1 + x_2 + x_3 + x_4 \leqslant 5 \\ 2x_1 - x_2 + 3x_3 = -4 \\ x_1 - 3x_3 + x_4 \geqslant 1 \\ x_1, x_3 \geqslant 0, x_2, x_4 \text{ 无非负性限制} \end{cases}$$

解:(1)画出对偶关系表,如表 2 - 4 所示。

**表 2 - 4    对偶关系表**

| maxz / ming | | $x_1 \geqslant 0$ | $x_2$ 自由 | $x_3 \geqslant 0$ | $x_4$ 自由 |
|---|---|---|---|---|---|
| | | $2 \leqslant$ | $1 =$ | $1 \leqslant$ | $1 =$ |
| $y_1 \geqslant 0$ | $5 \geqslant$ | 1 | 1 | 1 | 1 |
| $y_2$ 自由 | $-4 =$ | 2 | $-1$ | 3 | 0 |
| $y_3 \leqslant 0$ | $1 \leqslant$ | 1 | 0 | $-3$ | 1 |

(2)据表 2 - 4 得对偶问题为:

$$\min g = 5y_1 - 4y_2 + y_3$$

$$s.t. \begin{cases} y_1 + 2y_2 + y_3 \geqslant 2 \\ y_1 - y_2 = 1 \\ y_1 + 3y_2 - 3y_3 \geqslant 3 \\ y_1 + y_3 = 1 \\ y_1 \geqslant 0, y_2 \text{ 无非负约束}, y_3 \leqslant 0 \end{cases}$$

## 2.2 对偶问题的基本性质

### 2.2.1 对偶问题的性质

在以下的讨论中,假设线性规划原问题和对偶问题分别如式(2-5)和(2-6)所示,则原问题和对偶问题之间存在如下基本性质。

**性质 2-1 对称性** 对偶问题的对偶是原问题。

**证明:** 设原问题是

$$\max z = CX, AX \leqslant b, X \geqslant 0$$

根据对偶问题的对称变换关系,可得到它的对偶问题

$$\min w = Yb, YA \geqslant C, Y \geqslant 0$$

它与下列线性规划问题等价

$$\max(-w) = -Yb, -YA \leqslant -C, Y \geqslant 0$$

再根据对称变换关系写出它的对偶问题

$$\max w' = -CX, -AX \geqslant b, X \geqslant 0$$

它与下列线性规划问题等价

$$\max z = CX, AX \leqslant b, X \geqslant 0$$

即为原问题。

**性质 2-2 弱对偶性** 若 $X^*$ 是原问题的可行解,$Y^*$ 是对偶问题的可行解,存在 $CX^* \leqslant Y^* b$。

**证明:** 因为 $X^*$、$Y^*$ 是可行解,故有 $AX^* \leqslant b, X^* \geqslant 0$ 及 $Y^* A \geqslant C, Y^* \geqslant 0$,给不等式 $AX^* \leqslant b$ 两边左乘 $Y^*$,得 $Y^* AX^* \leqslant Y^* b$;给不等式 $Y^* A \geqslant C$ 两边右乘 $X^*$,得 $CX^* \leqslant Y^* AX^*$。故

$$CX^* \leqslant Y^* AX^* \leqslant Y^* b$$

这一性质说明互为对偶的线性规划问题,求极大值的线性规划的任意目标值都不会大于求极小值的线性规划的任意目标值。原问题的任一可行解的目标值是对偶问题最优值的下界,对偶问题的任一可行解的目标值是原问题的最优值的上界。

**性质 2-3 无界性** 若原问题(对偶问题)为无界解,则其对偶问题(原问题)无可行解。

**证明:** 由弱对偶性显然可以得到无界性这个性质。

这个问题的性质不存在逆。当原问题(对偶问题)无可行解时,其对偶问题(原问题)或具有无界解或者无可行解。例如,下列一组问题两者都无可行解。

原问题（对偶问题）

$$\max z = x_1 + x_2$$

$$s.t. \begin{cases} x_1 - x_2 \leqslant -1 \\ -x_1 + x_2 \leqslant -1 \\ x_1, x_2 \geqslant 0 \end{cases}$$

对偶问题（原问题）

$$\min w = -y_1 - y_2$$

$$s.t. \begin{cases} y_1 - y_2 \geqslant 1 \\ -y_1 + y_2 \geqslant 1 \\ y_1, y_2 \geqslant 0 \end{cases}$$

**性质 2-4　最优性**　若 $X^*$ 是原问题的可行解，$Y^*$ 是对偶问题的可行解，当 $CX^* = Y^* b$ 时，$X^*$、$Y^*$ 是最优解。

**证明：** 若 $CX^* = Y^* b$，由弱对偶性可知：对偶问题的所有可行解 $\overline{Y}$ 都有 $\overline{Y}b \geqslant CX^*$，因为 $CX^* = Y^* b$，所以有 $\overline{Y}b \geqslant Y^* b$。故 $Y^*$ 是使目标函数取值最小的可行解，所以 $Y^*$ 是最优解。

同理可证明：对于原问题的所有可行解 $\overline{X}$，存在 $CX^* = Y^* b \geqslant C\overline{X}$，即 $X^*$ 是最优解。

**性质 2-5　对偶性**　若原问题有最优解，那么对偶问题也有最优解，且目标函数值相等。

**证明：** 设 $X^*$ 是原问题的最优解，它对应的基矩阵 $B$ 必存在 $C - C_B B^{-1} A \leqslant 0$ 和 $-C_B B^{-1} \leqslant 0$，即有 $Y^* b \geqslant C$ 与 $Y^* \geqslant 0$，其中 $Y^* = C_B B^{-1}$，所以 $Y^*$ 是对偶问题的可行解，其目标函数值为：

$$w = Y^* b = C_B B^{-1} b$$

原问题的最优解是 $X^*$，它使目标函数值

$$z = CX^* = C_B B^{-1} b = Y^* b$$

由最优性可知，$Y^*$ 是最优解。

**性质 2-6　互补松弛性**　若 $X^*$ 和 $Y^*$ 分别是原问题和对偶问题的可行解，$X_s$ 和 $Y_s$ 分别是原问题和对偶问题松弛变量的可行解，$X^*$ 和 $Y^*$ 是最优解当且仅当 $Y_s X^* = 0$ 和 $Y^* X_s = 0$。

**证明：** 设 $X^*$ 和 $Y^*$ 是最优解，由性质 2-4 知，$CX^* = Y^* b$，由于 $X_s$ 和 $Y_s$ 是松弛变量，则有：

$$AX^* + X_s = b$$
$$Y^* A - Y_s = C$$

第一式左乘 $Y^*$，第二式右乘 $X^*$，得：

$$Y^* AX^* + Y^* X_s = Y^* b$$
$$Y^* AX^* - Y_s X^* = CX^*$$

所以有 $-Y_s X^* = Y^* X_s$，

由于 $X^*, Y^*, X_s, Y_s \geqslant 0$，所以有：

$$Y_s X^* = 0, Y^* X_s = 0$$

反之，当 $Y_s X^* = 0$ 和 $Y^* X_s = 0$ 时，有：

$$Y^* AX^* = Y^* b$$
$$Y^* AX^* = CX^*$$

显然有 $CX^* = Y^* b$。所以由性质 2-4 可知，$X^*$ 和 $Y^*$ 分别是原问题和对偶问题的最优解。

$Y_s X^* = 0$ 和 $Y^* X_s = 0$ 两式称为互补松弛条件，将互补松弛条件写成下式：

$$\sum_{i=1}^{m} y_i^* x_{si} = 0$$

$$\sum_{j=1}^{n} y_{sj} x_j^* = 0$$

由于变量都非负,要使和式等于零,则必定有一分量为零,因而有下列关系:

(1)当 $y_i^* > 0$ 时,$x_{si} = 0$;反之,当 $x_{si} > 0$ 时,$y_i^* = 0$。

(2)当 $y_{sj} > 0$ 时,$x_j^* = 0$;反之,当 $x_j^* > 0$ 时,$y_{sj} = 0$。

利用上述关系,可建立对偶问题的约束线性方程组,方程组的解即为最优解。

**例 2 - 3**　已知线性规划

$$\max z = 3x_1 + 4x_2 + x_3$$

$$s.t. \begin{cases} x_1 + 2x_2 + x_3 \leqslant 10 \\ 2x_1 + 2x_2 + x_3 \leqslant 16 \\ x_1, x_2, x_3 \geqslant 0 \end{cases}$$

的最优解为 $X = (6, 2, 0)^T$,求对偶问题的最优解。

解:对偶问题是

$$\min w = 10y_1 + 16y_2$$

$$s.t. \begin{cases} y_1 + 2y_2 \geqslant 3 \\ 2y_1 + 2y_2 \geqslant 4 \\ y_1 + y_2 \geqslant 1 \\ y_1, y_2 \geqslant 0 \end{cases}$$

因为 $x_1 \neq 0$,$x_2 \neq 0$,故所以对偶问题的第一、二个约束的松弛变量等于零,即

$$\begin{cases} y_1 + 2y_2 = 3 \\ 2y_1 + 2y_2 = 4 \end{cases}$$

解此方程组得 $y_1 = 1$,$y_2 = 1$。对偶问题的最优解为 $Y = (1, 1)$,最优值 $w = 26$。

**例 2 - 4**　已知线性规划

$$\min w = 2x_1 + 3x_2 + 5x_3 + 2x_4 + 3x_5$$

$$s.t. \begin{cases} x_1 + x_2 + 2x_3 + x_4 + 3x_5 \geqslant 4 \\ 2x_1 - x_2 + 3x_3 + x_4 + x_5 \geqslant 3 \\ x_1, x_2, x_3, x_4, x_5 \geqslant 0 \end{cases}$$

已知其对偶问题的最优解为 $y_1^* = 0.8$,$y_2^* = 0.6$,$z = 5$。用对偶性质求解原问题的最优解。

解:对偶问题是

$$\max w = 4y_1 + 13y_2$$

$$s.t. \begin{cases} y_1 + 2y_2 \leqslant 2 \\ y_1 - y_2 \leqslant 3 \\ 2y_1 + 3y_2 \leqslant 5 \\ y_1 + y_2 \leqslant 2 \\ 3y_1 + y_2 \leqslant 3 \\ y_1, y_2 \geqslant 0 \end{cases}$$

将 $y_1^* = 0.8$,$y_2^* = 0.6$ 代入约束条件,可知 $y_{s2} = 2.8$,$y_{s3} = 1.6$,$y_{s4} = 1.6$,由互补松弛条件可得 $x_2^* = x_3^* = x_4^* = 0$。又因为 $y_1^*$,$y_2^* > 0$,原问题的两个约束条件就应取等式,即

求解后得到 $x_1^* = 1, x_5^* = 1$；故原问题的最优解为：

$$X^* = (1,0,0,0,1)^T, w^* = 5$$

**性质 2-7** 设原问题是

$$\max z = CX, AX + X_s = b, X, X_s \geqslant 0$$

它的对偶问题是

$$\min w = Yb, YA - Y_s = C, Y, Y_s \geqslant 0$$

则原问题单纯形表的检验数行对应其对偶问题的一个基本解，其对应关系见表 2-5。

表 2-5

| $X_B$ | $X_N$ | $X_S$ |
|---|---|---|
| 0 | $C_N - C_B B^{-1} N$ | $-C_B B^{-1}$ |
| $Y_{S1}$ | $-Y_{S2}$ | $-Y$ |

由性质 2-7 可知，线性规划的原问题检验数的相反数对应于对偶问题的一组基本解，其中第 $j$ 个决策变量 $x_j$ 的检验数的相反数对应于对偶问题第 $j$ 个松弛变量 $y_{sj}$ 的解，第 $i$ 个松弛变量 $x_{si}$ 检验数的相反数对应于第 $i$ 个对偶变量 $y_i$ 的解。反之，对偶问题的检验数（注意：不乘负号）对应于原问题的一组基本解。

**例 2-5** 已知线性规划

$$\max z = 2x_1 + 3x_2$$

$$s.t. \begin{cases} 2x_1 + 2x_2 \leqslant 12 \\ 4x_1 \leqslant 16 \\ 5x_2 \leqslant 15 \\ x_1, x_2 \geqslant 0 \end{cases}$$

(1)用单纯形法求最优解；

(2)求出每步迭代对应对偶问题的基本解；

(3)从最优表中写出对偶问题的最优解；

(4)用公式 $Y = C_B B^{-1}$ 求出对偶问题的最优解。

解：(1)加入松弛变量 $x_3, x_4, x_5$ 后，单纯形迭代如表 2-6 所示。

表 2-6

| $C_B$ | $X_B$ | $b$ | $c_j \to$ 4 $x_1$ | 4 $x_2$ | 0 $x_3$ | 0 $x_4$ | 0 $x_5$ | $\theta$ |
|---|---|---|---|---|---|---|---|---|
| 0 | $x_3$ | 12 | 2 | 2 | 1 | 0 | 0 | 6 |
| 0 | $x_4$ | 16 | 4 | 0 | 0 | 1 | 0 | — |
| 0 | $x_5$ | 15 | 0 | [5] | 0 | 0 | 1 | 5 |
| | $\lambda_j$ | | 2 | 3 | 0 | 0 | 0 | |

| | | | | | | | | |
|---|---|---|---|---|---|---|---|---|
| 0 | $x_3$ | 6 | [2] | 0 | 1 | 0 | $-2/5$ | 3 |
| 4 | $x_4$ | 16 | 4 | 0 | 0 | 1 | 0 | 4 |
| 0 | $x_2$ | 3 | 0 | 1 | 0 | 0 | 1/5 | — |
| | $\lambda_j$ | | 2 | 0 | 0 | 0 | $-3/5$ | |
| 0 | $x_1$ | 3 | 1 | 0 | 1/2 | 0 | $-1/5$ | |
| 4 | $x_4$ | 4 | 0 | 0 | $-2$ | 1 | 4/5 | |
| 4 | $x_2$ | 3 | 0 | 1 | 0 | 0 | 1/5 | |
| | $\lambda_j$ | | 0 | 0 | $-1$ | 0 | $-1/5$ | |

最优解为 $X = (3,3)^T$，最优值 $z = 2 \times 3 + 3 \times 3 = 15$。

(2)设对偶变量 $y_1, y_2, y_3$，松弛变量为 $y_4, y_5$，$Y = (y_1, y_2, y_3, y_4, y_5)$，由性质 2-7 及表 2-5 的关系得到对偶问题的基本解 $(y_1, y_2, y_3, y_4, y_5) = (-\lambda_3, -\lambda_4, -\lambda_5, -\lambda_1, -\lambda_2)$，得到

第一次迭代中 $\lambda = (2,3,0,0,0)$，则 $Y^{(1)} = (0,0,0,-2,-3)$

第二次迭代中 $\lambda = (2,0,0,0,-0.6)$，则 $Y^{(2)} = (0,0,0.6,-2,0)$

第三次迭代中 $\lambda = (0,0,-1,0,-0.2)$，则 $Y^{(3)} = (1,0,0.2,0,0)$

(3)因为表 2-6 为最优解，故 $Y^{(3)} = (1,0,0.2,0,0)$ 为对偶问题的最优解。

(4)表 2-6 中最终单纯形表中的最优基 $Bz = (P_1, P_4, P_2) = \begin{bmatrix} 2 & 0 & 2 \\ 4 & 1 & 0 \\ 0 & 0 & 5 \end{bmatrix}$，$B^{-1}$ 为表 2-6 最终单纯形表中 $x_3, x_4, x_5$ 三列的系数，即 $B^{-1} = \begin{bmatrix} 1/2 & 0 & -1/5 \\ -2 & 1 & 4/5 \\ 0 & 0 & 1/5 \end{bmatrix}$，$C_B = (2,0,3)$，因而对偶问题的最优解为：

$$Y = (y_1, y_2, y_3) = C_B B^{-1} = (2,0,3) \begin{bmatrix} 1/2 & 0 & -1/5 \\ -2 & 1 & 4/5 \\ 0 & 0 & 1/5 \end{bmatrix} = (1,0,0.2)$$

## ▷ 2.2.2 影子价格

由对偶问题的性质可知，在单纯形法的每步迭代中有目标函数

$$z = \sum_{j=1}^{n} c_j x_j = C_B X_B = C_B B^{-1} b = Yb = \sum_{i=1}^{m} b_i y_i \qquad (2-9)$$

$$\frac{\partial z}{\partial b_i} = y_i \qquad (i = 1, 2, \cdots, m) \qquad (2-10)$$

式中：$b_i$ 是线性规划原问题约束条件的右端项，它代表第 $i$ 种资源的拥有量；对偶变量 $y_i$ 的经济意义是在其他条件不变的情况下，单位资源变化所引起的目标函数的最优值的变化。$y_i$ 代表对一个单位第 $i$ 种资源的估价，这种估价不是资源的市场价格，而是根据资源在生产中做出的贡献而做出的估价，为区别起见，将这种估价称为影子价格。

(1)资源的市场价格是已知数,相对比较稳定,而影子价格则依赖于资源的利用情况,是未知数。当企业的生产任务、产品结构等情况发生变化,资源的影子价格也随之改变。

(2)影子价格是一种边际价格,由式(2-10)可知,$y_i$的值等于在给定的生产条件下,$b_i$每增加一个单位时目标函数$z$的增量。

(3)资源的影子价格实际上是一种机会成本。在市场经济条件下,当某种资源的影子价格高于市场价格时,表明增加该种资源有利可图,企业应购进该种资源扩大生产规模;当影子价格低于市场价格,说明增加该种资源不能增加收益,这时不应该增加该种资源或将剩余资源卖掉。

(4)由对偶问题的互补松弛性质可知,当$y_i^* > 0$时,$x_{si} = 0$,反之当$x_{si} > 0$时,$y_i^* = 0$,这表明生产过程中如果某种资源的影子价格不为零时,表明该种资源在生产中已耗费完毕;当生产过程中某种资源没有得到充分利用时,该种资源的影子价格为零。

(5)影子价格是企业生产过程中资源的一种隐含的潜在价值,表明单位资源的贡献。因为有

$$\lambda_j = c_j - C_B B^{-1} P_j = c_j - \sum_{i=1}^{m} a_{ij} y_i \qquad (2-11)$$

式中:$c_j$代表第$j$种产品的产值,$\sum_{i=1}^{m} a_{ij} y_i$是生产该种产品所消耗各项资源的影子价格的总和,也就是产品的隐含成本,当产品产值大于隐含成本时,表明生产该项产品有利,可在生产计划中安排;否则,用这些资源来生产别的产品更为有利,就不应该在生产计划中安排,这就是单纯形法中各个检验数的经济意义。

## 2.3 对偶单纯形法

上节讲到原问题与对偶问题的解之间的关系时指出:在单纯形表进行迭代时,$b$列得到是原问题的一个基本可行解,在检验数行得到对偶问题的一个基本解。单纯形法计算的基本思想是保持原问题为可行解的基础上,通过迭代增大目标函数,当对偶问题的解也为基本可行解时,就达到了目标函数的最优值。对偶单纯形法是根据对偶问题的对称性,其基本思想是保持对偶问题为基本可行解,即$c_j - C_B B^{-1} P_j \leqslant 0$,然后通过迭代减少目标函数,当原问题达到基本可行解时,即得到了目标函数的最优值。

设原问题为:

$$\max z = CX$$
$$s.t. \begin{cases} AX \leqslant b \\ X \geqslant 0 \end{cases}$$

设$B$是一个基,为不失一般性,令$B = (P_1, P_2, \cdots, P_m)$,它对应的变量为:

$$X_B = (x_1, x_2, \cdots, x_m)$$

当非基变量都为零时,可得到$X_B = B^{-1}b$。若在$B^{-1}b$中至少有一个负分量,即$(B^{-1}b)_i < 0$,并且在单纯形表的检验数行中的检验数都为正,即对偶问题保持可行解,其各分量为:

(1)对应基变量$x_1, x_2, \cdots, x_m$的检验数是:

$$\lambda_i = c_i - z_i = c_i - C_B B^{-1} P_i = 0 \qquad (i = 1, 2, \cdots, m)$$

(2)对应非基变量 $x_{m+1}, x_{m+2}, \cdots, x_n$ 的检验数是：

$$\lambda_j = c_j - z_j = c_j - C_B B^{-1} P_j = 0 \qquad (j = m+1, m+2, \cdots, n)$$

每次迭代是将基变量中的负分量 $x_l$ 取出，去替换非基变量中的 $x_k$，经基变换，所有检验数仍保持非正。从原问题上看，经过每次迭代，原问题由非可行解向可行解靠近。当原问题得到可行解时，就得到了最优解。

对偶单纯形法的条件是：初始表中对偶问题可行，也就是极大化问题要求所有变量的检验数 $\lambda_j \leqslant 0$，极小化问题要求检验数 $\lambda_j \geqslant 0$。

由对偶单纯形法的条件可知，并非所有线性规划问题都可以用这种方法，该方法最适合于下列线性规划问题。

$$\min z = \sum_{j=1}^{n} c_j x_j$$

$$s.t. \begin{cases} \sum_{j=1}^{n} a_{ij} x_j \leqslant (\text{或} \geqslant) b_i & (i = 1, 2, \cdots, m) \\ x_j \geqslant 0 & (j = 1, 2, \cdots, n) \end{cases}$$

其中 $c_j \geqslant 0, j = 1, 2, \cdots, n$。

综上所述，对偶单纯形法的计算步骤如下：

(1)建立线性规划初始单纯形表。检查常数项 $b$ 列数字，若所有 $b_i \geqslant 0 (i = 1, 2, \cdots, m)$，检验数 $\lambda_j \leqslant 0$，则已得到最优解。若 $b$ 列数字中至少还有一个负分量，检验数保持非正，那么进行以下计算。

(2)确定换出变量。选常数列中最小负数所对应行中的变量出基，即 $\min\{b_i | b_i < 0\} = b_l$ 对应的基变量 $x_l$ 为换出变量。

(3)确定换入变量。在单纯形表中检查 $x_l$ 所在行的各系数 $a_{lj} (j = 1, 2, \cdots, n)$。若所有的 $a_{lj} \geqslant 0$，则无可行解；若存在 $a_{lj} < 0$，计算

$$\theta = \min_j \left\{ \frac{\lambda_j}{a_{lj}} \,\middle|\, a_{lj} < 0 \right\}$$

式中：$\lambda_j$ 为非基变量的检验数；$a_{lj}$ 为出基变量 $x_l$ 对应的行系数；选最小比值 $\theta_k$ 的列对应的变量 $x_k$ 进基。

(4)以为主元素，按原单纯形法在表中进行迭代计算，得到新的计算表，然后转到第(1)步重复运算。

**例 2-6**　利用对偶单纯形法求解线性规划

$$\min z = x_1 + 3x_2$$

$$s.t. \begin{cases} -2x_1 - x_2 + x_3 = -3 \\ 3x_1 + 2x_2 \geqslant 4 \\ x_1 + 2x_2 \geqslant 1 \\ x_1, x_2, x_3 \geqslant 0 \end{cases}$$

解：先将约束不等式化为等式，并给等式两边乘以 $-1$，再将极小化问题转换成极大化问题，以便得到对偶问题的初始可行基，即

$$\max z = -x_1 - 3x_2$$

$$s.t. \begin{cases} -2x_1 - x_2 + x_3 = -3 \\ -3x_1 - 2x_2 + x_4 = -4 \\ -x_1 - 2x_2 + x_5 = -1 \\ x_1, x_2, x_3, x_4, x_5 \geqslant 0 \end{cases}$$

建立此问题的初始单纯形表,如表 2-7 所示。由表 2-7 可以看到,检验数行对应的对偶问题的解是可行解。因为 $b$ 列数字为负,故需要进行迭代运算。

换出变量的确定:按对偶单纯形法计算步骤(2),计算

$$\min(-3, -4, -1) = -4$$

故 $x_4$ 为换出变量。

表 2-7

| $c_B$ | $x_B$ | $c_j \to$ $-1$ $x_1$ | $-3$ $x_2$ | $0$ $x_3$ | $0$ $x_4$ | $0$ $x_5$ | $b$ |
|---|---|---|---|---|---|---|---|
| 0 | $x_3$ | $-2$ | $-1$ | 1 | 0 | 0 | $-3$ |
| 0 | $x_4$ | $[-3]$ | $-2$ | 0 | 1 | 0 | $-4 \to$ |
| 0 | $x_5$ | $-1$ | $-2$ | 0 | 0 | 1 | $-1$ |
| $\lambda_j$ | | $-1\uparrow$ | $-3$ | 0 | 0 | 0 | |

换入变量的确定:按对偶单纯形法计算步骤(3),计算

$$\theta = \min_j \left\{ \frac{\lambda_j}{a_{lj}} \,\middle|\, a_{lj} < 0 \right\} = \min \left\{ \frac{-1}{-3}, \frac{-3}{-2} \right\} = \frac{-1}{-3} = \frac{1}{3}$$

故 $x_1$ 为换出变量。以换出、换入变量所在行、列的交叉处"$-3$"为主元素。按照单纯形法计算步骤进行迭代,得到表 2-8。

由表 2-8 得,对偶问题仍是可行解,而 $b$ 列数字中仍有负分量,故重复上述迭代过程,得到表 2-9。

表 2-8

| $c_B$ | $x_B$ | $c_j \to$ $-1$ $x_1$ | $-3$ $x_2$ | $0$ $x_3$ | $0$ $x_4$ | $0$ $x_5$ | $b$ |
|---|---|---|---|---|---|---|---|
| 0 | $x_3$ | 0 | 1/3 | 1 | $[-2/3]$ | 0 | $-1/3 \to$ |
| $-1$ | $x_1$ | 1 | 2/3 | 0 | $-1/3$ | 0 | 4/3 |
| 0 | $x_5$ | 0 | $-4/3$ | 0 | $-1/3$ | 1 | 1/3 |
| $\lambda_j$ | | 0 | $-7/3$ | 0 | $-1/3$ | 0 | |

表 2-9

| $c_B$ | $x_B$ | $c_j \to$ $-1$ $x_1$ | $-3$ $x_2$ | $0$ $x_3$ | $0$ $x_4$ | $0$ $x_5$ | $b$ |
|---|---|---|---|---|---|---|---|
| 0 | $x_4$ | 0 | $-1/2$ | $-3/2$ | 1 | 0 | 1/2 |

| -1 | $x_1$ | 1 | 1/2 | -1/2 | 0 | 0 | 3/2 |
|---|---|---|---|---|---|---|---|
| 0 | $x_5$ | 0 | -3/2 | -1/2 | 0 | 1 | 1/2 |
| $\lambda_j$ | | 0 | 0 | -5/2 | -1/2 | 0 | |

表 2-9 中,$b$ 列数字中全部为非负,检验数全为非正,故问题的最优解为:

$$X^* = (\frac{3}{2}, 0, 0, \frac{1}{2}, \frac{1}{2})^T$$

若对应三个约束条件的对偶变量为 $y_1, y_2, y_3$,则对偶问题的最优解为:

$$Y^* = (\frac{5}{2}, \frac{1}{2}, 0)^T$$

用对偶单纯形法求解线性规划问题时,当约束条件为"≥"时,不必引进人工变量,从而使计算简化。但要求在初始单纯形表中其对偶问题是基本可行解这点,对多数线性规划问题很难实现,因此对偶单纯形法很少单独使用,而主要应用于灵敏度分析和求解整数规划的割平面法中。

## 2.4　灵敏度分析

以前讨论的线性规划问题中,都假定问题中 $a_{ij}, b_i, c_j$ 都是常数。但实际上这些系数往往是通过估计或预测得到的,带有不确定性。例如,价值系数 $c_j$ 会随着市场竞争条件的变化而发生变化;$a_{ij}$ 往往因为生产工艺条件的变化而变化。当这些系数发生变化,原来的决策方案就要随之改变,因此会有以下问题:当这些参数中的一个或者几个发生变化时,问题的最优解会有什么变化,或者这些参数在什么范围变化时,线性规划问题的最优解不变,这就是灵敏度分析要研究解决的问题。

线性规划问题中的一个或几个参数变化时,可以用单纯形法从头重新计算,以便得到新的最优解,但这种方法既麻烦又没有必要。因为单纯形法迭代时,每次运算都和基变量的系数矩阵 $B$ 有关,因此可以把发生变化的个别参数的变化直接在计算得到最优解的单纯形表中反映出来,这样就不需要从头计算,而直接对计算得到最优解的单纯形表进行检查和分析,看是否仍然满足最优解的条件,如果不满足,就可以从这个单纯形表进行迭代计算,求得最优解。灵敏度分析的步骤如下:

(1)将参数的改变计算反映到最终单纯形表中。按以下公式计算出由参数 $a_{ij}$、$b_i$、$c_j$ 的变化而引起的最终单纯形表上相关数字的变化:

$$\Delta b' = B^{-1} \Delta b \tag{2-12}$$

$$\Delta P'_i = B^{-1} \Delta P_i \tag{2-13}$$

$$\Delta(c_j - z_j)' = \Delta(c_j - z_j) - \sum_{i=1}^{m} a_{ij} y'_i \tag{2-14}$$

(2)检查原问题是否仍为可行解;

(3)检查对偶问题是否仍为可行解;

(4)按表 2-10 所列情况进行处理。

表 2 – 10

| 原问题 | 对偶问题 | 结论或继续计算的步骤 |
|--------|----------|---------------------|
| 可行解 | 可行解 | 仍然是问题的最优解 |
| 可行解 | 非可行解 | 用单纯形法继续迭代求最优解 |
| 非可行解 | 可行解 | 用对偶单纯形法继续迭代求最优解 |
| 非可行解 | 非可行解 | 引入人工变量,编制新的单纯形表重新计算 |

## ➢ 2.4.1 价值系数 $C_j$ 的灵敏度分析

设线性规划

$$\max z = CX$$
$$s.t. \begin{cases} AX = b \\ x \geqslant 0 \end{cases}$$

其中 $A_{m \times n}$ ,线性规划存在最优解,设最优基的逆矩阵为:

$$B^{-1} = (\beta_1, \beta_2, \cdots, \beta_m), \beta_i = (\beta_{1i}, \beta_{2i}, \cdots, \beta_{mi})^T$$

检验数为:

$$\lambda_j = c_j - C_B B^{-1} P_j \qquad (j = 1, 2, \cdots, n)$$

要使得最优解不变,即当 $c_j$ 变化为 $c'_j = c_j + \Delta c_j$ 后,检验数仍然是小于等于零的,这时分 $c_j$ 是非基变量和基变量的系数两种情况讨论。

(1) $c_j$ 是非基变量 $x_j$ 的系数。

$$\lambda'_j = c'_j - C_B B^{-1} P_j = c_j + \Delta c_j - C_B B^{-1} P_j$$
$$= c_j - C_B B^{-1} P_j + \Delta c_j = \lambda_j + \Delta c_j \leqslant 0$$

即 $\Delta c_j \leqslant -\lambda_j$ ,当 $-\infty < c'_j \leqslant -\lambda_j + c_j$ 时最优解不变,否则最优解就会发生变化。

(2) $c_i$ 是非基变量 $x_i$ 的系数。

因为 $c_i \in C_B$ ,当 $c_i$ 变化为 $c_i + \Delta c_i$ 后检验数 $\lambda_j$ 同时变化,令

$$\lambda'_j = c'_j - C_B B^{-1} P_j = c_j - (C_B + \Delta C_B) B^{-1} P_j$$
$$= c_j - C_B B^{-1} P_j - \Delta C_B B^{-1} P_j = \lambda_j - \Delta C_B B^{-1} P_j$$
$$= \lambda_j - (0, \cdots, 0, \Delta c_i, 0, \cdots, 0)(\bar{a}_{1j}, \bar{a}_{2j}, \cdots, \bar{a}_{mj})$$
$$= \lambda_j - \Delta c_i \bar{a}_{ij}$$

若要使原最优解不变,即必须满足 $\lambda'_j \leqslant 0$ 。于是得到

$$\bar{a}_{ij} < 0, \Delta c_i \leqslant \lambda_j / \bar{a}_{ij} \qquad (j = 1, 2, \cdots, n)$$
$$\bar{a}_{ij} > 0, \Delta c_i \geqslant \lambda_j / \bar{a}_{ij} \qquad (j = 1, 2, \cdots, n)$$

所以 $\Delta c_i$ 可变化的范围是

$$\max_i \{\lambda_j / \bar{a}_{ij} \mid \bar{a}_{ij} > 0\} \leqslant \Delta c_i \leqslant \min_j \{\lambda_j / \bar{a}_{ij} \mid \bar{a}_{ij} < 0\}$$

具体计算时可以按 $\bar{a}_{ij}$ 的符号分成两部分,分别求出比值,然后在比值为负值中取最大者为 $\Delta c_i$ 变化的下界,比值为正值中取最小值为 $\Delta c_i$ 变化的上界,当出现 $\bar{a}_{ij} = 0$ 时, $\bar{a}_{ij}$ 可能无上界或无下界。

**例 2 – 7** 某厂生产甲、乙两种产品,这两种产品都需要在 $A$ 、$B$ 、$C$ 三种不同的设备上加

工,每种产品在不同设备上加工所需要的时间,这些产品销售后所能获得的利润,以及这三种加工设备因各种条件限制所能使用的有效加工总时数如表2-11所示,试对产品利润进行灵敏度分析。

表 2-11

| 时数　设备<br>产品 | $A$ | $B$ | $C$ | 利润(元/件) |
|---|---|---|---|---|
| 甲 | 3 | 5 | 9 | 70 |
| 乙 | 9 | 5 | 3 | 30 |
| 有效工时 | 540 | 450 | 720 | |

解:设 $x_1,x_2$ 分别为甲、乙两种产品的生产数量,得到线性规划数模为:

$$\max z = 70x_1 + 30x_2$$

$$s.t. \begin{cases} 3x_1 + 9x_2 \leqslant 540 \\ 5x_1 + 5x_2 \leqslant 450 \\ 9x_1 + 3x_2 \leqslant 720 \\ x_1, x_2 \geqslant 0 \end{cases}$$

利用单纯形法,求得最优解对应的单纯形表如表2-12所示。

表 2-12

| $c_B$ | $x_B$ | $x_1$ | $x_2$ | $x_3$ | $x_4$ | $x_5$ | $b$ |
|---|---|---|---|---|---|---|---|
| | $c_j \rightarrow$ | 70 | 30 | 0 | 0 | 0 | |
| 0 | $x_3$ | 0 | 0 | 1 | $-\dfrac{12}{5}$ | 1 | 180 |
| 30 | $x_2$ | 0 | 1 | 0 | $\dfrac{3}{10}$ | $-\dfrac{1}{6}$ | 15 |
| 70 | $x_1$ | 1 | 0 | 0 | $-\dfrac{1}{10}$ | $\dfrac{1}{6}$ | 75 |
| $\lambda_j$ | | 0 | 0 | 0 | $-2$ | $-\dfrac{20}{3}$ | 5700 |

设甲产品的利润 $c_1 = 70$ 发生改变量 $\Delta c_1$,将 $70 + \Delta c_1$ 代入上表2-12中计算得到表2-13。

表 2-13

| $c_B$ | $x_B$ | $x_1$ | $x_2$ | $x_3$ | $x_4$ | $x_5$ | $b$ |
|---|---|---|---|---|---|---|---|
| | $c_j \rightarrow$ | $70 + \Delta c_1$ | 30 | 0 | 0 | 0 | |
| 0 | $x_3$ | 0 | 0 | $-1$ | $-\dfrac{12}{5}$ | 1 | 180 |
| 30 | $x_2$ | 0 | 1 | 0 | $\dfrac{3}{10}$ | $-\dfrac{1}{6}$ | 15 |
| $70 + \Delta c_1$ | $x_1$ | 1 | 0 | 0 | $-\dfrac{1}{10}$ | $\dfrac{1}{6}$ | 75 |
| $\lambda_j$ | | 0 | 0 | 0 | $-2 + \dfrac{1}{10}\Delta c_1$ | $-\dfrac{20}{3} - \dfrac{1}{6}\Delta c_1$ | $5700 + 75\Delta c_1$ |

由表2-13可看出,当 $c_1$ 改变时,如果要保持表2-12中的最优解,则据最优判断条件知,

检验数应满足：

$$
\begin{cases}
\lambda_4 = -2 + \dfrac{1}{10}\Delta c_1 \leqslant 0; \Delta c_1 \leqslant 20 \\
\lambda_5 = -\dfrac{20}{3} - \dfrac{1}{6}\Delta c_1 \leqslant 0; \Delta c_1 \geqslant -40
\end{cases}
$$

由此可知 $c_1$ 的变化范围为：$30 \leqslant c_1 \leqslant 90$。

同理可得，当 $c_2$ 发生改变量 $\Delta c_2$ 时，对应的单纯形表如表 2-14 所示。

表 2-14

| $c_B$ | $x_B$ | $c_j \to$ 70 $x_1$ | $30+\Delta c_2$ $x_2$ | 0 $x_3$ | 0 $x_4$ | 0 $x_5$ | $b$ |
|---|---|---|---|---|---|---|---|
| 0 | $x_3$ | 0 | 0 | $-1$ | $-\dfrac{12}{5}$ | 1 | 180 |
| $30+\Delta c_2$ | $x_2$ | 0 | 1 | 0 | $\dfrac{3}{10}$ | $-\dfrac{1}{6}$ | 15 |
| 70 | $x_1$ | 1 | 0 | 0 | $-\dfrac{1}{10}$ | $\dfrac{1}{6}$ | 75 |
| $\lambda_j$ | | 0 | 0 | 0 | $-2-\dfrac{1}{10}\Delta c_2$ | $-\dfrac{20}{3}+\dfrac{1}{6}\Delta c_2$ | $5700+15\Delta c_2$ |

由表 2-14 知，要使 $c_2$ 发生改变量 $\Delta c_2$ 后最优解保持不变，则需：

$$
\begin{cases}
\lambda_6 = -2 - \dfrac{1}{10}\Delta c_2 \leqslant 0; \Delta c_2 \geqslant -\dfrac{20}{3} \\
\lambda_7 = -\dfrac{20}{3} + \dfrac{1}{6}\Delta c_2 \leqslant 0; \Delta c_2 \leqslant 40
\end{cases}
$$

所以，当 $\dfrac{70}{3} \leqslant c_2 \leqslant 70$ 时，最优解保持不变。

**例 2-8** 已知线性规划问题

$$\max z = x_1 + x_2 + 3x_3$$
$$s.t. \begin{cases} x_1 + x_2 + 2x_3 \leqslant 40 \\ x_1 + 2x_2 + x_3 \leqslant 20 \\ x_2 + x_3 \leqslant 15 \\ x_1, x_2, x_3 \geqslant 0 \end{cases}$$

（1）求最优解；（2）若最优解不变，求 $c_1, c_2, c_3$ 变化范围。

解：（1）加入松弛变量 $x_4, x_5, x_6$，用单纯形法求解，最优表如表 2-15 所示。

表 2-15

| $c_B$ | $x_B$ | $c_j \to$ 1 $x_1$ | 1 $x_2$ | 3 $x_3$ | 0 $x_4$ | 0 $x_5$ | 0 $x_6$ | $b$ |
|---|---|---|---|---|---|---|---|---|
| 0 | $x_4$ | 0 | $-2$ | 0 | 1 | $-1$ | $-1$ | 5 |
| $-1$ | $x_1$ | 1 | 1 | 0 | 0 | 1 | $-1$ | 5 |
| 0 | $x_3$ | 0 | 1 | 1 | 0 | 0 | 1 | 15 |
| $\lambda_j$ | | 0 | $-3$ | 0 | 0 | $-1$ | $-2$ | |

最优解为 $X = (5, 0, 15)^T$，最优值 $z = 50$。

(2)因为 $x_2$ 为非基变量，$x_1, x_3$ 为基变量，所以有

$$\Delta c_2 \leqslant -\lambda_2 = 3$$

故 $c_2$ 的变化范围是 $c'_2 \leqslant -\lambda_2 + c_2 = 1 + 3 = 4$ 或 $c'_2 \in (-\infty, 4]$。

对于 $c_1$：表 2-15 中 $x_1$ 对应行的系数 $\overline{a}_{2j}$ 中只有一个负数 $\overline{a}_{26} = -1$，有两个正数 $\overline{a}_{22} = 1$ 及 $\overline{a}_{25} = 1$，则有

$$\max\{\frac{-3}{1}, \frac{-1}{1}\} \leqslant \Delta c_1 \leqslant \min\{\frac{-2}{-1}\}$$

即

$$-3 \leqslant \Delta c_1 \leqslant 2$$

所以 $c_1$ 的变化范围是 $0 \leqslant c'_1 \leqslant 3$ 或 $c'_1 \in [0, 3]$。

对于 $c_3$：表 2-15 中 $x_3$ 对应行的系数 $\overline{a}_{3j}$ 中 $\overline{a}_{32} = 1$，$\overline{a}_{36} = 1$，而 $\overline{a}_{35} = 0$，则有

$$\max\{\frac{-3}{1}, \frac{-2}{1}\} \leqslant \Delta c_3$$

即

$$\Delta c_3 \geqslant -2$$

所以 $c_3$ 的变化范围是 $c'_3 \geqslant 1$ 或 $c'_3 \in [1, \infty)$。

## ▶ 2.4.2 资源限量 $b_i$ 的灵敏度分析

当资源系数 $b_r$ 发生变化，即 $b'_r = b_r + \Delta b_r$ 时，最终表中原问题的解相应地变为：

$$X'_B = B^{-1}(b + \Delta b)$$

其中 $\Delta b = (0, \cdots, 0, \Delta b_r, 0, \cdots, 0)^T$。因为最终表中检验数不变，只要 $X'_B \geqslant 0$，其最优基不变，但最优解的值发生了变化，所以 $X'_B$ 为新的最优解。新的最优解的值可允许变化范围可以用下述方法确定。

$$X'_B = B^{-1}(b + \Delta b) = B^{-1}b + B^{-1}\Delta b = X_B + B^{-1}\Delta b$$

$$B^{-1}\Delta b = (\beta_1, \beta_2, \cdots, \beta_m)\Delta b = \Delta b_r \begin{bmatrix} \beta_{1r} \\ \beta_{2r} \\ \vdots \\ \beta_{mr} \end{bmatrix}$$

$$X'_B = \begin{bmatrix} \overline{b}_1 \\ \overline{b}_2 \\ \vdots \\ \overline{b}_m \end{bmatrix} + \Delta b_r \begin{bmatrix} \beta_{1r} \\ \beta_{2r} \\ \vdots \\ \beta_{mr} \end{bmatrix} = \begin{bmatrix} \overline{b}_1 + \Delta b_r \beta_{1r} \\ \overline{b}_2 + \Delta b_r \beta_{2r} \\ \vdots \\ \overline{b}_m + \Delta b_r \beta_{mr} \end{bmatrix} \geqslant 0$$

即要满足

$$\overline{b}_i + \Delta b_r \beta_{ir} \geqslant 0 \qquad (i = 1, 2, \cdots, m)$$

即

$$\beta_{ir} < 0, \Delta b_r \leqslant -\overline{b}_i / \beta_{ir} \qquad (i = 1, 2, \cdots, m)$$

$$\beta_{ir} > 0, \Delta b_r \geqslant -\overline{b}_i / \beta_{ir} \qquad (i = 1, 2, \cdots, m)$$

所以 $\Delta c_i$ 可变化的范围是

$$\max_i\{-\bar{b}_i/\beta_{ir}\,|\,\beta_{ir}>0\}\leqslant\Delta b_r\leqslant\min_i\{-\bar{b}_i/\beta_{ir}\,|\,\beta_{ir}<0\}$$

这个公式与求 $\Delta c_i$ 的上下界的公式类似,比值的分子都是非正,分母是 $B^{-1}$ 中第 $r$ 列的元素,$\Delta b_r$ 以比值小于零的最大值为变化的下界,以比值大于零的最小值为变化的上界。当某个 $\beta_{ir}=0$ 时,$\Delta b_r$ 可能无上界或无下界。

**例2-9** 求例2-8的 $b_1,b_2,b_3$ 在什么范围内变化时,原最优基不变。

解:由表2-15可知,最优基 $B,B^{-1},X_B$ 分别为

$$B=(P_4,P_1,P_3)=\begin{bmatrix}1&1&2\\0&1&1\\0&0&1\end{bmatrix}$$

$$B^{-1}=\begin{bmatrix}\beta_{11}&\beta_{12}&\beta_{13}\\\beta_{21}&\beta_{22}&\beta_{23}\\\beta_{31}&\beta_{32}&\beta_{33}\end{bmatrix}=\begin{bmatrix}1&-1&-1\\0&1&-1\\0&0&1\end{bmatrix}$$

$$X_B=\begin{bmatrix}\bar{b}_1\\\bar{b}_2\\\bar{b}_3\end{bmatrix}=\begin{bmatrix}5\\5\\15\end{bmatrix}$$

对于 $b_1$:比值中的分母取 $B^{-1}$ 的第一列,其中 $\beta_{11}=1$,而 $\beta_{21}=\beta_{31}=0$,故

$$\max\{\frac{-5}{1}\}\leqslant\Delta b_1$$

$\Delta b_1$ 无上界,即 $\Delta b_1\geqslant-5$,所以要保持最优基不变,$b_1$ 的变化范围是 $b'_1\geqslant35$ 或 $b'_1\in[35,\infty)$。

对于 $b_2$:比值中的分母取 $B^{-1}$ 的第二列,其中 $\beta_{12}=-1,\beta_{22}=1$,则

$$\max\{\frac{-5}{1}\}\leqslant\Delta b_2\leqslant\min\{\frac{-5}{-1}\}$$

即

$$-5\leqslant\Delta b_2\leqslant5$$

故 $b_2$ 在 $[15,25]$ 上变化时,最优基不变。

对于 $b_3$:比值中的分母取 $B^{-1}$ 的第三列,其中 $\beta_{13}=\beta_{23}=-1,\beta_{33}=1$,则

$$\max\{\frac{-15}{1}\}\leqslant\Delta b_3\leqslant\min\{\frac{-5}{-1},\frac{-5}{-1}\}$$

即

$$-15\leqslant\Delta b_3\leqslant5$$

即 $b_3$ 在 $[0,20]$ 上变化时最优基不变。

**例2-10** 对例2-7的线性规划问题右端常数项进行灵敏度分析。

解:从最优单纯形表2-12得出:

$$B^{-1}=\begin{bmatrix}1&-\dfrac{12}{5}&1\\[2mm]0&\dfrac{3}{10}&-\dfrac{1}{6}\\[2mm]0&-\dfrac{1}{10}&\dfrac{1}{6}\end{bmatrix}$$

$$x_B = (180, 15, 75)^T$$
$$b = (540, 450, 720)^T$$
$$\overline{b} = (180, 15, 75)^T$$

当 $b_2$ 发生变化量 $\Delta b_2$ 时,

$$\left\{\frac{-15}{\frac{3}{10}}\right\} \leqslant \Delta b_2 \leqslant \min\left\{\frac{-180}{-\frac{12}{5}}, \frac{-75}{-\frac{1}{10}}\right\}$$

即

$$-50 \leqslant \Delta b_2 \leqslant 75$$

当 $b_2$ 发生变化量 $\Delta b_3$ 时,

$$\max\left\{\frac{-180}{1}, \frac{-75}{\frac{1}{6}}\right\} \leqslant \Delta b_3 \leqslant \left\{\frac{-15}{-\frac{1}{6}}\right\}$$

即

$$-180 \leqslant \Delta b_3 \leqslant 90$$

此时所对应的单纯形表如表 2-16 所示。

表 2-16

| $c_B$ | $x_B$ | $c_j \rightarrow$ | | | | | $b$ |
|---|---|---|---|---|---|---|---|
| | | 70 | 30 | 0 | 0 | 0 | |
| | | $x_1$ | $x_2$ | $x_3$ | $x_4$ | $x_5$ | |
| 0 | $x_3$ | 0 | 0 | 1 | $-12/5$ | 1 | $180 + \Delta b_3$ |
| 30 | $x_2$ | 0 | 1 | 0 | $3/10$ | $-1/6$ | $15 - \frac{1}{6}\Delta b_3$ |
| 70 | $x_1$ | 1 | 0 | 0 | $-1/10$ | $1/6$ | $75 + \frac{1}{6}\Delta b_3$ |
| $\lambda_j$ | | 0 | 0 | 0 | $-2$ | $-20/3$ | $-5700 - \frac{20}{3}\Delta b_3$ |

## ▷ 2.4.3 增加决策变量的分析

在讨论一个规划问题时,从资源的充分利用角度考虑,有时认为多安排一些生产项目是有利的,这反映在线性规划模型上就是增加决策变量的问题。增加变量的分析步骤如下:

(1)设新增变量 $x_k$ 的目标系数为 $c_k$,相应的约束系数为 $P_k$,计算

$$\lambda_k = c_k - C_B B^{-1} P_k = c_k - \sum_{i=1}^{m} a_{ik} y_i^*$$

(2)计算 $P_k' = B^{-1} P_k$;

(3)若 $\lambda_k \leqslant 0$,只需将 $P_k'$ 和 $\lambda_k$ 的值直接反映到最终单纯形表中,原最优解不变;若 $\lambda_k > 0$,则按单纯形法继续迭代。

**例 2-11** 继续对例 2-7 的问题进行讨论。现假设还有丙、丁两种产品可以用 $A$、$B$、$C$ 三种设备加工,它们所用的定额及利润如表 2-17 所示。问丙或丁产品是否值得投资,若投资,新的最优解是多少?

表 2-17

| 时数 设备 产品 | A | B | C | 利润（元/件） |
|---|---|---|---|---|
| 丙 | 1 | 2 | 3 | 20 |
| 丁 | 3 | 1 | 3/4 | 12 |

解：如果安排生产丙产品，产量记为 $x_6$，不安排丁产品，则根据表 2-12 可知，$x_6$ 对应的检验数为：

$$\lambda_6 = c_6 - C_B B^{-1} P_6 = c_k - \sum_{i=1}^{m} a_{i6} y_i^*$$

$$= 20 - (0, 2, \frac{20}{3}) \begin{bmatrix} 1 \\ 2 \\ 3 \end{bmatrix} = -4$$

$$P'_3 = B^{-1} P_3 = \begin{bmatrix} 1 & -12/5 & 1 \\ 0 & 3/10 & -1/6 \\ 0 & -1/10 & 1/6 \end{bmatrix} \begin{bmatrix} 1 \\ 2 \\ 3 \end{bmatrix} = \begin{bmatrix} -4/5 \\ 1/10 \\ 3/10 \end{bmatrix}$$

将以上计算结果代入表 2-12 中得到表 2-18，原最优解不变。由此可知，安排生产丙产品，对企业不利，因为每生产一件丙产品，利润下降 4 元。

表 2-18

| $c_j \rightarrow$ | | 70 | 30 | 0 | 0 | 0 | 20 | $b$ |
|---|---|---|---|---|---|---|---|---|
| $c_B$ | $x_B$ | $x_1$ | $x_2$ | $x_3$ | $x_4$ | $x_5$ | $x_6$ | |
| 0 | $x_3$ | 0 | 0 | 1 | -12/5 | 1 | -4/5 | 180 |
| 30 | $x_2$ | 0 | 1 | 0 | 3/10 | -1/6 | 1/10 | 15 |
| 70 | $x_1$ | 1 | 0 | 0 | -1/10 | 1/6 | 3/10 | 75 |
| $\lambda_j$ | | 0 | 0 | 0 | -2 | -20/3 | -4 | 5700 |

如果安排生产丁产品，产量记为 $x_7$，不安排丙产品。则 $x_7$ 对应的检验数为：

$$\lambda_7 = c_7 - C_B B^{-1} P_7 = c_k - \sum_{i=1}^{m} a_{i7} y_i^*$$

$$= 12 - (0, 2, \frac{20}{3}) \begin{bmatrix} 3 \\ 1 \\ 3/4 \end{bmatrix} = 5$$

$$P'_3 = B^{-1} P_3 = \begin{bmatrix} 1 & -12/5 & 1 \\ 0 & 3/10 & -1/6 \\ 0 & -1/10 & 1/6 \end{bmatrix} \begin{bmatrix} 3 \\ 1 \\ 3/4 \end{bmatrix} = \begin{bmatrix} 27/20 \\ 7/40 \\ 1/40 \end{bmatrix}$$

将以上计算结果代入表 2-12 中得表 2-19，因 $\lambda_7 > 0$，故继续迭代，从迭代结果可知，丁产品

生产 $x_7 = \dfrac{600}{7}$ 件，将可使企业利润增加 $\dfrac{3000}{7}$ 元。

表 2－19

| $c_j \rightarrow$ | | 70 | 30 | 0 | 0 | 0 | 12 | $b$ |
|---|---|---|---|---|---|---|---|---|
| $c_B$ | $x_B$ | $x_1$ | $x_2$ | $x_3$ | $x_4$ | $x_5$ | $x_7$ | |
| 0 | $x_3$ | 0 | 0 | 1 | $-12/5$ | 1 | $27/20$ | 180 |
| 30 | $x_2$ | 0 | 1 | 0 | $3/10$ | $-1/6$ | $7/40$ | 15 |
| 70 | $x_1$ | 1 | 0 | 0 | $-1/10$ | $1/6$ | $1/40$ | 75 |
| $\lambda_j$ | | 0 | 0 | 0 | $-2$ | $-20/3$ | 5 | 5700 |
| 0 | $x_3$ | 0 | $-54/7$ | 1 | $-33/7$ | $16/7$ | 0 | $450/7$ |
| 12 | $x_7$ | 0 | $40/7$ | 0 | $12/7$ | $-20/21$ | 1 | $600/7$ |
| 70 | $x_1$ | 1 | $-1/7$ | 0 | $-1/7$ | $4/21$ | 0 | $510/7$ |
| $\lambda_j$ | | 0 | $-410/7$ | 0 | $-74/7$ | $-40/21$ | 0 | $42900/7$ |

## ▶ 2.4.4　增加约束条件的分析

新增加约束条件，在实际问题中相当于增加工序，分析的方法是将原来问题的最优解变量取值代入这个新增的约束条件中，若满足，说明新增约束条件未起到限制作用，原最优解不变。若不满足，将新增约束条件直接反映到最终表中，再进行分析。

**例 2－12**　假如例 2－7 中甲、乙产品还必须经过设备 $D$ 的加工厂成为最终产品。已知甲产品需要在设备 $D$ 加工 8 小时，乙产品需要 3 小时，而设备 $D$ 最大使用工时为 720 小时，对原线性规划问题进行分析。若设备 $D$ 最大使用工时为 600 小时，又如何？

**解：** (1)若设备 $D$ 最大使用工时为 720 小时，新增的约束条件为
$$8x_1 + 3x_2 \leqslant 720$$
将原问题的最优解 $X^* = (75,15)^T$ 代入上式仍能满足，故新增约束条件对最优解无影响。

(2)若设备 $D$ 最大使用工时为 600 小时，新增的约束条件为
$$8x_1 + 3x_2 \leqslant 600$$
将原问题的最优解 $X^* = (75,15)^T$ 代入上式不能满足，所以将约束条件加上松弛变量后的方程代入表 2－12 中，同时为使 $(P_3, P_2, P_1, P_6)$ 组成基，对表 2－12 中由各变量列组成的系数矩阵进行行的初等变换，并对转换后结果继续用对偶单纯形法进行迭代计算，得到表 2－20。

表 2－20

| $c_j \rightarrow$ | | 70 | 30 | 0 | 0 | 0 | 0 | $b$ |
|---|---|---|---|---|---|---|---|---|
| $c_B$ | $x_B$ | $x_1$ | $x_2$ | $x_3$ | $x_4$ | $x_5$ | $x_6$ | |
| 0 | $x_3$ | 0 | 0 | 1 | $-12/5$ | 1 | 0 | 180 |
| 30 | $x_2$ | 0 | 1 | 0 | $3/10$ | $-1/6$ | 0 | 15 |
| 70 | $x_1$ | 1 | 0 | 0 | $-1/10$ | $1/6$ | 0 | 75 |

| | | $x_1$ | $x_2$ | $x_3$ | $x_4$ | $x_5$ | $x_6$ | |
|---|---|---|---|---|---|---|---|---|
| 0 | $x_6$ | 8 | 3 | 0 | 0 | 0 | 1 | 600 |
| $\lambda_j$ | | 0 | 0 | 0 | $-2$ | $-\dfrac{20}{3}$ | 0 | 5700 |
| 0 | $x_3$ | 0 | 0 | 1 | $-12/5$ | 1 | 0 | 180 |
| 30 | $x_2$ | 0 | 1 | 0 | $3/10$ | $-1/6$ | 0 | 15 |
| 70 | $x_1$ | 1 | 0 | 0 | $-1/10$ | $1/6$ | 0 | 75 |
| 0 | $x_6$ | 0 | 0 | 0 | $-1/10$ | $-5/6$ | 1 | $-45$ |
| $\lambda_j$ | | 0 | 0 | 0 | $-2$ | $-20/3$ | 0 | 5700 |
| 0 | $x_3$ | 0 | 0 | 1 | $-63/25$ | 0 | $6/5$ | 126 |
| 30 | $x_2$ | 0 | 1 | 0 | $8/25$ | 0 | $-1/5$ | 24 |
| 70 | $x_1$ | 1 | 0 | 0 | $-3/25$ | 0 | $1/5$ | 66 |
| 0 | $x_5$ | 0 | 0 | 0 | $3/25$ | 1 | $-6/5$ | 54 |
| $\lambda_j$ | | 0 | 0 | 0 | $-6/5$ | 0 | $-8$ | 5340 |

增加约束条件后,线性规划问题新的解为 $X^* = (66,24,126,054,0)^T, z^* = 5340$。
下面以一个例子综合说明线性规划的灵敏度分析。

**例 2－13** 求解线性规划,并分别对下列变化进行灵敏度分析,求出变化后的最优解。

$$\max z = 2x_1 - x_2 + 4x_3$$

$$s.t. \begin{cases} -3x_1 + 2x_2 + 4x_3 \leqslant 5 \\ x_1 + x_2 + x_3 \leqslant 3 \\ x_1 - x_2 + x_3 \leqslant 4 \\ x_1, x_2, x_3 \geqslant 0 \end{cases}$$

(1)右端项常数变为 $b = \begin{bmatrix} 10 \\ 6 \\ 3 \end{bmatrix}$;

(2)目标函数中 $x_3$ 的系数变为 $c_3 = 1$;

(3)目标函数中 $x_2$ 的系数变为 $c_2 = 2$;

(4)改变 $x_2$ 的系数为 $\begin{bmatrix} c'_2 \\ a'_{12} \\ a'_{22} \\ a'_{32} \end{bmatrix} = \begin{bmatrix} 1 \\ 4 \\ -1 \\ 2 \end{bmatrix}$;

(5)改变第一个约束条件为 $-3x_1 - x_2 + 4x_3 \leqslant 3$;

(6)增加新约束条件 $-5x_1 + x_2 + 6x_3 \leqslant 5$;

(7)增加新变量 $x'_4$,其价值系数为 5,技术系数向量为 $\begin{bmatrix} 1 \\ -2 \\ 1 \end{bmatrix}$。

**解:** 加入松弛变量 $x_4, x_5, x_6$,要单纯形法求解,最终单纯形表如表 2－21 所示。

表 2-21

| $c_B$ | $x_B$ | $b$ | $c_j \rightarrow$ 2 | $-1$ | 4 | 0 | 0 | 0 |
|---|---|---|---|---|---|---|---|---|
| | | | $x_1$ | $x_2$ | $x_3$ | $x_4$ | $x_5$ | $x_6$ |
| 4 | $x_3$ | 2 | 0 | 5/7 | 1 | 1/7 | 3/7 | 0 |
| 2 | $x_1$ | 1 | 1 | 2/7 | 0 | $-1/7$ | 4/7 | 0 |
| 0 | $x_6$ | 1 | 0 | $-2$ | 0 | 0 | $-1$ | 1 |
| | $\lambda_j$ | | 0 | $-31/7$ | 0 | $-2/7$ | $-20/7$ | 0 |

最优解为 $X = (1,0,2,0,0,1)^T$,最优值 $z=10$,最优基及其逆矩阵为:

$$B = \begin{bmatrix} 4 & -3 & 0 \\ 1 & 1 & 0 \\ 1 & 1 & 1 \end{bmatrix} \qquad B^{-1} = \begin{bmatrix} 1/7 & 3/7 & 0 \\ -1/7 & 4/7 & 0 \\ 0 & -1 & 1 \end{bmatrix}$$

(1)基变量的解为:

$$X_B = B^{-1}b = \begin{bmatrix} 1/7 & 3/7 & 0 \\ -1/7 & 4/7 & 0 \\ 0 & -1 & 1 \end{bmatrix} \begin{bmatrix} 10 \\ 6 \\ 3 \end{bmatrix} = \begin{bmatrix} 4 \\ 2 \\ -3 \end{bmatrix}$$

基本解不可行,将求得 $X_B$ 代替表 2-21 中的常数项,用对偶单纯形法求解,如表 2-22 所示。

表 2-22

| $c_B$ | $x_B$ | $b$ | $c_j \rightarrow$ 2 | $-1$ | 4 | 0 | 0 | 0 |
|---|---|---|---|---|---|---|---|---|
| | | | $x_1$ | $x_2$ | $x_3$ | $x_4$ | $x_5$ | $x_6$ |
| 4 | $x_3$ | 4 | 0 | 5/7 | 1 | 1/7 | 3/7 | 0 |
| 2 | $x_1$ | 2 | 1 | 2/7 | 0 | $-1/7$ | 4/7 | 0 |
| 0 | $x_6$ | $-3$ | 0 | $[-2]$ | 0 | 0 | $-1$ | 1 |
| | $\lambda_j$ | | 0 | $-31/7$ | 0 | $-2/7$ | $-20/7$ | 0 |
| 4 | $x_3$ | 41/14 | 0 | 0 | 1 | 1/7 | 1/14 | 5/14 |
| 2 | $x_1$ | 11/7 | 1 | 0 | 0 | $-1/7$ | 3/7 | 1/7 |
| $-1$ | $x_2$ | 3/2 | 0 | 1 | 0 | 0 | 1/2 | $-1/2$ |
| | $\lambda_j$ | | 0 | 0 | 0 | $-2/7$ | $-9/14$ | $-31/7$ |

最优解为 $X = \left(\dfrac{11}{7}, \dfrac{3}{2}, \dfrac{41}{14}, 0, 0, 0\right)^T$,最优值 $z = \dfrac{187}{14}$。

(2)由表 2-21 可知,基变量 $x_3$ 的系数 $c_3$ 的变化范围是 $\Delta c_3 \geqslant -2$,即 $c_3 \in [2, +\infty)$,而 $c_3 = 1$ 在允许的变化范围之外,故表 2-21 的解不是最优解。非基变量的检验数为:

$$(\lambda_2, \lambda_4, \lambda_5) = (-1, 0, 0) - (1, 2, 0) \begin{bmatrix} 1/7 & 3/7 & 0 \\ -1/7 & 4/7 & 0 \\ 0 & -1 & 1 \end{bmatrix} = \left(-\frac{16}{7}, \frac{1}{7}, -\frac{11}{7}\right)$$

$x_4$ 为换入变量,用单纯形法计算得到表 2-23。

表 2 - 23

| $c_B$ | $x_B$ | $b$ | 2 $x_1$ | $-1$ $x_2$ | 4 $x_3$ | 0 $x_4$ | 0 $x_5$ | 0 $x_6$ |
|---|---|---|---|---|---|---|---|---|
| | | | | | | $c_j \rightarrow$ | | |
| 1 | $x_3$ | 2 | 0 | 5/7 | 1 | [1/7] | 3/7 | 0 |
| 2 | $x_1$ | 1 | 1 | 2/7 | 0 | $-1/7$ | 4/7 | 0 |
| 0 | $x_6$ | 1 | 0 | $-2$ | 0 | 0 | $-1$ | 1 |
| | $\lambda_j$ | | 0 | $-31/7$ | 0 | $-2/7$ | $-20/7$ | 0 |
| 0 | $x_4$ | 14 | 0 | 5 | 7 | 1 | 3 | 0 |
| 2 | $x_1$ | 3 | 1 | 1 | 1 | 0 | 1 | 0 |
| 0 | $x_6$ | 1 | 0 | $-2$ | 0 | 0 | $-1$ | 1 |
| | $\lambda_j$ | | 0 | 0 | 0 | $-2/7$ | $-9/14$ | $-31/7$ |

最优解为 $X = (3,0,0,14,0,1)^T$，最优值 $z = 6$。

(3)由表 2-21 可知，非基变量 $x_2$ 的系数 $c_2$ 的变化范围是 $\Delta c_2 \leqslant \frac{31}{7}$，即 $c_2 \in \left(-\infty, \frac{24}{7}\right]$，当 $c_2$ 由 $-1$ 变为 2 时，$\Delta c_2 = 3 \leqslant \frac{31}{7}$，所有最优解不变，即 $X = (1,0,2,0,0,1)^T$，最优值 $z = 10$。

(4) $x_2$ 的价值系数和约束条件的系数都变化了，可求出 $\lambda_2$，然后判断最优解是否改变。

$$\begin{bmatrix} \bar{a}_{12} \\ \bar{a}_{22} \\ \bar{a}_{32} \end{bmatrix} = B^{-1}P'_2 = \begin{bmatrix} 1/7 & 3/7 & 0 \\ -1/7 & 4/7 & 0 \\ 0 & -1 & 1 \end{bmatrix} \begin{bmatrix} 4 \\ -1 \\ 2 \end{bmatrix} = \begin{bmatrix} 1/7 \\ -8/7 \\ 3 \end{bmatrix}$$

$$\lambda'_2 = c'_2 - C_B B^{-1}P'_2 = 1 - (4,2,0)\begin{bmatrix} 1/7 \\ -8/7 \\ 3 \end{bmatrix} = \frac{19}{7}$$

$x_2$ 为换入变量，用单纯形法计算得到表 2-24。

表 2 - 24

| $c_B$ | $x_B$ | $b$ | 2 $x_1$ | 1 $x_2$ | 4 $x_3$ | 0 $x_4$ | 0 $x_5$ | 0 $x_6$ |
|---|---|---|---|---|---|---|---|---|
| | | | | | | $c_j \rightarrow$ | | |
| 4 | $x_3$ | 2 | 0 | 1/7 | 1 | 1/7 | 3/7 | 0 |
| 2 | $x_1$ | 1 | 1 | $-8/7$ | 0 | $-1/7$ | 4/7 | 0 |
| 0 | $x_6$ | 1 | 0 | [3] | 0 | 0 | $-1$ | 1 |
| | $\lambda_j$ | | 0 | 19/7 | 0 | $-2/7$ | $-20/7$ | 0 |
| 4 | $x_3$ | 41/21 | 0 | 0 | 1 | 1/7 | 10/21 | $-1/21$ |
| 2 | $x_1$ | 29/21 | 1 | 0 | 0 | $-1/7$ | 4/21 | 8/21 |
| 1 | $x_2$ | 1/3 | 0 | 1 | 0 | 0 | $-1/3$ | 1/3 |
| | $\lambda_j$ | | 0 | 0 | 0 | $-2/7$ | $-41/21$ | $-19/21$ |

最优解为 $X = (\frac{29}{21}, \frac{1}{3}, \frac{41}{21}, 0, 0, 0)^T$，最优值 $z = \frac{229}{21}$。

（5）第一个约束变为 $-3x_1 - x_2 + 4x_3 \leqslant 3$，实际上是 $a_{12}$ 及 $b_1$ 发生改变，可通过计算 $\lambda_2$ 及 $X_B$ 判断解的情况。

$$\lambda'_2 = c_2 - C_B B^{-1} P_2$$

$$= -1 - (4, 2, 0) \begin{bmatrix} 1/7 & 3/7 & 0 \\ -1/7 & 4/7 & 0 \\ 0 & -1 & 1 \end{bmatrix} \begin{bmatrix} -1 \\ 1 \\ -1 \end{bmatrix} = -\frac{25}{7} < 0$$

$$X'_B = B^{-1} b = \begin{bmatrix} 1/7 & 3/7 & 0 \\ -1/7 & 4/7 & 0 \\ 0 & -1 & 1 \end{bmatrix} \begin{bmatrix} 3 \\ 3 \\ 4 \end{bmatrix} = \begin{bmatrix} 12/7 \\ 9/7 \\ 1 \end{bmatrix}$$

$\lambda'_2 < 0$，$X'_B$ 可行，最优基不变，最优解为 $X = (\frac{9}{7}, 0, \frac{12}{7}, 0, 0, 1)^T$，最优值 $z = \frac{66}{7}$。

（6）在新引入的约束条件中加上松弛变量 $x_7$，得

$$-5x_1 + x_2 + 6x_3 + x_7 = 5$$

因为 $x_1, x_3$ 是基变量，利用表 2-12 消去 $x_1, x_3$，得

$$-\frac{13}{7} x_2 - \frac{11}{7} x_4 + \frac{2}{7} x_5 + x_7 = -2$$

$x_7$ 为新的基变量，基本解 $X = (1, 0, 2, 0, 0, 1, -2)^T$ 不可行，将上式加入表 2-21 中，用对偶单纯形法迭代得到表 2-25。

表 2-25

| $c_B$ | $x_B$ | $b$ | $x_1$ | $x_2$ | $x_3$ | $x_4$ | $x_5$ | $x_6$ | $x_7$ |
|---|---|---|---|---|---|---|---|---|---|
| | | $c_j \rightarrow$ | 2 | -1 | 4 | 0 | 0 | 0 | 0 |
| 4 | $x_3$ | 2 | 0 | 0 | 1 | 1/7 | 3/7 | 0 | 0 |
| 2 | $x_1$ | 1 | 1 | -1 | 0 | -1/7 | 4/7 | 0 | 0 |
| 0 | $x_6$ | 1 | 0 | [3] | 0 | 0 | -1 | 1 | 0 |
| 0 | $x_7$ | -2 | 0 | -13/7 | 0 | -11/7 | 2/7 | 0 | 1 |
| | $\lambda_j$ | | 0 | -31/7 | 0 | -2/7 | -20/7 | 0 | 0 |
| 4 | $x_3$ | 20/11 | 0 | 6/11 | 1 | 0 | 5/11 | 0 | 1/11 |
| 2 | $x_1$ | 13/11 | 1 | 5/11 | 0 | 0 | 6/11 | 0 | -1/11 |
| 0 | $x_6$ | 1 | 0 | -2 | 0 | 0 | -1 | 1 | 0 |
| 0 | $x_4$ | 14/11 | 0 | 13/11 | 0 | 1 | -2/11 | 0 | -7/11 |
| | $\lambda_j$ | | 0 | -45/11 | 0 | 0 | -32/11 | 0 | -2/11 |

最优解为 $X = (\frac{13}{11}, 0, \frac{20}{11}, \frac{14}{11}, 0, 1, 0)^T$，最优值 $z = \frac{106}{11}$。

（7）新增变量 $x'_4$ 最终表中对应的检验数及列向量为：

$$\lambda'_4 = c'_4 - C_B B^{-1} P'_4$$

$$= 1 - (4, 2, 0) \begin{bmatrix} 1/7 & 3/7 & 0 \\ -1/7 & 4/7 & 0 \\ 0 & -1 & 1 \end{bmatrix} \begin{bmatrix} 1 \\ -2 \\ 1 \end{bmatrix} = \frac{25}{7} > 0$$

$$B^{-1} P'_4 = \begin{bmatrix} 1/7 & 3/7 & 0 \\ -1/7 & 4/7 & 0 \\ 0 & -1 & 1 \end{bmatrix} \begin{bmatrix} 1 \\ -1 \\ 1 \end{bmatrix} = \begin{bmatrix} -2/7 \\ -5/7 \\ 2 \end{bmatrix}$$

新增变量 $x'_4$ 应该换入,将以上结果加入表 2-21 中,用单纯形法迭代得到表 2-26。

表 2 - 26

| $c_B$ | $x_B$ | $b$ | $x_1$ | $x_2$ | $x_3$ | $x_4$ | $x_5$ | $x_6$ | $x'_4$ |
|---|---|---|---|---|---|---|---|---|---|
| | $c_j \rightarrow$ | | 2 | $-1$ | 4 | 0 | 0 | 0 | 1 |
| 4 | $x_3$ | 2 | 0 | 5/7 | 1 | 1/7 | 3/7 | 0 | $-2/7$ |
| 2 | $x_1$ | 1 | 1 | 2/7 | 0 | $-1/7$ | 4/7 | 0 | $-5/7$ |
| 0 | $x_6$ | 1 | 0 | $-2$ | 0 | 0 | $-1$ | 1 | [2] |
| | $\lambda_j$ | | 0 | $-31/7$ | 0 | $-2/7$ | $-20/7$ | 0 | 45/7 |
| 4 | $x_3$ | 15/7 | 0 | 3/7 | 1 | 1/7 | 2/7 | 1/7 | 0 |
| 2 | $x_1$ | 19/14 | 1 | $-3/7$ | 0 | $-1/7$ | 3/14 | 5/14 | 0 |
| 1 | $x'_4$ | 1/2 | 0 | $-1$ | 0 | 0 | $-1/2$ | 1/2 | 1 |
| | $\lambda_j$ | | 0 | $-6/7$ | 0 | $-2/7$ | $-15/14$ | $-25/14$ | 0 |

最优解为 $X = \left( \dfrac{19}{14}, 0, \dfrac{15}{7}, 0, 0, 0, \dfrac{1}{2} \right)^T$,最优值 $z = \dfrac{165}{14}$。

# 2.5 参数线性规划

进行灵敏度分析时,主要讨论在最优基不变情况下,确定系数 $a_{ij}, b_i, c_j$ 的变化范围。而参数线性规划是研究这些参数中某一参数连续变化时,使最优解发生变化的各临界点的值。参数线性规划把某一参数作为参变量,而目标函数在某区间内是这个参变量的线性函数,含这个参变量的约束条件是线性等式或不等式,此时仍可用单纯形法和对偶单纯形法分析参数线性规划问题。参数线性规划问题的步骤如下:

(1)对含有某参变量 $t$ 的参数线性规划问题。令 $t = 0$,用单纯形法求出最优解。

(2)将参变量 $t$ 的变化直接反映到最终表中。

(3)当参变量 $t$ 连续变化时,分别观察 $b$ 列和检验数行各数字的变化。若在 $b$ 列首先出现负值时,则以它对应的变量为换出变量,用对偶单纯形法迭代一步。若在检验数行首先出现正值时,则以它对应的变量为换入变量,用单纯形法迭代一步。

(4)在经过迭代后的新表中,令参变量 $t$ 继续变化,重复步骤(3),直到 $b$ 列不出现负值、检验数行不再出现正值为止。

### ➤ 2.5.1　价值系数 $c$ 的变化

**例 2 - 14**　求解下列参数线性规划问题。

$$\max z(t) = (7 + 2t)x_1 + (12 + t)x_2 + (10 - t)x_3$$

$$s.t. \begin{cases} x_1 + x_2 + x_3 \leqslant 20 \\ 2x_1 + 2x_2 + x_3 \leqslant 30 \\ x_1, x_2, x_3 \geqslant 0 \end{cases}$$

**解**:将此模型标准化为:

$$\max z(t) = (7 + 2t)x_1 + (12 + t)x_2 + (10 - t)x_3$$

$$s.t. \begin{cases} x_1 + x_2 + x_3 + x_4 = 20 \\ 2x_1 + 2x_2 + x_3 + x_5 = 30 \\ x_1, x_2, x_3, x_4, x_5 \geqslant 0 \end{cases}$$

令 $t = 0$,用单纯形法求解,最终单纯形表见表 2 - 27。

表 2 - 27

| $c_B$ | $x_B$ | $b$ | $x_1$ | $x_2$ | $x_3$ | $x_4$ | $x_5$ |
|---|---|---|---|---|---|---|---|
| | $c_j \rightarrow$ | | 7 | 12 | 10 | 0 | 0 |
| 10 | $x_3$ | 10 | 0 | 0 | 1 | 2 | −1 |
| 12 | $x_2$ | 10 | 1 | 1 | 0 | −1 | 1 |
| | $\lambda_j$ | | −5 | 0 | 0 | −8 | −2 |

将 $c$ 的变化直接反映到最终表 2 - 27 中,得到表 2 - 28。

表 2 - 28

| $c_B$ | $x_B$ | $b$ | $x_1$ | $x_2$ | $x_3$ | $x_4$ | $x_5$ |
|---|---|---|---|---|---|---|---|
| | $c_j \rightarrow$ | | $7 + 2t$ | $12 + t$ | $10 - t$ | 0 | 0 |
| $10 - t$ | $x_3$ | 10 | 0 | 0 | 1 | 2 | −1 |
| $12 + t$ | $x_2$ | 10 | 1 | 1 | 0 | −1 | 1 |
| | $\lambda_j$ | | $t - 5$ | 0 | 0 | $3t - 8$ | $-2t - 2$ |

表 2 - 27 中最优基不变的条件是 $-1 \leqslant t \leqslant \dfrac{8}{3}$,即当 $-1 \leqslant t \leqslant \dfrac{8}{3}$ 时,线性规划问题的最优解为 $\boldsymbol{X}^* = (0, 10, 10, 0, 0)^T$,目标函数值 $z(t) = 220$。

当 $t < -1$ 时,$x_5$ 列检验数 $-2t - 2 > 0$,将 $x_5$ 作为换入变量进行单纯形法迭代,得到表 2 - 29。

表 2 - 29

| $c_B$ | $x_B$ | $b$ | $x_1$ | $x_2$ | $x_3$ | $x_4$ | $x_5$ |
|---|---|---|---|---|---|---|---|
| | $c_j \rightarrow$ | | $7 + 2t$ | $12 + t$ | $10 - t$ | 0 | 0 |
| $10 - t$ | $x_3$ | 20 | 1 | 1 | 1 | 1 | 0 |
| 0 | $x_5$ | 10 | 1 | 1 | 0 | −1 | 1 |
| | $\lambda_j$ | | $3t - 3$ | $2t + 2$ | 0 | $t - 10$ | 0 |

线性规划问题的最优解为 $X^* = (0,0,20,0,10)^T$，目标函数值 $z(t) = 200 - 20t$。

当 $t > \dfrac{8}{3}$ 时，$x_4$ 列检验数 $3t - 8 > 0$，将 $x_4$ 作为换入变量进行单纯形法迭代，得到表 2-30。

表 2-30

| $c_B$ | $x_B$ | $b$ | $c_j \rightarrow$ $x_1$ | $7+2t$ $x_2$ | $12+t$ $x_3$ | $10-t$ $x_4$ | $0$ $x_5$ | $0$ |
|---|---|---|---|---|---|---|---|---|
| $0$ | $x_4$ | $5$ | $0$ | $0$ | $1/2$ | $1$ | $-1/2$ | |
| $12+t$ | $x_2$ | $15$ | $1$ | $1$ | $1/2$ | $0$ | $1/2$ | |
| | $\lambda_j$ | | $t-5$ | $0$ | $-1.5t+4$ | $0$ | $-0.5t-6$ | |

所以，当 $\dfrac{8}{3} < t \leqslant 5$ 时，线性规划问题的最优解为 $X^* = (0,15,0,5,0)^T$，目标函数值 $z(t) = 180 + 15t$。

由表 2-30 可知，当 $t > 5$ 时，$x_1$ 列检验数 $t - 5 > 0$，将 $x_1$ 作为换入变量进行单纯形法迭代，得到表 2-31。

表 2-31

| $c_B$ | $x_B$ | $b$ | $c_j \rightarrow$ $x_1$ | $7+2t$ $x_2$ | $12+t$ $x_3$ | $10-t$ $x_4$ | $0$ $x_5$ | $0$ |
|---|---|---|---|---|---|---|---|---|
| $0$ | $x_4$ | $5$ | $0$ | $0$ | $1/2$ | $1$ | $-1/2$ | |
| $7+2t$ | $x_1$ | $15$ | $1$ | $1$ | $1/2$ | $0$ | $1/2$ | |
| | $\lambda_j$ | | $0$ | $5-t$ | $-2t+6.5$ | $0$ | $-t+3.5$ | |

所以，当 $t > 5$ 时，问题的最优解为 $X^* = (15,0,0,5,0)^T$，目标函数值 $z(t) = 105 + 30t$。

## ➤ 2.5.2  常数项 $b$ 的变化

**例 2-15**  求解下列参数线性规划问题。

$$\max z(t) = x_1 + 3x_2$$
$$s.t. \begin{cases} x_1 + x_2 \leqslant 6 - t \\ -x_1 + 2x_2 \leqslant 6 + t \\ x_1, x_2 \geqslant 0 \end{cases}$$

解：将此模型标准化为：

$$\max z(t) = x_1 + 3x_2$$
$$s.t. \begin{cases} x_1 + x_2 + x_3 = 6 - t \\ -x_1 + 2x_2 + x_4 = 6 + t \\ x_1, x_2, x_3, x_4 \geqslant 0 \end{cases}$$

令 $t = 0$，用单纯形法求解，最终单纯形表见表 2-32。

表 2 - 32

| $c_B$ | $x_B$ | $b$ | $c_j \rightarrow$ 7 $x_1$ | 12 $x_2$ | 10 $x_3$ | 0 $x_4$ |
|---|---|---|---|---|---|---|
| 1 | $x_1$ | 2 | 1 | 0 | 2/3 | $-1/3$ |
| 3 | $x_2$ | 4 | 0 | 1 | 1/3 | 1/3 |
| | $\lambda_j$ | | 0 | 0 | $-5/3$ | $-2/3$ |

计算

$$B^{-1}\Delta b = \begin{bmatrix} 2/3 & -1/3 \\ 1/3 & 1/3 \end{bmatrix} \begin{bmatrix} -t \\ t \end{bmatrix} = \begin{bmatrix} -t \\ 0 \end{bmatrix}$$

将计算结果反映到最终表 2 - 32 中，得表 2 - 33。

表 2 - 33

| $c_B$ | $x_B$ | $b$ | $c_j \rightarrow$ 7 $x_1$ | 12 $x_2$ | 10 $x_3$ | 0 $x_4$ |
|---|---|---|---|---|---|---|
| 1 | $x_1$ | $2-t$ | 1 | 0 | 2/3 | $-1/3$ |
| 3 | $x_2$ | 4 | 0 | 1 | 1/3 | 1/3 |
| | $\lambda_j$ | | 0 | 0 | $-5/3$ | $-2/3$ |

当 $t \leqslant 2$ 时，线性规划问题的最优解为 $X^* = (2-t, 4, 0, 0)^T$，目标函数值为 $z(t) = 14 - t$。

当 $t > 2$ 时，$b_1 = 2 - t < 0$，将 $x_1$ 作为换出变量，用对偶单纯形法迭代得到表 2 - 34。

表 2 - 34

| $c_B$ | $x_B$ | $b$ | $c_j \rightarrow$ 7 $x_1$ | 12 $x_2$ | 10 $x_3$ | 0 $x_4$ |
|---|---|---|---|---|---|---|
| 0 | $x_4$ | $-6+3t$ | 1 | 0 | 2/3 | $-1/3$ |
| 3 | $x_2$ | $6-t$ | 0 | 1 | 1/3 | 1/3 |
| | $\lambda_j$ | | 0 | 0 | $-5/3$ | $-2/3$ |

由表 2 - 34 可知，当 $t > 6$ 时，线性规划问题无可行解；当 $2 < t \leqslant 6$ 时，线性规划问题的最优解为 $X^* = (0, 6-t, 0, 3t-6)^T$，目标函数值为 $z(t) = 18 - 3t$。

# 2.6 案例分析

某食用油加工厂通过精炼两种类型的原料油——花生油和大豆油，得到一种调和食用油。大豆原料来自两个产地，而花生原料油来自另外三个产地。根据预测，这五种原料油从一月至六月的价格如表 2 - 35 所示。成品调和油的售价为 11000 元/吨。

表 2 - 35　五种原料油的预测价格(元/吨)

|  | 大豆油 Ⅰ | 大豆油 Ⅱ | 花生油 Ⅰ | 花生油 Ⅱ | 花生油 Ⅲ |
|---|---|---|---|---|---|
| 一月 | 6200 | 6300 | 9400 | 9200 | 9250 |
| 二月 | 6400 | 6400 | 6200 | 8800 | 9250 |
| 三月 | 6200 | 6600 | 9400 | 9000 | 8850 |
| 四月 | 6300 | 6200 | 9300 | 9300 | 9350 |
| 五月 | 6000 | 6300 | 9700 | 9200 | 9150 |
| 六月 | 5800 | 6200 | 9600 | 8700 | 9450 |

大豆油和花生油需要不同的生产线来精炼。大豆油精炼生产线的每月最大处理能力为 200 吨,花生油精炼生产线最大处理能力为 250 吨。五种原料油都备有储罐,每个储罐的容量均为 1000 吨,每吨原料油每月的存储费为 300 元。而各种精炼油以及成品调和油无油罐可存储。精炼的加工费可忽略不计。成品调和油的销售不存在问题。

产品调和油的硬度有一定的技术要求,取决于各种原料油的硬度及混合比例。产品调和油的硬度与各种原料油的硬度以及所占比例呈线性关系。根据技术要求,产品调和油的硬度不应小于 3.0 并不大于 6.0。两种大豆原料油的硬度分别为 8.8 和 6.1,三种花生原料油的硬度分别为 2.0、4.2 和 5.0,其中硬度单位是无量纲的,并且精炼过程不会影响硬度。

假如一月初,每种原料油各自有 500 吨储备,并要求六月底仍然有这样的储备。根据表 2 - 35 的预测价格,加工厂应如何安排生产、采购和存储,可以使 1~6 月的利润最大。

**一、问题分析**

上述问题从每个月考虑是一个配料问题,1~6 月整体考虑就要加上一个采购和存储问题。设 $x_{Bij}$ 为第 $i$ 种原料油第 $j$ 个月的采购量,$x_{Uij}$ 为第 $i$ 种原料油第 $j$ 个月的消耗量,$x_{Sij}$ 为第 $i$ 种原料油第 $j$ 个月的库存量。$y_j$ 为第 $j$ 个月的成品调和油产量,其中 $i=1,\cdots,5$,$j=1,\cdots,6$。

**二、约束条件**

(1)大豆油生产线能力约束:
$$x_{U1j} + x_{U2j} \leqslant 200 \quad (j=1,\cdots,6)$$

(2)花生油生产线能力约束:
$$x_{U3j} + x_{U4j} + x_{U5j} \leqslant 250 \quad (j=1,\cdots,6)$$

(3)成品调和油硬度上限约束:
$$8.8x_{U1j} + 6.1x_{U2j} + 2x_{U3j} + 4.2x_{U4j} + 5x_{U5j} - 6y_j \leqslant 0 \quad (j=1,\cdots,6)$$

(4)成品调和油硬度下限约束:
$$8.8x_{U1j} + 6.1x_{U2j} + 2x_{U3j} + 4.2x_{U4j} + 5x_{U5j} - 3y_j \geqslant 0 \quad (j=1,\cdots,6)$$

(5)物料平衡约束:
$$x_{U1j} + x_{U2j} + x_{U3j} + x_{U4j} + x_{U5j} - y_j = 0 \quad (j=1,\cdots,6)$$

(6)库存约束:
$$x_{Bi1} - x_{Ui1} - x_{Si1} = -500 \quad (i=1,\cdots,5)$$
$$x_{Si1} + x_{Bi2} - x_{Ui2} - x_{Si2} = 0 \quad (i=1,\cdots,5)$$
$$x_{Si2} + x_{Bi3} - x_{Ui3} - x_{Si3} = 0 \quad (i=1,\cdots,5)$$

$$x_{Si3} + x_{Bi4} - x_{Ui4} - x_{Si4} = 0 \quad (i = 1,\cdots,5)$$
$$x_{Si4} + x_{Bi5} - x_{Ui5} - x_{Si5} = 0 \quad (i = 1,\cdots,5)$$
$$x_{Si5} + x_{Bi6} - x_{Ui6} = 500 \quad (i = 1,\cdots,5)$$

目标函数为利润最大,即

$$\max z = 11000 \sum_{j=1}^{6} y_j - \sum_{i=1}^{5}\sum_{j=1}^{6} V_{ij} x_{Bij} - 300 \sum_{i=1}^{5}\sum_{j=1}^{6} x_{Sij}$$

上述线性规划模型求解见表 2-36。按照表 2-36 中所示进行采购、生产和存储,食用油加工厂 1~6 月的最大生产利润可以达到 634.5556 万元。

**表 2-36　食用油厂最优生产、采购和存储计划**

| | | 一月初 | 一月 | 二月 | 三月 | 四月 | 五月 | 六月 |
|---|---|---|---|---|---|---|---|---|
| 大豆油 I | 采购(B) | | | | | | 159.26 | 659.26 |
| | 生产(U) | | | 200 | 200 | 100 | 159.26 | 159.26 |
| | 存储(S) | 500 | 500 | 300 | 100 | | | 500 |
| 大豆油 II | 采购(B) | | | | | | | 381.48 |
| | 生产(U) | | 200 | | | 100 | 40.74 | 40.74 |
| | 存储(S) | 500 | 300 | 300 | 300 | 200 | 159.76 | 500 |
| 花生油 I | 采购(B) | | | | | | | 500 |
| | 生产(U) | | | 250 | 250 | | | |
| | 存储(S) | 500 | 500 | 250 | | | | 500 |
| 花生油 II | 采购(B) | | | 250 | | | | 750 |
| | 生产(U) | | 250 | | | 250 | 250 | 250 |
| | 存储(S) | 500 | 250 | 500 | 500 | 250 | | 500 |
| 花生油 III | 采购(B) | | | | | | | |
| | 生产(U) | | | | | | | |
| | 存储(S) | 500 | 500 | 500 | 500 | 500 | 500 | 500 |
| 成品调和油 | | | 450 | 450 | 450 | 450 | 450 | 450 |

### 三、灵敏度分析

**1. 原料油采购价格和成品油销售价格的变动分析**

通过对目标函数系数的灵敏度分析,原料油采购价格及成品调和油销售价格变动对采购计划的影响如表 2-37 所示。当采购价格和销售价格变动超出上限或者下限,食用油厂的采购及销售决策就会发生变化。从表中可以看出,采购决策为"不采购"的原料油价格变动上限都是"无限",说明当前原料油价格下的最优决策是"不采购",价格继续上涨,最优决策仍然是"不采购";其下限是确定的数值,表明采购价格若低于该值,该种原料油的采购决策就从"不采购"转变为"采购"。

采购决策为"采购"的原料油价格既有上限又有下限,表明该种原料油的采购价格如果高于上限值,最优决策就会从"采购"变为"不采购";如果采购价格低于下限值,就会增加该种原料油的采购数量。

表 2－37　原料油采购价格及成品油销售价格变动分析

| | | 一月 | 二月 | 三月 | 四月 | 五月 | 六月 |
|---|---|---|---|---|---|---|---|
| 大豆油Ⅰ | 采购状况 | 不采购 | 不采购 | 不采购 | 不采购 | 采购 | 采购 |
| | 采购价格 | 6200 | 6400 | 6200 | 6300 | 6000 | 5800 |
| | 价格上限 | 无限 | 无限 | 无限 | 无限 | 6200 | 6200 |
| | 价格下限 | 5300 | 5400 | 5900 | 6200 | 5586.37 | 5095.46 |
| 大豆油Ⅱ | 采购状况 | 不采购 | 不采购 | 不采购 | 不采购 | 不采购 | 采购 |
| | 采购价格 | 6300 | 6400 | 6600 | 6200 | 6300 | 6200 |
| | 价格上限 | 无限 | 无限 | 无限 | 无限 | 无限 | 6200 |
| | 价格下限 | 4400 | 6200 | 6200 | 6200 | 6200 | 6000 |
| 花生油Ⅰ | 采购状况 | 不采购 | 不采购 | 不采购 | 不采购 | 不采购 | 采购 |
| | 采购价格 | 9400 | 9200 | 9400 | 9300 | 9700 | 9600 |
| | 价格上限 | 无限 | 无限 | 无限 | 无限 | 无限 | 9700 |
| | 价格下限 | 8100 | 8400 | 8700 | 9000 | 9300 | 9400 |
| 花生油Ⅱ | 采购状况 | 不采购 | 采购 | 不采购 | 不采购 | 采购 | 采购 |
| | 采购价格 | 9200 | 8800 | 9000 | 9300 | 9200 | 8700 |
| | 价格上限 | 无限 | 8850 | 无限 | 无限 | 无限 | 8800 |
| | 价格下限 | 7000 | 8700 | 8800 | 8800 | 8800 | 无限 |
| 花生油Ⅲ | 采购状况 | 不采购 | 不采购 | 不采购 | 不采购 | 不采购 | 不采购 |
| | 采购价格 | 9250 | 9250 | 8850 | 9350 | 9150 | 9450 |
| | 价格上限 | 无限 | 无限 | 无限 | 无限 | 无限 | 无限 |
| | 价格下限 | 7050 | 8850 | 8800 | 8850 | 8850 | 8850 |
| 成品调和油 | 销售状况 | 销售 | 销售 | 销售 | 销售 | 销售 | 销售 |
| | 销售价格 | 11000 | 11000 | 11000 | 11000 | 11000 | 11000 |
| | 价格上限 | 无限 | 无限 | 无限 | 无限 | 无限 | 无限 |
| | 价格下限 | 7000 | 8400 | 8700 | 8800 | 8666.67 | 8433.33 |

**2.生产线能力及影子价格分析**

两条生产线各月生产能力及影子价格见表 2－38。从表中可以看出,制约食用油厂利润提升的瓶颈之一就是生产线能力不足。两条生产线中,大豆油生产线的生产能力相对花生油生产线比较紧缺。

表 2－38　两条生产线各月生产能力及影子价格

| | | 一月 | 二月 | 三月 | 四月 | 五月 | 六月 |
|---|---|---|---|---|---|---|---|
| 大豆油生产线 | 生产能力(吨) | 200 | 200 | 200 | 200 | 200 | 200 |
| | 占用能力(吨) | 200 | 200 | 200 | 200 | 200 | 200 |
| | 影子价格(元/吨) | 6600 | 5400 | 5100 | 4800 | 4792.6 | 4785.2 |

续表 2-38

| 花生油生产线 | 生产能力（吨） | 250 | 250 | 250 | 250 | 250 | 250 |
|---|---|---|---|---|---|---|---|
| | 占用能力（吨） | 250 | 250 | 250 | 250 | 250 | 250 |
| | 影子价格（元/吨） | 4000 | 2600 | 2300 | 2200 | 2333.3 | 2566.7 |

# 小结与展望

在上一章的基础上，本章重点讨论了线性规划的对偶理论、对偶单纯形法和灵敏度分析。线性规划的原问题和对偶问题之间，不仅在外部结构上表现出一种相关关系，而且在本质上存在着某些深层次的规律。

对偶理论除了理论上的重要价值之外，一个最重要的直接效果就是发展并形成了对偶单纯形法，这是线性规划问题的另一种求解方法。单纯形法是在保持基的可行性的前提下，通过逐步换基迭代，使线性规划问题满足最优性条件，求出最优解或者判断无最优解。对偶单纯形法是在保持对偶可行性的条件下，通过逐步换基迭代，一旦满足解的可行性即得到最优解，或者判断问题无可行解。

线性规划的灵敏度分析是在最优单纯形表的基础上，考察模型中某些参数的变化（实际问题中某些条件的变化在模型中的反映）对最优解的影响及其范围。

# 习题 2

1. 写出下列线性规划问题的对偶问题。

(1) $\min z = 3x_1 + 6x_2 + 3x_3$

$$s.t. \begin{cases} 6x_1 + 12x_2 - 18x_3 \leqslant 36 \\ -x_1 + x_2 + 4x_3 \leqslant 6 \\ x_1, x_2, x_3 \geqslant 0 \end{cases}$$

(2) $\max z = -2x_1 - 3x_2 + 4x_3 + x_4 - x_5$

$$s.t. \begin{cases} 5x_1 - 2x_2 + x_3 - 3x_4 \leqslant 6 \\ 3x_1 + x_2 - 2x_3 + 2x_5 = 7 \\ -x_1 + 3x_2 - 4x_3 + 2x_4 + x_5 \geqslant 5 \\ x_1, x_2, x_4 \geqslant 0; x_3 \ 自由, x_5 \leqslant 0 \end{cases}$$

(3) $\max z = \sum_{i=1}^{n} \sum_{k=1}^{m} c_{ik} x_{ik}$

$$s.t. \begin{cases} \sum_{i=1}^{n} a_{ik} x_{ik} = s_k \quad (k = 1, \cdots, m) \\ \sum_{k=1}^{m} b_{ik} x_{ik} = p_i \quad (i = 1, \cdots, n) \\ x_{ik} \geqslant 0 \quad (i = 1, \cdots, n; k = 1, \cdots, m) \end{cases}$$

(4) $\max z = \sum\limits_{j=1}^{n} c_j x_j$

$$s.t.\begin{cases} \sum\limits_{i=1}^{m} a_{ij}x_j \leqslant b_i & (i=1,\cdots,m_1) \\[2mm] \sum\limits_{i=1}^{m} a_{ij}x_j = b_i & (i=m_1+1,\cdots,m_2) \\[2mm] \sum\limits_{i=1}^{m} a_{ij}x_j \geqslant b_i & (i=m_2+1,\cdots,m) \\[2mm] x_j \leqslant 0 & (j=1,\cdots,n_1) \\[2mm] x_j \geqslant 0 & (j=n_1+1,\cdots,n_2) \\[2mm] x_j \text{ 自由} & (i=n_2+1,\cdots,n) \end{cases}$$

2. 已知线性规划问题

$$\max z = x_1 + x_2$$

$$s.t.\begin{cases} -x_1 + x_2 + x_3 \leqslant 2 \\ -2x_1 + x_2 - x_3 \leqslant 1 \\ x_1, x_2, x_3 \geqslant 0 \end{cases}$$

试用对偶理论证明上述线性规划问题无最优解。

3. 已知线性规划问题

$$\max z = 3x_1 + 2x_2$$

$$s.t.\begin{cases} -x_1 + x_2 \leqslant 4 \\ 3x_1 + 2x_2 \leqslant 14 \\ x_1 - x_2 \leqslant 3 \\ x_1, x_2 \geqslant 0 \end{cases}$$

(1) 写出其对偶问题；(2) 用对偶理论证明原问题和对偶问题都存在最优解。

4. 已知线性规划问题

$$\max z = 4x_1 + 6x_2 + 2x_3$$

$$s.t.\begin{cases} x_1 + 2x_2 + x_3 \leqslant 10 \\ 2x_1 + 3x_2 + 3x_3 \leqslant 10 \\ x_1, x_2, x_3 \geqslant 0 \end{cases}$$

试用对偶理论证明该问题的最优解的目标函数值不大于 25。

5. 已知线性规划问题

$$\max z = 2x_1 + x_2 + 5x_3 + 6x_4$$

$$s.t.\begin{cases} 2x_1 + x_3 + x_4 \leqslant 8 \\ 2x_1 + 2x_2 + x_3 + 2x_4 \leqslant 12 \\ x_1, x_2, x_3, x_4 \geqslant 0 \end{cases}$$

其对偶问题最优解为 $y_1^* = 4, y_2^* = 1$。试根据对偶理论求出原问题的最优解。

6. 用对偶单纯形法求解下列线性规划。

(1) $\min z = 4x_1 + 3x_2 + 8x_3$

$$s.t. \begin{cases} x_1 + x_3 \geqslant 2 \\ x_2 + 2x_3 \geqslant 5 \\ x_1, x_2, x_3 \geqslant 0 \end{cases}$$

(2) $\min z = 3x_1 + 4x_2 + 2x_3$

$$s.t. \begin{cases} x_1 + x_2 + x_3 \leqslant 6 \\ x_1 - x_3 \geqslant 3 \\ x_2 - x_3 \geqslant 2 \\ x_1, x_2, x_3 \geqslant 0 \end{cases}$$

(3) $\min z = 5x_1 + 2x_2 + 4x_3$

$$s.t. \begin{cases} -x_1 - x_2 + 2x_3 \geqslant 4 \\ 2x_1 + 3x_2 + x_3 \geqslant 3 \\ -3x_1 + 2x_2 - 5x_3 \geqslant 10 \\ x_1, x_2, x_3 \geqslant 0 \end{cases}$$

(4) $\max z = -2x_1 - 3x_2 - 5x_3 - 6x_4$

$$s.t. \begin{cases} x_1 + 2x_2 + 3x_3 + x_4 \geqslant 2 \\ -2x_1 + x_2 - x_3 + 3x_4 \leqslant -3 \\ x_j \geqslant 0; j = 1, 2, 3, 4 \end{cases}$$

7. 已知线性规划问题

$$\max z = 10x_1 + 5x_2$$

$$s.t. \begin{cases} 3x_1 + 4x_2 \leqslant 9 \\ 5x_1 + 2x_2 \leqslant 8 \\ x_1, x_2 \geqslant 0 \end{cases}$$

用单纯形法求得最终表如表 2 - 39 所示。

表 2 - 39

| $c_B$ | $x_B$ | $b$ | $c_j \rightarrow$ 7 | 12 | 10 | 0 |
|---|---|---|---|---|---|---|
| | | | $x_1$ | $x_2$ | $x_3$ | $x_4$ |
| 10 | $x_2$ | 3/2 | 0 | 1 | 5/14 | $-3/14$ |
| 5 | $x_1$ | 1 | 1 | 0 | $-1/7$ | 2/7 |
| | $\lambda_j$ | | 0 | 0 | $-5/14$ | $-25/14$ |

试用灵敏度分析的方法判断：

(1) 目标函数系数 $c_1$ 和 $c_2$ 分别在什么范围内变动，上述最优解不变；

(2) 当约束条件右端项 $b_1$ 和 $b_2$ 中一个保持不变时，另一个在什么范围内变动，上述最优基保持不变；

(3) 问题的目标函数变为 $\max z = 12x_1 + 4x_2$ 时上述最优解的变化；

（4）约束条件右端项由 $\begin{bmatrix} 9 \\ 8 \end{bmatrix}$ 变为 $\begin{bmatrix} 11 \\ 19 \end{bmatrix}$ 时，上述最优解的变化。

8. 分析下列参数规划问题中，当 $t$ 变化时，最优解的变化情况。

（1）$\min z(t) = x_1 + x_2 - tx_3 + 2tx_4$

$$s.t. \begin{cases} x_1 + x_3 + 2x_4 = 2 \\ 2x_1 + x_2 + 3x_4 = 5 \\ x_1, x_2, x_3, x_4 \geqslant 0 \end{cases}$$

（2）$\min z(t) = 2x_4 + 8x_5$

$$s.t. \begin{cases} x_1 + 3x_4 - x_5 = 3 - t \\ x_2 - 4x_4 + 2x_5 = 1 + 2t \\ x_3 - x_4 + 3x_5 = -1 + t \\ x_1, x_2, x_3, x_4, x_5 \geqslant 0 \end{cases}$$

# 第 3 章
# 特殊线性规划

在现实经济管理活动中,我们经常遇到一些特殊的线性规划问题,本章将重点讨论运输问题(transportation problem)、整数规划(Integer programming)和目标规划(goal programming)三类特殊线性规划。运输问题的约束条件系数矩阵具有特殊的结构,表上作业法是求解该类问题的一种简便而有效的方法。整数规划在相应的线性规划模型基础上,增加了某些变量必须取整数值的附加约束,与线性规划相比,整数规划与很多实际问题要求决策变量必须取整数值才有意义相适应。在现代经济管理过程中,存在多目标决策的难题,目标之间相互矛盾,如何统筹兼顾多种目标是目标规划将要解决的问题,目标规划能够处理多个主目标与多个次目标并存的问题。

本章的要点包括表上作业法原理及方法步骤,整数规划求解原理和两种求解方法的比较,0-1规划和指派问题的处理思路,目标规划的模型、求解方法及灵敏度分析。

## 3.1 运输问题

### ➢ 3.1.1 模型及特点

**1.问题的提出**

在人类生产实践活动中,往往需要将一些对象所处的空间位置进行转移,由此面临着运输的问题。随着社会生产力的迅猛发展,运输问题愈发复杂与重要,直接关系个体、企业甚至一国之生产效率的提升。各种商品频繁地运输以实现自己的价值,钢铁、石油、煤炭、粮食等大宗商品的运输问题,更是关系国计民生的大事件。企业内部对原材料、各种零部件等调度运输,不仅涉及到生产管理水平的高低,更关乎企业战略目标的达成。

运输问题是经济管理领域必须认真加以解决的复杂问题。一般而言,运输问题解决单一货物从多个产地向多个销地运输的最优安排问题,已知各产地的生产量以及各销地的销量,从众多的运输方案中确定一个最优的方案。之所以被称为运输问题,是因为这类问题的很多应用都是为了解决运输的最优化。运输问题是一类典型而又极其特殊的线性规划问题,从本质上分析,可以建立运输问题的线性规划模型,利用单纯形法进行求解;运输问题又是一类具有特殊结构的线性规划问题,使得我们可以利用一些更方便高效的特殊方法进行解决。

从人类常规的思维模式出发,下面首先由运输问题的实例导入,然后展开理论描述,以方便学生透彻地理解理论知识在工作中的运用。

**例 3 - 1** 某航空企业生产某种大型商用客机,在全球拥有三个制造中心,客机在这三个地方完成后需要运往四个营销点。已知从各个制造中心到各营销点的单架客机的运输费用如表 3-1 所示。问该航空企业应该如何安排运输,在满足各营销点销量的前提下,使总的运输成本最低。

表 3 - 1 大型商用客机产销量及运费表

| 营销点<br>制造中心 | $B_1$ | $B_2$ | $B_3$ | $B_4$ | 产量 $a_i$ |
|---|---|---|---|---|---|
| $A_1$ | 64 | 13 | 54 | 76 | 5 |
| $A_2$ | 32 | 46 | 10 | 17 | 25 |
| $A_3$ | 99 | 26 | 38 | 65 | 10 |
| 销量 $b_j$ | 10 | 8 | 12 | 10 | |

在此背景下考虑最优运输安排,就是运输问题。为了给出运输问题的一般模型,下面逐步来引入与运输问题数学模型相关的一些一般化术语。

**2. 模型的建立及其特点**

运输问题是一类特殊的线性规划问题,在建立运输问题模型时必须考虑三个核心问题:我们的决策是什么？对于该决策的约束假设条件有哪些？采用什么样的方法处理这些决策？因此,需要系统考虑如何利用逻辑方式来表示相关的数据。

首先,产量、销量和单位运输成本,是构建运输问题的基础数据。

设某种商品有 $m$ 个产地 $A_1, A_2, \cdots, A_m$,产量分别为 $a_1, a_2, \cdots, a_m$ 个单位,供应 $n$ 个销地 $B_1, B_2, \cdots, B_n$,销量分别为 $b_1, b_2, \cdots, b_n$ 个单位。从产地 $A_i$ 向销地 $B_j$ 运输单位产品的费用为 $c_{ij}$,运输量为 $x_{ij}$,如何安排商品的调运方案使总运输费用最少。具体见表 3-2。

表 3 - 2 产销运输量列示

| 销地<br>产地 运费 | $B_1$ | | $B_2$ | | $\cdots$ | $B_n$ | | 产量 |
|---|---|---|---|---|---|---|---|---|
| $A_1$ | $x_{11}$ | $c_{11}$ | $x_{12}$ | $c_{12}$ | | | $c_{1n}$ | $a_1$ |
| $A_2$ | $x_{21}$ | $c_{21}$ | $x_{22}$ | $c_{22}$ | | $x_{2n}$ | $c_{2n}$ | $a_2$ |
| $\vdots$ | | | | | | | | $\vdots$ |
| $A_m$ | $x_{m1}$ | $c_{m1}$ | $x_{m2}$ | $c_{m2}$ | | $x_{mn}$ | $c_{mn}$ | $a_m$ |
| 销量 | $b_1$ | | $b_2$ | | $\cdots$ | $b_n$ | | |

一般地,运输问题可以利用以下数学语言进行描述。

(1)产地:某种商品的生产、出产或制造的地点。

（2）销地：商品销售出去的地点。

（3）供给条件：各个产地的商品生产数量，必须完全调运给相应的销地。

（4）需求条件：各个销地均只能接收某个确定数量的商品，必须是由产地运输而来。

（5）费用假设：某一产地到某一销地的单位运输费用是确定的，并且与需要运输的商品数量成正比例关系。

（6）产销平衡假设：各个产地的商品总产量等于各个销地的商品总销量。

当运输问题满足产销平衡假设条件时，该运输问题被称为平衡型运输问题。但是在现实中的经济管理活动中，供给只能表示可以分配的最大数量，并不一定能够实现总产量与总销量的平衡条件。对于这类产销不平衡的运输问题，可以通过引入哑元（虚拟变量）的方法将其转换为产销平衡的运输问题。

（7）哑元：虚拟的产地或销地，并不发生实际的商品运输行为，对应的单位运输费用为零。

（8）运输问题的可行解特性：产销平衡的运输问题一定存在可行解，区别于一般的线性规划问题。即一个运输问题具有可行解的充要条件是：总产量等于总销量。

$$\sum_{i=1}^{m}a_i = \sum_{j=1}^{n}b_j \tag{3-1}$$

其中，$i=1,2,\cdots,m$，$j=1,2,\cdots,n$。

对于一般的运输问题，涉及 $m+n$ 个约束条件，即产量约束和销量约束；$mn$ 个决策变量，其构成的数学模型如下所示：

$$目标函数 \quad \min z = \sum_{i=1}^{m}\sum_{j=1}^{n}c_{ij}x_{ij}$$

$$约束条件 \begin{cases} \sum_{j=1}^{n}x_{ij}=a_i & (i=1,2,\cdots,m) \tag{3-2} \\ \sum_{i=1}^{m}x_{ij}=b_j & (j=1,2,\cdots,n) \tag{3-3} \end{cases}$$

$$决策变量 \quad x_{ij} \geq 0 \quad (i=1,2,\cdots,m; j=1,2,\cdots,n)$$

其中，约束条件右端常数项 $a_i$ 和 $b_j$ 满足产销平衡条件。任何符合这种特殊形式的线性规划问题，不需要考虑其具体的内容，均可以纳入运输问题的范畴之中。

值得注意的是：该模型约束条件系数矩阵呈现的特殊结构，对应于决策变量的系数向量的元素中，第 $i$ 个和第 $m+j$ 个元素取值为1，其余的元素均为0。

由于受到产销平衡条件的约束，模型约束条件中仅仅存在 $m+n-1$ 个独立约束。

根据运输问题的数学模型及其特点，人们发现了一种优于一般单纯形法的计算方式——表上作业法。对于产销不平衡的问题，可以通过虚拟一个产地或销地的方式进行转换。因此，我们只需重点掌握产销平衡运输问题的表上作业法即可。

### 3.1.2 求解思路与方法

#### 1.求解思路

求解运输问题的表上作业法的思路与单纯形法一致，所有运算均可以在表上完成，但是具体做法仍然具有一些特殊性。具体步骤如下：

（1）寻找一个初始基本可行解（基可行解），对应一个初始的调运方案，即在（$m\times n$）产销

平衡表上给出 $m+n-1$ 个数字格。

（2）求得各非基变量的检验数，即在表上计算空格的检验数，判断是否达到最优解。如果已是最优解，则停止计算；否则继续进行下一步。

（3）确定换入变量和换出变量，在表上用闭回路法调整，找出一个新的基本可行解。

（4）重复第二步、第三步的内容，直到求得最优解为止。

表上作业法是单纯形法在求解运输问题时的一种变形方法，实质上仍然是单纯形法，只是外在表现方式和具体术语有所区别。与一般线性规划问题类似，Excel、MPL、CPLEX、LING、LIDO 等均可以用来建立和求解运输问题，其求解方法非常丰富。

**2. 求解方法**

对于表上作业法各个步骤而言，存在可选的各种具体方法，我们简单介绍如下：

（1）西北角法：从运输问题单纯形表（调运表）的西北角开始，即首先选择 $x_{11}$，因此西北角法又称左上角法，或阶梯法。根据约束条件所允许的、尽可能大的运输数量，即令 $x_{11} = \min(a_1, b_1)$。接下来，继续选取下一个西北角变量作为基变量，这样顺次由西北角往东南角移动。由此逐步推演下去，就得到了一个初始调运方案，也是初始基本可行解。

（2）最小元素法：从运输问题单位运价表中选择最小的单位运价开始，确定运输关系，相应地划去该单位运价所在行或列；然后选择剩余单位运价中最小的，一直到给出初始基可行解，求出初始方案为止。此时单位运价表上所有的元素都被划去了，相应地在产销平衡表上填写了 $m+n-1$ 个数字，给出了运输问题 $m+n-1$ 个基变量的取值。

（3）伏格尔法：对需要考虑的行和列计算罚数，罚数是指运输表中每一行、每一列的次小单位运价和最小单位运价之间的差值。在这些罚数中选择最大者，对应的列或行与最小元素法一样进行处理。在尚未划去的各行和各列中如上重新计算各行罚数和列罚数，用上述方法继续做下去，依次算出每次迭代的行罚数和列罚数，根据其最大罚数值的位置在运输表中的适当格中填入一个尽可能大的运输量，并划去对应的一行或一列。用这种方法可以得到一个初始基可行解。

西北角法和最小元素法最主要的优点是简单易行，但所得初始调运方案常常远离最优调运方案。伏格尔法虽然并未将总的成本考虑全面，但给出的初始调运方案一般较为高效。当然，考虑到人工计算和计算机应用的因素，各方法的取舍仍有一定的可选性。

**例 3 - 2** 某公司生产某种产品，下设三个加工厂。公司把这些产品分别运往四个销售点。已知从各个工厂到各销售点的单位产品的运价如表 3 - 3 所示。问该公司应该如何调运产品，在满足各个销售点需求的前提下，使总的运输成本最小。

表 3 - 3 产销量及单位运价表

| 销地 产地 | $B_1$ | $B_2$ | $B_3$ | $B_4$ | 产量 $a_i$ |
|---|---|---|---|---|---|
| $A_1$ | 20 | 11 | 3 | 6 | 5 |
| $A_2$ | 5 | 9 | 10 | 2 | 10 |
| $A_3$ | 18 | 7 | 4 | 1 | 15 |
| 销量 $b_j$ | 3 | 3 | 12 | 12 | |

解：利用伏格尔法求得初始调运方案，如表 3 - 4 至 3 - 8 所示。

表 3-4

| 第一步 | 单位运费表 (cᵢⱼ) | | | | | 分配数量表 (xᵢⱼ) | | | | 产量 |
|---|---|---|---|---|---|---|---|---|---|---|
| | 20 | 11 | 3 | 6 | 3 | — | | | | 5 |
| | (5) | 9 | 10 | 2 | 3 | 3 | | | | 10 |
| | 18 | 7 | 4 | 1 | 3 | — | | | | 15 |
| | 13 | 2 | 1 | 1 | 销量 | 3 | 3 | 12 | 12 | |

表 3-5

| 第二步 | 单位运费表 (cᵢⱼ) | | | | | 分配数量表 (xᵢⱼ) | | | | 产量 |
|---|---|---|---|---|---|---|---|---|---|---|
| | — | 11 | 3 | 6 | 3 | — | | | | 5 |
| | — | 9 | 10 | (2) | 7 | 3 | — | — | 7 | 10 |
| | — | 7 | 4 | 1 | 3 | — | | | | 15 |
| | — | 2 | 1 | 1 | 销量 | 3 | 3 | 12 | 12 | |

表 3-6

| 第三步 | 单位运费表 (cᵢⱼ) | | | | | 分配数量表 (xᵢⱼ) | | | | 产量 |
|---|---|---|---|---|---|---|---|---|---|---|
| | — | 11 | 3 | 6 | 3 | — | | | | 5 |
| | — | — | — | — | | 3 | — | — | 7 | 10 |
| | — | 7 | 4 | (1) | 3 | — | — | — | 5 | 15 |
| | — | 4 | 1 | 5 | 销量 | 3 | 3 | 12 | 12 | |

表 3-7

| 第四步 | 单位运费表 (cᵢⱼ) | | | | | 分配数量表 (xᵢⱼ) | | | | 产量 |
|---|---|---|---|---|---|---|---|---|---|---|
| | — | 11 | (3) | — | 8 | — | — | 5 | — | 5 |
| | — | — | — | — | | 3 | — | — | 7 | 10 |
| | — | 7 | 4 | — | 3 | — | — | — | 5 | 15 |
| | — | 4 | 1 | — | 销量 | 3 | 3 | 12 | 12 | |

表 3-8

| 第五步 | 单位运费表 (cᵢⱼ) | | | | | 分配数量表 (xᵢⱼ) | | | | 产量 |
|---|---|---|---|---|---|---|---|---|---|---|
| | — | — | — | — | | — | — | 5 | — | 5 |
| | — | — | — | — | | 3 | — | — | 7 | 10 |
| | — | 7 | 4 | — | 3 | — | 3 | 7 | 5 | 15 |
| | — | — | — | — | 销量 | 3 | 3 | 12 | 12 | |

（4）位势法：又称乘数法。它是运输问题表上作业法求检验数的一种方法，判断某一调运方案是否最优。用位势法求检验数就是对偶问题的表上作业法，原理是线性规划的对偶理论。每行的位势对应前 $m$ 个约束等式相应的对偶变量，每列的位势对应后 $n$ 个等式约束相应的对偶变量。由于所有基变量的检验数等于零，从线性规划的对偶理论计算得出位势 $u_i$，$v_j$ 值，进一步计算表格中非基变量的检验数。最后，根据最优检验条件，检验某基本可行解或某一运输方

案是否是最优。

（5）闭回路方法：当某一运输方案有负检验数时，需要将绝对值最大的负检验数对应的非基变量作为换入变量，变成基变量。从换入变量 $x_{ij}$ 出发，遇到某个基变量则选一个方向拐角或穿过，直至回到起点形成闭回路。按此法从换入变量出发作闭合回路运转，其四周顶点除换入变量以外，其余都是基变量。选定格的调入量 $\theta$ 是选择闭回路上具有（−1）标号的数字格中的最小者，其原理与单纯形法中按 $\theta$ 规划来确定换出变量一致。按闭回路上的正、负号，加入和减去此值，得到新的调整方案。

**例 3−3** 通过例 3−2 讨论运输问题求解的表上作业法。

首先初始化，目标是获得初始基可行解。

对于运输问题而言，约束条件都是等式。在所有的 $m+n$ 个等式中，存在一个冗余的重复约束，删除其并不影响可行域，对具有 $m$ 个产地和 $n$ 个销地的运输问题，基变量的数量为 $m+n-1$。

利用最小元素法求得例 3−2 的初始调运方案，如表 3−9 所示。

表 3−9　初始方案

| 销地\产地 | $B_1$ | $B_2$ | $B_3$ | $B_4$ | $a_i$ |
|---|---|---|---|---|---|
| $A_1$ | — | — | 5 | — | 5 |
| $A_2$ | 3 | 3 | 4 | — | 10 |
| $A_3$ | | | 3 | 12 | 15 |
| $b_j$ | 3 | 3 | 12 | 12 | |

其次，利用位势法进行最优解的判断，如表 3−10 所示。

表 3−10　位势法求解

| 销地\产地 | $B_1$ | $B_2$ | $B_3$ | $B_4$ | $u_i$ |
|---|---|---|---|---|---|
| $A_1$ | | | 3 | | 0 |
| $A_2$ | 5 | 9 | 10 | | 7 |
| $A_3$ | | | 4 | 1 | 1 |
| $v_j$ | −2 | 2 | 3 | 0 | |

只有 $x_{24}$ 对应的检验数为 −5，不满足运输问题最优解的检验条件，所以用 $x_{24}$ 作为入基变量进行迭代。利用闭回路方法进行调整，如表 3−11 所示。

表 3−11　最佳方案

| 销地\产地 | $B_1$ | $B_2$ | $B_3$ | $B_4$ | 产量 $a_i$ |
|---|---|---|---|---|---|
| $A_1$ | | | 5 | | 5 |
| $A_2$ | 3 | 3 | | 4 | 10 |
| $A_3$ | | | 7 | 8 | 15 |
| 销量 $b_j$ | 3 | 3 | 12 | 12 | |

该调运方案满足最优解检验条件，且为最优解，最小总运费为 98。

### ➤ 3.1.3 案例分析

表上作业法的计算优于同等条件下单纯形法,因此在解决现实经济管理问题时,可以将某些线性规划问题转换为运输问题加以方便解决。

**例3-4** 某一国内民营航空公司发展困难,承担着西部地区六个重点城市 A、B、C、D、E、F 之间的运输任务,目前共有四条航线。各条航线的起点、终点城市及每天航班数见表3-12。

假设各城市间的航程所需时间单位如表3-13所示,并且每架飞机每次装卸货的时间各需1个时间单位,那么至少应配备多少架飞机,才能满足各条航线的货运要求?

表 3-12

| 航线 | 起点城市 | 终点城市 | 每单位时间内的航班数 |
|---|---|---|---|
| 1 | E | D | 3 |
| 2 | B | C | 2 |
| 3 | A | F | 1 |
| 4 | D | B | 1 |

表 3-13

| | A | B | C | D | E | F |
|---|---|---|---|---|---|---|
| A | 0 | 1 | 2 | 14 | 7 | 7 |
| B | 1 | 0 | 3 | 13 | 8 | 8 |
| C | 2 | 3 | 0 | 15 | 5 | 5 |
| D | 14 | 13 | 15 | 0 | 17 | 20 |
| E | 7 | 8 | 5 | 17 | 0 | 3 |
| F | 7 | 8 | 5 | 20 | 3 | 0 |

解:该航空公司所需配置的飞机可以分为两大部分:

一方面,载货航程所需的周转飞机数。

例如:航线1,在机场城市E装货需1个时间单位,E至D航程需17个时间单位,在D卸货需1个时间单位,总计19个时间单位,每个时间单位内需安排3个航班,故该航线周转飞机需要57架,各条航线周转所需的飞机数量见表3-14。由表可知,以上累计共需周转飞机数为91架。

表 3-14 需求分配表

| 航线 | 装货时间 | 航程时间 | 卸货时间 | 合计 | 航班数 | 需周转飞机数 |
|---|---|---|---|---|---|---|
| 1 | 1 | 17 | 1 | 19 | 3 | 57 |
| 2 | 1 | 3 | 1 | 5 | 2 | 10 |
| 3 | 1 | 7 | 1 | 9 | 1 | 9 |
| 4 | 1 | 13 | 1 | 15 | 1 | 15 |

另一方面,各机场城市之间所需飞机数。有些机场城市飞机到达数少于需求数,例如城市B。各机场城市每天余缺的飞机数量见表3-15。

表 3 - 15　余缺飞机数

| 机场城市 | 单位时间到达 | 单位时间需求 | 余缺数 |
|---|---|---|---|
| A | 0 | 1 | −1 |
| B | 1 | 2 | −1 |
| C | 2 | 0 | 2 |
| D | 3 | 1 | 2 |
| E | 0 | 3 | −3 |
| F | 1 | 0 | 1 |

根据以上条件,可以建立如下运输问题,其产销平衡表如表 3 - 16 所示。

表 3 - 16　产销平衡表

| 城市 | A | B | E | 单位时多余飞机 |
|---|---|---|---|---|
| C | | | | 2 |
| D | | | | 2 |
| F | | | | 1 |
| 单位时间缺少飞机 | 1 | 1 | 3 | |

单位运价表为相应机场城市之间的飞机航程时间单位,如表 3 - 17 所示。

表 3 - 17　单位运价

| | A | B | E |
|---|---|---|---|
| C | 2 | 3 | 5 |
| D | 14 | 13 | 17 |
| F | 7 | 8 | 3 |

最优调度方案如表 3 - 18 所示。

表 3 - 18　案例最优解

| | A | B | E | 每天多余飞机 |
|---|---|---|---|---|
| C | 1 | | 1 | 2 |
| D | | 1 | 1 | 2 |
| F | | | 1 | 1 |
| 每天缺少飞机 | 1 | 1 | 3 | |

故最少需周转的空转飞机数量为 40,该公司至少应配备 131 架飞机。

# 3.2　整数规划

## ➤ 3.2.1　问题背景与数学模型描述

### 1. 问题的提出

在许多线性规划问题中,涉及人员数量、设备台数等取值必须取整的情况,相应的线性规划的解,如果取值非整,则与现实情境冲突。如果对简单地求得相应线性规划问题的最优解进行四舍五入,或舍零取整化处理,得到的解又可能是非最优解,甚至为非可行解。将线性规划模型中的部分或全部变量限定为整数时,便形成了所谓的整数规划。割平面方法和分支定界法,通过转化为多次线性规划问题的求解过程,实现了对整数规划问题的求解。

整数规划是规划论中的一个重要分支,在经济管理领域的应用非常广泛。所有决策变量均需取整时对应的整数规划问题称为纯整数规划问题,或全整数规划问题。如果并不要求全部决策变量均为整数,则称之为混合整数规划问题。特殊情境下,决策变量取值仅仅为0或1时,形成0-1型整数规划问题。本章所涉及的指派问题就属于一种0-1型整数规划问题。

**例3-5**　某国防企业在"十二五"计划期间内计划生产A、B两种驱逐舰。该企业拥有强大的生产能力来加工制造这两种驱逐舰的所有零部件,相应所需的原材料和能源也可满足供应,不过有T、F两种紧缺物资的供应量受到西方发达国家的严格控制,与此有关的数据如表3-19所示。请问该企业在本计划期内应安排生产A、B驱逐舰各多少艘,使得利润最大化?

表 3 - 19

| | 单艘驱逐舰所需原材料数量 | | 可供量 |
| --- | --- | --- | --- |
| | A | B | |
| T(吨) | 2 | 1 | 9 |
| F(千克) | 5 | 7 | 35 |
| 单艘驱逐舰利润 | 6 | 5 | |

**解**：设 $x_1$，$x_2$ 分别为该计划期内生产A、B驱逐舰的数量,$z$ 为生产这两种驱逐舰获得的利润。现实情况决定了 $x_1$，$x_2$ 都必须是非负整数,建立的模型为：

$$\max z = 6x_1 + 5x_2$$

$$s.t. \begin{cases} 2x_1 + x_2 \leqslant 9 \\ 5x_1 + 7x_2 \leqslant 35 \\ x_1 \geqslant 0, x_2 \geqslant 0 \\ x_1, x_2 \text{ 为整数} \end{cases}$$

整数规划的应用范围极其广泛。它不仅在工业、工程设计和科学研究方面有许多应用,而且在计算机设计、系统可靠性、编码和经济分析等方面也有新的应用。在现实的经济管理领域中,整数规划的应用涉及生产计划问题、物资运输问题、人员安排问题、投资选择问题等。

严格意义上讲,整数规划是一类要求问题的解中的全部或一部分变量为整数的数学规划问题。因此,从约束条件的构成来看,又可将整数规划细分为线性、二次和非线性的整数规划。本章如无特殊指明,仅讨论整数线性规划,所提到的整数规划是指整数线性规划问题。

**2. 数学模型描述与求解的特点**

整数规划数学模型的一般形式为：

$$\max(\min) f(x) = \sum_{j=1}^{n} c_j x_j \tag{3-4}$$

$$s.t. \begin{cases} \sum_{j=1}^{n} a_{ij} x_j \leqslant (=, \geqslant) b_i & (i = 1, 2, \cdots, m) \tag{3-5} \\ x_j \geqslant 0 \quad \text{部分或全部为整数} \quad (j = 1, 2, \cdots, n) \tag{3-6} \end{cases}$$

求解整数规划问题时,最典型的做法是逐步生成一个相关的问题,称它为原问题的衍生问题。对每个衍生问题又伴随一个比它更易于求解的松弛问题(衍生问题称为松弛问题的原问题)。本章中松弛问题由整数规划问题模型除去对决策变量的整数约束取得。

整数规划问题解的特点,与其对应的松弛问题具有密切的关系,但是又有本质上的差异。整数规划问题的可行解集合,是它的松弛问题可行解集合的一个子集。整数规划的可行解,一定是它的松弛问题的可行解,反之则不一定成立。可以确定的是,整数规划问题的最优解的目标函数值不会优于其对应的松弛问题最优解的目标函数值。

整数规划问题对应的松弛问题是一个线性规划问题,任意两个可行解的凸组合仍为可行解,即可行解的集合是一个凸集。对于整数规划问题而言,任意两个可行解的凸组合则不一定满足变量的整数约束条件,因而也就不一定仍为可行解。

通过松弛问题的解来确定它的源问题的归宿,即源问题应被舍弃,还是再生成一个或多个它本身的衍生问题来替代它。在此基础上,选择一个尚未被剔除的或替代的原问题的衍生问题,重复以上步骤直至不再存在未解决的衍生问题为止。

对于整数规划问题的求解而言,有人试图利用穷举法进行处理,但是对于大型问题,即使利用计算机进行穷举计算也不可行。自上世纪 60 年代以来,逐步发展出割平面法、分支定界法、求解 0-1 型整数规划的隐枚举法、分解法、群论法、动态规划法等,以及最近形成的近似算法和计算机模拟法等一系列整数规划的一般解法,这些解法具有重要的实际意义。目前,比较成功又流行的求解整数规划问题的方法是割平面法和分支定界法,下面我们进行详细研究。

### ▷ 3.2.2　割平面法与分支定界法

#### 1. 割平面法

实际上,1958 年由 R. E. 戈莫里提出割平面法之后,整数规划问题才形成规划问题的一个独立分支。整数规划割平面法的求解思路,是在不考虑决策变量整数约束的条件下,首先求得松弛问题的最优解,若得整数最优解,即为所求最优解。若不满足整数约束,则在松弛问题中逐次增加一个新约束,即割平面。整数规划问题的割平面是一个新引入的函数约束条件,可以在不减少整数规划问题可行解的情况下缩小松弛问题的可行域,即它能割去原松弛可行域中一块不含整数解的区域。逐次切割下去,直到切割最终所得松弛可行域的一个最优极点为整数解终止。

割平面法的具体步骤如下:

(1)求解整数规划问题对应的松弛问题,求得相应的最优解。

(2)若结果是无可行解或者取得了整数最优解,则无需继续计算,求解结束;否则求一个割平面方程,加到最优单纯形表中,用对偶单纯形法继续求解。

(3)若仍没有得到整数最优解,则继续作割平面方程,重复(2)步骤。

虽然整数规划问题的第一种求解算法就涉及割平面法,但在现实中,除了某些特定问题,它并不实用,因此割平面法的具体解法本章不做详细介绍,而将重点放在分支定界法。

#### 2. 分支定界法

分支定界法是上世纪 60 年代初,由 Land Doig 和 Dakin 提出的。在整数规划算法中,最常见、最传统的方法是使用分支定界法及其相关思想,通过枚举可行整数解。这种方法及其变形方法已经成功地应用于多种运筹学问题,在解决整数规划问题时尤其适用。目前,分支定界法已成功地应用于求解生产进度问题、旅行推销员问题、工厂选址问题、背包问题及分配问题等。

分支定界法是一种求解整数规划问题最常用的算法,求解思路是拆分排除法,将一些难以直接有效解决的复杂问题,拆分为越来越小的子问题,直到最终能有效处理这些子问题为止。这种方法不但可以求解纯整数规划,还可以求解混合整数规划问题。分支定界法形成分支、定界和剪支等三个环节。通过把整个可行解的集合分成越来越小的子集完成分支工作,剪支的工作通过界定子集中最好的解的程度后,舍弃其边界值,表明它不可能包含原问题最优解的子集完成。

分支定界法的主要思路是:首先,计算原问题目标函数值的初始上界和初始下界;其次,增加约束条件将原问题分支,分别求解一对分支;然后,修改上下界,最终结束准则。分支定界法实际上是一种隐枚举法,通过在枚举过程中逐步排斥一部分可行解,大大减少了不必要的工作量。分支定界法的关键之处在于分支和定界。分支定界法的一般步骤如下:

(1)放宽或取消原问题的某些约束条件,如求整数解的条件。若求出的最优解是原问题的可行解,即为原问题的最优解,计算结束。否则这个解的目标函数值是原问题的最优解的上界。

(2)将放宽了某些约束条件的替代问题分成若干子问题,要求各子问题的解集合的并集要包含原问题的所有可行解,然后对每个子问题求最优解。

分支过程,若最优解中某个决策变量 $x_k = b_k$ 不符合整数解要求,即 $b_k$ 不是整数,则取 $b_k$ 的整数部分 $[b_k]$,于是有 $[b_k] < b_k < [b_k] + 1$ 。

重新构造两个约束条件 $x_k \leqslant [b_k]$ 和 $x_k \geqslant [b_k] + 1$,分别将两个约束条件加到原整数规划问题之中,形成两个整数规划问题,此过程叫做分支过程。

(3)这些子问题的最优解中的最优者若是原问题的可行解,则得到原问题的最优解,计算结束。否则它的目标函数值就是原问题的一个新的上界。另外,各子问题的最优解中,若有原问题的可行解的,可行解的最大目标函数值,就是原问题最优解的一个下界。

(4)对最优解的目标函数值已经小于这个下界的问题,其可行解中必无原问题的最优解,可以放弃。对最优解的目标函数值大于下界的子问题,先保留下来,进入第(5)步。

(5)在保留下的所有子问题中,选出最优解的目标函数值最大的一个,重复(1)至(3)步骤。如果已经找到该子问题的最优可行解,那么其目标函数值与前面保留的其他问题在内的所有子问题的可行解中目标函数值最大者,将它作为新的下界,重复(4),直到求出最优解。

根据上述步骤,进行分支、定界与剪支,对于不断出现新的解进行判断,最终求得整数规划最优解。

**例 3-6**　利用分支定界法求解如下整数规划问题。

$$\max f(X) = 6x_1 + 4x_2$$

$$s.t. \begin{cases} 2x_1 + 4x_2 \leqslant 13 \\ 2x_1 + x_2 \leqslant 7 \\ x_1 \geqslant 0, x_2 \geqslant 0 \\ x_1, x_2 \text{ 为整数} \end{cases}$$

解:求解整数规划问题对应的松弛问题,最优单纯形表如表 3-20 所示。

表 3 – 20

| $C_B$ | $X_B$ | $b$ | $x_1$ 6 | $x_2$ 4 | $x_3$ 0 | $x_4$ 0 |
|---|---|---|---|---|---|---|
| 4 | $x_2$ | 2 | 0 | 1 | 1/3 | −1/3 |
| 6 | $x_1$ | 5/2 | 1 | 0 | −1/6 | 2/3 |
| 23 | | $z_j$ | 6 | 4 | 1/3 | 8/3 |
| | | $C_j − z_j$ | 0 | 0 | −1/3 | −8/3 |

由于 $x_1$ 取非整数,非整数规划问题的可行解。

所求最优值 23 是整数规划问题的上界,令 $[b_k]=2$,构造两个约束条件 $x_1 \leqslant 2$ 和 $x_1 \geqslant 3$,分别引入原整数规划问题中,可得

$$\max f(X) = 6x_1 + 4x_2$$

$$子问题 \ \text{I} \quad s.t. \begin{cases} 2x_1 + 4x_2 \leqslant 13 \\ 2x_1 + x_2 \leqslant 7 \\ x_1 \leqslant 2 \\ x_1, x_2 \geqslant 0 \ 且为整数 \end{cases}$$

$$\max f(X) = 6x_1 + 4x_2$$

$$子问题 \ \text{II} \quad s.t. \begin{cases} 2x_1 + 4x_2 \leqslant 13 \\ 2x_1 + x_2 \leqslant 7 \\ x_1 \geqslant 3 \\ x_1, x_2 \geqslant 0 \ 且为整数 \end{cases}$$

对子问题 I 和子问题 II 相应的松弛问题进行求解,最优解结果见表 3 – 21。

表 3 – 21  最优结果

| 变量<br>问题 | 子问题 I | 子问题 II |
|---|---|---|
| $x_1$ | 2 | 3 |
| $x_2$ | 9/4 | 1 |
| $f(X)$ | 21 | 22 |

由子问题 II 的整数解对应的目标函数值为 22,可得整数规划问题新的下界;而子问题 I 为非整数解,且目标函数值小于整数规划最优值的下界,因此被剪支,故求得最优解。

### ➤ 3.2.3  0－1 型整数规划与指派问题

#### 1. 0－1 型整数规划

0－1 型整数规划是整数规划的特殊情况,所有的变量都要是 0 或 1(而非任意整数)。实际上,凡是有界变量的整数规划都可以转化为 0－1 规划问题,因此其具有广泛的应用,多年来一直受到人们重视。0－1 变量作为逻辑变量,可以表示系统是否处于某个特定状态,或者决策是否取某特定方案。当问题含有多项要素,每项要素均有两种选择时,可用一组 0－1 变量

来描述。在实际中,0－1变量可以描述开与关、有与无、取与舍等现象所反映的离散变量间的关系,以及相互排斥的约束。因此,0－1型整数规划不仅仅广泛应用于科学技术问题,在经济管理领域也有十分重要的应用。0－1型整数规划非常适合描述和解决工厂选址、线路设计、生产计划安排、背包问题和旅行购物等问题。

0－1型整数规划问题一般有三种解法,即变换法、穷举法和隐枚举法。目前已有的求解0－1型整数规划的方法一般都属于隐枚举法。本章主要讲解隐枚举法。隐枚举法需要根据目标函数的性质增加一个相应的不等式作为过滤条件,以减少运算次数。为了简化计算,一般还要按目标函数中决策变量系数递增的顺序,重新排列目标函数和约束条件中决策变量的次序。由此,仅仅需要检查变量取值的组合的一部分,就能求到问题的最优解。这也是隐枚举法名称由来的原因,分支定界法也是一种隐枚举法。

在可能的变量组合中,往往仅有部分属于可行解。当变量组合不满足某个约束条件时,不必再去检验其他约束条件是否仍然可行。基于发现的可行解最优目标函数值设计过滤约束,并在计算过程中逐步改进过滤约束。对于最大化问题,可以按照由小到大的顺序排列,对于最小化问题,则相应可以按照由大到小的顺序排列。通过有效减少运算工作量,实现较快地发现最优解的目标。下面我们就举例说明一种解0－1型整数规划的隐枚举法。

**例 3－7**　利用隐枚举法求解如下0－1型整数规划问题。

$$\max z = 3x_1 - 2x_2 + 5x_3$$

$$s.t. \begin{cases} x_1 + 2x_2 - x_3 \leqslant 2 \\ x_1 + 4x_2 + x_3 \leqslant 4 \\ x_1 + x_2 \leqslant 3 \\ 4x_2 + x_3 \leqslant 6 \\ x_1, x_2, x_3 = 0 \text{ 或 } 1 \end{cases}$$

解:显然容易得到该问题的一个可行解 $(x_1, x_2, x_3) = (1, 0, 0)$,其目标函数值 $z = 3$。

引入过滤条件 $3x_1 - 2x_2 + 5_3 \geqslant 3$,可得如下等价问题:

$$\max z = 3x_1 - 2x_2 + 5x_3$$

$$s.t. \begin{cases} 3x_1 - 2x_2 + 5x_3 \geqslant 3 & (a) \\ x_1 + 2x_2 - x_3 \leqslant 2 & (b) \\ x_1 + 4x_2 + x_3 \leqslant 4 & (c) \\ x_1 + x_2 \leqslant 3 & (d) \\ 4x_2 + x_3 \leqslant 6 & (e) \\ x_1, x_2, x_3 = 0 \text{ 或 } 1 & (f) \end{cases}$$

按隐枚举法的求解思路与方法,求解过程可由表 3－22 表示:

表 3－22　隐枚举法求解

| $(x_1, x_2, x_3)$ | 目标值 | 约束条件 | | | | | 过滤条件 |
|:---:|:---:|:---:|:---:|:---:|:---:|:---:|:---:|
| | | $a$ | $b$ | $c$ | $d$ | $e$ | |
| $(0,0,0)$ | 0 | $\times$ | | | | | |

| $(1,0,0)$ | 3 | √ √ √ √ √ | $3x_1 - 2x_2 + 5_3 \geqslant 3$ |
|---|---|---|---|
| $(0,1,0)$ | $-2$ | × | |
| $(0,0,1)$ | 5 | √ √ √ √ | $3x_1 - 2x_2 + 5_3 \geqslant 5$ |
| $(1,1,0)$ | 1 | × | |
| $(1,0,1)$ | 8 | √ √ √ √ | $3x_1 - 2x_2 + 5_3 \geqslant 8$ |
| $(1,1,1)$ | 6 | × | |
| $(0,1,1)$ | 3 | × | |

由表 3－22 知,该 0－1 整数规划问题的最优解为 $(x_1^*, x_2^*, x_3^*) = (1,0,1)$,最优值 $z^* = 8$。

依照上述思路可以清晰地看出,该方法与穷举法有着本质的不同,它并不需要将全部可行变量组合一一枚举。通过分析与判断可以排除许多可行的变量组合,由于它们失去了最优解的可能性,并没有被枚举出来,也就是说它们被隐含了。

**2. 指派问题**

指派问题是指在满足特定指派要求条件下,使指派方案总体效果最佳。例如:有若干项工作需要分配给若干人来完成;有若干项合同需要选择若干个投标者来承包;有若干班级需要安排在若干教室里上课等。指派问题是线性规划问题,是一类特殊的运输问题,也是 0－1 型整数规划问题。在现实生活中,有各种性质的指派问题,由于指派问题的多样性,有必要定义指派问题的标准形式,以方便系统掌握该类问题的求解思路与基本规律。

指派问题的标准形式是有 $n$ 个人和 $n$ 件事,已知第 $i$ 人做第 $j$ 件事的费用为 $c_{ij}$,要求一个人和事之间一一对应的指派方案,使完成这 $n$ 件事的总费用最少。在实际问题中,根据 $c_{ij}$ 的具体意义,矩阵 $C$ 可以是费用矩阵、成本矩阵、时间矩阵等。

指派问题的模型如下:

设 $x_{ij}$ 为第 $i$ 个工人分配去做第 $j$ 项任务;$a_{ij}$ 为第 $i$ 个工人为完成第 $j$ 项任务时的工时消耗。

$$x_{ij} = \begin{cases} 1 & \text{当分配第 } j \text{ 项任务给第 } i \text{ 个工人时} \\ 0 & \text{当不分配第 } j \text{ 项任务给第 } i \text{ 个工人时} \end{cases}$$

$$i, j = 1, 2, \cdots, m$$

由此,指派问题的数学模型可以描述为:

$$\min f(X) = \sum_{i=1}^{m} \sum_{j=1}^{m} a_{ij} x_{ij} \tag{3-7}$$

$$\begin{cases} \sum x_{ij} = 1 & (i = 1, 2, \cdots, m) \tag{3-8} \\ \sum x_{ij} = 1 & (j = 1, 2, \cdots, m) \tag{3-9} \\ x_{ij} = 0 (\text{或} 1) \tag{3-10} \end{cases}$$

由于指派问题数学结构的特殊性,可以利用比求解运输问题或 0－1 型整数规划更简便的方法来求解指派问题,即由匈牙利数学家考尼格证明的匈牙利法。这种方法最初由库恩提出,后经改进而形成,解法基于考尼格给出的一个定理而得名。

指派问题最优解的性质为:如果从系数矩阵的某行或某列中减去一个常数,得到新的系数矩阵代表的指派问题与原问题具有相同的最优解。

基于此性质,匈牙利法的基本思路是:先将系数矩阵的各行分别减去本行的最小元素,再把各列减去本列的最小元素,如果能够得到位于不同行和不同列的 $n$ 个零元素,则按照零元素的位置做出的分配方案,一定是指派问题的最优解。

匈牙利法求解步骤如下:

(1)变换对效率矩阵 $(c_{ij})$ 做变换得 $(b_{ij})$,使 $(b_{ij})$ 中每行每列均有 0 元素。

(2)求 $(b_{ij})$ 的独立 0 元素。

(3)确定矩阵 $(b_{ij})$ 中独立 0 元素的最多个数 $m$,当 $m < n$ 时,转第(4)步;否则去掉已有标记,转第(2)步。

(4)对 $(b_{ij})$ 再做变换以增加独立 0 元素的个数。

在经济管理领域的实际应用中,常常遇到各种非标准形式的指派问题。例如,最大化指派问题、人数和工作数不等的指派问题、特定工人可做几件事的指派问题,以及某件事不能由某人来做的指派问题等。对此,通常的处理方法是将其转化为标准形式,然后利用匈牙利法求解。

# 3.3　目标规划

## ➤ 3.3.1　目标规划问题及其数学模型

### 1. 问题的提出

在生产活动、经济活动、科学实验和工程设计中,经常面临着一些需要决策的问题。当只考虑一个主要目标时,线性规划就是处理单目标优化行之有效的方法。但在现实生活中,一般评价某个决策的优劣,往往要同时考虑很多个目标,而这些目标之间又常常是不协调的,甚至是矛盾的。这就是综合决策所面临的问题,而其中又以多目标线性规划较为普遍,更受到人们的重视。例如,企业计划方案中要求产品产量高、消耗低、质量好等;又如确定棉纺厂配棉方案的好坏,同时要考虑品级、长度、疵点、强力、品质、细度、成本、百分比等;还如工业生产布局中确定新工业基地地址时,除了考虑运输费用、造价、燃料费、产品需求量等经济指标外,还要考虑污染及其他因素等。由于因素多、问题复杂,有时使决策者很难轻易做出判断;又由于同时要对许多互不相容的各个目标进行优化和分析,因而用传统的线性规划方法很难解决问题。目标规划方法是多目标决策分析中的有效工具之一,也是解决多目标线性规划问题的一种比较成熟的方法。

为了具体说明目标规划与线性规划在处理问题方法上的区别,先通过例子来介绍目标规划的有关概念及数学模型。

**例 3-8**　某衬衫厂专门生产男女衬衫。最近,该衬衫厂接收了 13000 件衬衫的订货,对方在订货中对男女衬衫各自的数量没有要求,但订货合同要求必须在一个星期内完成,在一个星期内交货。根据该厂的生产能力,一个星期内可利用的裁剪时间为 20000 分钟,可利用的缝纫时间为 36000 分钟。完成一件男衬衫需裁剪时间 2 分钟,缝纫时间为 2 分钟;完成一件女衬衫需裁剪时间 1 分钟,缝纫时间为 3 分钟。每一件男式衬衫售价 15 元,成本是 7 元;每件女式衬衫售价 20 元,成本是 14 元(即每件男女衬衫的净利润为 8 元和 6 元)。衬衫厂厂长想使获得利润最大,他用一个线性规划来求解。设 $x_1,x_2$ 分别表示男女式衬衫的件数,则线性规划模型为:

$$\max z = 8x_1 + 6x_2$$

$$s.t. \begin{cases} 2x_1 + x_2 \leqslant 20000 \\ 2x_1 + 3x_2 \leqslant 36000 \\ x_1 + x_2 = 13000 \\ x_1, x_2 \geqslant 0 \end{cases}$$

用单纯形法解之,得最优解:$x_1^* = 7000$, $x_2^* = 6000$, $z_{\max} = 92000$(元),即一周内生产男士衬衫 7000 件,女式衬衫 6000 件,可获得利润 92000 元,而此时的总销售额为 $15x_1 + 20x_2 = 225000$(元)。

如果进一步考虑外部环境(市场)对企业的影响,情况会是什么样呢? 如:

(1)在当前不需要考虑利润,更主要的是能有一个满意的销售额,并且规定为 250000 元。

(2)完成订货是必须的,并且不要有不足量也不要有超量,以免加重负担。

(3)尽可能地充分利用缝纫时间和裁剪时间。

这样在考虑产品生产方案时,便为多目标决策问题。目标规划方法是解决这类决策问题的方法之一。下面引入与目标规划数学模型有关的概念。

### 2. 模型的建立

为了圆满地解决实际问题中遇到的相互矛盾目标的有关问题,引入目标偏差变量的概念。

一方面,对每一个优化目标给定一个理想的目标值(预定值或期望值),然后把目标可能达到的值与预定值之间的偏差作为目标的偏差变量,从而将对目标求极值的问题转化为对目标偏差变量求极值的问题来处理。同时,还可以把原来优化系统中的任何一个约束条件也视为一个优化目标;相反的,也可以把目标函数看作一个约束,即目标约束。这样一来,原来优化系统的约束条件与目标函数的地位就完全等同了。通常把必须严格满足的约束条件,称为绝对约束,也称硬约束,如线性规划问题的所有约束条件都是硬约束。相应地,目标规划特有的目标约束就是软约束。

目标偏差变量可分为"超过"与"不足"两种情形。超过量(positive deviation)以 $d^+$ 表示,不足量(negative deviation)以 $d^-$ 表示。当 $d^+ = d^- = 0$ 时,表示目标函数优化结果与预定值之间无偏差量,恰好达成;当 $d^+ > 0$ 时,表示目标函数优化结果有超过量,实际达成值要比预定值大;反之,当 $d^- > 0$ 时,表示目标优化结果有不足量,实际达成值达不到预定值。所以,$d^+$, $d^-$ 又分别称为正、负偏差变量。

通过对实际问题的分析,可以建立多目标线性规划的数学模型,这样的模型通常称为基础模型。基础模型建立后,通过分别对目标函数和约束条件引入偏差变量,建立偏差变量的新的目标函数——达成函数(achievement function),然后对达成函数取最小,从而得到目标规划的数学模型。

在不同的含义情况下,两个目标偏差变量可以通过三种组合形式表示在达成函数中(见表 3-23)。

表 3 - 23　偏差变量涵义

| 形式 | 含义 |
| --- | --- |
| $\min f = d^-$ | 不关心超过量 $d^+$ 的大小,要求不足量 $d^-$ 越小越好。最优值是 $d^- = 0$,这时,目标的约束为 $g(x) - d^+ = E$,即 $g(x) \geqslant E$,意味着要求 $g(x)$ 最好超过 $E$ |
| $\min f = d^+$ | 与 $\min f = d^-$ 相反,要求 $g(x)$ 最好不要超过 $E$ |
| $\min f = d^- + d^+$ | 不足量 $d^-$ 与超过量 $d^+$ 之和越小越好,最优值是 $d^+ = d^- = 0$,即 $g(x) = E$,意味着要求 $g(x)$ 尽量接近 $E$ |

以上三种组合形式都是(单)目标规划中达成函数的形式。然而,一般情况下遇到的系统规划等实际问题,都属于多目标规划,这时的目标有总目标与子目标之分,总目标是系统的整体目标,而子目标是配合整体目标的各个下属"部门"的工作目标。而目标的约束条件的形态是相同的:$g_i(x) + d_i^- - d_i^+ = e_i (i = 1, 2, \cdots, m)$,$m$ 个目标就有 $m$ 个目标约束条件。那么,用什么方法来反映目标的轻重缓急呢?

一般目标规划是将各目标分成不同的优先等级,对于上一级中的目标要优先予以优化,当它们已无法继续改进时,才转而考虑下一级中各目标的优化,而且下一级的优化以不使比它高的各优先级的情况变坏为前提。这一思想方法是 Ijiri 于 1965 年最先提出来的。比如在公路建设问题中,安全是头等大事,应把安全目标放在第一优先级,而把成本目标放在第二优先级,即只有在安全目标的前提下,才能考虑降低公路建设的成本问题。根据这样的思路,在建立目标规划的数学模型时,应当注意以下两个问题。

(1)优先级次序问题。为了确定各目标优先等级的次序,我们引入优先等级因子 $P_j(j = 1, 2, \cdots, s)$,它们之间永远存在下列关系:

$$P_1 \gg P_2 \gg \cdots \gg P_j \gg P_{j+1} \gg \cdots \gg P_s \qquad (3-11)$$

这就表明,即使有任意大的数 $M$ 与 $P_{j+1}$ 相乘,仍然有 $P_j \gg P_{j+1}$。假定目标函数由 $m$ 个目标构成,并且假设每个目标定义两个偏差变量,这样就有 $2m$ 个偏差变量。然后根据每个偏差变量的重要程度(即每个目标的重要程度)进行分类评级,将若干个重要程度相仿的目标列入同一个优先等级,假定被评定为 $s$ 个优先级。按照式(3-11)规定的优先级因子之间的大小关系,在不同的优先级别里的各项目标的偏差不能互相抵消、补偿,只有在同一优先级别下的各目标偏差才可以互相抵消、补偿。在多目标规划求解时,必须注意从最高优先级(即 $p_1$ 级)开始,逐次地降低,直到完成多个目标。

(2)在同一优先级内仍然可以引入权重因子(系数)。为了在同一优先级内区别不同目标的轻重缓急,可以用不同的权重系数相乘。例如,有以下达成函数

$$\min f = P_1(d_3^- + d_3^+) + P_2 d_4^- + P_3(0.4 d_1^+ + 0.6 d_2^+) \qquad (3-12)$$

其中优先因子(即优先级次序系数)有

$$P_1 \gg P_2 \gg P_3$$

在第一优先级中,包括两个偏差变量 $d_3^-$ 和 $d_3^+$,它们有相同的权重系数;在第二优先级中,只有一个偏差变量 $d_4^-$;在第三优先级中,包括两个偏差变量 $d_1^+$ 和 $d_2^+$,它们的权重系数分别为 0.4 和 0.6。

**例 3 - 9**　仍是例 3 - 8 的衬衫厂,现在该厂接受订货增加为 16000 件衬衫。由于完成订

货是必须的,所以将订货排在第一优先级,并且不要有不足量也不要有超量,以免加重负担;其次,满意的销售额增加为 275000 元,排在第二优先级,并且要求不足量尽量小;再次,可利用的缝纫时间和裁剪时间就现有情况仍是例 3-8 中的条件;为了完成订货,上述时间可以有所增加,但超过量应尽量小,排在第三优先级,考虑到增加缝纫时间要比增加裁剪时间困难一些,分别乘以权重系数 0.6 和 0.4;其他完成男女衬衫所需的缝纫时间和裁剪时间,以及男女衬衫的售价仍如例 3-8。经过以上改变及优先次序安排,得到目标规划模型如下:

$$\min f = p_1(d_3^- + d_3^+) + p_2 d_4^- + p_3(0.6d_2^+ + 0.4d_1^+)$$

$$s.t. \begin{cases} 2x_1 + x_2 + d_1^- - d_1^+ = 20000 \\ 2x_1 + 3x_2 + d_2^- - d_2^+ = 36000 \\ x_1 + x_2 + d_3^- - d_3^+ = 16000 \\ 15x_1 + 20x_2 + d_4^- - d_4^+ = 275000 \\ x_1, x_2, d_i^-, d_i^+ \geqslant 0 \quad (i = 1,2,3,4) \end{cases}$$

一般的,目标规划模型的一般形式如下:

$$\min f = \sum_{i=1}^{s} P_i \sum_{j=1}^{m} (w_{ij}^- d_j^- + w_{ij}^+ d_j^+) \tag{3-13}$$

$$s.t. \begin{cases} \sum_{j=1}^{n} c_{ij} x_j + d_i^- - d_i^+ = e_i \quad (i = 1,2,\cdots,m) & (3-14) \\ \sum_{j=1}^{n} a_{ij} x_j \leqslant (或 \geqslant, 或 =) b_i \quad (i = 1,2,\cdots,l) & (3-15) \\ x_j \geqslant 0 \quad (j = 1,2,\cdots,n) & (3-16) \\ d_i^-, d_i^+ \geqslant 0 \quad (i = 1,2,\cdots,m) & (3-17) \end{cases}$$

其中,$w_{ij}^- \geqslant 0$ 是 $p_i$ 级目标中 $d_i^-$ 的权重系数,$w_{ij}^+ \geqslant 0$ 是 $p_i$ 级目标中 $d_j^+$ 的权重系数。

在实际问题中,建立一个目标规划模型的步骤如下:

(1)建立多目标线性规划模型。

①假设决策变量——决策者可以控制的变量。

②建立各约束条件(约束方程或不等式)。

③建立各有关的目标函数。

(2)将多目标线性规划模型转化为目标规划模型。

①对每个目标确定适当的预定值(或期望值)。

②对每个目标引进正、负偏差变量,建立目标约束方程,并将其并入到约束条件中去。

③若约束条件中有相互矛盾的方程,对它们同样引入正、负偏差变量,在以后的求解过程中,不需要再引入松弛变量或人工变量。

④建立达成函数,确定各目标的优先级。对最重要的目标,必须严格实现的目标及无法再增加的资源约束(即硬约束),均应列入 $P_1$ 优先级;其余目标按其重要程度,分别列入各优先等级。同一优先等级中的各个目标,一般应有相同的度量单位,以便确定它们之间的权重系数,但第一优先级可以例外。

## ➤ 3.3.2 目标规划的图解法

传统线性规划的图解法,是从诸个极点中选择一个使目标函数值取得最大(或最小)的极点。而目标规划的图解法,则是按照优先级的次序取得一个解的区域,并且逐步将解区域缩小到一个点。若在可行区域内首先找到一个使 $P_1$ 级各目标均满足的区域 $R_1$,然后再在 $R_1$ 中寻找一个使 $P_2$ 级各目标均满足的区域 $R_2$(显然 $R_1 \supseteq R_2$),如此继续下去,直到找到一个区域 $R_s(R_1 \supseteq R_2 \supseteq \cdots \supseteq R_s)$,满足 $P_s$ 级的各目标,这个 $R_s$ 即为我们的解。我们称 $R_j$ 为第 $j$ 级的解空间。若某一个 $R_j(1 \leqslant j \leqslant S)$ 已缩小到一个点,则计算应终止,这一点即为最优解。它只能满足 $P_1, P_2, \cdots, P_j$ 级目标,而无法进一步改善以满足 $P_{j+1}, \cdots, P_s$ 各级目标。现在将目标规划图解法的计算步骤阐述如下:

(1)根据决策变量(不能多于两个)给出所有目标与约束条件(包括其他硬约束在内)的直线图形、偏差变量,以移动直线的方法考虑。

(2)确定第一优先级 $P_1$ 级各目标的解空间 $R_1$。

(3)转到下一个优先级 $P_j$ 各目标,确定它的"最佳"解空间 $R_j$。这里"最佳"的含义是指这个解空间不允许降低已得到的较高级别目标的达成值,并满足 $R_{j-1} \supseteq R_j(j = 2, 3, \cdots, s)$。

(4)在求解过程中,若解空间 $R_j$ 已缩小为一点,则结束求解过程,因为此时已没有进一步改进的可能。

(5)重复第三步和第四步的过程,直到解空间缩小为一点,或者所有 $S$ 个优先级都已搜索过,求解过程结束。

现在通过例子讨论图解法。

**例3-10** 某电视机厂装配黑白和彩色两种电视机,每装配一台电视机需占用装配线 1 小时,装配线每周计划开动 40 小时。预计市场每周彩色电视机的销售量是 24 台,每台可获利 80 元;黑白电视机的销售量是 30 台,每台可获利 40 元,该厂确定的目标为:

第一优先级:充分利用装配线每周计划开动 40 小时;

第二优先级:允许装配线加班;但加班时间每周尽量不超过 10 小时;

第三优先级:装配电视机的数量尽量满足市场需要。因彩色电视机的利润高,取其权重系数为 2。

试建立该问题的目标规划模型,并求解黑白和彩色电视机的产量。

解:设 $x_1, x_2$ 分别表示彩色和黑白电视机的产量,则这个问题的目标规划模型为:

$$\min z = P_1 d_1^- + P_2 d_2^+ + P_3(2d_3^- + d_4^-)$$

$$s.t. \begin{cases} x_1 + x_2 + d_1^- - d_1^+ = 40 \\ x_1 + x_2 + d_2^- - d_2^+ = 50 \\ x_1 + d_3^- - d_3^+ = 24 \\ x_2 + d_4^- - d_4^+ = 30 \\ x_1, x_2, d_i^-, d_i^+ \geqslant 0 \quad (i = 1, 2, 3, 4) \end{cases}$$

用图解法求解,见图 3-1:

从图中可以看到,在考虑 $P_1$、$P_2$ 的目标实现后,$x_1$、$x_2$ 的取值范围为 $ABCD$;考虑 $P_3$ 的目标要求时,因 $d_3^-$ 的权系数大于 $d_4^-$,故先取 $d_3^- = 0$,这时 $x_1$、$x_2$ 的取值范围为 $ABEF$。在 $ABEF$ 中只有 $E$ 点使 $d_4^-$ 取值最小,故 $E$ 点为满意解。$E$ 点坐标为 (24,26),即该厂应装配彩色电视机 24 台,黑白电视机 26 台。

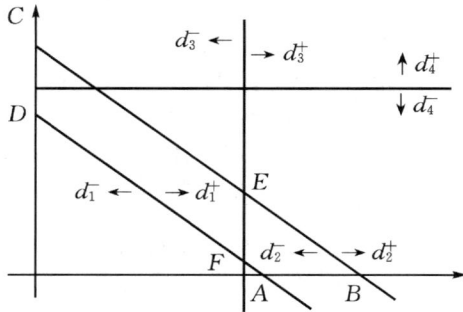

图 3-1

### ▷ 3.3.3 目标规划的单纯形法

目标规划的数学模型实际上是最小化型的线性规划,可以用单纯形法求解,下面通过例子来阐述目标规划的单纯形法。

**例 3-11** 用单纯形法解例 3-9。

首先给出目标规划模型的初始单纯形表,见表 3-24。

表 3-24 初始单纯形表

| | | | | | | $0.4p_3$ | | $0.6p_3$ | $p_1$ | $p_1$ | $p_2$ | |
|---|---|---|---|---|---|---|---|---|---|---|---|---|
| $C_B$ | $X_B$ | $b$ | $x_1$ | $x_2$ | $d_1^-$ | $d_1^+$ | $d_2^-$ | $d_2^+$ | $d_3^-$ | $d_3^+$ | $d_4^-$ | $d_4^+$ |
| | $d_1^-$ | 20000 | 2 | 1 | 1 | $-1$ | | | | | | |
| $p_1$ | $d_2^-$ | 36000 | 2 | (3) | | | 1 | $-1$ | | | | |
| $p_2$ | $d_3^-$ | 16000 | 1 | 1 | | | | | 1 | $-1$ | | |
| | $d_4^-$ | 275000 | 15 | 20 | | | | | | | 1 | $-1$ |
| | $p_1$ | 16000 | 1 | 1 | | | | | | $-2$ | | |
| $z_j - c_j$ | $p_2$ | 275000 | 15 | 20 | | | | | | | | $-1$ |
| | $p_3$ | 0 | | | | $-0.4$ | | $-0.6$ | | | | |

单纯形表检验数的数据是这样计算的:

变量 $x_1$ 对应的检验数 $z_1 - c_1 = (0,0,p_1,p_2)\begin{bmatrix} 2 \\ 2 \\ 1 \\ 15 \end{bmatrix} - 0 = p_1 + 15p_2 + 0p_3$ 为正;

变量 $x_2$ 对应的检验数 $z_2 - c_2 = (0,0,p_1,p_2)\begin{bmatrix} 1 \\ 3 \\ 1 \\ 20 \end{bmatrix} - 0 = p_1 + 20p_2 + 0p_3$ 为量大的正值;

偏差变量 $d_3^-$ 对应的检验数 $z_3 - c_3 = (0, 0, p_1, p_2)\begin{bmatrix} 1 \\ 0 \\ 0 \\ 0 \end{bmatrix} - 0 = 0p_1 + 0p_2 + 0p_3$ 为零；

偏差变量 $d_4^+$ 对应的检验数 $z_{10} - c_{10} = (0, 0, p_1, p_2)\begin{bmatrix} 0 \\ 0 \\ 0 \\ -1 \end{bmatrix} - 0 = 0p_1 - p_2 + 0p_3$ 为负值。

因此，确定 $x_2$ 为换入（入基）变量，并用箭头号"↑"在该检验数下面标出。再根据 $\theta$ 规则确定换出（出基）变量，由于 $\theta = \min\{20000/1, 36000/3, 16000/1, 275000/20\} = 36000/3$，故 $d_2^-$ 为换出变量。主元素用圆括号在表中标出。进行换基迭代，第一、二、三、四轮迭代结果分别见表 3-25、表 3-26、表 3-27、表 3-28。

表 3-25

| $C_B$ | $X_B$ | $b$ | $x_1$ | $x_2$ | $d_1^-$ | $d_1^+$ | $0.4p_3$ $d_2^-$ | $0.6p_3$ $d_2^+$ | $p_1$ $d_3^-$ | $p_1$ $d_3^+$ | $p_2$ $d_4^-$ | $d_4^+$ |
|---|---|---|---|---|---|---|---|---|---|---|---|---|
| | $d_1^-$ | 8000 | 4/3 | | 1 | −1 | −1/3 | 1/3 | | | | |
| | $x_2$ | 12000 | 2/3 | 1 | | | 1/3 | −1/3 | | | | |
| $p_1$ | $d_3^-$ | 4000 | 1/3 | | | | −1/3 | 1/3 | 1 | −1 | | |
| $p_2$ | $d_4^-$ | 35000 | 15 | 20 | | | −20/3 | (20/3) | | | 1 | 1 |
| | $p_1$ | 4000 | 1/3 | | | | −1/3 | 1/3 | | −2 | | |
| $z_j - c_j$ | $p_2$ | 35000 | 5/3 | | | | −20/3 | 20/3 | | | | −1 |
| | $p_3$ | 0 | | | | −0.4 | | −0.6 | | | | |

表 3-26

| $C_B$ | $X_B$ | $b$ | $x_1$ | $x_2$ | $d_1^-$ | $d_1^+$ | $0.4p_3$ $d_2^-$ | $0.6p_3$ $d_2^+$ | $p_1$ $d_3^-$ | $p_1$ $d_3^+$ | $p_2$ $d_4^-$ | $d_4^+$ |
|---|---|---|---|---|---|---|---|---|---|---|---|---|
| | $d_1^-$ | 6250 | (5/4) | | 1 | −1 | | | | | −1/20 | 1/20 |
| | $x_2$ | 13750 | 3/4 | 1 | | | | | | | 1/20 | −1/20 |
| $p_1$ | $d_3^-$ | 2250 | 1/4 | | | | | | 1 | −1 | −1/20 | 1/20 |
| $0.6p_3$ | $d_2^+$ | 5250 | 1/4 | | | | | | | | 3/20 | −3/20 |
| | $p_1$ | 2250 | 1/4 | | | | | | | −2 | −1/20 | 1/20 |
| $z_j - c_j$ | $p_2$ | 0 | | | | | | | | | −1 | 0 |
| | $p_3$ | 3150 | 0.15 | | | −0.4 | −0.6 | | | | 0.09 | −0.09 |

表 3 - 27

| | | | | | 0.4$p_3$ | | 0.6$p_3$ | | $p_1$ | $p_1$ | $p_2$ | |
| :---: | :---: | :---: | :---: | :---: | :---: | :---: | :---: | :---: | :---: | :---: | :---: | :---: |
| $C_B$ | $X_B$ | $b$ | $x_1$ | $x_2$ | $d_1^-$ | $d_1^+$ | $d_2^-$ | $d_2^+$ | $d_3^-$ | $d_3^+$ | $d_4^-$ | $d_4^+$ |
| | $x_1$ | 5000 | 1 | | 4/5 | −4/5 | | | | | −1/25 | 1/25 |
| | $x_2$ | 10000 | | 1 | −3/5 | 3/5 | | | | | 2/25 | −2/25 |
| $p_1$ | $d_3^-$ | 1000 | | | −1/5 | (1/5) | | | 1 | −1 | −1/25 | 1/25 |
| 0.6$p_3$ | $d_2^+$ | 4000 | | | −1/5 | 1/5 | −1 | 1 | | | 4/25 | −4/25 |
| | $p_1$ | 1000 | | | −1/5 | 1/5 | | | | −2 | −1/25 | 1/25 |
| $z_j - c_j$ | $p_2$ | 0 | | | | | | | | −1 | −1 | 0 |
| | $p_3$ | 2400 | | | −0.12 | −0.28 | −0.6 | | | | 0.096 | −0.096 |

表 3 - 28

| | | | | | 0.4$p_3$ | | 0.6$p_3$ | | $p_1$ | $p_1$ | $p_2$ | |
| :---: | :---: | :---: | :---: | :---: | :---: | :---: | :---: | :---: | :---: | :---: | :---: | :---: |
| $C_B$ | $X_B$ | $b$ | $x_1$ | $x_2$ | $d_1^-$ | $d_1^+$ | $d_2^-$ | $d_2^+$ | $d_3^-$ | $d_3^+$ | $d_4^-$ | $d_4^+$ |
| | $x_1$ | 9000 | 1 | | | | | | 4 | −4 | −1/5 | 1/5 |
| | $x_2$ | 7000 | | 1 | | | | | −3 | 3 | 1/5 | −1/5 |
| 0.4$p_1$ | $d_1^+$ | 5000 | | | −1 | 1 | | | 5 | −5 | −1/5 | 1/5 |
| 0.6$p_3$ | $d_2^+$ | 3000 | | | | | −1 | | 1 | −1 | −1/5 | 1/5 |
| | $p_1$ | 0 | | | | | | | −1 | −1 | | |
| $z_j - c_j$ | $p_2$ | 0 | | | | | | | | | −1 | |
| | $p_3$ | 3800 | | | −0.4 | | −0.6 | | 1.4 | −1.4 | 0.04 | −0.04 |

表 3-28 是最终表。至此，$P_1$，$P_2$ 级检验数全部非正(注意到 $P_1 \gg P_2 \gg P_3$)，计算终止。结果为：$x_1 = 9000$，$x_2 = 7000$，$d_1^+ = 5000$，$d_2^+ = 3000$，$d_1^- = d_2^- = d_3^+ = d_4^- = d_4^+ = 0$。

我们注意到，用单纯形法求解目标规划问题时，是将优先级因子 $p_i$ 作为特殊的正常数对待，并满足 $P_1 \gg P_2 \gg \cdots \gg P_s$。在计算机上有用上述算法解目标规划时，可以直接应用线性规划的单纯形法程序，只需对诸"权重系数"$p_i$ 规定一个适当大小的数，使 $P_1 \gg P_2 \gg \cdots \gg P_s$ 近似成立。例如，可选取 $P_1 = 10000$，$P_2 = 100$，$P_3 = 1$ 等。其次，在计算单纯形表的检验数时，是根据下式来计算的：

$$\sigma_j = z_j - c_j = C_b B^{-1} p_j - c_j \qquad (3-18)$$

并以 $\sigma_j \leqslant 0$ 作为最优条件。第三，在换基迭代时，首先从最高优先级 $p_1$ 级考虑，逐次降低优先级别，在不破坏较高优先级达成值的条件下，再考虑较低优先级得到满足。例如在表 3-24 中 $p_1$ 级检验数行中变量 $x_1$，$x_2$ 的检验数均为"1"，而 $P_2$ 级检验数行中以上变量的检验数分别是"15"和"20"，故确定 $x_2$ 为入基变量。又如在表 3-28 中，$P_1$，$P_2$ 级检验数均已经非正，而在 $P_3$ 检验数行中 $d_3^-$ 的正检验数"1.4"最大，但 $d_3^-$ 相应的 $p_1$，$p_2$ 检验数分别为"−1"和"0"，若再以 $d_3^-$ 为入基变量换基迭代，必然会破坏 $P_1$，$P_2$ 级已达成的最小值"0"，故计算到此终止。计算结果表明，$P_1$，$P_2$ 优先级完全得到满足，而 $P_3$ 级达成值为"3800"，高出理想目标值 3800。第四，在计算中可以采用所谓"列消去"法则减少计算工作量，比如当 $P_1$ 检验数行各检验数已无正值（即 $P_1$ 级目标已达最小值）时，可将 $P_1$ 行中有负检验数的整列从单纯形表中消去，类似地对 $P_2$，$P_3$ 等也可以采用相同的"列消去"法则。

### ▷ 3.3.4　目标规划的灵敏度分析

灵敏度分析在整个决策过程中是最重要的一环。线性规划中所介绍的灵敏度分析方法同样适用于目标规划，而且目标规划的灵敏度分析更具有重要意义。

目标规划的灵敏度分析所讨论的内容有以下几种情形：

(1)约束条件（包括目标约束和其他硬约束）右端常数（包括各目标的期望值和资源限量）的变化。

(2)达成函数中偏差变量的优先等级及权重系数的变化。

(3)约束条件中各变量系数的变化。

(4)加入新的变量（决策变量或偏差变量）。

(5)加入新的约束条件。

由此可见，目标规划灵敏度分析要讨论的内容远比线性规划显得更复杂一些。由第二章中讨论的有关结论，得知：①约束条件右端常数的改变，只能影响原有问题的可行性。②达成函数中偏差变量优先级及权重系数的变化，只能影响原问题的最优性。③约束条件中非基变量系数的变化，也只影响原问题的最优性。

下面我们通过例子讨论其中的几种情况，余下的由读者自己思考。

**例 3－12**　研究例 3－9 的目标规划模型。

$$\min f = p_1(d_2^- + d_3^+) + p_2 d_4^- + p_3(0.6 d_2^+ + 0.4 d_1^+)$$

$$s.t.\begin{cases} 2x_1 + x_2 + d_1^- - d_1^+ = 20000 \\ 2x_1 + 3x_2 + d_2^- - d_2^+ = 36000 \\ x_1 + x_2 + d_3^- - d_3^+ = 16000 \\ 15x_1 + 20x_2 + d_4^- - d_4^+ = 275000 \\ x_1, x_2, d_i^-, d_i^+ \geqslant 0 \quad (i = 1,2,3,4) \end{cases}$$

它的最终表见表 3－29：

表 3－29

| | | | | | | $0.4p_3$ | | $0.6p_3$ | $p_1$ | $p_1$ | $p_2$ | |
|---|---|---|---|---|---|---|---|---|---|---|---|---|
| $C_B$ | $X_B$ | $b$ | $x_1$ | $x_2$ | $d_1^-$ | $d_1^+$ | $d_2^-$ | $d_2^+$ | $d_3^-$ | $d_3^+$ | $d_4^-$ | $d_4^+$ |
| | $x_1$ | 9000 | 1 | | | | | | 4 | $-4$ | $-1/5$ | $1/5$ |
| | $x_2$ | 7000 | | | | | | | $-3$ | $3$ | $1/5$ | $-1/5$ |
| $0.4p_1$ | $d_1^+$ | 5000 | | | $-1$ | 1 | | | 5 | $-5$ | $-1/5$ | $1/5$ |
| $0.6p_3$ | $d_2^+$ | 3000 | | | | | $-1$ | 1 | $-1$ | $1$ | $1/5$ | $-1/5$ |
| | $p_1$ | 0 | | | | | | | $-1$ | $-1$ | | |
| $z_j - c_j$ | $p_2$ | 0 | | | | | | | | | $-1$ | |
| | $p_3$ | 3800 | | | | $-0.4$ | | $-0.6$ | 1.4 | $-1.4$ | 0.04 | $-0.04$ |

由表 3 - 29,不难得到基阵的逆阵为:

$$B^{-1} = \begin{bmatrix} 0 & 0 & 4 & -\dfrac{1}{5} \\ 0 & 0 & -3 & \dfrac{1}{5} \\ -1 & 0 & 5 & -\dfrac{1}{5} \\ 0 & -1 & -1 & \dfrac{1}{5} \end{bmatrix}$$

(1)非基变量的优先级或权重系数的变化。

假如第二优先级 $d_4^-$ 的权重系数由 1 变为 0,即排除第二优先级目标(厂方认为不必考虑总销额这一目标)。由表 3 - 29,$d_4^-$ 的检验数变为:

$$(0,0,0.4p_3,0.6p_3)\left[-\frac{1}{5},\frac{1}{5},-\frac{1}{5},\frac{1}{5}\right]^T - 0p_2 = 0.04p_3 > 0$$

从而,表 3 - 29 不再是最优表了。为了重新达到最优,必须以 $d_4^-$ 为换入变量,以 $d_2^+$ 为换出变量,继续进行迭代。(迭代的过程由读者完成)

(2)基变量的优先级或权系数的变化。

假如第三优先级 $d_2^+$ 的权系数减少了 $\triangle c$(即缝纫时间的权重系数发生变化),得出下表(见表 3 - 30):

表 3 - 30

| $C_B$ | $X_B$ | $b$ | $x_1$ | $x_2$ | $d_1^-$ | $d_1^+$ | $d_2^-$ | $0.6p_3$ $-\triangle c$<br>$d_2^+$ | $p_1$<br>$d_3^-$ | $p_1$<br>$d_3^+$ | $p_2$<br>$d_4^-$ | $d_4^+$ |
| | | | | | | $0.4p_3$ | | | | | | |
|---|---|---|---|---|---|---|---|---|---|---|---|---|
| | $x_1$ | 9000 | 1 | | | | | | 4 | $-4$ | $-1/5$ | $1/5$ |
| | $x_2$ | 7000 | | | | | | | $-3$ | 3 | $1/5$ | $-1/5$ |
| $0.4p_1$ | $d_1^+$ | 5000 | | | $-1$ | 1 | | | 5 | $-5$ | $-1/5$ | $1/5$ |
| $0.6p_3-\triangle c$ | $d_2^+$ | 3000 | | | | | $-1$ | 1 | 1 | | $1/5$ | $-1/5$ |
| $z_j - c_j$ | $p_1$ | 0 | | | | | | | $-1$ | $-1$ | | |
| | $p_2$ | 0 | | | | | | | | | $-1$ | |
| | $p_3$ | 3800 | | | $-0.4+\dfrac{\triangle c}{p_3}$ | | $-0.6+\dfrac{\triangle c}{p_3}$ | | $1.4+\dfrac{\triangle c}{p_3}$ | $-1.4-\dfrac{\triangle c}{p_3}$ | $0.04-\dfrac{\triangle c}{5p_3}$ | $-0.04+\dfrac{\triangle c}{5p_3}$ |

从表 3 - 30 可以看出,当 $\triangle c \leqslant 0.2p_3$ 时,最优解保持不变;当 $\triangle c > 0.2p_3$ 时,该表不再是最优表。因此,必须以 $d_4^+$ 为换入变量,以 $d_1^+$ 为换出变量,继续进行迭代。(迭代过程由读者自己完成)

(3)约束条件右端常数的变化。

假定例子中完成的合同数减少了 $\triangle b$,于是有

$$B^{-1}b^T = \begin{bmatrix} 0 & 0 & 4 & -\dfrac{1}{5} \\ 0 & 0 & -3 & \dfrac{1}{5} \\ -1 & 0 & 5 & -\dfrac{1}{5} \\ 0 & -1 & -1 & \dfrac{1}{5} \end{bmatrix} \begin{bmatrix} 20000 \\ 36000 \\ 16000 - \Delta b \\ 275000 \end{bmatrix} = \begin{bmatrix} 9000 - 4\Delta b \\ 7000 + 3\Delta b \\ 5000 - 5\Delta b \\ 3000 + \Delta b \end{bmatrix}$$

从以上结果不难看出,当 $\Delta b \leqslant 1000$ 时(即合同数 $16000 - \Delta b \geqslant 15000$),最优解保持不变;当 $\Delta b > 1000$ 时,由于 $5000 - 5\Delta b < 0$,即可行性受到破坏,但最优性仍保持不变,因此可以采用对偶单纯形法进行迭代,直到获得可行解。(迭代过程也由读者完成)

对于基变量系数变化和约束条件系数矩阵中某一系数 $a_{ij}$ 的变化的分析,读者可联系前面的内容自己进行。

# 3.4  案例分析

## 电冰箱厂装配车间生产计划制定的优化分析

### 一、问题的提出

某市电冰箱厂是生产国内名优电冰箱厂家之一。据该厂销售部门预测,由于该厂产品质量保证,信誉较高,故在今后一段时期内产品销路不成问题。该厂 2 号装配车间系装配销向国内市场的 3 种不同型号的电冰箱:150L 单门电冰箱(产品代号为 A 型),185L 双门电冰箱(产品代号为 B 型),212L 三门电冰箱(产品代号为 C 型)。这 3 种型号的电冰箱都在该车间的装配线上分批进行装配。现已知装配 1 台 A 型电冰箱需工时为 5h,装配 1 台 B 型电冰箱需工时为 8h,装配 1 台 C 型电冰箱需工时为 12h。该车间装配线系多工位流水装配,额定装配生产时间为每天 180h。据该厂财会部门核算可知,A、B 和 C 型电冰箱的单位利润分别是 300 元、432 元和 756 元。若该厂的目标是获得最大利润,则通过线性规划计算可知,若 2 号装配车间每天装配 15 台 C 型电冰箱,装配时间为 15×12h=180h,正好用完,这样就能获得 15×756=11340 元,利润为最大。

但电冰箱厂决策部门认为,工厂生产不仅要获得较大数量的利润,还要考虑如何履行订货合同、满足市场需要以及使装配生产能均衡进行,避免开工不足或加班时间过多等问题,因此车间生产计划的制定是一个多目标决策问题。现在采用目标规划来进行优化分析。

### 二、多目标的确定

经过决策部门的认真讨论,最后提出如下 5 个目标,并按优先等级依次列举如下:

$P_1$:充分利用正常的装配生产能力,避免开工不足。

$P_2$:根据订货合同,近期内各种型号的电冰箱主要由本市国营第一百货公司包销,具体为 2 号装配车间每天向该百货公司供应 A 型电冰箱 5 台,B 型电冰箱 5 台,C 型电冰箱 8 台。

$P_3$:由于需求量大,装配车间考虑加班,但由于种种条件限制,经核算,加班时间最多只能每天 20h。为此,决策允许加班,但时间每天不允许超过 20h。

$P_4$:工厂除了向上述百货公司供应电冰箱外,还要向外地销售一定数量电冰箱,以扩大该厂影响,具体数量为:A 型 5 台/天;B 型 7 台/天;C 型 2 台/天。为此,装配车间在完成向百货公司供应的电冰箱外,还要完成上述向外销售目标的装配任务。

$P_5$:由于加班时间所需费用比正常装配时间所需费用来得大,故希望加班时间尽可能少,以减少加班费用。

综上所述可知,2 号装配车间的生产计划制订问题,是一个多目标规划问题。因此,可以用目标规划模型来求得满意解(选好解)。现将上述问题建立目标规划模型。

### 三、目标规划模型的建立

#### 1.目标规划约束条件的建立

首先,就建立目标规划约束条件问题进行如下讨论:

(1)满足装配线正常生产能力目标 $P_1$ 的约束。装配线正常生产力为每天 180h。在这个生产能力范围内决定装配 3 种型号的电冰箱,今根据每一型号电冰箱的生产率(小时数)分配所需装配时间,故可建立如下约束方程:

$$5x_1 + 8x_2 + 12x_3 + d_1^- - d_1^+ = 180$$

式中:$x_1$——A 型的电冰箱数;

$x_2$——B 型的电冰箱数;

$x_3$——C 型的电冰箱数;

$d_1^-$——装配线正常生产能力空闲时间;

$d_1^+$——装配线加班时间。

(2)履行订货协议目标 $P_2$ 的约束。根据上述目标 $P_2$ 可知,必须向国营百货公司每天供应 A 型电冰箱 5 台,B 型和 C 型电冰箱分别为 5 台和 8 台,据此可建立目标 $P_2$ 的约束方程如下:

$$\begin{cases} x_1 + d_2^- - d_2^+ = 5 \\ x_2 + d_3^- - d_3^+ = 5 \\ x_3 + d_4^- - d_4^+ = 8 \end{cases}$$

式中:$d_2^-$、$d_2^+$——A 型电冰箱供应不足量和超出量;

$d_3^-$、$d_3^+$——B 型电冰箱供应不足量和超出量;

$d_4^-$、$d_4^+$——C 型电冰箱供应不足量和超出量。

(3)限制装配线加班时间目标 $P_3$ 的约束。据题意可建立相应的约束方程如下:

$$d_1^+ + d_{11}^- - d_{11}^+ = 20$$

式中:$d_{11}^-$、$d_{11}^+$——加班时间不足 20h 和超过 20h 的偏差量。

(4)满足向外地销售目标 $P_4$ 的约束。由于装配车间除了向百货公司每天供应一定数量的各种型号电冰箱外,还要向外地销售电冰箱。这样,装配车间的实际装配任务是这两种任务之和,但是在先满足向百货公司供货之后再满足向外地供货,故其约束方程为:

$$\begin{cases} x_1 + d_5^- - d_5^+ = 5 + 5 = 10 \\ x_2 + d_6^- - d_6^+ = 5 + 7 = 12 \\ x_3 + d_7^- - d_7^+ = 8 + 2 = 10 \end{cases}$$

式中:$d_5^-$、$d_5^+$——A 型电冰箱满足目标 $P_2$ 和 $P_4$ 的不足量和超过量。

$d_6^-$、$d_6^+$——B 型电冰箱满足目标 $P_2$ 和 $P_4$ 的不足量和超过量;

$d_7^-$、$d_7^+$——C 型电冰箱满足目标 $P_2$ 和 $P_4$ 的不足量和超出量;

(5)满足加班时间尽可能少,是目标 $P_5$ 的约束。实际上该目标约束已包含在目标 $P_1$ 的约束方程中,即在

$$5x_1 + 8x_3 + 12x_3 + d_1^- - d_1^+ = 180$$

方程中,要求 $d_1^+$ 尽可能地小,最小到 $d_1^+ = 0$

**2. 目标函数的确定**

由题意依次进行如下讨论:

(1)目标 $P_1$ 要求装配线能正常生产,尽可能使其有空闲时间,故其目标函数为:

$$\min P_1\, d_1^-$$

(2)目标 $P_2$ 是满足订货协议的供货量。但考虑到各型号电冰箱的利润大小不同,故 3 种型号供货量虽同属 1 个目标优先级中,而达到目标的权重应有所不同,今按其利润大小计算相应的权重为:

$$\frac{300}{5} : \frac{432}{8} : \frac{756}{12} = 60 : 54 : 63 := 20 : 18 : 21$$

同时,我们希望 A、B、C 三种型号的电冰箱都能保证供应,即使其供应不足量为最小。故目标 $P_2$ 在加权后的目标函数为:

$$\min P_2(20d_2^- + 18d_3^- + 21d_4^-)$$

(3)目标 $P_3$ 是限制加班时间,故其目标函数为增加的加班时间尽可能小,即:

$$\min P_3 d_{11}^+$$

(4)目标 $P_4$ 的目标函数与目标 $P_2$ 类似,经加权后可得:

$$\min P_4(20d_5^- + 18d_6^- + 21d_7^-)$$

(5)目标 $P_5$ 希望加班时间尽可能少,故其目标函数为:

$$\min P_5 d_1^+$$

最后,可将上述目标规划模型归纳如下:

极小化 $z = P_1 d_1^- + P_2(20d_2^- + 18d_3^- + 21d_4^-) + P_3 d_{11}^+ + P_4(20d_5^- + 18d_6^- + 21d_7^-) + P_5 d_1^+$

约束条件:

$$\begin{cases} 5x_1 + 8x_2 + 12x_3 + d_1^- - d_1^+ = 180 \\ x_1 + d_2^- - d_2^+ = 5 \\ x_2 + d_3^- - d_3^+ = 5 \\ x_3 + d_4^- - d_4^+ = 8 \\ x_1 + d_5^- - d_5^+ = 10 \\ x_2 + d_6^- - d_6^+ = 12 \\ x_3 + d_7^- - d_7^+ = 10 \\ d_1^+ + d_{11}^- - d_{11}^+ = 20 \\ x_1, x_2, x_3, d_j^-, d_j^+, d_{11}^-, d_{11}^+ \geqslant 0; \quad j = 1, 2, \cdots, 7 \end{cases}$$

由上述目标规划模型可知,在模型中有 3 个决策变量,16 个偏差变量和 5 个目标。

经过单纯形法的 8 次迭代,求得选好解为最终单纯形表。该目标规划的初始单纯形表如表 3-31 所示;第 1 次迭代后的单纯形表如表 3-32 所示;第 7 次迭代后的单纯形表如表 3-33 所示;最终单纯形表如表 3-34 所示。

表 3 - 31　初始单纯形表

| $C_B$ | $X_B$ | $b$ | 0 | 0 | 0 | $P_1$ | $20P_2$ | $18P_2$ | $21P_2$ | $20P_4$ | $18P_4$ | $21P_4$ | 0 | $P_5$ | 0 | 0 | 0 | 0 | 0 | 0 | $P_3$ |
|---|---|---|---|---|---|---|---|---|---|---|---|---|---|---|---|---|---|---|---|---|---|
| | | | $X_1$ | $X_2$ | $X_3$ | $d_1^-$ | $d_2^-$ | $d_3^-$ | $d_4^-$ | $d_5^-$ | $d_6^-$ | $d_7^-$ | $d_{11}^-$ | $d_1^+$ | $d_2^+$ | $D_3^+$ | $d_4^+$ | $d_5^+$ | $d_6^+$ | $d_7^+$ | $d_{11}^+$ |
| $P_1$ | $d_1^-$ | 180 | 5 | 8 | 12 | 1 | 0 | 0 | 0 | 0 | 0 | 0 | 0 | -1 | 0 | 0 | 0 | 0 | 0 | 0 | 0 |
| $20P_2$ | $d_2^-$ | 5 | 1 | 0 | 0 | 0 | 1 | 0 | 0 | 0 | 0 | 0 | 0 | 0 | -1 | 0 | 0 | 0 | 0 | 0 | 0 |
| $18P_2$ | $d_3^-$ | 5 | 0 | 1 | 0 | 0 | 0 | 1 | 0 | 0 | 0 | 0 | 0 | 0 | 0 | -1 | 0 | 0 | 0 | 0 | 0 |
| $21P_2$ | $d_4^-$ | 8 | 0 | 0 | [1] | 0 | 0 | 0 | 1 | 0 | 0 | 0 | 0 | 0 | 0 | 0 | -1 | 0 | 0 | 0 | 0 |
| $20P_4$ | $d_5^-$ | 10 | 1 | 0 | 0 | 0 | 0 | 0 | 0 | 1 | 0 | 0 | 0 | 0 | 0 | 0 | 0 | -1 | 0 | 0 | 0 |
| $18P_4$ | $d_6^-$ | 12 | 0 | 1 | 0 | 0 | 0 | 0 | 0 | 0 | 1 | 0 | 0 | 0 | 0 | 0 | 0 | 0 | -1 | 0 | 0 |
| $21P_4$ | $d_7^-$ | 10 | 0 | 0 | 1 | 0 | 0 | 0 | 0 | 0 | 0 | 1 | 0 | 0 | 0 | 0 | 0 | 0 | 0 | -1 | 0 |
| 0 | $d_{11}^-$ | 20 | 0 | 0 | 0 | 0 | 0 | 0 | 0 | 0 | 0 | 0 | 1 | 1 | 0 | 0 | 0 | 0 | 0 | 0 | -1 |
| $Z_j-C_j$ | $P_1$ | 180 | 5 | 8 | 12 | 0 | 0 | 0 | 0 | 0 | 0 | 0 | 0 | -1 | 0 | 0 | 0 | 0 | 0 | 0 | 0 |
| | $P_2$ | 358] | 20 | 18 | 21 | 0 | 0 | 0 | 0 | 0 | 0 | 0 | 0 | 0 | -20 | -18 | -21 | 0 | 0 | 0 | 0 |
| | $P_3$ | 0 | 0 | 0 | 0 | 0 | 0 | 0 | 0 | 0 | 0 | 0 | 0 | 0 | 0 | 0 | 0 | 0 | 0 | 0 | -1 |
| | $P_4$ | 626 | 20 | 18 | 21 | 0 | 0 | 0 | 0 | 0 | 0 | 0 | 0 | 0 | 0 | 0 | 0 | -20 | -18 | -21 | 0 |
| | $P_5$ | 0 | 0 | 0 | 0 | 0 | 0 | 0 | 0 | 0 | 0 | 0 | 0 | -1 | 0 | 0 | 0 | 0 | 0 | 0 | 0 |

表 3－32　第 1 次迭代后的单纯形表

| $C_B$ | $X_B$ | $C_j \to$ | $b$ | 0 | 0 | 0 | $P_1$ | $20P_2$ | $18P_2$ | $21P_2$ | $20P_4$ | $18P_4$ | $21P_4$ | 0 | $P_5$ | 0 | 0 | 0 | 0 | 0 | 0 | $P_3$ |
| --- | --- | --- | --- | --- | --- | --- | --- | --- | --- | --- | --- | --- | --- | --- | --- | --- | --- | --- | --- | --- | --- | --- |
| | | $X_j / d_j$ | | $X_1$ | $X_2$ | $X_3$ | $d_1^-$ | $d_2^-$ | $d_3^-$ | $d_4^-$ | $d_5^-$ | $d_6^-$ | $d_7^-$ | $d_{11}^-$ | $d_1^+$ | $d_2^+$ | $D_3^+$ | $d_4^+$ | $d_5^+$ | $d_6^+$ | $d_7^+$ | $d_{11}^+$ |
| $P_1$ | $d_1^-$ | | 84 | 5 | 8 | 0 | 1 | 0 | 0 | 0 | 0 | 0 | 0 | 0 | -1 | 0 | 0 | 0 | 0 | 0 | 0 | 0 |
| $20P_2$ | $d_2^-$ | | 5 | 1 | 0 | 0 | 0 | 1 | 0 | 0 | 0 | 0 | 0 | 0 | 0 | -1 | 0 | 0 | 0 | 0 | 0 | 0 |
| $18P_2$ | $d_3^-$ | | 5 | 0 | 1 | 0 | 0 | 0 | 1 | 0 | 0 | 0 | 0 | 0 | 0 | 0 | -1 | 0 | 0 | 0 | 0 | 0 |
| 0 | $x_3$ | | 8 | 0 | 0 | 1 | 0 | 0 | 0 | 1 | 0 | 0 | 0 | 0 | 0 | 0 | 0 | -1 | 0 | 0 | 0 | 0 |
| $20P_4$ | $d_5^-$ | | 10 | 1 | 0 | 0 | 0 | 0 | 0 | 0 | 1 | 0 | 0 | 0 | 0 | 0 | 0 | 0 | -1 | 0 | 0 | 0 |
| $18P_4$ | $d_6^-$ | | 12 | 0 | 1 | 1 | 0 | 0 | 0 | 0 | 0 | 1 | 0 | 0 | 0 | 0 | 0 | 0 | 0 | -1 | 0 | 0 |
| $21P_4$ | $d_7^-$ | | 2 | 0 | 0 | 0 | 0 | 0 | 0 | 0 | 0 | 0 | 1 | 0 | 0 | 0 | 0 | 0 | 0 | 0 | -1 | 0 |
| 0 | $d_{11}^-$ | | 20 | 0 | 0 | 0 | 0 | 0 | 0 | 0 | 0 | 0 | 0 | 1 | 1 | 0 | 0 | 0 | 0 | 0 | 0 | -1 |
| | $P_1$ | | 84 | 5 | 8 | 0 | 0 | 0 | 0 | -12 | 0 | 0 | 0 | 0 | -1 | 0 | 0 | 12 | 0 | 0 | 0 | 0 |
| | $P_2$ | | 190 | 20 | 18 | 0 | 0 | 0 | 0 | -21 | 0 | 0 | 0 | 0 | 0 | -20 | -18 | 0 | 0 | 0 | 0 | 0 |
| $Z_j - C_j$ | $P_3$ | | 0 | 0 | 0 | 0 | 0 | 0 | 0 | 0 | 0 | 0 | 0 | 0 | 0 | 0 | 0 | 0 | 0 | 0 | 0 | -1 |
| | $P_4$ | | 458 | 20 | 18 | 0 | 0 | 0 | 0 | -21 | 0 | 0 | 0 | 0 | 0 | 0 | 0 | 21 | -20 | -18 | -21 | 0 |
| | $P_5$ | | 0 | 0 | 0 | 0 | 0 | 0 | 0 | 0 | 0 | 0 | 0 | 0 | -1 | 0 | 0 | 0 | 0 | 0 | 0 | 0 |

表 3 – 33　第 7 次迭代后的单纯形表

| | | $C_j$ | 0 | 0 | 0 | $P_1$ | $20P_2$ | $18P_2$ | $21P_2$ | $20P_4$ | $18P_4$ | $21P_4$ | 0 | $P_5$ | 0 | 0 | 0 | 0 | 0 | 0 | $P_3$ |
|---|---|---|---|---|---|---|---|---|---|---|---|---|---|---|---|---|---|---|---|---|---|
| $C_B$ | $X_B$ | $X_j \backslash b$ | $X_1$ | $X_2$ | $X_3$ | $d_1^-$ | $d_2^-$ | $d_3^-$ | $d_4^-$ | $d_5^-$ | $d_6^-$ | $d_7^-$ | $d_{11}^-$ | $d_1^+$ | $d_2^+$ | $D_3^+$ | $d_4^+$ | $d_5^+$ | $d_6^+$ | $d_7^+$ | $d_{11}^+$ |
| 0 | $X_2$ | 59/8 | 0 | 1 | 0 | 1/8 | -5/8 | 0 | 3/2 | 0 | 0 | 0 | 0 | 0 | 5/8 | 0 | 3/2 | 0 | 0 | 0 | 0 |
| 0 | $X_1$ | 5 | 1 | 0 | 0 | 0 | 1 | 0 | 0 | 0 | 0 | 0 | 0 | 0 | -1 | 0 | 0 | 0 | 0 | 0 | 0 |
| $21P_4$ | $d_7^-$ | 2 | 0 | 0 | 0 | 0 | 0 | 0 | -3/2 | 0 | 0 | 1 | 0 | 1/12 | -5/12 | 0 | 1 | -3/2 | 0 | -1 | 0 |
| 0 | $x_3$ | 8 | 0 | 0 | 1 | 0 | 0 | 0 | 3/2 | 0 | 0 | 0 | 0 | -1/12 | 0 | 0 | 0 | -1 | 0 | 1 | 0 |
| $20P_4$ | $d_5^-$ | 5 | 0 | 0 | 0 | 0 | -1 | 0 | 0 | 1 | 0 | 0 | 0 | 0 | 1 | 0 | 0 | 0 | -1 | 0 | 0 |
| $18P_4$ | $d_6^-$ | 37/8 | 0 | 0 | 0 | -1/8 | 5/8 | 0 | 3/2 | 0 | 1 | 0 | 0 | 0 | -5/8 | 0 | -3/2 | 0 | 0 | 0 | 0 |
| 0 | $d_3^+$ | 11/8 | 0 | 0 | 0 | 1/8 | -5/8 | -1 | -3/2 | 0 | 0 | 0 | 0 | [1] | 0 | 1 | 3/2 | 0 | 0 | 0 | 0 |
| 0 | $d_{11}^-$ | 20 | 0 | 0 | 0 | 0 | 0 | 0 | 0 | 0 | 0 | 0 | 1 | 0 | 0 | 0 | 0 | 0 | 0 | 0 | -1 |
| | $P_1$ | 0 | 0 | 0 | 0 | -1 | 0 | 0 | 0 | 0 | 0 | 0 | 0 | 0 | 0 | 0 | 0 | 0 | 0 | 0 | 0 |
| | $P_2$ | 0 | 0 | 0 | 0 | 0 | -20 | -18 | -21 | 0 | 0 | 0 | 0 | 0 | 0 | 0 | 0 | 0 | 0 | 0 | 0 |
| | $P_3$ | 0 | 0 | 0 | 0 | 0 | 0 | 0 | 0 | 0 | 0 | 0 | 0 | 0 | 0 | 0 | 0 | 0 | 0 | 0 | -1 |
| $Z_j - C_j$ | $P_4$ | 89 | 0 | 0 | 0 | 9/4 | -35/4 | 0 | 13 | 0 | 0 | 0 | 0 | 7/4 | 0 | 0 | -6 | -20 | -18 | -21 | 0 |
| | $P_5$ | 0 | 0 | 0 | 0 | 0 | 0 | 0 | 0 | 0 | 0 | 0 | 0 | -1 | 0 | 0 | 0 | 0 | 0 | 0 | -1 |

**表 3 - 34　最终单纯形表**

| $C_B$ | $C_j \backslash X_j$ | 0 | 0 | 0 | $P_1$ | $20P_2$ | $18P_2$ | $21P_2$ | $20P_4$ | $18P_4$ | $21P_4$ | 0 | $P_5$ | 0 | 0 | 0 | 0 | 0 | 0 | $P_3$ |
| --- | --- | --- | --- | --- | --- | --- | --- | --- | --- | --- | --- | --- | --- | --- | --- | --- | --- | --- | --- | --- |
| | $X_B$ \ $b$ | $X_1$ | $X_2$ | $X_3$ | $d_1^-$ | $d_2^-$ | $d_3^-$ | $d_4^-$ | $d_5^-$ | $d_6^-$ | $d_7^-$ | $d_{11}^-$ | $d_1^+$ | $d_2^+$ | $D_3^+$ | $d_4^+$ | $d_5^+$ | $d_6^+$ | $d_7^+$ | $d_{11}^+$ |
| 0 | $X_2$　59/8 | 0 | 1 | 0 | 1/8 | -5/8 | 0 | 3/2 | 0 | 0 | 0 | 0 | 0 | 5/8 | 0 | 3/2 | 0 | 0 | 0 | 0 |
| 0 | $X_1$　5 | 1 | 0 | 0 | 0 | 1 | 0 | 0 | 0 | 0 | 0 | 0 | 0 | -1 | 0 | 0 | 0 | 0 | 0 | 0 |
| $21P_4$ | $d_7^-$　-1/3 | 0 | 0 | 0 | 0 | 0 | 0 | -2/3 | 0 | 0 | 1 | -1/12 | 0 | -5/12 | 0 | 1 | 0 | 0 | -1 | 1/12 |
| 0 | $x_3$　29/3 | 0 | 0 | 1 | 0 | -1 | 0 | 3/2 | 0 | 0 | 0 | 1/12 | 0 | 0 | 0 | 0 | -2/3 | 0 | 1 | -1/120 |
| $200P_4$ | $d_5^-$　5 | 0 | 0 | 0 | 0 | 5/8 | 0 | 0 | 1 | 0 | 0 | 0 | 0 | 1 | 0 | 0 | -1 | 0 | 0 | 0 |
| $18P_4$ | $d_6^-$　37/88 | 0 | 0 | 0 | -1/8 | -5/8 | 0 | 3/2 | 0 | 1 | 0 | 0 | 0 | -5/8 | 1 | 3/2 | 0 | -1 | 0 | 0 |
| 0 | $d_3^+$　11/8 | 0 | 0 | 0 | 1/8 | 0 | -1 | -3/2 | 0 | 0 | 0 | 0 | 0 | 0 | 0 | 0 | 0 | 0 | 0 | 0 |
| $P_5$ | $d_1^+$　20 | 0 | 0 | 0 | 0 | 0 | 0 | 0 | 0 | 0 | 0 | 1 | 1 | 0 | 0 | 0 | 0 | 0 | 0 | 0 |
| $Z_j-C_j$ | $P_1$　0 | 0 | 0 | 0 | -1 | 0 | 0 | 0 | 0 | 0 | 0 | 0 | 0 | 0 | 0 | 0 | 0 | 0 | 0 | 0 |
| | $P_2$　0 | 0 | 0 | 0 | 0 | -20 | -18 | 0 | 0 | 0 | 0 | 0 | 0 | 0 | 0 | 0 | 0 | 0 | 0 | 0 |
| | $P_3$　0 | 0 | 0 | 0 | 0 | 0 | 0 | -21 | 0 | 0 | 0 | 0 | 0 | 0 | 0 | 0 | 0 | 0 | 0 | -1 |
| | $P_4$　154 | 0 | 0 | 0 | 9/4 | -35/4 | 0 | 13 | 0 | 0 | 0 | -7/4 | 0 | 0 | 0 | -6 | -20 | -18 | -21 | 7/4 |
| | $P_5$　20 | 0 | 0 | 0 | 0 | 0 | 0 | 0 | 0 | 0 | 0 | 1 | 0 | 0 | 0 | 0 | 0 | 0 | 0 | -1 |

107

### 四、结果分析

由最终单纯形表 3-34 可知,在判别栏 $P_4$ 一行中尚有大于零的判别数 13,但其 $P_2$ 行对应列中的判别数已为 $-21$,故其对应变量 $d_4^-$ 不能进基,否则就破坏目标 $P_2$ 的最优解。同样,在 $P_4$ 行中还有大于零的判别数 7/4(最后一列),但其 $P_3$ 行对应列中的判别数已为 $-1$,故其对应变量 $d_{11}^+$ 不能进基,否则就会破坏目标 $P_3$ 的最优解;所以迭代到此结束。

由最终单纯形表(表 3-40)可知,其最优解即实际上的最好解为:

$$x_1 = 5, x_2 = \frac{59}{8}, x_3 = \frac{29}{3}, d_1^+ = 20$$

$$d_3^+ = \frac{11}{8}, d_5^- = 5, d_6^- = \frac{37}{8}, d_7^- = \frac{1}{3}$$

$$d_1^- = d_2^- = d_3^- = d_4^- = 0$$

$$d_2^+ = d_4^+ = d_5^+ = d_6^+ = d_7^+ = 0$$

$$d_{11}^- = d_{11}^+ = 0$$

这时,目标 $P_1$,$P_2$,$P_3$ 全部满足,目标 $P_4$ 和 $P_5$ 未全部达到。装配车间每天共消耗 200h(包括加班时间 20h),每天获得利润为:

$$5 \times 300 + \frac{59}{8} \times 432 + \frac{29}{3} \times 756 = 11994(元)$$

进一步分析表,如要达到目标 $P_4$,则还需要增加加班时间为:

$$5 \times 5 + \frac{37}{8} \times 8 + \frac{1}{3} \times 12 = 25 + 37 + 4 = 66(h)$$

即达到目标 $P_4$ 共需要 266h。这样,设置目标 $P_5$(加班时间尽可能小)就不太有意义了。除非提高装配劳动生产率,如 A 型号电冰箱缩短装配时间 12h/台,B 型号电冰箱缩短装配时间 2h/台,C 型号电冰箱缩短装配时间 3h/台,则装配能力达到 200h/天(已加班 20h),这样就达到目标 $P_4$,即:

$$10 \times 3.8 + 12 \times 6.0 + 10 \times 9.0 = 200(h)$$

但这必须在装配技术上和组织管理上下很大的工夫才可以实现。

## 小结与展望

本章所研究的三类特殊线性规划问题——运输问题、整数规划和目标规划,在经济管理领域均有广泛的应用,具体在选址、工作任务分配、计划方案的选择等问题中有很多实际应用。由于它们特殊的问题结构,往往可以利用一些简单的公式加以表述,使得采取改进的算法可以很便捷地求解最优解。这样不仅能够大大减少冗余的工作量,甚至可以使得很多极为复杂的问题被有效解决。

本章建立了运输问题的数学模型,介绍了求解平衡运输问题的表上作业法。运输问题是经济管理中经常遇到的重要问题,它属于一类重要的线性规划问题,也可以说是线性规划的起源。整数规划是运筹学的一个重要分支。从模型结构和算法特点上分析,整数规划和线性规划具有密切联系,将线性规划模型中的部分或全部变量限定为整数时,线性规划便形成了整数规划。分支定界法和割平面法,通过转化为多次线性规划问题的求解过程,实现了对整数规划问题的求解。目标规划较传统的线性规划有更大的实用性和灵活性。它有能力处理有多重矛盾目标的决策管理问题,根据这些目标的重要性,分清主次先后、轻重缓急,因此目标规划方法应用非常广泛,目前它已经成为十分活跃的多目标决策分析中一个有效的方法。在实际应用中,确定符合系统规律的目标优先等级顺序是正确解决此类问题的前提。

# 习题 3

1.利用表上作业法,求解表 3－35 所示运输问题。

表 3－35

| 运价　　销地<br>产地 | $B_1$ | $B_2$ | $B_3$ | $B_4$ | 产量 |
|---|---|---|---|---|---|
| $A_1$ | 9 | 3 | 8 | 6 | 16 |
| $A_2$ | 10 | 7 | 12 | 15 | 24 |
| $A_3$ | 17 | 4 | 8 | 9 | 30 |
| 销量 | 20 | 25 | 10 | 15 | 70 |

2.利用表上作业法,求解表 3－36 所示运输问题。

表 3－36

| 运价　　销地<br>产地 | $B_1$ | $B_2$ | $B_3$ | $B_4$ | 产量 |
|---|---|---|---|---|---|
| $A_1$ | 5 | 8 | 9 | 2 | 70 |
| $A_2$ | 3 | 6 | 4 | 7 | 80 |
| $A_3$ | 10 | 12 | 14 | 5 | 40 |
| 销量 | 45 | 65 | 50 | 30 | 190 |

3.利用表上作业法,求解表 3－37 所示运输问题的最优调运方案。

表 3－37

| 运价　　销地<br>产地 | $B_1$ | $B_2$ | $B_3$ | $B_4$ | 产量 |
|---|---|---|---|---|---|
| $A_1$ | 10 | 6 | 7 | 12 | 4 |
| $A_2$ | 16 | 10 | 5 | 9 | 9 |
| $A_3$ | 5 | 4 | 10 | 10 | 4 |
| 销量 | 5 | 2 | 4 | 6 | 17 |

4. 利用表上作业法，求解表 3-38 所示运输问题。

表 3-38

| 运价 销地 产地 | $B_1$ | $B_2$ | $B_3$ | $B_4$ | 产量 |
|---|---|---|---|---|---|
| $A_1$ | 3 | 6 | 2 | 4 | 55 |
| $A_2$ | 5 | 3 | 6 | 6 | 65 |
| $A_3$ | 9 | 7 | 5 | 8 | 70 |
| 销量 | 50 | 35 | 60 | 45 | 190 |

5. 求解表 3-39 所示运输问题。

表 3-39

| 运价 销地 产地 | 甲 | 乙 | 丙 | 丁 | 产量 |
|---|---|---|---|---|---|
| A | 10 | 8 | 12 | 11 | 40 |
| B | 11 | 14 | 15 | 9 | 60 |
| C | 16 | 14 | 18 | 7 | 45 |
| 销量 | 50 | 25 | 35 | 35 | 145 |

6. 求解表 3-40 所示运输问题。

表 3-40

| 运价 销地 产地 | 甲 | 乙 | 丙 | 产量 |
|---|---|---|---|---|
| 1 | 20 | 16 | 24 | 300 |
| 2 | 10 | 10 | 8 | 500 |
| 3 | M | 18 | 10 | 100 |
| 销量 | 200 | 400 | 300 | 900 |

7. 求解表 3-41 所示运输问题的最优调运方案和最小总运费。

表 3-41

| 运价 销地 产地 | $B_1$ | $B_2$ | $B_3$ | $B_4$ | 产量 |
|---|---|---|---|---|---|
| $A_1$ | 3 | 11 | 3 | 10 | 7 |
| $A_2$ | 1 | 9 | 2 | 8 | 4 |
| $A_3$ | 7 | 4 | 10 | 5 | 9 |
| 销量 | 3 | 6 | 5 | 6 | 20 |

8. 5 个人完成 5 项任务,由于个人的技术专长不同,他们完成 5 项任务所花费的时间如表 3－42 所示,且规定每人只能做一项工作,一项工作任务只需 1 人操作,试求总时间最短的分配方案。

表 3－42

| 人员 \ 任务 | I | II | III | IV | V |
|---|---|---|---|---|---|
| 甲 | 3 | 8 | 2 | 10 | 3 |
| 乙 | 8 | 7 | 2 | 9 | 7 |
| 丙 | 6 | 4 | 2 | 7 | 5 |
| 丁 | 8 | 4 | 2 | 3 | 5 |
| 戊 | 9 | 10 | 6 | 9 | 10 |

9. 用图解法解下面的目标规划模型。

$$\min f = p_1 d_1^+ + p_2 d_2^- + p_3 d_3^-$$

$$\begin{cases} x_1 + x_2 + d_1^- - d_1^+ = 10 \\ 2x_1 + x_2 + d_2^- - d_2^+ = 26 \\ -x_1 + 2x_2 + d_3^- - d_3^+ = 6 \\ x_1, x_2, d_i^-, d_i^+ \geqslant 0 \ (i = 1, 2, 3) \end{cases}$$

10. 下列目标规划问题

$$\min z = p_1 d_1^- + p_2 d_4^+ + p_3 (5d_2^- + 3d_3^-) + p_3 (3d_2^+ + 5d_3^+)$$

$$\begin{cases} x_1 + x_2 + d_1^- - d_1^+ = 80 \\ x_1 + d_2^- = 70 \\ x_2 + d_3^- = 45 \\ d_1^+ + d_4^- - d_4^+ = 10 \\ x_1, x_2, d_i^-, d_i^+ \geqslant 0 \ (i = 1, 2, 3, 4) \end{cases}$$

(1) 用多阶段方法求问题的满意解;

(2) 若目标函数变为

$$\min z = p_1 d_1^- + p_2 (5d_2^- + 3d_3^-) + p_2 (3d_2^+ + 5d_3^+) + p_3 d_4^+$$

问原满意解有什么变化?

# 第 4 章

## 动 态 规 划

动态规划（dynamic programming）是解决多阶段决策过程最优化问题的一种方法，该方法是由美国数学家贝尔曼等人于 20 世纪 50 年代初提出的。由于其独特的解题思路，成为了运筹学的一个重要分支。本章共分为三个小节，第一小节通过一个最短路径问题介绍了建立和求解动态规划模型的基本思路与方法；第二小节主要介绍了建立动态规划模型所需要的几个基本要素以及求解思路；第三小节针对典型问题进一步介绍了运用动态规划建立模型以及求解的方法。

本章的要点包括动态规划模型的基本概念，动态规划模型的建立及求解，动态规划几个方面的典型应用。

## 4.1　动态规划的范例

动态规划是解决多阶段决策过程最优化问题的一种方法，而多阶段决策过程是指其活动过程可以按照时间进程分为若干相互联系的阶段，在每个阶段决策者都要进行决策，全部阶段的决策组成了一个决策序列。多阶段决策过程最优化问题的目标是要整个活动过程的总目标达到最优。由于每个阶段的决策都将影响到下一阶段的决策，甚至影响总目标，所以，决策者在每阶段决策时，不能只考虑本阶段最优，还需考虑对总目标的影响，从而作出使总目标达到最优的决策。

本质上，动态规划是一个递推方程，把问题的各阶段联系起来，保证每个阶段的最优可行解对于整个问题是可行的、也是最优的。动态规划的计算递推进行，以便让一个子问题的最优解作为下一个子问题的输入，当最后一个子问题求解完成，也就得到了整个问题的最优解。相比于线性规划和非线性规划方法，动态规划通过把一个多变量问题分解成若干个阶段，每个阶段是一个单变量（或少变量）的子问题，以求出这个多变量问题的最优解。这种分解的好处是每个阶段的优化问题涉及变量少，从计算上来说比同时处理多个变量更加简单。这种方法可用于解决最优路径问题、资源分配问题、生产计划与库存、投资、装载、排序等问题。下面通过一个最短路径问题介绍一下运用动态规划求解多阶段决策过程问题的思路和方法。

**例 4-1**　一位旅行者准备从 A 地前往 H 地，图 4-1 给出了从 A 地到 H 地所有可能的路径，B 地至 G 地表示这些路径途中需要经过的城市，城市之间的数字表示两地之间的距离（百公里），请帮助旅行者选择一条最短路径。

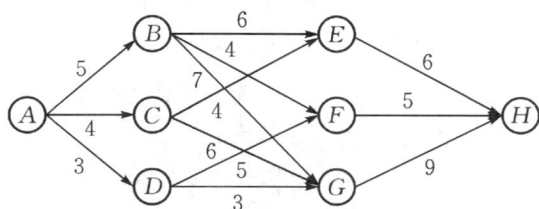

图 4-1 最短路问题

**分析** 在每个连续阶段选择最短路径,从而挑选出一条从 A 地到 H 地的路径,例如,A→D→G→H 路经为 15 百公里。但是,采用这种方法得到的路径未必是最短路径,如 A→D→F→H 的路经是 13 百公里,要比 15 百公里更短些。由此可见,有时牺牲某一阶段的一点利益可能会在以后得到的更多。

对于这类问题,也可以用枚举法列出从 A 地到 H 地的所有路径,通过对比找出最短路径。但是,对于大的网络来说,采用枚举法的计算量将会大得难以处理。

下面采用动态规划来求解这个问题。首先,将这个问题分解成 3 个阶段,见图 4-2。

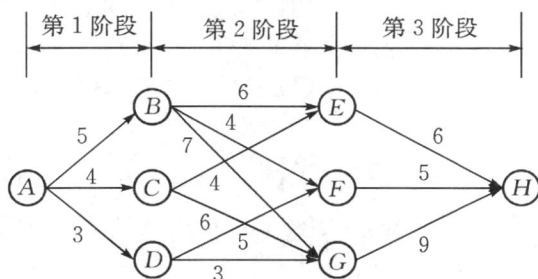

图 4-2 最短路问题

确定最短路径的一般思路是,从第一阶段开始,对每个阶段的所有终止点,计算出从起点到该阶段各终止点的最短距离,然后利用这些最短距离计算从起点到下一阶段所有终止点的最短距离,直至原问题的终止点。由于问题求解过程与活动发展进程顺序一致,所以将这种解法称为顺序解法。还有一种解法,其问题求解过程与活动发展进程顺序相反,将这种解法称为逆序解法。逆序解法将在后面介绍。

**阶段 1** 有三个终点,B 地、C 地和 D 地。各点距离 A 地只有一条路径。于是有:

从 A 地到 B 地的最短距离=5(百公里)　　　　　　　　　　　　　(从 A 地出发)

从 A 地到 C 地的最短距离=4(百公里)　　　　　　　　　　　　　(从 A 地出发)

从 A 地到 D 地的最短距离=3(百公里)　　　　　　　　　　　　　(从 A 地出发)

**阶段 2** 有三个终点,E 地、F 地和 G 地。先考虑 E 地。从图 4-2 可以看出,E 地可以经过 B 地或者 C 地 2 条不同路径到达。利用上一阶段得到的结果(从 A 地分别到达 B 地和 C 地的最短距离),再加上 B 地和 C 地分别到达 E 地的距离,就能确定出从 A 地到达 E 地的最短距离为:

$$从 A 地到 E 地的最短距离 = \min_{i=B,C}\{从 A 地到 i 地的最短距离 + 从 i 地到 E 地的距离\}$$
$$= \min_{i=B,C}\{5+6,4+4\} = \min_{i=B,C}\{11,8\} = 8$$

由上可知,从 A 地出发到达 E 地,途中经 C 地的距离最短。

类似的,F 地可以经过 B 地和 D 到达。因此有:

$$从 A 地到 F 地的最短距离 = \min_{i=B,D}\{从 A 地到 i 地的最短距离 + 从 i 地到 F 地的距离\}$$
$$= \min_{i=B,D}(5+4,3+5) = \min_{i=B,D}\{9,8\} = 8$$

因此,从 A 地出发到达 F 地,途中经 D 地的距离最短。而 G 地可以经过 B 地、C 地或 D 地到达,因此有:

$$从 A 地到 G 地的最短距离 = \min_{i=B,C,D}\{从 A 地到 i 地的最短距离 + 从 i 地到 G 地的距离\}$$
$$= \min_{i=B,C,D}\{12,10,6\} = 6$$

从 A 地出发到达 G 地,途中经 D 地的距离最短。因此,在阶段 2 有:

从 A 地到 E 地的最短距离＝8(百公里)　　　　　　　　　　　　　　(从 C 地出发)

从 A 地到 F 地的最短距离＝8(百公里)　　　　　　　　　　　　　　(从 D 地出发)

从 A 地到 G 地的最短距离＝6(百公里)　　　　　　　　　　　　　　(从 D 地出发)

阶段 3　只有一个终点 H 地。H 地可以经过 E 地、F 地或者 G 地 3 条不同路径到达。利用上一阶段得到的结果(从 A 地分别到达 E 地 F 地和 G 地的最短距离),再加上分别从 E 地、F 地和 G 地到达 H 地的距离。于是有:

$$从 A 地到 H 地的最短距离 = \min_{i=E,F,G}\{从 A 地到 i 地的最短距离 + 从 i 地到 H 地的距离\}$$

$$= \min_{i=E,F,G}\{8+6,8+5,6+9\} = \min_{i=E,F,G}\{14,13,15\} = 13$$

由上可知,从 A 地出发到达 H 地,途中经 F 地的距离最短。因此,在阶段 3 有:

从 A 地到 H 地的最短距离＝13(百公里)　　　　　　　　　　　　　　(从 F 地出发)

由此可知,从 A 地到 H 地的最短距离是 13 百公里。为了得到最优路径,可以根据求解结果从后向前逆推,阶段 3 从 F 地出发到达 H 地,阶段 2 从 D 地出发到达 F 地,阶段 1 从 A 地出发到达 D 地,即最短路径为 A→D→F→H。

通过这个例子,可以看出动态规划方法的基本特性:

(1)计算从 A 地到当前阶段各终点的最短距离时,需要用到上一阶段的计算结果;

(2)每个阶段所做的计算都是该阶段可行路径的函数。

接下来,用数学公式来表示上例中的递推关系。用 $n$ 表示阶段,$n = 1,2,3$;$s_n$ 表示第 $n$ 阶段的起点;$f_n(s_{n+1})$ 表示第 $n$ 阶段从 A 地到达 $s_{n+1}$ 地的最短距离。定义 $d_n(s_n,s_{n+1})$ 为从 $s_n$ 地到 $s_{n+1}$ 的距离(若从 $s_n$ 地到 $s_{n+1}$ 地没有通路,$d_n(s_n,s_{n+1}) = \infty$)。于是,$f_n(s_{n+1})$ 可以按照下面的递推式计算出来

$$\begin{cases} f_n(s_{n+1}) = \min_{\substack{所有可行的 (s_n,s_{n+1}) 路径}}\{d(s_n,s_{n+1}) + f_{n-1}(s_n)\} & (n = 1,2,3) \\ f_0(s_1) = 0 \end{cases}$$

上面用顺序解法从阶段 1 到阶段 3 从前向后逐步计算,这个例子也可以用逆序解法从阶段 3 到阶段 1 从后向前逐步计算。无论是采用顺序解法,还是采用逆序解法,得到的解都是相同的。顺序解法较符合逻辑,但在动态规划文献中普遍采用逆序解法。逆序解法的求解思路

与顺序解法刚好相反,从最后一个阶段开始,对每个阶段的所有起点,计算出该阶段所有起点至终点的最短距离,然后利用这些最短距离计算下一阶段所有起点至终点的最短距离,直至第一阶段。下面用逆序解法来求解例 4-1。

**阶段 3** 有 3 个起点,从 E 地、F 地和 G 地出发分别只有 1 条路径至 H 地。因此,阶段 3 的结果可归结为:

从 E 地到 H 地的最短距离＝6(百公里)　　　　　　　　　　　　　　　　(连接至 H 地)

从 F 地到 H 地的最短距离＝5(百公里)　　　　　　　　　　　　　　　　(连接至 H 地)

从 G 地到 H 地的最短距离＝9(百公里)　　　　　　　　　　　　　　　　(连接至 H 地)

**阶段 2** 有 3 个起点,B 地、C 地和 D 地。先考虑 B 地,从图 4-2 可以看出,B 地可以经过 E 地、F 地或者 G 地 3 条不同路径到达 H 地,即利用从 B 地出发分别到达 E 地、F 地和 G 地的距离再加上从 E 地、F 地和 G 地出发至 H 地的最短距离,就能确定出从 B 地发到达 H 地的最短距离为:

$$\text{从 B 地到 H 地的最短距离} = \min_{i=E,F,G} \{\text{从 B 地到 } i \text{ 地的最短距离} + \text{从 } i \text{ 地到 H 地的距离}\}$$

$$= \min_{i=E,F,G}\{6+6,4+5,7+9\} = \min_{i=E,F,G}\{12,9,16\} = 9$$

由上可知,从 B 地出发到达 H 地,途中经 F 地的距离最短。类似的,C 地可以经过 E 地或者 G 地 2 条不同路径到达 H 地。因此有:

$$\text{从 C 地到 H 地的最短距离} = \min_{i=E,G}\{\text{从 C 地到 } i \text{ 地的最短距离} + \text{从 } i \text{ 地到 H 地的距离}\}$$

$$= \min_{i=E,G}\{4+6,6+9\} = \min\{10,15\} = 10$$

因此,从 C 地出发到达 H 地,途中经 E 地的距离最短。最后,D 地可以经过 F 地或者 G 地 2 条不同路径到达 H 地。于是有:

$$\text{从 D 地到 H 地的最短距离} = \min_{i=F,G}\{\text{从 D 地到 } i \text{ 地的最短距离} + \text{从 } i \text{ 地到 H 地的距离}\}$$

$$= \min_{i=F,G}\{10,12\} = 10$$

由上可知,从 D 地出发到达 H 地,途中经 F 地的距离最短。因此,在阶段 2 有:

从 B 地到 H 地的最短距离＝9(百公里)　　　　　　　　　　　　　　　　(连接至 F 地)

从 C 地到 H 地的最短距离＝10(百公里)　　　　　　　　　　　　　　　(连接至 E 地)

从 D 地到 H 地的最短距离＝10(百公里)　　　　　　　　　　　　　　　(连接至 F 地)

**阶段 1** 只有一个起点,A 地可以经过 B 地、C 地或 D 地 3 条不同路径到达 H 地。利用从 A 地出发分别到达 B 地、C 地和 D 地的距离再加上从 B 地、C 地和 D 地出发至 H 地的最短距离,就能确定从 A 地出发到达 H 地的最短距离为:

$$\text{从 A 地到 H 地的最短距离} = \min_{i=B,C,D}\{\text{从 A 地到 } i \text{ 地的最短距离} + \text{从 } i \text{ 地到 H 地的距离}\}$$

$$= \min_{i=B,C,D}\{5+9,4+10,3+10\} = \min_{i=B,C,D}\{14,14,13\} = 13$$

因此,在阶段 1 有:

从 A 地到 H 地的最短距离＝13(百公里)　　　　　　　　　　　　　　　(连接至 D 地)

阶段 1 的结果表示从 A 地到 H 地的最短距离为 13 百公里,其最优解表示从 A 地出发至 D 地,阶段 2 的最优解表示从 D 地出发至 F 地,阶段 3 的最优解表示从 F 地出发至 H 地,即最短路径为 A→D→F→H,这个结果与顺序解法得到的最短路径是一样的。

最后,给出该问题逆序解法的递推方程。这时,用 $s_n$ 表示第 $n$ 阶段的起点;$f_n(s_n)$ 表示第 $n$

阶段从 $s_n$ 地到达 $H$ 地的最短距离。于是，$f_n(s_n)$ 可以按照下面的递推式计算出来

$$\begin{cases} f_n(s_n) = \min\limits_{\text{所有可行的}(s_n,s_{n+1})\text{路径}} \{d(s_n,s_{n+1}) + f_{n+1}(s_{n+1})\} & (n=3,2,1) \\ f_4(s_4) = 0 \end{cases}$$

需要注意的是，顺序解法里 $f_n(s_{n+1})$ 的定义和逆序解法里 $f_n(s_n)$ 的定义是不同的。

# 4.2　动态规划模型的建立及求解

## ➤ 4.2.1　动态规划的基本概念

设计最短路径问题，是为了在介绍动态规划方法时给读者一个具体的概念。尽管逆序解法和顺序解法本质上是一样的，但是采用逆序解法和顺序解法在建立动态规划模型时，有些符号所表示的含义是不一样的。有关这一点，通过上面的例子就可以看出。由于动态规划文献中大都采用逆序解法，因此，下面先来介绍采用逆序解法求解最短路径问题时建立动态规划模型所要用到的基本概念。

1. 阶段

若想采用动态规划求解的问题，首先要求该问题可以按时间或空间特征分解成若干相互联系的阶段，以便按次序去求每阶段的解。一般将描述阶段的变量称为阶段变量，常用 $n$ 表示。在例 $4-1$ 中，从 $A$ 地到 $H$ 地可分为三个阶段，即 $n=1,2,3$。

2. 状态

状态是描述每个阶段开始时系统所处的客观条件。描述各阶段状态的变量叫做状态变量，常用 $s_n$ 表示第 $n$ 阶段的状态变量。状态变量 $s_n$ 的取值有一定的允许范围，称为状态可能集，用 $S_n$ 表示第 $n$ 阶段的状态可能集，有 $s_n \in S_n$。状态可能集是关于状态的约束条件，可以是有限的，也可以是无限的，可以是一个离散取值的集合，也可以是一个连续的区间，这视所给问题而定。在例 $4-1$ 中，第 1 阶段只有一个状态 $A$，状态可能集 $S_1 = \{A\}$；第 2 阶段有三个状态，状态可能集 $S_2 = \{B,C,D\}$。

在定义动态规划模型中的状态变量时，要求状态变量应具有如下性质。当某阶段状态给定后，该阶段以后的发展不受该阶段以前各阶段状态的影响。也就是说，当前状态是过去的一个完整总结，系统的过去只能通过当前状态去影响它的未来发展。这个性质被称为无后效性。如果所选定的变量不具备无后效性，就不能作为动态规划模型的状态变量。

3. 决策和策略

决策者在每一阶段都需要根据系统的当前状态作出行动选择，一旦行动选择好了，下一阶段的状态就随之确定了。每个阶段的这种行动选择被称为决策，表示决策的变量称为决策变量。决策变量是状态变量的函数，常用 $x_n(s_n)$ 表示第 $n$ 阶段状态为 $s_n$ 时的决策变量。和状态变量的取值范围一样，在实际问题中，决策变量的取值往往也有一定范围，称此范围为允许决策集。用 $D_n(s_n)$ 表示第 $n$ 阶段从状态 $s_n$ 出发的允许决策集，有 $x_n(s_n) \in D_n(s_n)$。在例 $4-1$ 中，从第 2 阶段的状态 $B$ 出发，可选择的路径（决策）有 $E$、$F$、$G$，即其允许决策集 $D_2(B) = \{E,F,G\}$。若决策者决定选择决策 $F$，那么 $x_2(B) = F$。

各阶段的决策确定好之后，整个问题的决策序列就构成了一个策略。策略有全过程策略

和 $n$ — 子策略之分。全过程策略是指从第 1 阶段开始，在整个 $N$ 阶段决策过程中由决策者在每个阶段所做的决策而构成的决策序列，简称为策略，它可表示为 $p_{1,N}(x_1(s_1), x_2(s_2), \cdots, x_N(s_N))$。从第 $n$ 阶段开始到第 $N$ 阶段末，由决策者在每个阶段所做的决策而构成的决策序列被称为 $n$ — 子策略，它表示为 $p_{n,N}(x_n(s_n), x_{n+1}(s_{n+1}), \cdots, x_N(s_N))$。当 $n = 1$ 时，$n$ — 子策略就是全过程策略。对每个实际问题，可供选择的策略有一定范围，将这个范围称为允许策略集，记作 $P_{1,N}$，使问题达到整体最优的策略就是最优策略。

**4. 状态转移方程**

动态规划中本阶段的状态往往是上一阶段的状态和决策的共同结果。如果给定第 $n$ 阶段的状态 $s_n$，本阶段的决策为 $x_n(s_n)$，那么第 $n+1$ 阶段的状态 $s_{n+1}$ 也就完全确定了。它们的关系用公式表示如下：

$$s_{n+1} = T_n(s_n, x_n(s_n))$$

由于它描述了从第 $n$ 阶段到第 $n+1$ 阶段的状态转移规律，所以被称为状态转移方程。由上式可以看到，第 $n+1$ 阶段的状态完全由第 $n$ 阶段的状态 $s_n$ 和决策 $x_n(s_n)$ 确定，与系统过去的状态 $s_1, s_2, \cdots, s_{n-1}$ 及决策 $x_1, x_2, \cdots, x_{n-1}$ 无关。

**5. 指标函数**

决策者在第 $n$ 阶段状态 $s_n$、执行决策 $x_n$ 时，不仅会产生本阶段的效益，还会带来系统状态的转移，进而影响系统获得的总效益。将用于衡量所选择策略优劣的数量指标称为指标函数，它分为阶段指标函数和过程指标函数两种。

阶段指标函数是指第 $n$ 阶段从状态 $s_n$ 出发，采取决策 $x_n$ 时在本阶段所获得的效益。它完全由第 $n$ 阶段的状态 $s_n$ 和决策 $x_n$ 决定，与第 $n$ 阶段以前的状态和决策无关，用 $r_n(s_n, x_n)$ 表示。在例 4-1 中，指标函数就是距离，如第 2 阶段状态为 $B$ 时，$r_2(B, E)$ 表示从 $B$ 地出发，采用决策 $E$ 到下一阶段 $E$ 地的距离，即 $r_2(B, E) = 6$。

对于一个 $N$ 阶段决策过程，将从第 1 阶段到第 $N$ 阶段叫做问题的原过程；任意给定一个 $n(1 \leqslant n \leqslant N)$，将从第 $n$ 阶段到第 $N$ 阶段称为原过程的一个后部子过程。用 $V_{1,N}(s_1, p_{1,N})$ 表示从第 1 阶段状态 $s_1$ 出发、采用策略 $p_{1,N}$ 时的原过程指标函数值；用 $V_{n,N}(s_n, p_{n,N})$ 表示从第 $n$ 阶段状态 $s_n$ 出发、采用策略 $p_{n,N}$ 时的后部子过程指标函数值。适于采用动态规划求解的过程指标函数应具有可分离性，并满足递推关系。常见的过程指标函数有以下两种形式。

(1) 过程指标函数值是阶段指标和的形式，即

$$V_{n,N}(s_n, p_{n,N}) = r_n(s_n, x_n) + V_{n+1,N}(s_{n+1}, p_{n+1,N}) = \sum_{i=n}^{N} r_i(s_i, x_i)$$

(2) 过程指标函数值是阶段指标连乘的形式，即

$$V_{n,N}(s_n, p_{n,N}) = r_n(s_n, x_n) \cdot V_{n+1,N}(s_{n+1}, p_{n+1,N}) = \prod_{i=n}^{N} r_i(s_i, x_i)$$

用 $f_n(s_n)$ 表示最优指标函数，即从第 $n$ 阶段状态 $s_n$ 出发、采用最优策略 $p_{n,N}^*$ 到第 $N$ 阶段末时产生的最优效益值。$f_n(s_n)$ 与 $V_{n,N}(s_n, p_{n,N})$ 之间的关系是：

$$f_n(s_n) = V_{n,N}(s_n, p_{n,N}^*) = \mathop{\text{opt}}_{p_{n,N} \in P_{n,N}} V_{n,N}(s_n, p_{n,N})$$

上式中 opt 的全称为 optimum，表示最优化，根据具体问题分别表示为 max 或 min。当 $n = 1$ 时，$f_1(s_1)$ 就是从第 1 阶段状态 $s_1$ 到第 $N$ 阶段末的整体最优函数。在例 $4-1$ 中，$V_{2,3}(B, \{E, H\})$ 表示第 2 阶段从 $B$ 地出发、经 $E$ 地到 $H$ 地的距离，而 $f_2(B)$ 则表示第 2 阶段

从 $B$ 地出发到 $H$ 地的最短距离。本问题的总目标是求 $f_1(A)$，即从 $A$ 地到 $H$ 地的最短距离。由前面的分析知,该问题的最优指标函数可写为:

$$\begin{cases} f_n(s_n) = \min\limits_{x_n(s_n) \in D_n(s_n)} \{d(s_n, s_{n+1}) + f_{n+1}(s_{n+1})\} & (n=3,2,1) \\ f_4(s_4) = 0 \end{cases}$$

对于一般问题,如果过程指标函数是阶段指标和的形式,最优指标函数可写为:

$$\begin{cases} f_n(s_n) = \operatorname*{opt}\limits_{x_n(s_n) \in D_n(s_n)} \{r(s_n, x_n) + f_{n+1}(s_{n+1})\} & (n=N, N-1, \cdots, 1) \\ f_{N+1}(s_{N+1}) = 0 \end{cases} \tag{4-1}$$

类似的,如果过程指标函数是阶段指标连乘的形式,最优指标函数可写为:

$$\begin{cases} f_n(s_n) = \operatorname*{opt}\limits_{x_n(s_n) \in D_n(s_n)} \{r(s_n, x_n) \cdot f_{n+1}(s_{n+1})\} & (n=N, N-1, \cdots, 1) \\ f_{N+1}(s_{N+1}) = 1 \end{cases} \tag{4-2}$$

上述递推关系式称为动态规划的基本方程。第一个表达式称为基本方程的主体部分;第二个表达式称为基本方程的边界条件,起界定问题范围的作用。需要注意的是,当过程指标函数是阶段指标函数和的形式时,边界条件 $f_{N+1}(s_{N+1}) = 0$;而当过程指标函数是阶段指标函数连乘的形式时,边界条件 $f_{N+1}(s_{N+1}) = 1$。

上面给出的是采用逆序解法而构建的动态规划基本方程。求解时,根据边界条件,从最后一个阶段开始,每一阶段求解时都需要用到上一阶段的最优解,由后向前逆推,逐步求得各个阶段的最优决策及各个阶段至第 $N$ 阶段的最优值,最后求出 $f_1(s_1)$ 就是整个问题的最优解。再按计算过程反推算,就得到了相应的最优策略。

综上所述,动态规划是求解一类特殊问题的方法。使用该方法的前提条件是要求问题具有多阶段性,而且可以被划分为可用递推关系式联系起来的多个阶段。只有把问题描述为多阶段决策过程,才能考虑用动态规划方法去处理。对于某些静态问题,也可以通过人为地引入"时段"的概念来采用动态规划方法进行求解。在此基础上,建立该问题的动态规划模型,实际上是建立该问题的动态规划基本方程,而正确建立基本方程的关键在于以下几点:①正确的选择状态变量 $s_n$,使它既能够描述过程的演变特征,又满足无后效性;②根据状态变量 $s_n$,确定决策变量 $x_n(s_n)$ 以及相应的允许决策集 $D_n(s_n)$;③根据状态变量和决策变量的含义,正确写出状态转移方程 $s_{n+1} = T_n(s_n, x_n)$;④根据题意,写出第 $n$ 阶段的阶段指标函数 $r_n(s_n, x_n)$ 以及过程指标函数 $V_{n,N}$;⑤写出动态规划基本方程,即最优指标函数的递推关系式及边界条件。

## ➤ 4.2.2 动态规划模型的求解

构建好动态规划模型后,就要开始对模型进行求解。动态规划最优策略的求解有两种方法,即逆序解法和顺序解法。逆序解法是指从最后一个阶段开始,由后向前逐步计算每个阶段各状态所对应的最优决策以及最优值,最后求出的 $f_1(s_1)$ 就是整个问题的最优解;再按计算过程反推,就可得到相应的最优策略。顺序解法是指从第 1 阶段开始,由前向后逐步计算从第 1 阶段至每个阶段末各状态的最优值及相应的最优决策,最后求出的 $f_N(s_{N+1})$ 就是整个问题的最优解;再按计算过程反推之,即可得到相应的最优策略。顺序解法与逆序解法本质上并无区别。一般来说,当初始状态给定时,用逆序解法;当终止状态给定时,用顺序解法;若问题的初始状态和终止状态都给定了,两种解法均可使用。结合前面介绍的有关动态规划模型的基

本概念,采用顺序解法与逆序解法建立动态规划模型时的异同主要有如下几点:

(1) 阶段划分是一样的。

(2) 状态变量的选取不同。

在逆序解法中,将每一阶段初系统所处的客观条件作为状态变量。如在例 4-1 中,以每阶段初各个起点 $s_n$ 作为状态变量。而在顺序解法中刚好相反,以每一阶段末系统处于的客观条件 $s_{n+1}$ 作为状态变量。

(3) 决策变量的选取不同。

由于状态变量不一样,决策变量作为状态变量的函数,它的选取以及允许决策集也都是不一样的。在逆序解法中,决策变量为 $x_n(s_n)$,允许决策集为 $D_n(s_n)$;而在顺序解法中,决策变量为 $x_n(s_{n+1})$,允许决策集为 $D_n(s_{n+1})$。

(4) 状态转移方程不同。

在逆序解法中,第 $n$ 阶段的输入状态为 $s_n$,决策为 $x_n(s_n)$,输出状态为 $s_{n+1}$,所以,状态转移方程为 $s_{n+1} = T_n(s_n, x_n(s_n))$。在顺序解法中,第 $n$ 阶段的输入状态为 $s_{n+1}$,决策为 $x_n(s_{n+1})$,输出状态为 $s_n$,所以,状态转移方程为 $s_n = T_n(s_{n+1}, x_n(s_{n+1}))$。

(5) 阶段指标函数的表示不同。

在逆序解法中,阶段指标函数记为 $r_n(s_n, x_n)$,它表示第 $n$ 阶段状态为 $s_n$、采用决策 $x_n$ 时本阶段获得的指标函数值。在顺序解法中,阶段指标函数记为 $r_n(s_{n+1}, x_n)$,它表示第 $n$ 阶段末系统状态为 $s_{n+1}$、采用决策 $x_n$ 时本阶段获得的指标函数值。

(6) 最优指标函数的定义不同。

在逆序解法中,最优指标函数 $f_n(s_n)$ 表示从第 $n$ 阶段状态 $s_n$ 出发到第 $N$ 阶段末采用最优策略产生的最优指标函数值,$f_1(s_1)$ 是从第 1 阶段状态 $s_1$ 出发到全过程结束的整体最优指标函数值。在顺序解法中,最优指标函数 $f_n(s_{n+1})$ 表示从第 1 阶段起到第 $n$ 阶段末状态 $s_{n+1}$ 采用最优策略产生的最优指标函数值,$f_N(s_{N+1})$ 是整体最优指标函数值。

(7) 动态规划基本方程不同。

公式(4-1)和(4-2)已经给出了采用逆序解法时建立的动态规划基本方程,这里不再赘述,只给出采用顺序解法时建立的动态规划基本方程。若过程指标函数是阶段指标函数和的形式,其动态规划基本方程为:

$$\begin{cases} f_n(s_{n+1}) = \mathop{opt}\limits_{x_n(s_{n+1}) \in D_n(s_{n+1})} \{r(s_{n+1}, x_n) + f_{n-1}(s_n)\} & (n = 1, 2, \cdots, N) \\ f_0(s_1) = 0 \end{cases}$$

若过程指标函数是阶段指标函数连乘的形式,其动态规划的基本方程为:

$$\begin{cases} f_n(s_{n+1}) = \mathop{opt}\limits_{x_n(s_{n+1}) \in D_n(s_{n+1})} \{r(s_{n+1}, x_n) \cdot f_{n-1}(s_n)\} & (n = 1, 2, \cdots, N) \\ f_0(s_1) = 1 \end{cases}$$

下面通过一个例题来分别看逆序解法和顺序解法的求解过程。

**例 4-2** 请分别用逆序解法和顺序解法求解下面的问题。

$$\max z = x_1 x_2 x_3$$

$$s.t. \begin{cases} x_1 + x_2 + x_3 = c(c > 0) \\ x_i \geqslant 0 \quad (i = 1, 2, 3) \end{cases}$$

**解:**(1)采用逆序解法。由目标函数可以看出,这是一个 3 阶段决策过程问题,且过程指标函数是阶段指标函数连乘的形式。设状态变量为 $s_n$，$n=1,2,3$。由约束条件 $x_1+x_2+x_3=c$ 知，$s_1=c$。又设决策变量为 $x_n$，由约束条件 $x_1+x_2+x_3=c$ 和 $x_n\geqslant 0$ 易知，$0\leqslant x_n\leqslant s_n$，$n=1,2,3$。状态转移方程 $s_{n+1}=s_n-x_n$；阶段指标函数 $r_n(s_n,x_n)=x_n$。由于基本方程是连乘的形式，故边界条件 $f_4(s_4)=1$。于是，由边界条件开始，从最后一个阶段逐步向前逆推。

阶段 3，根据约束条件知，$0\leqslant x_3\leqslant s_3$，因而，有
$$f_3(s_3)=\max_{0\leqslant x_3\leqslant s_3}\{r_3(s_3,x_3)\cdot f_4(s_4)\}=\max_{0\leqslant x_3\leqslant s_3}\{x_3\}=s_3$$

对应的最优解为 $x_3^*=s_3$。

阶段 2，由状态转移方程 $s_3=s_2-x_2$ 知，
$$f_2(s_2)=\max_{0\leqslant x_2\leqslant s_2}\{x_2\cdot f_3(s_3)\}=\max_{0\leqslant x_2\leqslant s_2}\{x_2(s_2-x_2)\}$$

对上式求导可知，当 $x_2^*=\dfrac{s_2}{2}$ 时，上式取最大值，即 $f_2(s_2)=\dfrac{s_2^2}{4}$。

阶段 1，由 $s_2=s_1-x_1$ 和 $s_1=c$，有
$$f_1(s_1)=\max_{0\leqslant x_1\leqslant s_1}\{x_1\cdot f_2(s_2)\}=\max_{0\leqslant x_1\leqslant s_1}\left\{x_1\frac{(c-x_1)^2}{4}\right\}$$

对上式求导可知，当 $x_1^*=\dfrac{c}{3}$ 时，上式取最大值，即 $f_1(s_1)=\dfrac{c^3}{27}$。再按计算过程反推，可得最优解分别为 $x_1^*=x_2^*=x_3^*=\dfrac{c}{3}$。

（2）采用顺序解法。用 $s_n$ 表示状态变量，$n=1,2,3$。这时，$s_4=c$。用 $x_n$ 表示决策变量，$n=1,2,3$。状态转移方程 $s_n=s_{n+1}-x_n$；阶段指标函数 $r_n(s_{n+1},x_n)=x_n$。从第 1 阶段 $f_0(s_1)=1$ 开始，逐步向后顺推计算。

阶段 1，有
$$f_1(s_2)=\max_{0\leqslant x_1\leqslant s_2}\{r_1(s_2,x_1)\cdot f_0(s_1)\}=\max_{0\leqslant x_1\leqslant s_2}\{x_1\}=s_2$$

对应的最优解为 $x_1^*=s_2$。

阶段 2，由约束条件 $s_2=s_3-x_2$ 知，
$$f_2(s_3)=\max_{0\leqslant x_2\leqslant s_2}\{x_2\cdot f_1(s_2)\}=\max_{0\leqslant x_2\leqslant s_3}\{x_2(s_3-x_2)\}$$

对上式求导可知，当 $x_2^*=\dfrac{s_3}{2}$ 时，$f_2(s_3)$ 取最大值，即 $f_2(s_3)=\dfrac{s_3^2}{4}$。

阶段 3，由 $s_3=s_4-x_3$ 和 $s_4=c$，有
$$f_3(s_4)=\max_{0\leqslant x_3\leqslant s_4}\{x_3\cdot f_2(s_3)\}=\max_{0\leqslant x_3\leqslant s_4}\left\{x_3\frac{(c-x_3)^2}{4}\right\}$$

对上式求导可知，当 $x_3^*=\dfrac{c}{3}$ 时，$f_3(s_4)$ 取最大值，即 $f_3(s_4)=\dfrac{c^3}{27}$。再按计算过程反推，可得到最优解 $x_1^*=x_2^*=x_3^*=\dfrac{c}{3}$。

由上面例题可以看出，无论是逆序解法，还是顺序解法，得到的最优解以及最优策略都是一样的。

## 4.3　应用举例

### ➤ 4.3.1　资源分配问题

#### 1.资源平行分配问题

所谓资源平行分配问题,就是将一定数量的一种或若干种资源(例如原材料、资金、设备、人力等)同时分配给若干个使用者(例如项目、工作等),从而使得目标函数达到最优。下面先来看一个有关资源平行分配问题的应用。

**例4-3**　某厂销售部门有6个推销员,销售经理现要将他们分配到全国三个不同地区。表4-1中给出了销售量随销售人员的变化情况。经理决定,每个地区至少有一名推销员。那么,他应该如何分配这6名推销员以使得总销售量达到最大?

表4-1

| 推销员 ＼ 销量 | 地区 1 | 地区 2 | 地区 3 |
|---|---|---|---|
| 1 | 30 | 20 | 25 |
| 2 | 50 | 40 | 35 |
| 3 | 65 | 60 | 50 |
| 4 | 75 | 80 | 70 |

**建模**　这是一个人力资源分配问题,显然,这个问题与时间无明显关系。为了应用动态规划方法求解,需要人为的引入"时段"的概念。将3个地区排序,依次考虑给地区1、2、3分配推销员。于是,这个问题就转化为了一个3阶段决策过程问题,每个阶段决定为该地区分配多少位推销员。因此,阶段变量 $n=1,2,3$。状态变量一般为累计量或随递推过程变化的量。这里,把第 $n$ 阶段可供分配的推销员人数定义为状态变量 $s_n$。由题意知,$0 \leqslant s_n \leqslant 6$,初始状态 $s_1=6$。根据问题"如何分配这6名推销员",把决策变量 $x_n$ 定义为第 $n$ 阶段分配给地区 $n$ 的推销员数,$0 \leqslant x_n \leqslant s_n$ 且取整数。状态转移方程是描述从第 $n$ 阶段到第 $n+1$ 阶段状态转移规律的表达式。也就是说,如果第 $n$ 阶段初可供分配的推销员人数为 $s_n$、分配给地区 $n$ 的推销员为 $x_n$,那么第 $n+1$ 阶段初可供分配的推销员人数为 $s_n-x_n$,即该问题的状态转移方程 $s_{n+1}=s_n-x_n$。阶段指标函数 $r_n(s_n,x_n)$ 表示给地区 $n$ 分配 $x_n$ 名推销员时所带来的产品销售量。由题意知,过程指标函数是阶段指标函数和的形式,即 $V_{n,3}(s_n,p_{n,3})=\sum_{i=n}^{3} r_i(s_i,x_i)$。用 $f_n(s_n)$ 表示最优指标函数,即第 $n$ 阶段可分配推销员数为 $s_n$ 时,分配给地区 $n$ 至地区 $N$ 所获得的最大产品销售量。在此基础上,可以得到该问题的动态规划的基本方程为:

$$\begin{cases} f_n(s_n)=\max_{0 \leqslant x_n \leqslant s_n}\{r(s_n,x_n)+f_{n+1}(s_{n+1})\} & (n=3,2,1) \\ f_4(s_4)=0 \end{cases}$$

从最后一个阶段开始,采用逆序解法逐步计算出 $f_3(s_3),f_2(s_2),f_1(s_1)$ 以及相应的最优

决策 $u_3^*(s_3)$，$u_2^*(s_2)$，$u_1^*(s_1)$，最后得到的 $f_1(6)$ 就是所求得的最大销售量；再按计算过程反推算，即可得到 6 名推销员的最佳分配方案。为了使分析过程更加清晰，在这里用表格描述了分析全过程，见表 4-2。

表 4-2

| | | 一般问题 | 例 4-3 |
|---|---|---|---|
| 大前提 | 阶段变量 $n$ | 把给每一项生产活动分配资源作为一个阶段，$N$ 项生产活动构成 $N$ 个阶段；由于每个阶段都要确定对该项活动的资源投放量，从而构成一个 $N$ 阶段决策问题，$n=1,2,\cdots,N$ | 把推销员看做是一种资源，给每个地区分配推销员作为一个阶段。于是，给 3 个地区分配推销员的过程可看作是一个 3 阶段决策过程问题，$n=1,2,3$ |
| 条件 Ⅰ | 状态变量 $s_n$ | 第 $n$ 阶段初拥有的资源量，即第 $n$ 阶段初到第 $N$ 阶段末这 $N-n$ 种活动中可供分配的资源量，$0 \leqslant s_n \leqslant M$，$s_1 = M$ | 第 $n$ 阶段初可供分配的推销员数，$0 \leqslant s_n \leqslant 6$，$s_1 = 6$ |
| 条件 Ⅱ | 决策变量 $x_n$ | 对第 $n$ 种生产活动的资源投放量，$0 \leqslant x_n \leqslant s_n$ | 给地区 $n$ 分配的推销员数，$0 \leqslant x_n \leqslant s_n$ |
| 条件 Ⅲ | 状态转移方程 | $s_{n+1} = s_n - x_n$ | $s_{n+1} = s_n - x_n$ |
| 条件 Ⅳ | 阶段指标函数 | 对活动 $n$ 投放资源 $x_n$ 时产生的收益，$r_n(s_n, x_n)$ | 给地区 $n$ 分配 $x_n$ 名推销员时获得的产品销量，$r_n(s_n, x_n) = r_n(x_n)$ |
| | 过程指标函数 | $V_{n,N}(s_n, p_{n,N}) = \sum\limits_{i=n}^{N} r_i(s_i, x_i)$ | $V_{n,3}(s_n, p_{n,3}) = \sum\limits_{i=n}^{3} r_i(x_i)$ |
| 动态规划基本方程 | | $\begin{cases} f_n(s_n) = \max\limits_{x_n \in D_n(s_n)} \{r(s_n, x_n) + f_{n+1}(s_{n+1})\} \\ n = N, N-1, \cdots, 1 \\ f_{N+1}(s_{N+1}) = 0 \end{cases}$ | $\begin{cases} f_n(s_n) = \max\limits_{0 \leqslant x_n \leqslant s_n} \{r(x_n) + f_{n+1}(s_{n+1})\} \\ n = 3, 2, 1 \\ f_4(s_4) = 0 \end{cases}$ |

解：采用逆序解法从最后一个阶段开始向前逆推计算。第 3 阶段，给地区 3 分配推销员。现有 $s_3$ 名推销员，$0 \leqslant s_3 \leqslant 6$。此时，只考虑给一个地区分配推销员，由于产品销售量与推销员成正比的关系，因此，有多少名推销员就全部分配给地区 3 是最优的。其数值计算如表 4-3 所示。

表 4-3

| $s_3$ | 0 | 1 | 2 | 3 | 4 | 5 | 6 |
|---|---|---|---|---|---|---|---|
| $x_3^*$ | 0 | 1 | 2 | 3 | 4 | 4 | 4 |
| $f_3(s_3)$ | 0 | 25 | 35 | 50 | 70 | 70 | 70 |

第 2 阶段开始时,给地区 2 分配推销员。这时,可分配给地区 2 和地区 3 的推销员人数为 $s_2$,$0 \leqslant s_2 \leqslant 6$。若分配给 2 地区 $x_2$($0 \leqslant x_2 \leqslant s_2$)名推销员,本阶段产生的销售量为 $r_2(x_2)$,而在下一阶段可分配给地区 3 的推销员人数为 $s_3 = s_2 - x_2$,其对应的最大销售量为 $f_3(s_3)$。给定 $s_2$,根据

$$f_2(s_2) = \max_{0 \leqslant x_2 \leqslant s_2} \{r_2(x_2) + f_3(s_3)\} = \max_{0 \leqslant x_2 \leqslant s_2} \{r_2(x_2) + f_3(s_2 - x_2)\}$$

确定最优决策 $x_2^*$ 以及对应的最大销售量。具体计算过程见表 4-4。

表 4-4

| $s_2$ | 0 | 1 | | 2 | | | 3 | | | | 4 | | | | |
|---|---|---|---|---|---|---|---|---|---|---|---|---|---|---|---|
| $x_2$ | 0 | 0 | 1 | 0 | 1 | 2 | 0 | 1 | 2 | 3 | 0 | 1 | 2 | 3 | 4 |
| $r_2(x_2) + f_3(s_3)$ | 0 | 25 | 20 | 35 | 45 | 40 | 50 | 55 | 65 | 60 | 70 | 70 | 75 | 85 | 80 |
| $f_2(s_2)$ | 0 | 25 | | 45 | | | 65 | | | | 85 | | | | |
| $x_2^*$ | 0 | 0 | | 1 | | | 2 | | | | 3 | | | | |

| $s_2$ | 5 | | | | | | 6 | | | | | | |
|---|---|---|---|---|---|---|---|---|---|---|---|---|---|
| $x_2$ | 0 | 1 | 2 | 3 | 4 | 5 | 0 | 1 | 2 | 3 | 4 | 5 | 6 |
| $r_2(x_2) + f_3(s_3)$ | 70 | 90 | 90 | 95 | 105 | 80 | 70 | 90 | 110 | 110 | 115 | 105 | 80 |
| $f_2(s_2)$ | 105 | | | | | | 115 | | | | | | |
| $x_2^*$ | 4 | | | | | | 4 | | | | | | |

第 1 阶段初,给地区 1 分配推销员。已知现有 6 名推销员可分配给地区 1、地区 2 和地区 3,即 $s_1 = 6$。若分配给 1 地区 $x_1$($0 \leqslant x_1 \leqslant 6$)名推销员,本阶段产生的销售量为 $r_1(x_1)$,而在下一阶段可分配给地区 2 和 3 的推销员人数为 $s_2 = s_1 - x_1$。利用在第 2 阶段得到的结果,根据

$$f_1(s_1) = \max_{0 \leqslant x_1 \leqslant 6} \{r_1(x_1) + f_2(s_2)\} = \max_{0 \leqslant x_1 \leqslant 6} \{r_1(x_1) + f_2(6 - x_1)\}$$

确定最优决策 $x_1^*$ 以及对应的最大销售量。具体计算过程见表 4-5。

表 4-5

| $s_1$ | 6 | | | | | | |
|---|---|---|---|---|---|---|---|
| $x_1$ | 0 | 1 | 2 | 3 | 4 | 5 | 6 |
| $r_1(x_1) + f_2(s_2)$ | 115 | 135 | 135 | 130 | 120 | 100 | 75 |
| $f_1(s_1)$ | 135 | | | | | | |
| $x_1^*$ | 1 或者 2 | | | | | | |

最后得到 $f_1(s_1) = 135$,即最大产品销售量是 135;再按计算过程反推,可以得到 6 名推销员的最优分配方案。该问题的最优分配方案有两个,$x_1^* = 1$,$x_2^* = 4$,$x_3^* = 1$ 和 $x_1^* = 2$,$x_2^* = 3$,$x_3^* = 1$,即地区 1 分配 1 名推销员,地区 2 分配 4 名推销员,地区 3 分配 1 名推销员,或者地区 1 分配 2 名推销员,地区 2 分配 3 名推销员,地区 3 分配 1 名推销员,这样得到产品销售量均为 135,为最大产品销售量。

现实生活中有许多问题都属于资源分配问题。例如,资金分配问题、投资分配问题、货物

分配问题等,都可以应用上述解法对这类问题进行建模、求解。这类只考虑资源合理分配而不考虑回收的问题称为资源平行分配问题。

有关资源平行分配问题的一般提法是:设有某种总量为 $M$ 的资源,已知对第 $n$ 项活动的资源投放量为 $x_n$ 时,从该项活动中可获得的收益为 $r_n(x_n)$($r_n(x_n)$ 为 $x_n$ 的非递减函数),$n = 1$,$2,\cdots,N$。请问如何分配资源可使总收益达到最大?

此类问题可写成静态规划问题:

$$\max z = \sum_{n=1}^{N} r_n(x_n)$$

$$s.t. \begin{cases} x_1 + x_2 + \cdots + x_N = M \\ x_n \geqslant 0 \quad (n = 1, 2, \cdots, N) \end{cases}$$

当 $r_n(x_n)$ 都是线性函数时,它是一个线性规划问题;当 $r_n(x_n)$ 都是非线性函数时,它是一个非线性规划问题,此时可采用前面学过的知识对该问题进行求解。但是,当 $N$ 比较大时,具体求解还是比较复杂的。由于这类问题的特殊结构,也可以采用动态规划方法将其包括多个变量的问题转变为多阶段、每个阶段单变量的问题来进行求解。一般来说,用动态规划方法对此类问题进行求解相对会容易很多,其建模过程与例 4-3 相似,具体分析见表 4-2。在此基础上,再采用逆序解法对问题的动态规划基本方程进行求解,从而得到最优解。

**2. 资源动态投放问题**

在资源分配问题中,有一些资源是可以进行回收、再利用的。下面考虑一种允许对资源进行回收,然后再投放使用的资源动态投放问题。

资源动态投放问题的一般提法是:假定拥有某种总量为 $M$ 的资源,计划投入 $A$ 和 $B$ 两种活动。已知在两个活动中投入资源量分别为 $x_a$ 和 $x_b$ 时,可获得的阶段收益分别为 $g(x_a)$ 和 $h(x_b)$;又知每阶段两个活动结束后,资源还可回收再投入使用,两个活动的资源完好率分别为 $a$ 和 $b$($0 < a, b < 1$)。请问应当如何安排每阶段的资源分配量以使得第 $N$ 阶段末获得的总收益达到最大?

由前面学过的知识,容易列出此问题的静态规划模型。用 $s_n$ 表示第 $n$ 阶段初拥有的资源量,$s_1 = M$;$x_n$ 表示第 $n$ 阶段投入活动 $A$ 的资源量,那么 $s_n - x_n$ 为投入活动 $B$ 的资源量,其中 $0 \leqslant x_n \leqslant s_n$;已知资源可回收再利用,那么下一阶段初资源拥有量为 $s_{n+1} = ax_n + b(s_n - x_n)$;又知每阶段在两个活动中投入的资源量分别为 $x_n$ 和 $s_n - x_n$,可获得的阶段效益分别为 $g(x_n)$ 和 $h(s_n - x_n)$。于是,该问题的静态规划模型为:

$$\max z = \sum_{n=1}^{N} \{g(x_n) + h(s_n - x_n)\}$$

$$s.t. \begin{cases} s_{n+1} = ax_n + b(s_n - x_n) \\ s_1 = M \\ 0 \leqslant x_n \leqslant s_n \quad (n = 1, 2, \cdots, N) \end{cases}$$

根据函数 $g(.)$ 和 $h(.)$ 的形式,可以采用相应的方法进行求解。

另一方面,也可采用动态规划方法来求解该问题。首先,按时间划分阶段,将该问题转化为 $N$ 阶段决策过程问题,阶段变量 $n = 1, 2, \cdots, N$。设 $s_n$ 为状态变量,它表示第 $n$ 阶段可投入活动 $A$、$B$ 的资源量,$0 \leqslant s_n \leqslant M$,$s_1 = M$;$x_n$ 为决策变量,它表示第 $n$ 阶段投入活动 $A$ 的资源量,那么 $s_n - x_n$ 表示投入活动 $B$ 的资源量,$0 \leqslant x_n \leqslant s_n$;状态转移方程为 $s_{n+1} = ax_n + b(s_n - x_n)$,

它表示第 $n$ 阶段当资源量为 $s_n$、活动 $A$ 投入的资源量为 $x_n$、活动 $B$ 投入的资源量为 $s_n - x_n$ 时，下阶段初拥有的资源量；阶段指标函数为 $r(s_n, x_n) = g(x_n) + h(s_n - x_n)$，它表示第 $n$ 阶段当资源量为 $s_n$、活动 $A$ 投入的资源量为 $x_n$、活动 $B$ 投入的资源量为 $s_n - x_n$ 时所获得的收益；而过程指标函数是阶段指标函数和的形式。用 $f_n(s_n)$ 表示最优指标函数，即第 $n$ 阶段初，当资源量为 $s_n$ 时从第 $n$ 阶段至第 $N$ 阶段末所获得的最大总收益。在此基础上，可写出该问题的动态规划基本方程为：

$$\begin{cases} f_n(s_n) = \max_{0 \leqslant x_n \leqslant s_n} \{g(x_n) + h(s_n - x_n) + f_{n+1}(s_{n+1})\} & (n = N, N-1, \cdots, 1) \\ f_{N+1}(s_{N+1}) = 0 \end{cases}$$

从最后一个阶段开始，采用逆序解法逐步计算出 $f_N(s_N), \cdots, f_2(s_2), f_1(s_1)$，最后求出的 $f_1(s_1)$ 为所求问题的最大总收益；再按计算过程反推算，即可得到每阶段的最优分配方案。

下面针对阶段指标函数 $g(x_a)$ 和 $h(x_b)$ 都是线性的情况，对该问题进行求解。假设 $g(x_a) = cx_a$ 和 $h(x_b) = dx_b$，活动 $A$ 的收益率高于活动 $B$，$c > d > 0$。一般地，高收益率对应低回报率，因此假设资源回收率 $0 < a < b < 1$。

采用逆序解法从最后一个阶段逐步向前逆推计算。在第 $N$ 阶段，

$$\begin{aligned} f_N(s_N) &= \max_{0 \leqslant x_N \leqslant s_N} \{cx_N + d(s_N - x_N)\} \\ &= \max_{0 \leqslant x_N \leqslant s_N} \{(c-d)x_N + ds_N\} \end{aligned}$$

因为 $c > d$，故 $x_N^* = s_N$，即在最后一个阶段将全部资源投入高收益率的活动 $A$，这时有 $f_N(s_N) = cs_N$。

在第 $N-1$ 阶段，

$$\begin{aligned} f_{N-1}(s_{N-1}) &= \max_{0 \leqslant x_{N-1} \leqslant s_{N-1}} \{cx_{N-1} + d(s_{N-1} - x_{N-1}) + f_N(s_N)\} \\ &= \max_{0 \leqslant x_{N-1} \leqslant s_{N-1}} \{cx_{N-1} + d(s_{N-1} - x_{N-1}) + cs_N\} \\ &= \max_{0 \leqslant x_{N-1} \leqslant s_{N-1}} \{cx_{N-1} + d(s_{N-1} - x_{N-1}) + c[ax_{N-1} + b(s_{N-1} - x_{N-1})]\} \\ &= \max_{0 \leqslant x_{N-1} \leqslant s_{N-1}} \{[(c-d) - c(b-a)]x_{N-1} + (d + bc)s_{N-1}\} \end{aligned}$$

因此，当 $c - d > c(b-a)$ 时，$x_{N-1}^* = s_{N-1}$，即在第 $N-1$ 阶段将全部资源投入高收益率的活动 $A$，这时有 $f_{N-1}(s_{N-1}) = c(1+a)s_{N-1}$；否则，当 $c - d < c(b-a)$ 时，$x_{N-1}^* = 0$，即在第 $N-1$ 阶段将全部资源投入低收益率的活动 $B$，这时有 $f_{N-1}(s_{N-1}) = (d + bc)s_{N-1}$。

类似的，在第 $N-2$ 阶段，

$$\begin{aligned} f_{N-2}(s_{N-2}) &= \max_{0 \leqslant x_{N-2} \leqslant s_{N-2}} \{cx_{N-2} + d(s_{N-2} - x_{N-2}) + f_{N-1}(s_{N-1})\} \\ &= \max_{0 \leqslant x_{N-2} \leqslant s_{N-2}} \{cx_{N-2} + d(s_{N-2} - x_{N-2}) + c(1+a)s_{N-1}\} \\ &= \max_{0 \leqslant x_{N-2} \leqslant s_{N-2}} \{cx_{N-2} + d(s_{N-2} - x_{N-2}) + c(1+a)[ax_{N-2} + b(s_{N-2} - x_{N-2})]\} \\ &= \max_{0 \leqslant x_{N-2} \leqslant s_{N-2}} \{[(c-d) - c(1+a)(b-a)]x_{N-2} + [d + bc(1+a)]s_{N-2}\} \end{aligned}$$

因此，当 $c - d > c(1+a)(b-a)$ 时，$x_{N-2}^* = s_{N-2}$，即在第 $N-2$ 阶段将全部资源投入高收益率的活动 $A$，这时有 $f_{N-2}(s_{N-2}) = c(1 + a + a^2)s_{N-2}$；否则，当 $c - d < c(1+a)(b-a)$ 时，$x_{N-2}^* = 0$，即在第 $N-2$ 阶段将全部资源投入低收益率的活动 $B$，这时有 $f_{N-2}(s_{N-2}) = (d + bc(1+a))s_{N-2}$。

由于 $c-d>c(1+a)(b-a)$ 成立时，有 $c-d>c(b-a)$ ，所以当第 $N-2$ 阶段将全部资源投入高收益率的活动 $A$ 时，第 $N-1$ 阶段、第 $N$ 阶段的最优决策也为将全部资源投入高收益率的活动 $A$ 。

依此类推，可以得到该资源动态投放问题的最优分配方案，即当阶段 $n$ 满足以下条件时，

$$\begin{cases} c-d > (1+a+a^2+\cdots+a^{N-(n+1)})(b-a) \\ c-d < (1+a+a^2+\cdots+a^{N-n})(b-a) \end{cases}$$

全部资源投入高收益率的活动 $A$ ，在此阶段之前，全部资源投入低收益率的活动 $B$ 。

### 3. 多维资源分配问题

前面所研究的资源分配问题仅涉及一种资源，称为一维资源分配问题。有时，可能还会遇到同时给多项活动分配多种资源的情况。下面以同时向多项活动分配两种资源为例，介绍如何建立这类问题的动态规划模型。

二维资源分配问题的一般提法是：现有总量分别为 $M_1$ 和 $M_2$ 的两种资源，准备分配给 $N$ 项活动。已知当分配给第 $n$ 项活动的两种资源量分别为 $x_n$ 和 $y_n(n=1,2,\cdots,N)$ 时，从第 $n$ 项活动中可获得的收益为 $r_n(x_n,y_n)$ 。请问应如何分配这两种资源以使总收益达到最大？

当用动态规划方法处理该问题时，与前面求解一维资源分配问题的方法类似。首先，将给每一项活动分配资源量作为一个阶段，$N$ 项活动构成 $N$ 个阶段，阶段变量 $n=1,2,\cdots,N$。因为投放两种资源，所以状态变量和决策变量都要取二维的。设 $(s_n,t_n)$ 为状态变量，它表示第 $n$ 阶段初拥有的两种资源的数量，即从第 $n$ 阶段到第 $N$ 阶段末对 $N-n$ 种资源可进行分配的两种资源的数量，$0 \leqslant s_n \leqslant M_1$，$s_1=M_1$；$0 \leqslant t_n \leqslant M_2$，$t_1=M_2$；$(x_n,y_n)$ 为决策变量，它表示第 $n$ 阶段分配给第 $n$ 项活动的两种资源的数量，$0 \leqslant x_n \leqslant s_n$，$0 \leqslant y_n \leqslant t_n$。相应的，状态转移方程也有两个，$s_{n+1}=s_n-x_n$ 和 $t_{n+1}=t_n-y_n$，它们分别表示第 $n$ 阶段初，当两种资源的数量为 $s_n$ 和 $t_n$、分配给第 $n$ 项活动的资源量为 $x_n$ 和 $y_n$ 时，下阶段初两种资源的数量。设 $r(x_n,y_n)$ 为阶段指标函数，过程指标函数为阶段指标函数和的形式。用 $f_n(s_n,t_n)$ 表示最优指标函数，表示第 $n$ 阶段初可分配的第一种资源量为 $s_n$、第二种资源量为 $t_n$，分配给第 $n$ 项活动至第 $N$ 项活动时所能获得的最大总收益。由此，可写出该问题的动态规划基本方程为：

$$\begin{cases} f_n(s_n,t_n) = \max_{\substack{0 \leqslant x_n \leqslant s_n \\ 0 \leqslant y_n \leqslant t_n}} \{r(x_n,y_n)+f_{n+1}(s_{n+1},t_{n+1})\} \quad (n=N,N-1,\cdots,1) \\ f_{N+1}(s_{N+1},t_{N+1})=0 \end{cases}$$

从最后一个阶段开始，采用逆序解法逐步计算出 $f_N(s_N,t_N),\cdots,f_2(s_2,t_2),f_1(s_1,t_1)$ ，最后求得的 $f_1(s_1,t_1)$ 为所求问题的最大总收益；再按计算过程反推算，就可以得到该问题的最优分配方案。

在实际问题中，由于 $r(x,y)$ 的复杂性以及状态变量和决策变量维数的增加导致较难计算。因此，常采用拉格朗日乘数法、逐次逼近法、粗格子点法（疏密法）对决策变量进行降维和简化处理，以求得它的解或近似解。

## ➤ 4.3.2 背包问题

问题的名称来源于一个徒步旅行者需要携带多种物品，各种物品的重量不同，产生的价值也不相同，他必须决定要在背包里携带哪些物品以使得产生的总价值最大。

背包问题的一般提法是：假设背包可携带物品的总重量为 $W$ 公斤。现有 $N$ 种物品可供他

选择,已知第 $n$ 种物品每件重量为 $w_n$ 公斤,其价值是携带数量 $x_n$ 的函数 $r_n(x_n)$,$n=1,2,\cdots,$ $N$。试问旅行者应如何选择携带物品种类和数量以使物品产生的总价值最大?

下面利用动态规划方法对此问题进行求解。首先,可按物品的选择过程来划分阶段,每装入一种物品看作一个阶段,共有 $N$ 种物品,故该问题可描述为一个 $N$ 阶段决策过程问题,$n=$ $1,2,\cdots,N$。设 $s_n$ 为状态变量,它表示第 $n$ 阶段开始时,背包中允许装入的第 $n$ 种物品至第 $N$ 种物品的总重量,$0\leqslant s_n\leqslant W$,$s_1=W$;$x_n$ 为决策变量,它表示第 $n$ 种物品的携带数量,$0\leqslant x_n\leqslant$ $\left[\dfrac{s_n}{w_n}\right]$,决策变量取整数;状态转移方程 $s_{n+1}=s_n-x_n w_n$,它表示第 $n$ 阶段初,当允许装入第 $n$ 种物品的总重量为 $s_n$、决定携带 $x_n$ 件第 $n$ 种物品时,第 $n+1$ 阶段初允许装入第 $n+1$ 种物品的总重量为 $s_{n+1}$;$r_n(x_n)$ 为阶段指标函数,它表示第 $n$ 种物品携带 $x_n$ 件时所产生的价值;过程指标函数为阶段指标函数和的形式。用 $f_n(s_n)$ 表示最优指标函数,即当背包中允许装入的第 $n$ 种物品至第 $N$ 种物品的总重量为 $s_n$ 时,携带第 $n$ 种物品至第 $N$ 种物品所产生的最大价值。由此,建立该问题的动态规划基本方程为:

$$\begin{cases} f_n(s_n)=\max\limits_{0\leqslant x_n\leqslant\lceil s_n/w_n\rceil}\{r(x_n)+f_{n+1}(s_{n+1})\} & (n=N,N-1,\cdots,1) \\ f_{N+1}(s_{N+1})=0 \end{cases}$$

从最后一个阶段开始,采用逆序解法逐步计算出 $f_N(s_N),\cdots,f_2(s_2),f_1(s_1)$,最后得到的 $f_1(s_1)$ 为所要求得的最大总价值;再按计算过程反推算,得到的 $x_1^*(s_1),x_2^*(s_2),\cdots,$ $x_N^*(s_N)$,即为相应的最优携带方案。

下面通过一个例题来看一下有关背包问题的建模和求解。

**例 4 - 4** 现用一辆最大货运量为 10 吨的大卡车装载 3 种货物,已知每种货物的单位重量以及单位价值如表 4 - 6 所示。请问如何装载可使获得的总价值最大?

表 4 - 6 每种货物的单位重量和单位价值表

| 货物编号($n$) | 1 | 2 | 3 |
|---|---|---|---|
| 单位重量($w_n$) | 2 | 4 | 3 |
| 单位价值($d_n$) | 4 | 5 | 5 |

解:这是一个 3 阶段决策过程问题,$n=1,2,$ 3。设 $s_n$ 为状态变量,它表示可分配给第 $n$ 种至第 3 种货物的货运量,$s_1=10$;$x_n$ 为决策变量,它表示分配给第 $n$ 种货物的货运量,$0\leqslant x_n\leqslant\left[\dfrac{s_n}{w_n}\right]$;状态转移方程 $s_{n+1}=s_n-x_n w_n$;阶段指标函数 $r_n(x_n)=x_n d_n$。用 $f_n(s_n)$ 表示最优指标函数,由此可建立该问题的动态规划基本方程为:

$$\begin{cases} f_n(s_n)=\max\limits_{0\leqslant x_n\leqslant\lceil s_n/w_n\rceil}\{r_n(x_n)+f_{n+1}(s_{n+1})\} & (n=1,2,3) \\ f_4(s_4)=0 \end{cases}$$

采用逆序解法,从最后一个阶段开始逐步向前逆推。

阶段 3,设可分配给货物 3 的最大货运量为 $s_3$ 吨,这是最后一个阶段,故全部装上货物 3,具体见表 4 - 7。

表 4 - 7

| $s_3$ | 0 | 1 | 2 | 3 | 4 | 5 | 6 | 7 | 8 | 9 | 10 |
|---|---|---|---|---|---|---|---|---|---|---|---|
| $x_3^*$ | 0 | 0 | 0 | 1 | 1 | 1 | 2 | 2 | 2 | 3 | 3 |
| $f_3(s_3)$ | 0 | 0 | 0 | 5 | 5 | 5 | 10 | 10 | 10 | 15 | 15 |

阶段 2，设可分配给货物 2 的最大货运量为 $s_2$ 吨。若装载 $x_2$ 件货物 2，产生的价值为 $r_2(x_2)=x_2d_2$；余下可分配的货物量 $s_2-x_2w_2$ 分配给货物 3，这时产生的最大价值为 $f_3(s_2-x_2d_2)$。其数值计算过程见表 4-8。

表 4-8

| $s_2$ | 0 | 1 | 2 | 3 | 4 | 5 | 6 | 7 | 8 | 9 | 10 |
|---|---|---|---|---|---|---|---|---|---|---|---|
| $x_2$ | 0 | 0 | 0 | 0 | 0　1 | 0　1 | 0　1 | 0　1 | 0　1　2 | 0　1　2 | 0　1　2 |
| $r_2(x_2)+f_3(s_3)$ | 0 | 0 | 0 | 5 | 5　5 | 5　5 | 5　10 | 5　10 | 5　10　10 | 15　10　10 | 15　10　10 |
| $f_2(s_2)$ | 0 | 0 | 0 | 5 | 5 | 5 | 10 | 10 | 10 | 15 | 15 |
| $x_2^*$ | 0 | 0 | 0 | 0 | 0,1 | 0,1 | 0 | 0 | 0,1,2 | 0 | 0 |

阶段 1，可分配给货物 1 的最大货运量为 $s_1$，$s_1=10$。若装载 $x_1$ 件货物 1，产生的价值为 $r_1(x_1)=x_1d_1$；余下可分配的货物量 $10-x_1w_1$ 分配给货物 2 和 3，这时产生的最大价值为 $f_2(10-x_1d_1)$。其数值计算过程见表 4-9。

表 4-9

| $s_1$ | | | 10 | | | |
|---|---|---|---|---|---|---|
| $x_1$ | 0 | 1 | 2 | 3 | 4 | 5 |
| $r_1(x_1)+f_2(s_2)$ | 15 | 14 | 18 | 17 | 16 | 20 |
| $f_1(s_1)$ | | | 20 | | | |
| $x_1^*$ | | | 5 | | | |

最后得到的 $f_1(s_1)=20$ 为合理装载 3 种货物可获得的最大价值；再按计算过程反推，可得到最优分配方案，$x_1^*=5$，$x_2^*=x_3^*=0$，即装载 5 件货物 1，货物 2 和 3 不装。

### ➢ 4.3.3　生产与库存问题

在生产和经营管理中，经常会遇到安排生产量的问题，既不能生产太少，无法满足消费者的需求，也不能生产太多，增加商品的库存成本。因此，正确制定生产计划，确定不同时期的生产量和库存量，以使总的生产成本和库存费用之和最小，就是生产与存贮管理中所要考虑的问题。

生产与库存问题的一般提法是：假设某公司对某产品要制定一项 $N$ 阶段的生产计划，$n=1,2,\cdots,N$。已知生产的固定成本为 $K$，单位产品的生产成本为 $L$，每阶段的最大生产能力为 $B$。用 $c(x_n)$ 表示第 $n$ 阶段生产 $x_n$ 件产品时需要的生产费用，即

$$c(x_n)=\begin{cases}0 & x_n=0\\ K+Lx_n & x_n=1,2,\cdots,B\\ \infty & x_n>B\end{cases}$$

根据历史数据，每阶段的市场需求量是已知的，用 $d_n$ 表示第 $n$ 阶段的市场需求量。假设产品的生产时间很短，每阶段的销售量等于本阶段的库存量与生产量之和。若产品库存量满足本阶段需求后有剩余，那么要将产品进行存贮，已知单位产品每阶段库存费用为 $h$。假设产品的初始库存量为 $s_1$，库存容量有限制，上限为 $M$。现要求公司提供的产品需保证市场需求，且在第 $N$ 阶段末产品库存量为零。请问应如何安排各阶段的生产计划以使 $N$ 阶段的生产费用与库存

费用之和最小?

用动态规划方法求解该问题,根据时间划分阶段,可将它看作为一个 $N$ 阶段决策过程问题,$n = 1,2,\cdots,N$。设 $s_n$ 为状态变量,它表示第 $n$ 阶段初的产品库存量。由于状态可能集会影响最优生产计划的制定,因而先确定每个阶段的状态可能集。由于最大库存量为 $M$,故 $s_n \leqslant M$;又要求期末库存为零,故第 $n$ 阶段的产品库存量不得超过第 $n$ 阶段至第 $N$ 阶段的需求量之和,即 $s_n \leqslant \sum\limits_{i=n}^{N} d_i$。于是,每阶段的状态可能集为 $0 \leqslant s_n \leqslant \min\left\{ M, \sum\limits_{i=n}^{N} d_i \right\}$。初始库存已知,计划阶段末库存 $s_{N+1} = 0$。

设 $x_n$ 为决策变量,它表示第 $n$ 阶段的生产量。同样的,有必要定义每个阶段的允许决策集。已知最大生产能力为 $B$,故 $x_n \leqslant B$;又知最大库存量不能超过 $M$,所以 $s_n + x_n - d_n \leqslant M$,即 $x_n \leqslant M + d_n - s_n$;因为要求满足本阶段的需求,故 $s_n + x_n \geqslant d_n$,即 $x_n \geqslant d_n - s_n$;又因为要求期末库存为零,故第 $n$ 阶段的产品销售量不得超过第 $n$ 阶段至第 $N$ 阶段的需求量之和,$s_n + x_n \leqslant \sum\limits_{i=n}^{N} d_i$,即 $x_n \leqslant \sum\limits_{i=n}^{N} d_i - s_n$。因此,$x_n$ 满足 $\max\{0, d_n - s_n\} \leqslant x_n \leqslant \min\left\{ B, M + d_n - s_n, \sum\limits_{i=n}^{N} d_i - s_n \right\}$。

状态转移方程为 $s_{n+1} = s_n + x_n - d_n$,它表示下阶段的库存量为本阶段可销售量(库存量与生产量之和)与需求量之差。

$r_n(s_n, x_n)$ 为阶段指标函数,它表示本阶段所产生的生产费用和库存费用之和,即

$$r_n(s_n, x_n) = \begin{cases} h(s_n - d_n) & x_n = 0 \\ K + L x_n + h(s_n + x_n - d_n) & x_n = 1,2,\cdots,B \end{cases}$$

过程指标函数为阶段指标函数和的形式。用 $f_n(s_n)$ 表示最优指标函数,即当第 $n$ 阶段初库存量为 $s_n$ 时,第 $N$ 阶段末所产生的最小总费用。由此,可写出动态规划基本方程为:

$$\begin{cases} f_n(s_n) = \max\limits_{0 \leqslant x_n \leqslant D_n(s_n)} \{ r(s_n, x_n) + f_{n+1}(s_{n+1}) \} & (n = N, N-1, \cdots, 1) \\ f_{N+1}(s_{N+1}) = 0 \end{cases}$$

从最后一个阶段开始,采用逆序解法逐步计算出 $f_N(s_N), \cdots, f_2(s_2), f_1(s_1)$,最后求得的 $f_1(s_1)$ 为所求得的最小总费用;再按计算顺序反推算,可得到每个阶段的最优生产决策为 $x_1^*(s_1), x_2^*(s_2), \cdots, x_N^*(s_N)$。

**例 4-5** 某工厂生产并销售某种产品,现要求为该种产品制定未来三个月的生产计划。根据历史数据,预测未来三个月的市场需求量分别为 3、4、3 件。该厂生产每批产品的固定成本为 8(千元),单位产品的生产成本为 2(千元),单位产品每月的库存费用为 1(千元)。又知该厂每个月的最大生产能力为 6 件,最大库存量为 4 件。初始库存为 1 件,要求计划期末的库存为零。请问应如何安排这 3 个月的生产计划以在满足市场需求的条件下使总费用最小?假设生产时间很短,第 $k$ 个月的可销售量是本月初库存量与产量之和;第 $k$ 个月的库存量是第 $k$ 个月的可销售量与该月用户需求量之差。

**解**:在第 3 阶段,本月需求为 3 件,要求月末零库存,所以 $s_3$ 的取值只能是 $\{0,1,2,3\}$,它所对应的决策 $x_3^*$ 为 $\{3,2,1,0\}$。具体计算过程见表 4-10。

在第 2 阶段,由前面的分析知,$s_2$ 的取值范围为 $\{0, 1,2,3,4\}$,然后分析决策变量 $x_2$ 的允许决策集。为满足

表 4-10

| $s_3$ | 0 | 1 | 2 | 3 |
|---|---|---|---|---|
| $x_3^*(s_3)$ | 3 | 2 | 1 | 0 |
| $f_3(s_3)$ | 14 | 13 | 12 | 3 |

本月需求，要求 $s_2+x_2 \geqslant d_2$，即 $x_2 \geqslant d_2-s_2=4-s_2$。为保证期末库存为零，要求 $s_2+x_2-d_2-d_3 \leqslant 0$，即 $x_2 \leqslant d_2+d_3-s_2=7-s_2$。另外，$x_2$ 受最大库存量 4 的限制，即 $s_2+x_2-d_2 \leqslant 4$，$x_2 \leqslant 4+d_2-s_2=8-s_2$；$x_2$ 还受最大生产能力的限制，即 $x_2 \leqslant 6$。于是，$x_2$ 允许决策集为 $\max\{0,4-s_2\} \leqslant x_2 \leqslant \min\{6,7-s_2,8-s_2\}$。

当 $s_2=0$ 时，$4 \leqslant x_2 \leqslant 6$。因此，

$$f_2(s_2) = \min_{4 \leqslant x_2 \leqslant 6}\{r(s_2,x_2)+f_3(s_2+x_2-d_2)\}$$

$$= \min \begin{cases} 8+8+0+14=30 & x_2=4 \\ 8+10+0+13=31 & x_2=5 \\ 8+12+0+12=32 & x_2=6 \end{cases} = 30$$

$$x_2^*(0)=4$$

当 $s_2=1$ 时，

$$f_2(s_2) = \min_{3 \leqslant x_2 \leqslant 6}\{r(s_2,x_2)+f_3(s_2+x_2-d_2)\}$$

$$= \min \begin{cases} 8+6+1+14=29 & x_2=3 \\ 8+8+1+13=30 & x_2=4 \\ 8+10+1+12=31 & x_2=5 \\ 8+12+1+3=24 & x_2=6 \end{cases} = 24$$

$$x_2^*(1)=6$$

同样，可以得到当 $s_2$ 分别取 $\{2,3,4\}$ 时，对应的最优指标函数值及最优决策，即

$$f_2(2)=23,x_2^*(2)=5$$
$$f_2(3)=22,x_2^*(3)=4$$
$$f_2(4)=21,x_2^*(4)=3$$

在第 1 阶段，已知初始库存为 1，即 $s_1=1$。为满足本月需求，要求 $s_1+x_1 \geqslant d_1$，即 $x_1 \geqslant d_1-s_1=2$。为保证期末库存为零，要求 $s_1+x_1-d_1-d_2-d_3 \leqslant 0$，即 $x_1 \leqslant d_1+d_2+d_3-s_1=9$。另外，$x_1$ 受最大库存量 4 的限制，即 $s_1+x_1-d_1 \leqslant 4$，$x_1 \leqslant 4+d_1-s_1=6$；$x_1$ 还受最大生产能力的限制，即 $x_1 \leqslant 6$。因此，$2 \leqslant x_1 \leqslant 6$。综上，

$$f_1(s_1) = \min_{2 \leqslant x_1 \leqslant 6}\{8+2x_1+s_1+f_2(s_1+x_1-d_1)\}$$
$$= \min_{2 \leqslant x_1 \leqslant 6}\{43,39,40,41,42\}=39$$
$$x_1^*(1)=3$$

最后得到的 $f_1(s_1)$ 为计划期内的最小费用 39 千元；再按计算过程反推算，可得到最优生产计划 $x_1^*=3$，$x_2^*=6$，$x_3^*=0$，即第 1 阶段生产 3 件产品，第 2 阶段生产 6 件产品，第 3 阶段不生产。

## 4.3.4 设备更新问题

企业中经常会遇到设备是继续使用还是更新的抉择问题。一般来说，设备比较新时，生产能力强，维修费用低；随着使用年限的增加，机器的生产能力降低，维修费用增加。如果设备进行更新，肯定可以提高生产能力，但是更新设备需支出一笔数额较大的购买费。于是，决策者常常面临如下问题：是更新设备以提高生产能力、降低维修成本呢，还是维修并继续使用原设

备以减少开支呢?

设备更新问题的一般提法是:考虑一个 $N$ 年的设备更新问题。用 $s_n$ 表示第 $n$ 年初设备已使用的年数,$\pi(s_n)$,$v(s_n)$ 和 $c(s_n)$ 分别表示当设备已使用的年数为 $s_n$ 时它的年收益、年维修费用和折旧现值。假设购买一台新设备的费用每年都是 $I$。要求管理者每年年初作出决策,是继续使用旧设备还是更换一台新设备,使 $N$ 年总收益达到最大。

每年为一个阶段,这是一个 $N$ 阶段决策过程问题,$n=1,2,\cdots,N$。设 $s_n$ 为状态变量,它表示第 $n$ 年初设备已使用过的年数;$x_n$ 为决策变量,它表示第 $n$ 年初管理者继续使用设备($K$),或者决定更新设备($R$),$x_n \in \{K,R\}$。

根据管理者的决策不同,状态转移方程也不同。当管理者决定继续使用设备时,下年初设备已使用过的年数加 1;当管理者决定更新设备时,下年初设备已使用过的年数为 1,即

$$s_{n+1} = \begin{cases} s_n+1 & x_n = K \\ 1 & x_n = R \end{cases}$$

设 $r(s_n,x_n)$ 为阶段指标函数,它表示第 $n$ 年初设备已使用过的年数为 $s_n$、管理者选择的决策为 $x_n$ 时本阶段所获得的净收益,即

$$r(s_n,x_n) = \begin{cases} \pi(s_n)-v(s_n) & x_n = K \\ \pi(0)-v(0)+c(s_n)-I & x_n = R \end{cases}$$

过程指标函数是阶段指标函数和的形式。设 $f_n(s_n)$ 为最优指标函数,它表示第 $n$ 年初设备已使用的年数为 $s_n$ 时到第 $N$ 年末所产生的的最大收益。由于设备在第 $N$ 阶段末的价值并不为零,因此,边界条件 $f_{N+1}(s_{N+1})=c(s_{N+1})$。由此,建立该问题的动态规划基本方程为:

$$\begin{cases} f_n(s_n) = \max\limits_{x_n \in \{K,R\}} \{r(s_n,x_n)+f_{n+1}(s_{n+1})\} & (n=N,N-1,\cdots,1) \\ f_{N+1}(s_{N+1}) = c(s_{N+1}) \end{cases}$$

从最后一个阶段开始,按照逆序解法逐步计算出 $f_N(s_N),\cdots,f_2(s_2),f_1(s_1)$,最后得到的 $f_1(s_1)$ 就是所求得的 $N$ 年最大总效益;再按计算过程反推,即可得到相应的最优策略 $x_1^*(s_1)$,$x_2^*(s_2),\cdots,x_N^*(s_N)$。

**例 4-6** 快乐农场已有一台使用了 1 年的割草机。已知新割草机带来的年收益为 8000 元,随后每年减少 5%;又知新割草机的维修费用为 1200 元,以后每年增加 20%;使用 1 年后割草机价值降为 1800 元,之后每年降低 10%。另外,现在购买一台新割草机需要 4000 元,以后价格每年上涨 10%。请为农场制定一个 4 年的割草机更新计划以使得获得的总收益达到最大。

**解**:根据时间划分阶段,该问题是一个 4 阶段决策过程问题。用 $s_n$ 表示第 $n$ 年初割草机已使用的年数,$n=1,2,3,4$,$s_1=1$;$x_n$ 表示第 $n$ 年初管理者对割草机的更新计划,其中 $x_n=K$ 表示继续使用原有割草机,$x_n=R$ 表示购买新割草机、且以折扣价出售原有割草机;$\pi(s_n)$,$v(s_n)$ 和 $c(s_n)$ 分别表示当割草机已使用的年数为 $s_n$ 时它的年收益、年维修费用和折旧现值。由题意知,$\pi(s_n)=8000(1-0.05)^{s_n}$,$v(s_n)=1200(1+0.2)^{s_n}$,$c(s_n)=1800(1-0.1)^{s_n-1}$。用 $I_n$ 表示购买一台新设备的费用,$I_n=4000(1+0.1)^{n-1}$。

当管理者决定继续使用割草机时,下年初割草机已使用过的年数加 1;当管理者决定更新割草机时,下年初割草机已使用过的年数为 1,即状态转移方程为:

$$s_{n+1} = \begin{cases} s_n+1 & x_n = K \\ 1 & x_n = R \end{cases}$$

设 $r(s_n, x_n)$ 为阶段指标函数,它表示第 $n$ 年初割草机已使用过的年数为 $s_n$、管理者选择的决策为 $x_n$ 时本阶段所获得的收益,即

$$r(s_n, x_n) = \begin{cases} \pi(s_n) - v(s_n) & x_n = K \\ \pi(0) - v(0) + c(s_n) - I_n & x_n = R \end{cases}$$

用 $f_n(s_n)$ 表示最优指标函数,即第 $n$ 年初割草机已使用的年数为 $s_n$ 时到第 4 年末所产生的最大收益。由此,建立该问题的动态规划基本方程为:

$$\begin{cases} f_n(s_n) = \max\limits_{x_n \in \{K, R\}} \{r(s_n, x_n) + f_{n+1}(s_{n+1})\} & (n = 4, 3, 2, 1) \\ f_5(s_5) = c(s_5) \end{cases}$$

采用逆序解法,从最后一个阶段开始由后向前逐步递推。第 4 阶段初,由题意可知,割草机使用的年数 $s_4$ 可能的取值为 $1, 2, 3, 4, 5$。当 $s_4 = 1$ 时,意味着第 4 年初割草机已使用了 1 年,如果采取决策 R,即对割草机进行更新时,本阶段获得的收益为 $r(s_4, R) = 8000 - 1200 + 1800 - 4000 \times (1 + 0.1)^3$,第 4 年年末时割草机已使用年数为 1;如果采取决策 K,即继续使用割草机时,本阶段获得的收益为 $r(s_4, K) = 8000 \times (1 - 0.05) - 1200 \times (1 + 0.2)$,而第 4 年年末时割草机已使用年数为 2。

由动态规划基本方程有,

$$f_4(1) = \max_{x_4 \in \{K, R\}} \{r(1, x_4) + f_5(s_5)\}$$

$$= \max \begin{cases} \pi(0) - v(0) + c(1) - I_4 + f_5(1) & x_4 = R \\ \pi(1) - v(1) + f_5(2) & x_4 = K \end{cases}$$

$$= \max \begin{cases} 8000 - 1200 + 1800 - 4000 \times (1 + 0.1)^3 + 1800 = 5076 & x_4 = R \\ 8000 \times (1 - 0.05) - 1200 \times (1 + 0.2) + 1800(1 - 0.1) = 7780 & x_4 = K \end{cases} \Bigg\} = 7780$$

对应的最优决策 $x_4^*(1) = K$。

类似的,当 $s_4 = 2, 3, 4, 5$ 时,有

$$f_4(2) = \max \begin{cases} 8000 - 1200 + 1800 \times (1 - 0.1) - 4000 \times (1 + 0.1)^3 + 1800 = 4896 & x_4 = R \\ 8000 \times (1 - 0.05)^2 - 1200 \times (1 + 0.2)^2 + 1800(1 - 0.1)^2 = 6950 & x_4 = K \end{cases} \Bigg\} = 6950$$

$$f_4(3) = \max \begin{cases} 8000 - 1200 + 1800 \times (1 - 0.1)^2 - 4000 \times (1 + 0.1)^3 + 1800 = 4734 & x_4 = R \\ 8000 \times (1 - 0.05)^3 - 1200 \times (1 + 0.2)^3 + 1800(1 - 0.1)^3 = 6097.6 & x_4 = K \end{cases} \Bigg\} = 6097.6$$

$$f_4(4) = \max \begin{cases} 8000 - 1200 + 1800 \times (1 - 0.1)^3 - 4000 \times (1 + 0.1)^3 + 1800 = 4588.2 & x_4 = R \\ 8000 \times (1 - 0.05)^4 - 1200 \times (1 + 0.2)^4 + 1800(1 - 0.1)^4 = 5208.71 & x_4 = K \end{cases} \Bigg\} = 5208.71$$

$$f_4(5) = \max \begin{cases} 8000 - 1200 + 1800 \times (1 - 0.1)^4 - 4000 \times (1 + 0.1)^3 + 1800 = 4456.98 & x_4 = R \\ 8000 \times (1 - 0.05)^5 - 1200 \times (1 + 0.2)^5 + 1800(1 - 0.1)^5 = 4267.15 & x_4 = K \end{cases} \Bigg\} = 4456.98$$

对应的最优决策分别为 $x_4^*(2) = x_4^*(3) = x_4^*(4) = K, x_4^*(5) = R$。

在第 3 阶段初,由题意知,割草机已使用年数 $s_3$ 可能取值为 $1, 2, 3, 4$。因此,

$$f_3(1) = \max_{x_3 \in \{K, R\}} \{r(1, x_3) + f_4(s_4)\}$$

$$= \max \begin{cases} \pi(0) - v(0) + c(1) - I_3 + f_4(1) & x_3 = R \\ \pi(1) - v(1) + f_4(2) & x_3 = K \end{cases}$$

$$= \max \begin{cases} 8000 - 1200 + 1800 - 4000 \times (1 + 0.1)^2 + 7780 = 11540 & x_3 = R \\ 8000 \times (1 - 0.05) - 1200 \times (1 + 0.2) + 6950 = 13110 & x_3 = K \end{cases} \Bigg\} = 13110$$

$$f_3(2) = \max \begin{cases} 8000 - 1200 + 1800 \times (1 - 0.1) - 4000 \times (1 + 0.1)^2 + 7780 = 11360 & x_3 = R \\ 8000 \times (1 - 0.05)^2 - 1200 \times (1 + 0.2)^2 + 6097.6 = 11589.6 & x_3 = K \end{cases} \Bigg\} = 11589.6$$

$$f_3(3) = \max \begin{cases} 8000 - 1200 + 1800 \times (1-0.1)^2 - 4000 \times (1+0.1)^2 + 7780 = 11198 & x_3 = R \\ 8000 \times (1-0.05)^3 - 1200 \times (1+0.2)^3 + 5208.71 = 9994.11 & x_3 = K \end{cases} = 11198$$

$$f_3(4) = \max \begin{cases} 8000 - 1200 + 1800 \times (1-0.1)^3 - 4000 \times (1+0.1)^2 + 7780 = 11052.2 & x_3 = R \\ 8000 \times (1-0.05)^4 - 1200 \times (1+0.2)^4 + 4456.98 = 8484.71 & x_3 = K \end{cases} = 11052.2$$

对应的最优决策分别为 $x_3^*(1) = x_3^*(2) = K, x_3^*(3) = x_4^*(4) = R$。

第 2 阶段初割草机已使用年数 $s_2$ 的可能取值为 $1,2,3$。所以，

$$f_2(1) = \max_{x_2 \in \{K,R\}} \{r(1,x_2) + f_3(s_3)\}$$

$$= \max \begin{cases} \pi(0) - v(0) + c(1) - I_2 + f_3(1) & x_2 = R \\ \pi(1) - v(1) + f_3(2) & x_2 = K \end{cases}$$

$$= \max \begin{cases} 8000 - 1200 + 1800 - 4000 \times (1+0.1) + 13110 = 17310 & x_2 = R \\ 8000 \times (1-0.05) - 1200 \times (1+0.2) + 11589.6 = 17749.6 & x_2 = K \end{cases} = 17749.6$$

$$f_2(2) = \max \begin{cases} 8000 - 1200 + 1800 \times (1+0.1) - 4000 \times (1+0.1) + 13110 = 17130 & x_2 = R \\ 8000 \times (1-0.05)^2 - 1200 \times (1+0.2)^2 + 11198 = 16690 & x_2 = K \end{cases} = 17130$$

$$f_2(3) = \max \begin{cases} 8000 - 1200 + 1800 \times (1+0.1)^2 - 4000 \times (1+0.1) + 13110 = 16968 & x_2 = R \\ 8000 \times (1-0.05)^3 - 1200 \times (1+0.2)^3 + 11052.2 = 15837.6 & x_2 = K \end{cases} = 16968$$

对应的最优决策分别为 $x_2^*(1) = K, x_2^*(2) = x_2^*(3) = R$。

在第 1 阶段，已知农场已有一台使用年数为 1 年的割草机，$s_1 = 1$。由动态规划基本方程有

$$f_1(1) = \max_{x_1 \in \{K,R\}} \{r(1,x_1) + f_2(s_2)\}$$

$$= \max \begin{cases} \pi(0) - v(0) + c(1) - I_2 + f_2(1) & x_1 = R \\ \pi(1) - v(1) + f_2(2) & x_1 = K \end{cases}$$

$$= \max \begin{cases} 8000 - 1200 + 1800 - 4000 + 17749.6 = 22349.6 & x_1 = R \\ 8000 \times (1-0.05) - 1200 \times (1+0.2) + 17130 = 23290 & x_1 = K \end{cases} = 23290$$

由此可知，当 $x_1^*(1) = K$ 时可获得最大收益，$f_1(1) = 23290$；再按计算过程反推之，可以得到最优更新策略，$x_1^*(1) = K, x_2^*(2) = R, x_3^*(1) = K, x_4^*(2) = K$，即第 1 年不购买新的割草机，第 2 年购买新的割草机，第 3 年与第 4 年均不购买新割草机。

## ➤ 4.3.5 雇用水平问题

在实际工作中，常会遇到有关雇用员工人数的优化问题。由于业务量的不确定性，使得公司每月的员工需求量不是一个常数，而且还会随公司业务量发生相应变化。从理论上讲，管理者可以通过招聘或解聘让每月雇用的员工数恰好等于所需要的员工数。然而，由于新员工很难雇到，并且培训费用高，所以管理者不会轻易在员工需求量少时裁员。与此同时，管理者也不会愿意雇用过多的员工，在不需要的时候还要支付他们薪水。这时，问题就出现了，公司究竟应雇用多少员工以使得员工总费用最低。

雇用水平问题的一般提法是：假设工程工期长度为 $N$ 个月，已知第 $n$ 个月需要的员工数为 $b_n$。每位员工的月薪为 $C_1$ 元；新雇佣一名员工的固定费用是 $K$ 元，每人月薪 $C_2$ 元；解雇一名员工，需一次性支付 $C_3$ 元。为顺利完成整个工程，请问应如何安排员工数以使得员工费用最低？

按时间进程划分阶段，这是一个 $N$ 阶段决策过程问题。设 $s_n$ 为状态变量，它表示第 $n$ 阶段初公司拥有的员工数；$x_n$ 为决策变量，它表示第 $n$ 阶段招聘或解聘的员工数，$x_n$ 取整数。若管理

者决定保持员工数不变，$x_n = 0$；若管理者决定招聘员工，$x_n > 0$；若管理者决定解聘员工，$x_n < 0$。由此可知，状态转移方程为 $s_{n+1} = s_n + x_n$。

$r(s_n, x_n)$ 为阶段指标函数，它表示第 $n$ 阶段公司需要支付的员工费用，包括老员工的薪水、新雇用员工的费用以及解雇老员工的费用，即

$$r(s_n, x_n) = C_1 s_n + (K + C_2) \cdot \max\{0, x_n\} - C_3 \cdot \min\{0, x_n\}$$

过程指标函数是阶段指标函数和的形式。设 $f_n(s_n)$ 为最优指标函数，它表示第 $n$ 阶段初拥有员工数为 $s_n$ 时，第 $n$ 阶段初至第 $N$ 阶段末公司支付的最低员工费用。由此可知，该问题的动态规划基本方程为：

$$\begin{cases} f_n(s_n) = \min_{x_n}\{r(s_n, x_n) + f_{n+1}(s_{n+1})\} & (n = N, N-1, \cdots, 1) \\ f_{N+1}(s_{N+1}) = 0 \end{cases}$$

从最后一个阶段开始，采用逆序解法逐步计算出 $f_N(s_N), \cdots, f_2(s_2), f_1(s_1)$，最后得到的 $f_1(s_1)$ 为计划期内的最低员工费用；再按计算过程反推算，即可得到最优雇用方案。下面通过一个例题来看一下有关雇用水平问题的具体建模和求解。

**例 4-7** 某外包服务商根据历史数据估计未来 5 个月每月所需员工数分别为 24、30、32、22、26。已知每位员工每月的薪水为 2000 元；新雇用一名员工需要进行培训，固定费用为 800 元，新员工有 1 个月的试用期，薪水为 1500 元；而解聘一名员工需要支付一个月的工资 2000 元。请问管理者应如何制定雇用计划以使未来 5 个月的员工费用最低？

**解**：采用逆序解法，从最后一个阶段开始向前逆推计算。容易知道，状态变量的取值应在 $\{22, 24, 26, 30, 32\}$ 上。

阶段 5，设有 $s_5$ 员工，本阶段需要 26 名员工。若现在拥有的员工数不足 26 时，需要雇佣 $26 - s_5$ 名员工以满足需求；若超过 26 名员工，可以解雇多余员工，也可以不雇佣不解雇。由题意知，至第 5 个月末，这两种方式产生的费用是一样的。由于第 3 个月需要 32 名员工，第 4 个月需要 22 名员工，因而在满足员工需求数量的条件下，

表 4-11

| $s_5$ | 22 | 26 |
|---|---|---|
| $x_5^*$ | 4 | 0 |
| $f_5(s_5)$ | 53200 | 52000 |

本月初员工数为 22 或 26 时产生的员工费用一定不高于员工数取其他值的情况，其具体数值计算见表 4-11。

阶段 4，设有 $s_4$ 名员工，本月需要 22 名员工。由于第 3 个月需要 32 名员工数，这是未来 5 个月需要的最大月员工数量；又知管理者的目的是员工费用最小，故管理者雇佣的员工数量不会超过 32。综上可知，本月初员工数一定是 32。结合第 4、5 月的需求，本阶段的最优决策应在解雇 10 名或 6 名员工中选其一。其数值计算见表 4-12。

表 4-12

| $s_4$ | 32 | |
|---|---|---|
| $x_4$ | −10 | −6 |
| $r_4(s_4, x_4) + f_4(s_4 + x_4)$ | 117200 | 116000 |
| $f_4(s_4)$ | 116000 | |
| $x_4^*$ | −6 | |

阶段3，设有 $s_3$ 名员工，本月需要32名员工。根据第2个月需要的员工数30名，可知 $s_3$ 的取值只可能是30或32，相应的决策分别是雇佣2名员工和不雇佣员工。其数值计算见表4-13。

表 4-13

| $s_3$ | 30 | 32 |
|---|---|---|
| $x_3^*$ | 2 | 0 |
| $f_3(s_3)$ | 180600 | 18000 |

阶段2，设有 $s_2$ 名员工，本月需要30名员工。根据第1、2、和3月的员工需求量可知，本月初员工数可能的取值为24、30和32，这时产生的员工总费用一定不会高于员工数为其他值时所产生的。结合未来3个月需要的员工数，当现阶段拥有的员工数不足30时，雇佣 $30-s_2$ 或 $32-s_2$ 名员工；当拥有的员工数超过30时，可选择不解雇员工或解雇 $s_2-30$ 名员工。这时，产生的费用是 $r_2(s_2,x_2)$；剩余的 $s_2+x_2$ 名员工从下月起至第5个月末产生的最小费用是 $f_3(s_2+x_2)$。其数值计算见表4-14。

表 4-14

| $s_2$ | 24 | | 30 | | 32 | |
|---|---|---|---|---|---|---|
| $x_2$ | 6 | 8 | 0 | 2 | -2 | 0 |
| $r_2(s_2,x_2)+f_3(s_2+x_2)$ | 242400 | 246400 | 240600 | 244600 | 244600 | 244000 |
| $f_2(s_2)$ | 242400 | | 240600 | | 244000 | |
| $x_2^*$ | 6 | | 0 | | 0 | |

阶段1，假设 $s_1=0$，本阶段需要24名员工。结合未来5个月需要的员工数，本阶段的允许决策集为 $\{22,24,26,30,32\}$；但是，由题意知，第3个月员工需求量达到最大，也就是说，前3个月主要面临雇佣多少员工的问题，在第3个月员工需求量达到最大，随后2个月将面临解雇多少员工的问题。这时，产生的费用是 $r_1(s_1,x_1)$；已知剩余的 $x_1$ 名员工从下月起至第5个月末产生的最小费用是 $f_2(x_1)$。其数值计算见表4-15。

表 4-15

| $s_1$ | 0 | | |
|---|---|---|---|
| $x_1$ | 24 | 30 | 32 |
| $r_1(0,x_1)+f_2(x_1)$ | 2976 | 3096 | 3176 |
| $f_1(s_1)$ | 2976 | | |
| $x_1^*$ | 24 | | |

最后得到的 $f_1(s_1)$ 为未来5个月所需员工的最小费用297600元。再按计算过程反推，即可得到最优的雇用计划，$x_1^*=24$，$x_2^*=6$，$x_3^*=2$，$x_4^*=-6$，$x_5^*=0$，具体见表4-16。

表 4-16

| 月份 | 需求人数 | 实际雇用人数 | 方案 |
|---|---|---|---|
| 1 | 24 | 24 | 雇用24名员工 |
| 2 | 30 | 30 | 再雇用6名员工 |
| 3 | 32 | 32 | 再雇用2名员工 |
| 4 | 22 | 26 | 解雇6名员工 |
| 5 | 26 | 26 | 保持不变 |

### ➤ 4.3.6 复杂系统工作可靠性问题

若某种机器的工作系统由 $N$ 个部件串联组成,我们知道,只要有一个部件出现故障,整个系统就不能正常工作了。为了提高系统工作的可靠性,即系统正常工作的概率,在每个部件上均装有备用件,并设计了备用元件自动投入装置。一旦原部件出现故障,备用件自动切换进入系统。显然,备用件安装的越多,整个系统正常工作的概率也就越大,即系统工作可靠性越高。但同时也会引发另一个问题,备用件安装的越多,系统的成本、重量、体积等会相应增大,甚至超出负荷。所谓系统可靠性问题,指在一定条件下,合理配置各部件的备用件使整个系统正常工作的概率达到最大。

复杂系统可靠性问题的一般提法是:假设该系统由 $N$ 个部件串联而成,$n = 1, 2, \cdots, N$。为了提高系统的可靠性,工作者给每个部件安装了备用件。已知部件 $n$ 上单位备用元件的费用为 $c_n$,重量为 $w_n$。若给部件 $n$ 上装 $x_n$ 个备用元件,该部件正常工作的概率为 $p_n(x_n)$。于是,整个系统的可靠性,即系统正常工作的概率,可记为 $P = \prod_{n=1}^{N} p_n(x_n)$。如果要求为整个系统安装备用元件的总费用不得超过 $C$,系统总重量不得超过 $W$,请问应如何配置各部件的备用件以使系统工作可靠性最高?

将给每个部件配置备用件视作一个阶段,那么,这是一个 $N$ 阶段决策过程问题,$n = 1, 2, \cdots, N$。由题意知,该问题有两个约束条件,一个是对安装备用件费用的约束,一个是对系统重量的约束,因此,在动态规划模型里取二维状态变量。设 $(s_n, t_n)$ 为状态变量,它们分别表示第 $n$ 阶段初,给部件 $n$ 配置备用元件时容许使用的总费用及总重量,由条件可知,$0 \leqslant s_n \leqslant C, s_1 = C; 0 \leqslant t_n \leqslant W, t_1 = W$。$x_n$ 为决策变量,它表示给部件 $n$ 配置的备用件件数,$0 \leqslant x_n \leqslant \min\left\{\left[\dfrac{s_n}{c_n}\right], \left[\dfrac{t_n}{w_n}\right]\right\}$,$x_n$ 为整数。与二维状态变量对应,状态转移方程分别为 $s_{n+1} = s_n - x_n c_n$ 和 $t_{n+1} = t_n - x_n w_n$。$p_n(x_n)$ 为阶段指标函数,它表示给部件 $n$ 配置 $x_n$ 个备用件后该部件正常工作的概率。由题意知,过程指标函数是阶段指标函数连乘的形式。

设 $f_n(s_n, t_n)$ 为最优指标函数,它表示给部件 $n$ 至部件 $N$ 配置备用元件时容许使用的总费用为 $s_n$、总重量为 $t_n$ 时,由部件 $n$ 到部件 $N$ 组成的系统正常工作的最大概率值。由此可以写出该问题的动态规划基本方程为:

$$\begin{cases} f_n(s_n, t_n) = \max_{0 \leqslant x_n \leqslant \min\{[s_n/c_n], [t_n/w_n]\}} \{p_n(x_n) \cdot f_{n+1}(s_{n+1}, t_{n+1})\} & (n = N, N-1, \cdots, 1) \\ f_{N+1}(s_{N+1}, t_{N+1}) = 1 \end{cases}$$

最后求出的 $f_1(s_1, t_1)$ 即为整个系统工作的最大可靠性。需要注意的是,当过程指标函数是阶段指标函数连乘的形式时,边界条件为 1,而不是 0。

下面一个例子虽不属于复杂系统可靠性问题,但它的结构和复杂系统可靠性问题的结构相似,进而可用相同的方法构造问题的动态规划基本方程。

**例 4-8** 政府正在组织科学家进行某项工程问题的研究。目前,三个科研小组正在尝试三种不同的研究方法来解决这个问题。据估计,三个小组获得成功的概率分别为 0.6、0.4 和 0.2。为了提高该项目成功的概率,政府又分配了 2 名顶级科学家进入到该项目中。表 4-17 给出了委派 0 名、1 名或 2 名科学家进入到小组后,预计各科研小组会成功的概率。请问应如何分配这 2 名科学家使得该项目成功的概率达到最大?

表 4 - 17

| 成功概率 新科学家 | 小组 | | |
|---|---|---|---|
| | 1 | 2 | 3 |
| 0 | 0.6 | 0.4 | 0.2 |
| 1 | 0.8 | 0.6 | 0.5 |
| 2 | 0.9 | 0.8 | 0.7 |

解:采用逆序解法,从最后一个阶段开始向前逆推计算。

阶段 3,设有 $s_3$ 名新科学家,$s_3 = 0,1,2$。这时,将 $s_3$ 名新科学家全部加入小组 3。其数值计算过程见表 4 - 18。

表 4 - 18

| $s_3$ | 0 | 1 | 2 |
|---|---|---|---|
| $x_3$ | 0 | 1 | 2 |
| $f_3(s_3)$ | 0.8 | 0.5 | 0.3 |

阶段 2,设有 $s_2$ 名新科学家,$s_2 = 0,1,2$。若给小组 2 分配 $x_2$ 名科学家,小组 2 失败的概率为 $r_2(x_2)$;剩余的 $s_2 - x_2$ 名科学家全部分配给小组 3,这时,失败的最小概率为 $f_3(s_2 - x_2)$。现要选择 $x_2$ 的值,使 $r_2(x_2) \cdot f_3(s_2 - x_2)$ 的值最小。其数值计算如表 4 - 19 所示。

表 4 - 19

| $s_2$ | 0 | 1 | | 2 | | |
|---|---|---|---|---|---|---|
| $x_2$ | 0 | 0 | 1 | 0 | 1 | 2 |
| $r_2(x_2) \cdot f_3(s_3)$ | 0.48 | 0.3 | 0.32 | 0.18 | 0.2 | 0.16 |
| $f_2(s_2)$ | 0.48 | 0.3 | | 0.16 | | |
| $x_2^*$ | 0 | 0 | | 2 | | |

阶段 1,现有 2 名新科学家,$s_1 = 2$。若给小组 1 分配 $x_1$ 名科学家,小组 1 失败的概率为 $r_1(x_1)$;剩余的 $s_1 - x_1$ 名科学家分配给小组 2 和 3,这时,产生失败的最小概率为 $f_2(s_1 - x_1)$。现要选择 $x_1$ 的值,使 $r_1(x_1) \cdot f_2(s_1 - x_1)$ 的值最小。其数值计算如表 4 - 20 所示。

表 4 - 20

| $s_1$ | 2 | | |
|---|---|---|---|
| $x_1$ | 0 | 1 | 2 |
| $r_1(x_1) \cdot f_2(s_2)$ | 0.064 | 0.06 | 0.048 |
| $f_1(s_1)$ | 0.048 | | |
| $x_1^*$ | 2 | | |

最后得到的 $f_1(s_1)$ 为增加 2 名新科学家后项目失败的最小概率,即项目成功的最大概率为 0.952。再按计算过程反推,可得到最优分配方案,$x_1^* = 2, x_2^* = x_3^* = 0$,即将 2 名新科学家全部分配给小组 1。

# 小结与展望

本章从一个简单的最短路程问题入手,介绍了运用动态规划方法建立数学模型需要的五个基本要素,包括阶段、状态变量、决策变量、状态转移方程和指标函数,由此构造该问题的动态规划基本方程。通过本章的学习,大家可以看到任何一个多阶段决策过程问题,既可以运用动态规划方法进行求解,也可以建立静态规划模型来进行求解。与后一种方法相比较,动态规划方法是通过建立一个递归方程,将含有多个变量的问题转化为多个结构相似的、含较少变量的子问题来进行求解,并且运用该方法易于确定全局最优解。另一方面,运用动态规划方法进行求解,可以得到一族解。这样一来,有助于对结果进行分析,更适合在实际工作中应用。但是,需要注意的是,不是所有问题都能用动态规划方法进行建模和求解,这需要进行具体问题具体分析。

虽然运用动态规划求解问题没有一个统一的标准模型可供使用,但建立数学模型的方法具有一定的相似性。本章列举的典型问题,大多是确定性问题,对于连续型、随机型问题涉及较少。在随机型问题方面,可参考中国科学院应用数学研究所董泽清老师编著的《马尔可夫决策规划》(1981 年中国科学院应用数学研究所印),该书详细地叙述了这方面的基本理论和各种模型及应用。

动态规划的应用非常广泛,除了本章中介绍的几类应用之外,本章后面介绍的库存问题、调度问题等,也都可结合实际的应用背景运用动态规划的方法对此进行建模、求解。此外,在动态规划应用中,可能会遭遇"维数灾难"的问题,而日新月异的计算机技术正在使该问题得以有效解决。

## 习题 4

1. 用动态规划求解下列各题。

(1) $\max z = 4x_1 + 14x_2$

$s.t. \begin{cases} 2x_1 + 7x_2 \leqslant 21 \\ x_1, x_2 \geqslant 0 \end{cases}$

(2) $\max z = 8x_1 + 4x_2$

$s.t. \begin{cases} 2x_1 + x_2 \leqslant 10 \\ 5x_1 + 2x_2 \leqslant 18 \\ x_1, x_2 \geqslant 0 \end{cases}$

2. 一艘货轮在 A 港装货后驶往 E 港,中途需要靠港加油三次,从 A 港至 E 港所有可能的航运路线及两港之间的距离如图 4-3 所示。

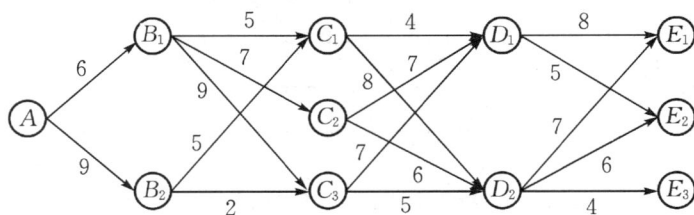

图 4-3

已知 E 港有三个码头,允许在任意一个码头停靠。请设计一个合理的航线及停靠码头,使总距离最短。

3. 某企业委托一家咨询管理公司对员工进行培训。咨询公司提供的培训计划共分 4 个阶段,每阶段完成一个培训项目如表 4－21 所示。

表 4－21

| 阶段 1 | 阶段 2 | 阶段 3 | 阶段 4 |
|--------|--------|--------|--------|
| A—15 | E—3 | H—12 | K—10 |
| B—10 | F—7 | I—8 | L—10 |
| C—20 | G—5 | J—7 | M—6 |
| D—16 | | | N—12 |

在每个阶段都有一些不同的培训项目供公司选择,不过,不同项目之间具有一定关系,各个项目之间的关系及所需时间见表 4－22。

表 4－22

| 项目 | A | B | C | D | E | F | G |
|------|-----|-----|-----|-----|-----|-----|-----|
| 紧后项目 | F、G | F | G | E、G | H、I、J | H | J |
| 项目 | H | I | J | K | L | M | N |
| 紧后项目 | K、L、N | K、L、M | L、M、N | 结束 | 结束 | 结束 | 结束 |

请帮助公司确定一个培训方案使得整个培训计划所用总时间最少。

4. 某城市有 3 条海滨大道,每周末时,总有很多伴侣在此骑脚踏车。在 3 条大道上,对这些脚踏车的需求和每小时收取的租金都不一样,具体见表 4－23。已知某户外用品公司现拥有 8 辆双人脚踏车供出租,请问应如何在这 3 条海滨大道上分配这些脚踏车以使公司收入达到最大?

表 4－23

| 脚踏车数 | 需求概率 | | |
|----------|--------|--------|--------|
| | 中心 1 | 中心 2 | 中心 3 |
| 0 | 0.1 | 0.2 | 0 |
| 1 | 0.2 | 0.4 | 0 |
| 2 | 0.3 | 0.3 | 0.1 |
| 3 | 0.2 | 0.1 | 0.2 |
| 4 | 0.1 | 0 | 0.4 |
| 5 | 0.1 | 0 | 0.3 |
| 租金(元/每辆车·每小时) | 6 | 7 | 8 |

5. 某派出所有 8 支巡逻队负责辖区 3 个社区的巡逻任务。每个社区至少派 2 支巡逻队,最多派 4 支巡逻队。社区发生事故的次数与所派巡逻队个数有直接关系,根据所派巡逻队数量,预期各社区一年内发生事故的次数见表 4－24。请确定如何给 3 个社区分配 8 支巡逻队以使一年内预期发生事故的次数最少?

表 4-24

| 预期事故次数 \ 社区 巡逻队数量 | 1 | 2 | 3 |
|---|---|---|---|
| 2 | 25 | 30 | 20 |
| 3 | 15 | 26 | 10 |
| 4 | 8 | 20 | 3 |

6. 一家慈善机构通过义工为需要帮助的家庭盖房子,现有 3 种房屋面积标准可供符合条件的家庭选择:40 平方米、50 平方米、60 平方米,建造每种规格的房屋需要义工数量不同。该机构已接收到了 4 份申请,他们按照若干因素对每份申请进行打分,越需要的,分数越高。表 4-25 的数据是机构对申请者的打分和所需义工数的情况。机构有 20 名义工,那么该批准哪些申请呢?

表 4-25

| 申请 | 房屋规格 | 分数 | 所需义工数 |
|---|---|---|---|
| 1 | 60 | 76 | 9 |
| 2 | 40 | 64 | 4 |
| 3 | 50 | 68 | 5 |
| 4 | 50 | 75 | 7 |

7. 阿姨后院有一个 $10 \times 20$ 平米的小花园。今年春天,阿姨打算种上 3 种蔬菜:西红柿、豆角和玉米。花园要安排成垄,每垄种一种蔬菜,每条垄 10 米长,要求西红柿和玉米的垄宽 2 米,豆角的垄宽 3 米。采用 10 分值,阿姨按照自己的喜好给 3 种蔬菜打分,西红柿 10 分,玉米 7 分,豆角 3 分。应姨夫要求,至少种 1 垄豆角,最多种 2 垄西红柿。在这种情况下,每种蔬菜应种多少垄呢?

8. 为了完成合同,某公司预计未来 4 个月每月底至少提供的机器数量分别为 10 台、15 台、25 台和 20 台。由于原材料、设备维修等原因,公司每月能生产的最大台数以及生产单位产品的成本是变化的,具体见表 4-26。已知单位产品每月存贮费用为 1500 元,假设在同月份生产并安装的机器不产生库存成本。请帮助经理制定一个生产计划使得生产和存贮成本最小。

表 4-26

| 月份 | 需求量 | 最大生产能力 | 单位产品生产成本 | 单位产品月存贮成本 |
|---|---|---|---|---|
| 1 | 10 | 25 | 12000 | |
| 2 | 15 | 35 | 14000 | 1500 |
| 3 | 25 | 30 | 13000 | 1500 |
| 4 | 20 | 10 | 15000 | 1500 |

9. 某旅行社没有大型客车,它与当地一家车行签了合同,根据游客需求量租赁车辆。根据接单情况,旅行社未来 4 个星期对车辆的需求量分别为 7 辆、5 辆、8 辆、10 辆。已知车行每

辆车每周收取的租金为 1500 元,外加收取一次性租车交易费 800 元。但是,旅行社可以选择周末不还车,这样就省去了一次性租车交易费,而只付每周的租金(即 1500 元)。请问该旅行社应该如何制定自己的租赁计划以使租车总费用最小?

10. 一台电器由 3 个部件串联而成,如果有一个部件发生故障,电器就不能正常工作了。因此,工作人员常通过在每个部件里安装 1 到 2 个备份元件来提高该电器的可靠性(不发生故障的概率)。表 4 - 27 列出了安装备件后部件的可靠性 $r$ 和成本费用 $c$。假设制造一台电器的费用不得超过 10000 元,那么应如何制造这台电器呢?

表 4 - 27

| 并联元件数 | 部件 1 | | 部件 2 | | 部件 3 | |
| --- | --- | --- | --- | --- | --- | --- |
| | $r_1$ | $c_1$ | $r_2$ | $c_2$ | $r_3$ | $c_3$ |
| 1 | 0.6 | 1000 | 0.7 | 3000 | 0.5 | 2000 |
| 2 | 0.8 | 2000 | 0.8 | 5000 | 0.7 | 4000 |
| 3 | 0.9 | 3000 | 0.9 | 6000 | 0.9 | 5000 |

# 第5章

## 图与网络分析

图论(graph theory)的创始人是瑞士数学家欧拉(E. Euler),他在1736年发表了图论方面的第一篇论文,解决了著名的哥尼斯堡七桥问题。之后,许多学者对汉密尔顿回路、迷宫问题、中国邮路问题等难题开展了研究,并引出了许多有实用意义的新问题。目前,图论已成为运筹学中十分活跃的重要分支,在管理科学、计算机科学、控制论、电讯、建筑、交通等领域都有广泛的应用。本章共分六个小节:第一节阐述图的一些基本概念;第二节介绍最小树问题及其求解方法;第三节介绍最短路问题以及常用的求解算法;第四节围绕最大流问题,重点介绍求解的基本原理和标号算法;第五节作为第四节的延续,介绍最小费用最大流问题及求解算法;第六节着重介绍网络计划技术和优化方法。

本章的要点包括最短路问题、最大流问题以及最小费用最大流问题的求解原理及算法,网络计划图的绘制和优化方法。

## 5.1 图的基本概念

图论中的图是由点和边构成,可以描述一些事物之间的关系。在现实生活中,许多事物及其之间的关系都可以抽象成点和点之间的连线。

**例 5 - 1** 某大学准备对其所属的7个学院实验中心建立计算机校园网络,这个网络可能连通的途径如图 5-1 所示,图中 $v_1, \cdots, v_7$ 表示7个学院实验中心,图中的边为各个实验中心可能连接的路线。请设计一个网络能连通7个学院实验中心,并使总的线路长度达到最短。

**例 5 - 2** 某家电配送中心需要为多个销售点送货,配送中心与销售点以及销售点之间的相对位置和运输情况可以用图 5-2 来表示。其中,点 $v_1, v_2, \cdots, v_9$ 代表销售点,边表示运输路

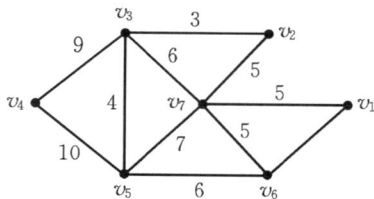

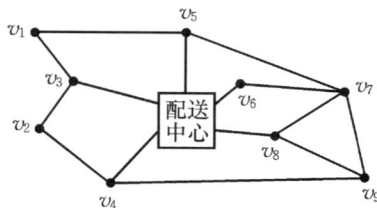

图 5 - 1 校园网络    图 5 - 2 家电配送路线图

线。若已知每条路线行走所需的时间,请帮助配送中心管理人员设计一条送货路线,使送货车辆用最短的时间送完货物,并回到配送中心。

**例 5 - 3**　图 5 - 3 是一个电力输送网,每条边上的数字 $c_{ij}$ 表示每条输送线的最大输送能力,由于线路承载容量的变化,使得各条输送线$(v_i,v_j)$的最大通过能力 $c_{ij}$ 也是不一样的,$c_{ij}$ 的单位为兆瓦。现在要把电力从发电站 $v_s$ 输送到地区 $v_t$ 处,要求制定一个输送方案,将电力从 $v_s$ 输送到 $v_t$,使得输送电力达到最大。

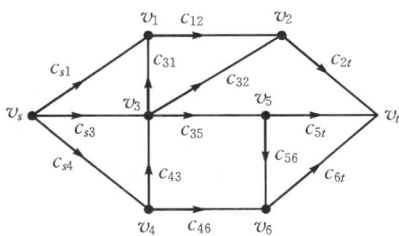

图 5 - 3　电力输送网

以上所举的各个实例中,可以看到一些共同的地方,即每个图都包含"点"和"线"这两种类型的元素,再如互联网中的计算机与线路,公路网中的汽车站与公路线……把这些计算机、汽车站称之为点,把线路、公路称之为线,而把由点和连接点的线组成的图形称做图。这些点叫做图的顶点,这些线叫做图的边。

## ➤ 5.1.1　图的定义

所谓图,就是顶点和边的集合。若以 $V$ 表示图 $G$ 的全部顶点,即 $V=\{v_1,v_2,\cdots,v_n\}$,以 $E$ 表示图 $G$ 的全部边,即 $E=\{e_1,e_2,\cdots,e_m\}$,则图 $G$ 可以表示为:

$$G=\{V,E\}$$

在一个图 $G$ 中,每条边都有两个顶点,若边 $e=[u,v]$,则称 $u,v$ 是 $e$ 的端点,$e$ 称为 $u$ 和 $v$ 的关联边,也称 $u$ 和 $v$ 为相邻点。若两条边 $e_i$ 和 $e_j$ 有同一个端点,则称 $e_i$ 和 $e_j$ 为相邻边。图 5 - 4 中的图(a)是图,图(b)不是图(为什么)。图 5 - 4(a)中 $v_1,v_2$ 是 $e_1$ 的端点,$e_1$ 是 $v_1$ 和 $v_2$ 的关联边,$e_1$ 与 $e_6,e_7$ 为相邻边。

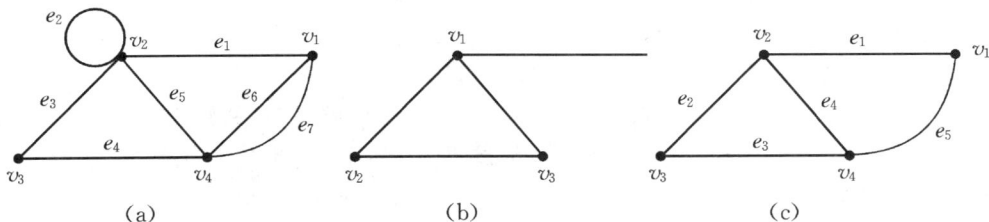

图 5 - 4　图、非图、简单图

在图 $G$ 中,若一条边 $e$ 的两个端点重合,则称该边 $e$ 为环;若两个端点之间不止一条的边,则称这些边为多重边。如图 5 - 4(a)中的 $e_2$ 为环,$e_6,e_7$ 为两重边。

一个无环也无多重边的图称为简单图,如图 5 - 4(c)。后面所讨论的图若无特别说明,通常都是指简单图。

以上所研究的图也叫无向图。但在一些实际问题中,有些边表示的关系具有方向性,如从 $v_i$ 地运送货物到 $v_j$ 地,$v_i$ 是起点,$v_j$ 是终点,$v_i$ 与 $v_j$ 的连线应标明这种顺序关系。最简单的办法就是在 $v_i$ 与 $v_j$ 的连线上用一箭头标明顺序方向。

在一个图 $G$ 中,如果每条边是有向的,则称 $G$ 是有向图。如图 5 - 5 就是有向图。

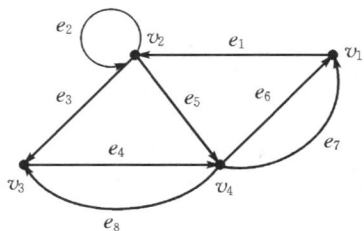

图 5-5 有向图

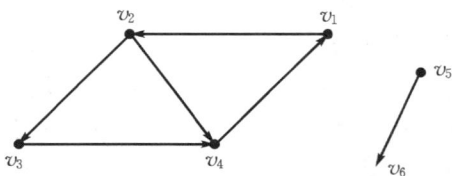

图 5-6 不连通图

有向图中的端点、关联边、相邻边、环等概念与无向图类似,这里不再一一解释了。需要指出的是,有向图中的多重边是指两个端点之间有多于一条的同向边,如图 5-5 中,$e_6$,$e_7$ 是多重边,$e_4$,$e_8$ 就不是多重边。

### 5.1.2 路、连通图、子图、树

**定义 5-1** 图 $G = \{V, E\}$ 中,由两两相邻的点 $v_1, v_2, \cdots, v_n$,及其相关联的边 $e_1, e_2, \cdots, e_{n-1}$ 组成的点边交替序列 $\{v_1, e_1, v_2, e_2, \cdots, e_{n-1}, v_n\}$(其中 $e_k$ 与 $v_k, v_{k+1}$ 关联)称为路。

图 5-5 中,$\{v_1, e_1, v_2, e_5, v_4, e_8, v_3, e_4, v_4\}$ 就是一条连接 $v_1$ 与 $v_4$ 的路。其中 $v_1$ 称为路的起点,$v_4$ 称为路的终点。记 $p_1 = \{v_1, e_1, v_2, e_5, v_4, e_8, v_3, e_4, v_4\}$,任意一条路实际上由其点及其关联边依次排列所确定的,因此,为表示一条路,可以只依次地写出路中的各边或各点。路 $p_1$ 可以写成 $p_1 = \{v_1, v_2, v_4, v_3, v_4\}$ 或 $p_1 = \{e_1, e_5, e_8, e_4\}$。

设 $p$ 是一条路,有以下几种情形:

(1)若路的起点与终点重合,则称之为回路;

(2)若路中所含的边都互不相同,则称之为简单路;

(3)若路中所含的点都互不相同,则称之为初等路或通路;

(4)既是回路又是简单路,则称之为简单回路;

(5)既是回路又是初等路,则称之为初等回路或圈。

在图 5-5 中,$\{v_1, e_1, v_2, e_3, v_3, e_4, v_4, e_6, v_1\}$ 是一条回路;在该回路中,各边都是不同的,所以它是一条简单回路;在该回路中,各点也都是不同的,所以它也是一条初等回路。

**定义 5-2** 图 $G = \{V, E\}$ 中,对任意两点 $u$、$v \in V$,如果从 $u$ 到 $v$ 之间至少有一条路连接,则称 $G$ 是连通图;否则称为不连通图。

图 5-5 是一个连通图,而图 5-6 中,$v_1$ 与 $v_5$ 或其它点之间没有路连接,因此,图 5-6 是不连通图。

如果一个图是一个不连通图,则该问题可以分解成若干子问题进行研究,即可以把不连通的图分解成连通的子图来研究。

**定义 5-3** 给定两个图 $G_1 = \{V_1, E_1\}$,$G_2 = \{V_2, E_2\}$,如果 $V_1 \subseteq V_2$ 且 $E_1 \subseteq E_2$,则称 $G_1$ 是 $G_2$ 的子图。

图 5-7 中,图(b)、图(c)都是图(a)的子图。

设 $G_1$ 是 $G_2$ 的子图,通常有以下几种情形:

(1)若 $V_1 \subset V_2$ 且 $E_1 \subset E_2$,即 $G_1$ 中不包含 $G_2$ 中全部的端点和边,则称 $G_1$ 是 $G_2$ 的真子图。图 5-7 中,图(b)是图(a)的真子图;

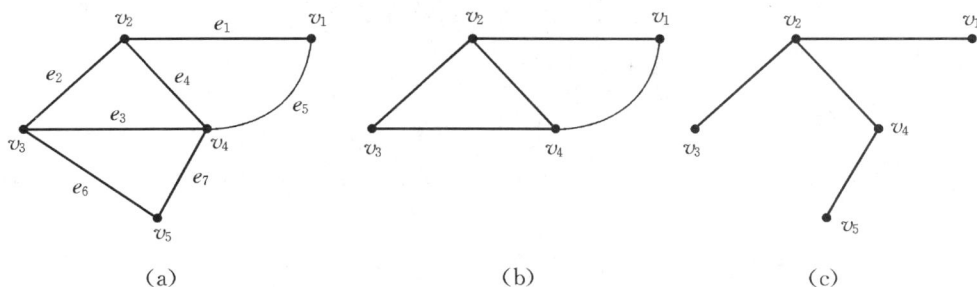

图 5 - 7 图、子图

(2)若 $V_1 = V_2$ 且 $E_1 \subset E_2$，则称 $G_1$ 是 $G_2$ 的一个支撑子图。图 5-7 中，图(c)是图(a)的支撑子图；

(3)若 $V_1 \subseteq V_2, E_1 = \{[u_i, v_j] \in E_2 \mid u_i \in V_1, v_j \in V_1\}$，即 $E_1$ 是 $E$ 中所有端点属于 $V_1$ 的边组成的集合，则称 $G_1$ 是 $G_2$ 的导出子图。图 5-7 中，图(b)是图(a)的导出子图，图(b)也可以看成是从图(a)中去掉端点 $v_5$ 及 $v_5$ 的全部关联边后得到的一个图。

**定义 5 - 4** 若图 $G = \{V, E\}$ 是一个连通图且图中无回路，则称 $G$ 为树。

图 5 - 7(c)是一个没有回路的连通图，因此，图 5 - 7(c)是一个树。

可以用不同的方式来认识树，树有以下性质：

(1)在图 $G$ 中任意两点之间必有一条且仅有一条路；

(2)在图 $G$ 中去掉一条边，则 $G$ 不连通；

(3)在图 $G$ 中不相邻的两个端点间增加一条边，则可得到一个且仅有一个回路。

如果图 $G'$ 是图 $G = \{V, E\}$ 的支撑子图，而且 $G'$ 又是一个树，则称 $G'$ 是 $G$ 的支撑树。如图 5 - 7(c)是图 5 - 7(a)的支撑树。

一般而言，子图与支撑树的区别是：子图与原图相比少点又少边，支撑树与原图相比少边但不少点。

由上可以看到，若图 $G$ 有支撑树，则 $G$ 必为连通图，反之结论也成立。显然，有如下结论：

**定理 5 - 1** 图 $G$ 有支撑树的充要条件为图 $G$ 是连通图。

**证明**：充分性。因为图 $G$ 连通，则将 $G$ 中某些边去掉，并使剩下的图始终保持连通，当不再有这样的边可去时，剩下的图中必不含回路，故是图 $G$ 的一个支撑树。

必要性：因为图 $G$ 有支撑树，而树是连通的，所以图 $G$ 必连通。

# 5.2 最小树问题

在实际应用中，往往需要对图的每条边标上一个数量指标，具体表示这条边的长度、运输单价、容许流量等。这种带有数量指标的图叫做赋权图，也就是网络分析中所称的网络，如果网络中的边都是无向边，则该网络称为无向网络；若网络中的边都是有向边，则该网络称为有向网络。

最小树问题是指在一个赋权的无向网络 $G$ 上求出一个总权数最小的支撑树。总权数最小的支撑树称为最小树。

依据定理 5-1 以及总权数最小的特点,求最小树的方法主要有两种:一是破圈法,二是添边法。

### ▷ 5.2.1 破圈法

破圈法的基本思路是在原图上依次去掉权数最大的边,直到变成一个支撑树。具体步骤如下:

(1)在给定的赋权连通图上任找一个回路;

(2)在所找的回路中去掉一条权数最大的边(如果有两条或两条以上的边都是权数最大的边,可任意去掉其中一条);

(3)若所余下的图已不含回路,则已找到最小树。否则返回步骤(1)。

**例 5-4** 对图 5-1 中的网络,若已知各条路线的长度,试设计一个能连通 7 个学院实验中心的网络,并使总的线路长度达到最短,如图 5-8 所示。

解:这是一个求最小树的问题。下面用破圈法求最小树,显然,图 5-8 是一个连通图。

第一轮:

①在 $G$ 中找到一个回路 $\{v_1,v_7,v_6,v_1\}$;

②此回路上的边 $[v_1,v_6]$ 的权数 12 为最大,去掉 $[v_1,v_6]$。

第二轮:

①在划掉 $[v_1,v_6]$ 的图中找到一个回路 $\{v_3,v_4,v_5,v_7,v_3\}$。

②去掉其中权数最大的边 $[v_4,v_5]$。

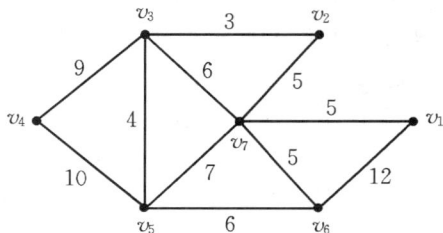

图 5-8 连通图

第三轮:

①在划掉 $[v_1,v_6]$、$[v_4,v_5]$ 的图中找到一个回路 $\{v_2,v_3,v_5,v_7,v_2\}$。

②去掉其中权数最大的边 $[v_5,v_7]$。

第四轮:

①在图中找到一个回路 $\{v_3,v_5,v_6,v_7,v_3\}$。

②去掉其中权数最大的边 $[v_5,v_6]$(或去掉边 $[v_3,v_7]$,这两条边的权数都为最大)。

第五轮:

①在图中再找到一个回路 $\{v_2,v_3,v_7,v_2\}$。

②去掉其中权数最大的边 $[v_3,v_7]$。

可以看到,在余下的图中已找不到任何一个回路了,此时的图就是最小树,这个最小树的所有边的总权数为 $5+5+5+3+9+4=31$,最终结果如图 5-9 所示,也即按照图 5-9 设计网络路线,可使总的线路长度达到最短。

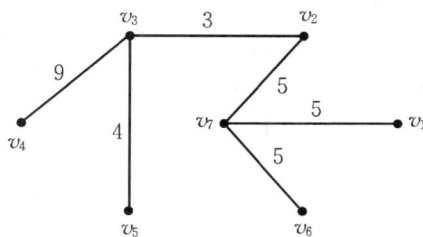

图 5-9 最小树

### ▷ 5.2.2 添边法

添边法的基本思路是在原图的边数为 0 的支撑图上依次添入权数最小的边,直到长成一个支撑树。具体步骤如下：

(1)去掉 $G$ 中所有边,得到 $n$ 个孤立点；

(2)依次选取权数最小的边添入图中；添边的原则：添边的过程中不能形成圈,直到连通 $n-1$ 条边。

**例 5-5**　对图 5-1 中的网络,用添边法求最小树。

解：第一步,去掉图 5-1 中所有边,得到 7 个孤立点,如图 5-10。

第二步,依次选取权数最小的边添入图 5-10 中,直到长成一个支撑树。

首先,在图 5-1 中,边 $[v_2,v_3]$ 的权数最小,而且当边 $[v_2,v_3]$ 添入图 5-10 中时,图中不会产生圈,所以可以将边 $[v_2,v_3]$ 添入图 5-10 中；

其次,在图 5-1 中剩下的边中权数最小的是边 $[v_3,v_5]$,当边 $[v_3,v_5]$ 添入图 5-10 中时,图中也不会产生圈,所以可以将边 $[v_3,v_5]$ 添入图 5-10 中；

如此继续下去,最后得到由边 $[v_2,v_3]$、$[v_3,v_5]$、$[v_2,v_7]$、$[v_7,v_1]$、$[v_7,v_6]$、$[v_3,v_4]$ 构成的支撑树,如图 5-11 所示,图 5-11 就是要求的图 5-1 的最小树,它的总权数为 31。

需要指出的是：在破圈法中,若遇到两条或两条以上边的权数相等时,可任意去掉其中一条边。在添边法中,若遇到两条或两条以上边的权数相等时,可以从中任选一条边。由于去掉或选取的边不同,所得的最小树也不同,但最小树的总权数相同。

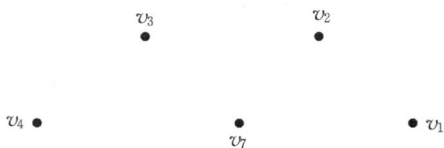

图 5-10　图 5-1 的孤立点

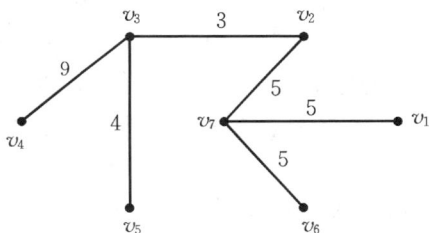

图 5-11　最小树

## 5.3　最短路问题

### ▶5.3.1　问题的提出

**例 5-6**　某公司拟将一批货物从 $v_1$ 运到 $v_7$,这两点间的交通网络图如图 5-12 所示,每条边上的数字表示这条路的长度。试问：从 $v_1$ 到 $v_7$ 的各条路线中,哪一条路线的总长度最短？

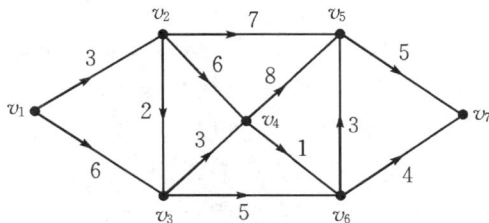

图 5-12　交通网络图

类似的问题大量地出现在实际问题中,如管道铺设、运输路线安排、厂区布局以及计算机网络中通讯线路的选择等,除了这些具有直观意义的最短路问题外,许多网络最优化问题也可以转化为最短路问题来解决,如设备更新、背包问题、选址问题、旅行商问题等。

最短路问题的一般提法是:给定一个网络图 $G = \{V, E\}$,并在 $G$ 中指定一点 $v_1$。对于 $G$ 中的任意一点 $v_t$,要在从 $v_1$ 到 $v_t$ 的所有路中,寻求一条权值最小的路。最短路问题中的网络可以是有向网络,也可以是无向网络。

以 $w_{ij}$ 表示图 $G$ 中的边 $[v_i, v_j]$ 的权,$P$ 是 $G$ 中从 $v_1$ 到 $v_t$ 的一条路,将 $P$ 中所有边的权值之和称为路 $P$ 的权值,记为 $w(P)$。最短路问题还可以这样描述:寻找从 $v_1$ 到 $v_t$ 的一条路 $P^*$,使其权值最小,即

$$w(P^*) = \min\{ w(P) \mid P \text{ 是 } G \text{ 中从 } v_1 \text{ 到 } v_t \text{ 的一条路}\}$$

最短路问题中的权除了表示直观意义的长度,还可以表示时间、费用等。在有向网络中,权值可以是正数,也可以是负数。因此,在一个有向网络中,可能存在负回路的情况。设 $G$ 是一个有向网络,$H$ 是 $G$ 中的一个回路,如果回路 $H$ 的权值 $w(H)$ 小于零,则称 $H$ 是 $G$ 中的一个负回路。

需要注意的是,在一个存在负回路的有向网络 $G$ 中,由于每经过一次负回路,路的权值都会减小一些,因此随着经过负回路的循环次数的增加,路的权值将趋于负无穷,这样从 $v_1$ 到 $v_t$ 的最短路的权就没有下界。如在图 5-13 中,回路 $\{v_2, v_3, v_4, v_2\}$ 的权是 $-2$,所以,从 $v_1$ 到 $v_5$ 的最短路的权值趋于负无穷。因此,在研究最短路问题时,常设 $G$ 中不存在负回路。

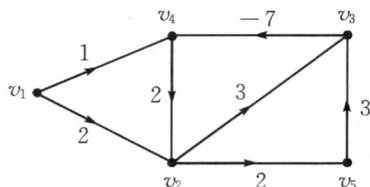

图 5-13　有负回路的有向网络

## 5.3.2　Dijkstra 算法

当 $G$ 中所有边的权值 $w_{ij} \geqslant 0$ 时,Dijkstra 于 1959 年提出了一种求最短路的简便方法,简称为 D 氏算法。

D 氏算法是一种双标号法,算法的基本思想是对图中的点 $v_j$ 赋予两个标号 $(d_j, k_j)$,第一个标号 $d_j$ 表示从起点 $v_1$ 到 $v_j$ 的最短路的权值,第二个标号 $k_j$ 表示在 $v_1$ 至 $v_j$ 的最短路上 $v_j$ 前面一个邻点的下标。在计算过程中,把整个过程分成若干轮来进行,首先给 $v_1$ 标号(办法见下面的步骤),然后再逐步扩大已标号点的范围,一旦 $v_t$ 获得标号,则问题便已解决。然后再用"反向追踪"或称"走回头路"的方法,求出 $v_1$ 到各点 $v_j$ 的最短路。由于在每一轮的计算中都将使一个新的点获得标号,故只需有限轮便可完成这个计算过程。

D 氏算法的基本步骤如下:

(1)给起点 $v_1$ 以标号 $(0, s)$ 表示从 $v_1$ 到 $v_1$ 的权值为 $0$,$v_1$ 为起点。

(2)找出已标号的点的集合 $S$,没有标号的点的集合 $\overline{S}$,以及邻点边的集合 $O(S) = \{[v_i, v_j] \mid v_i \in S, v_j \in \overline{S}\}$,集合 $O(S)$ 表示所有起点属于 $S$ 而终点属于 $\overline{S}$ 的边的全体。

如果 $O(S)$ 是空集,则计算结束。此时,若 $v_t$ 获得标号 $(d_t, k_t)$,则 $v_1$ 到 $v_t$ 的权值即为 $d_t$,而从 $v_1$ 到 $v_t$ 的最短路径,则可以从 $k_t$ 反向追踪到起点 $v_1$ 而得到。若 $v_t$ 未标号,则可以断言不存在从 $v_1$ 到 $v_t$ 的有向路。

如果 $O(S)$ 不是空集,转下一步。

(3)对邻点边集合 $O(S)$ 中的每一条边,计算

$$\lambda_{ij} = d_i + w_{ij}$$

在所有的 $\lambda_{ij}$ 中,找出其值为最小的边,不妨设此边为 $(v_a, v_b)$,则给此边的终点以双标号 $(\lambda_{ab}, a)$,其中 $\lambda_{ab}$ 是最短路径的权值,$a$ 是最短路径上前面一个邻点的下标。那么,返回步骤 (2)。

若在第(3)步骤中,使得 $\lambda_{ij}$ 值为最小的边有多条,则这些边的终点既可以任选一个标定,也可以都予以标定,若这些边中的有些边的终点为同一点,则此点应有多个双标号,以便最后可找到多条最短路径。

**例 5 - 7**　用 Dijkstra 方法求图 5 - 12 中从 $v_1$ 到 $v_7$ 的最短路。

解:第一轮:

①给起点 $v_1$ 标以 $(0, s)$,表示从 $v_1$ 到 $v_1$ 的权值为 $0$,$v_1$ 为起始点,见图 5 - 14。

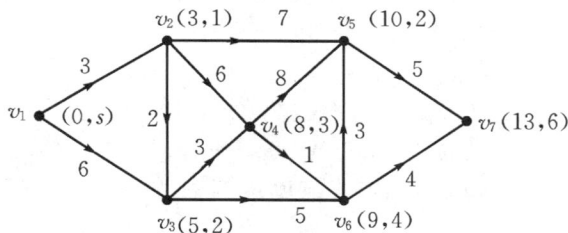

图 5 - 14

②这时,已标号点的集合 $S = \{v_1\}$,没有标号点的集合 $\overline{S} = \{v_2, v_3, v_4, v_5, v_6, v_7\}$,邻点边集合 $O(S) = \{[v_1, v_2], [v_1, v_3]\}$。

③对 $O(S)$ 中的每一条边,计算

$$\lambda_{12} = d_1 + w_{12} = 0 + 3 = 3$$
$$\lambda_{13} = d_1 + w_{13} = 0 + 6 = 6$$
$$\min\{\lambda_{12}, \lambda_{13}\} = \lambda_{12} = 3$$

给边 $[v_1, v_2]$ 的终点 $v_2$ 标以 $(3, 1)$,表示从 $v_1$ 到 $v_2$ 的权值为 $3$,并且在 $v_1$ 到 $v_2$ 的最短路径中 $v_2$ 的前面一个点是 $v_1$。

第二轮:

①这时,已标号点的集合 $S = \{v_1, v_2\}$,没有标号点的集合 $\overline{S} = \{v_3, v_4, v_5, v_6, v_7\}$,邻点边集合 $O(S) = \{[v_1, v_3], [v_2, v_3], [v_2, v_4], [v_2, v_5]\}$。

②对 $O(S)$ 中的每一条边,计算

$$\lambda_{23} = d_2 + w_{23} = 3 + 2 = 5$$
$$\lambda_{24} = d_2 + w_{24} = 3 + 6 = 9$$
$$\lambda_{25} = d_2 + w_{25} = 3 + 7 = 10$$
$$\min\{\lambda_{13}, \lambda_{23}, \lambda_{24}, \lambda_{25}\} = \lambda_{23} = 5$$

给边 $[v_2, v_3]$ 的终点 $v_3$ 标以 $(5, 2)$,表示从 $v_1$ 到 $v_3$ 的权值为 $5$,并且在 $v_1$ 到 $v_3$ 的最短路径中 $v_3$ 的前面一个点是 $v_2$。

第三轮：

①这时，已标号点的集合 $S = \{v_1, v_2, v_3\}$，没有标号点的集合 $\overline{S} = \{v_4, v_5, v_6, v_7\}$，邻点边集合 $O(S) = \{[v_2, v_4], [v_2, v_5], [v_3, v_4], [v_3, v_6]\}$。

② 对 $O(S)$ 中的每一条边，计算

$$\lambda_{34} = d_3 + w_{34} = 5 + 3 = 8$$
$$\lambda_{36} = d_3 + w_{36} = 5 + 5 = 10$$
$$\min\{\lambda_{24}, \lambda_{25}, \lambda_{34}, \lambda_{36}\} = \lambda_{34} = 8$$

给边 $[v_3, v_4]$ 的终点 $v_4$ 标以 $(8,3)$，表示从 $v_1$ 到 $v_4$ 的权值为 8，并且在 $v_1$ 到 $v_4$ 的最短路径中 $v_4$ 的前面一个点是 $v_3$。

第四轮：

①这时，已标号点的集合 $S = \{v_1, v_2, v_3, v_4\}$，没有标号点的集合 $\overline{S} = \{v_5, v_6, v_7\}$，邻点边集合 $O(S) = \{[v_2, v_5], [v_3, v_6], [v_4, v_5], [v_4, v_6]\}$。

②对 $O(S)$ 中的每一条边，计算

$$\lambda_{45} = d_4 + w_{45} = 8 + 8 = 16$$
$$\lambda_{46} = d_4 + w_{46} = 8 + 1 = 9$$
$$\min\{\lambda_{25}, \lambda_{36}, \lambda_{45}, \lambda_{46}\} = \lambda_{46} = 9$$

给边 $[v_4, v_6]$ 的终点 $v_6$ 标以 $(9,4)$，表示从 $v_1$ 到 $v_6$ 的权值为 9，并且在 $v_1$ 到 $v_6$ 的最短路径中 $v_6$ 的前面一个点是 $v_4$。

第五轮：

①这时，已标号点的集合 $S = \{v_1, v_2, v_3, v_4, v_6\}$，没有标号点的集合 $\overline{S} = \{v_5, v_7\}$，邻点边集合 $O(S) = \{[v_2, v_5], [v_4, v_5], [v_6, v_5], [v_6, v_7]\}$。

②对 $O(S)$ 中的每一条边，计算

$$\lambda_{65} = d_6 + w_{65} = 9 + 3 = 12$$
$$\lambda_{67} = d_6 + w_{67} = 9 + 4 = 13$$
$$\min\{\lambda_{25}, \lambda_{45}, \lambda_{65}, \lambda_{67}\} = \lambda_{25} = 10$$

给边 $[v_2, v_5]$ 的终点 $v_5$ 标以 $(10,2)$，表示从 $v_1$ 到 $v_5$ 的权值为 10，并且在 $v_1$ 到 $v_5$ 的最短路径中 $v_5$ 的前面一个点是 $v_2$。

第六轮：

①这时，已标号点的集合 $S = \{v_1, v_2, v_3, v_4, v_5, v_6\}$，没有标号点的集合 $\overline{S} = \{v_7\}$，邻点边集合 $O(S) = \{[v_5, v_7], [v_6, v_7]\}$。

②对 $O(S)$ 中的每一条边，计算

$$\lambda_{57} = d_5 + w_{57} = 10 + 5 = 15$$
$$\min\{\lambda_{57}, \lambda_{67}\} = \lambda_{67} = 13$$

给边 $[v_6, v_7]$ 的终点 $v_7$ 标以 $(13,6)$，表示从 $v_1$ 到 $v_7$ 的权值为 13，并且在 $v_1$ 到 $v_7$ 的最短路径中 $v_7$ 的前面一个点是 $v_6$。

至此，从 $v_1$ 到 $v_7$ 的最短路是 $\{v_1, v_2, v_3, v_4, v_6, v_7\}$，其最短路权值为 13。

同样，可以从各点 $v_i$ 的标号得到 $v_1$ 到 $v_i$ 的最短路及最短路的权值。

### ➤ 5.3.3 动态规划法

动态规划算法是求最短路的更一般算法，可以适用于含有负权，但无负回路的有向网络或

无向网络。由动态规划的最优化原理,可以知道,如果 $P$ 是 $G$ 中从 $v_1$ 到 $v_t$ 的最短路,$v_j$ 是 $P$ 上的一个点,那么,从 $v_1$ 出发沿 $P$ 到 $v_j$ 的路也是从 $v_1$ 到 $v_j$ 的最短路,即有下面的基本方程:

$$d^k(v_1, v_j) = \min_i \{d^{(k-1)}(v_1, v_i) + w_{ij}\} \quad (j = 1, 2, \cdots, n)$$

其中,对 $i \in V$,记 $w_{ii} = 0$。$d^{(k)}(v_1, v_j)$ 表示从 $v_1$ 到 $v_j$ 的边数不超过 $k-1$ 的最短路的权值。

依据这一递推关系,可以给出如下求从 $v_1$ 到各点的最短路的算法。

步骤 1:令 $k = 1$,$d^{(k)}(v_1, v_j) = w_{1j}$ $\quad (j = 1, 2, \cdots, n)$

步骤 2:令 $k = k+1$,计算

$$d^k(v_1, v_j) = \min_i \{d^{(k-1)}(v_1, v_i) + w_{ij}\} \quad (j = 2, \cdots, n)$$

步骤 3:对 $j = 2, \cdots, n$,判断 $d^{(k)}(v_1, v_j)$ 与 $d^{(k-1)}(v_1, v_j)$ 是否相等。若全部相等,则 $d^{(k)}(v_1, v_j)$ 就是从 $v_1$ 到 $v_j$ 的最短路的权值,计算结束;否则,转入步骤 2。

可以证明,如果有向网络 $G$ 中不含负回路,那么,对于所有的 $j \in V$,均有 $d^{(n)}(v_1, v_j) = d^{(n-1)}(v_1, v_j)$,从而可求出从 $v_1$ 到各个点的最短路。

**例 5-8** 求图 5-15 所示网络中从 $v_1$ 到各个点的最短路。

解:利用上述算法,求解过程可以在表上进行(见表 5-1)。表的左边部分是初始数据 $w_{ij}$;右边部分是各次迭代的计算结果 $d^{(k)}(v_1, v_j)$,简记为 $d_j^{(k)}$;最右边的一列数字就是从 $v_1$ 到各个 $v_j$ 的最短路的权值。

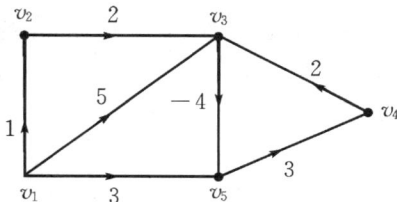

图 5-15 网络图

**表 5-1 计算表**

| | $w_{ij}$ | | | | | $d_j^{(1)}$ | $d_j^{(2)}$ | $d_j^{(3)}$ | $d_j^{(4)}$ | $d_j^{(5)}$ |
|---|---|---|---|---|---|---|---|---|---|---|
| | $v_1$ | $v_2$ | $v_3$ | $v_4$ | $v_5$ | | | | | |
| $v_1$ | 0 | 1 | 5 | 3 | 0 | 0 | 0 | 0 | 0 | |
| $v_2$ | | 0 | 2 | | 1 | 1 | 1 | 1 | 1 | |
| $v_3$ | | | 0 | | $-4$ | 5 | 3 | 3 | 3 | 3 |
| $v_4$ | | | | 2 | 0 | 6 | 4 | 2 | 2 | |
| $v_5$ | | | | 3 | 0 | 3 | $-1$ | $-1$ | $-1$ | |

表中未写数字的空格内是 $+\infty$。

表中 $d_j^{(k)}$ 是按式(5-1)计算的,下面仅举出 $d_j^{(3)}$ 的计算过程:

$$d_1^{(3)} = \min\{d_1^{(2)} + w_{11}, d_2^{(2)} + w_{21}, d_3^{(2)} + w_{31}, \cdots\}$$
$$= \min\{0+0, 1+\infty, 3+\infty, \cdots\} = 0$$
$$d_2^{(3)} = \min\{d_1^{(2)} + w_{12}, d_2^{(2)} + w_{22}, d_3^{(2)} + w_{32}, \cdots\}$$
$$= \min\{0+1, 1+0, 3+\infty, \cdots\} = 1$$
$$d_3^{(3)} = \min\{d_1^{(2)} + w_{13}, d_2^{(2)} + w_{23}, d_3^{(2)} + w_{33}, \cdots\}$$
$$= \min\{5+0, 2+1, 0+3, \cdots\} = 3$$
$$d_4^{(3)} = \min\{d_1^{(2)} + w_{14}, d_2^{(2)} + w_{24}, d_3^{(2)} + w_{34}, \cdots\}$$
$$= \min\{0+6, 3+1, \cdots\} = 4$$

$$d_5^{(3)} = \min\{d_1^{(2)} + w_{15}, d_2^{(2)} + w_{25}, d_3^{(2)} + w_{35}, \cdots\}$$
$$= \min\{3+0, -4+3, \cdots\} = -1$$

由表 5-1 可知,从 $v_1$ 到 $v_1$、$v_2$、$v_3$、$v_4$、$v_5$ 各点最短路的权值分别是 0、1、3、2、-1。为了得到具体的最短路线,可以在求出最短路的权值 $d_j$ 后,采用反向追踪的办法来寻找,即在表 5-1 中找一点 $v_i$,使 $d_i + w_{ij} = d_j$,记下边 $[v_i, v_j]$;再对 $d_i$,找到另一点 $v_s$,使 $d_s + w_{si} = d_i$,记下边 $[v_s, v_i]$;如此继续下去,直至达到 $v_1$ 为止。这样,便得到 $v_1$ 到 $v_j$ 的最短路 $\{v_1, \cdots, v_s, v_i, v_j\}$。

如在本例中,表 5-1 中最右边一列是 $v_1$ 到各点最短路的权值 $d_j$,已知 $d_5 = -1$,查表知,

$$d_3 + w_{35} = 3 + (-4) = d_5$$

记下边 $[v_3, v_5]$;比较 $d_3 = 3$,查表知,

$$d_2 + w_{23} = 1 + 2 = d_3$$

记下边 $[v_2, v_3]$;再比较 $d_3 = 3$,查表知,

$$d_1 + w_{12} = 0 + 1 = d_2$$

记下边 $[v_1, v_2]$,于是从 $v_1$ 到 $v_5$ 的最短路 $\{v_1, v_2, v_3, v_5\}$。

用同样的办法,可以求出 $v_1$ 到 $v_1$、$v_2$、$v_3$、$v_4$ 的最短路,分别为 $P_1 = \{v_1\}$,$P_2 = \{v_1, v_2\}$,$P_3 = \{v_1, v_2, v_3\}$,$P_4 = \{v_1, v_2, v_3, v_5, v_4\}$。

# 5.4 最大流问题

## ➤ 5.4.1 问题的提出和数学模型

许多系统中都涉及到流量问题,例如网络系统中有信息流、公路系统中有车辆流、金融系统中有现金流等。对于这些包含了流量问题的系统,往往需要求出其系统的最大流量。例如,某公路系统的容许通过的最大车辆数,某网络系统的最大信息流量等,以便于对某个系统加以认识并进行管理。

所谓最大流问题就是:在一个网络中,将每条边的赋权称为容量,在不超过每条边的容量的前提下,求出从起点到终点的最大流量。

**例 5-9** 某石油公司建有一个可以把石油从采地输送到不同销售点的管道网络,如图 5-16。由于管道的直径变化,使得各段管道 $(v_i, v_j)$ 的最大通过能力(容量)$c_{ij}$ 也是不一样的,$c_{ij}$ 的单位为万加仑/小时。要求制定一个输送方案,将石油从 $v_1$ 输送到 $v_6$,使得输送的石油达到最大。

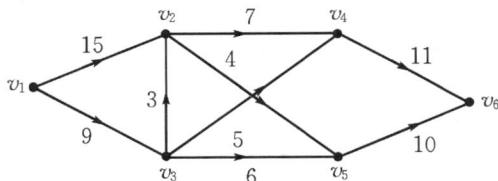

图 5-16 石油管道网络

这就是一个网络上最大流问题。实际上,最大流问题也是一个线性规划问题,可以根据线性规划建立其数学模型。

设通过边 $[v_i, v_j]$ 上的流量为 $x_{ij}$,$0 \leqslant x_{ij} \leqslant c_{ij}$,网络上的总流量为 $f$,则有

目标函数:$\max f = x_{12} + x_{13}$

$$约束条件：\begin{cases} x_{12} + x_{32} = x_{24} + x_{25} & ① \\ x_{13} = x_{32} + x_{34} + x_{55} & ② \\ x_{24} + x_{34} = x_{46} & ③ \\ x_{25} + x_{35} = x_{56} & ④ \\ x_{46} + x_{56} = x_{12} + x_{13} & ⑤ \\ x_{ij} \leqslant c_{ij} & ⑥ \\ x_{ij} \geqslant 0 \quad (i = 1,2,\cdots,5; j = 1,2,\cdots,6) & ⑦ \end{cases}$$

在这个线性规划模型中，约束条件中的①～⑤表示了网络中的流量必须满足守恒条件，起点的总流出量必须等于终点的总流入量，中间点的总流入量必须等于总流出量。约束条件中的⑥～⑦表示流过每一条边 $[v_i, v_j]$ 上的流量 $x_{ij}$ 要满足流量的可行条件，即 $0 \leqslant x_{ij} \leqslant c_{ij}$。把满足守恒条件和流量可行条件的一组网络流 $\{x_{ij}\}$ 称之为可行流，即线性规划模型的可行解；可行流中一组流量最大的网络流称之为最大流，即线性规划模型的最优解。

一般情况下，设给定的网络 $G = \{V, E\}$ 中，$v_s$ 是起点，$v_t$ 是终点，$c_{ij}$ 是边 $[v_i, v_j]$ 上的容量，则最大流问题的数学模型为：

$$\max f$$

$$s.t. \begin{cases} \sum_j x_{ji} - \sum_j x_{ij} = \begin{cases} -f & i = s \\ 0 & i \neq s,t \\ f & i = t \end{cases} \\ 0 \leqslant x_{ij} \leqslant c_{ij} \end{cases}$$

其中的 $x_{ij}$ 就是决策变量，要求求出它们的值。

## 5.4.2 基本定理

从上述数学模型已知最大流问题是一个线性规划问题，但若用单纯形法求解很麻烦，下面利用图的一些特点来推出解决这类问题的一种特殊方法，它比单纯形法更直观、方便。

为叙述方便，先介绍几个概念。

若边 $[v_i, v_j]$ 上的流量 $x_{ij}$ 满足 $x_{ij} = c_{ij}$，则称该边为饱和边，否则称为非饱和边。

若边 $[v_i, v_j]$ 上的流量 $x_{ij}$ 满足 $x_{ij} = 0$，则称该边为零流边，否则称为非零流边。

由路的概念知，一条从 $v_s$ 到 $v_i$ 的初等路 $\mu$ 是由 $v_s$ 开始的点、边序列，其中所含的点都互不相同。现在规定 $\mu$ 的正方向是从 $v_s$ 到 $v_i$。在这个规定之下，与 $\mu$ 的正方向一致的边称为前向边，记为 $\mu^+$；把与 $\mu$ 的正方向相反的边称为后向边，记为 $\mu^-$。

设 $f = \{x_{ij}\}$ 是 $G$ 中的一个可行流，$\mu$ 是一条从 $v_s$ 到 $v_i$ 的初等路，若 $\mu$ 满足：

(1)对边 $[v_i, v_j] \in \mu^+$，有 $x_{ij} < c_{ij}$，即 $\mu^+$ 上的每一条边都是非饱和边；

(2)对边 $[v_i, v_j] \in \mu^-$，有 $x_{ij} > 0$，即 $\mu^-$ 上的每一条边都是非零流边。

则称 $\mu$ 是一条关于 $f$ 的 $v_s$ 到 $v_i$ 的增广链。当 $v_i = v_t$ 时，称 $\mu$ 是一条关于 $f$ 的增广链。

下面来讨论如何判断一个可行流是最大流以及当不是最大流时如何调整流量。

**定理 5-2** 可行流 $f^* = \{x_{ij}^*\}$ 是最大流的充分必要条件是：$G$ 中不存在关于 $f^*$ 的增广链。

**证明**：必要性。用反正法，若 $f^*$ 是 $G$ 中的最大流，假设是 $\mu$ 是 $G$ 中关于 $f^*$ 的增广链，令

$$\theta_1 = \min_{[v_i,v_j]\in\mu^+} \{c_{ij} - x_{ij}^*\}$$

$$\theta_2 = \min_{[v_i,v_j]\in\mu^-} \{x_{ij}^*\}$$

$$\theta = \min\{\theta_1, \theta_2\}$$

由于 $\mu$ 是增广链,因此 $\theta > 0$。现在以 $\theta$ 为调整量,定义一个新的流 $f' = \{x'_{ij}\}$:

$$x'_{ij} = \begin{cases} x_{ij}^* + \theta & [v_i,v_j]\in\mu^+ \\ x_{ij}^* - \theta & [v_i,v_j]\in\mu^- \\ x_{ij}^* & [v_i,v_j]\notin\mu \end{cases}$$

显然,$f'$ 满足守恒条件和流量可行条件,所以 $f'$ 仍是可行流,但其值为 $f^* + \theta > f^*$,这与 $f^*$ 是最大流的假设相矛盾。所以,若 $f^*$ 是 $G$ 中的最大流,则 $G$ 中不存在关于 $f^*$ 的增广链。

由于定理中的充分性证明较为繁琐,在此从略。

依据定理 $5-2$,不但解决了一个可行流是否为最大流的判断问题,而且从定理证明的过程中可以得到寻求网络中最大流的方法,即设 $f = \{x_{ij}\}$ 是 $G$ 中的一个可行流。

(1)如果能找到一条增广链,则可以将 $\{x_{ij}\}$ 改进成一个取值更大的流。改进的方法是:在前向边上增加流量 $\theta$,在后向边上减小流量 $\theta$,最大调整量为

$$\theta_{\max} = \min\{\min_{\text{正向}}\{c_{ij} - x_{ij}\}, \min_{\text{后向}}\{x_{ij}\}\}$$

(2)如果不存在增广链,则 $\{x_{ij}\}$ 已经是最大流。

### ➢ 5.4.3　最大流的标号算法

在寻求实际问题中的最大流时,标号法就是一种逐步求增广链,并调整流量的方法,其基本思路是:从一个可行流 $f$ 出发(若网络中没有给定 $f$,则可以设 $f$ 是零流),经过标号过程和调整过程,寻找出网络最大流。标号法的具体步骤是:

(1)为网络分配一个初始可行流 $\{x_{ij}\}$,标在图中各边旁的〇内。

(2)寻求增广链。

首先,给 $v_s$ 赋以标号 $(0, +)$,这时,$v_s$ 成为已标号而未检查的点,其余各点都是未标号点;

然后,对网络中各未标号点进行标号。一般地,取一个已标号而未检查点 $v_i$,对所有的未标号点 $v_j$ 可按照下列做法进行标号:

第一步,考察所有以 $v_i$ 为起点的各边 $[v_i, v_j]$,若 $[v_i, v_j]$ 上满足 $x_{ij} < c_{ij}$,且 $v_j$ 未标号,则给 $v_j$ 赋以标号 $(i, +)$,$v_j$ 成为已标号而未检查点;

第二步,再考察所有以 $v_i$ 为终点的边 $[v_k, v_i]$,若 $[v_k, v_i]$ 上满足 $x_{ki} > 0$,且 $v_k$ 未标号,则给 $v_k$ 赋以标号 $(i, -)$,$v_k$ 成为已标号而未检查点。

做完这两步后,$v_i$ 成为已标号点。重复上述过程,一旦 $v_t$ 被标上标号,则表明得到了一条从 $v_s$ 到 $v_t$ 的增广链 $\mu$,转入下一步的调整过程。

若所有的标号已经检查过,而标号过程进行不下去的时候,则算法结束,这时的可行流 $\{x_{ij}\}$ 就是所要求的最大流。

(3)调整 $\{x_{ij}\}$。

首先,在增广链 $\mu$ 上确定出最大调整量:$\theta_{\max} = \min\{\min_{\text{前向}}\{c_{ij} - x_{ij}\}, \min_{\text{后向}}\{x_{ij}\}\}$

其次,在 $\mu$ 上调整 $\{x_{ij}\}$,令

$$x'_{ij} = \begin{cases} x_{ij} + \theta & [v_i, v_j] \in \mu^+ \\ x_{ij} - \theta & [v_i, v_j] \in \mu^- \\ x_{ij} & [v_i, v_j] \notin \mu \end{cases}$$

此时,得到一条新的可行流 $f' = \{x'_{ij}\}$。抹去所有标号,转入(2),寻求新的增广链。

**例 5 - 10**　用标号法求图 5 - 16 所示的网络的最大流。

解:第一轮:

①先为网络分配一个初始可行流,见图 5 - 17,图中画圈数字表示流量,其中 $f = 13$。

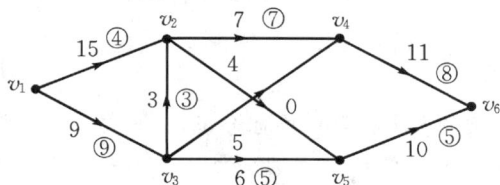

图 5 - 17　初始可行流

②寻找增广链。

首先,给 $v_1$ 以标号 $(0, +)$,对 $v_1$ 进行检查,以 $v_1$ 为起点的边有 $[v_1, v_2]$ 和 $[v_1, v_3]$,在 $[v_1, v_2]$ 上有 $x_{ij} < c_{ij}$,则给 $v_2$ 以标号 $(1, +)$,$v_2$ 成为已标号而未检查点,如图 5 - 18 所示;

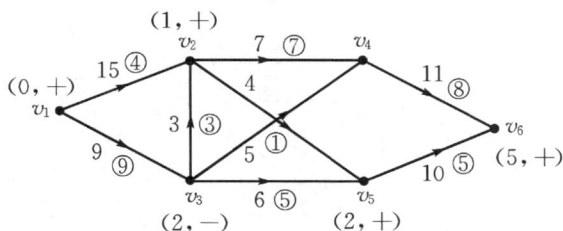

图 5 - 18　标号

其次,对 $v_2$ 进行检查,以 $v_2$ 为起点的边有 $[v_2, v_4]$ 和 $[v_2, v_5]$,在 $[v_2, v_5]$ 上有 $x_{ij} < c_{ij}$,则给 $v_5$ 以标号 $(2, +)$,以 $v_2$ 为终点的边有 $[v_3, v_2]$,满足 $x_{ki} > 0$,则给 $v_3$ 赋以标号 $(2, -)$,这样,$v_3$、$v_5$ 都是已标号而未检查点。

接着,在 $v_3$、$v_5$ 中任选其一,比如取 $v_5$ 进行检查,发现 $v_6$ 可得标号 $(5, +)$。至此终点 $v_6$ 已获得标号,可立即用反向追踪法找出增广链,即有 $v_1 \to v_2 \to v_5 \to v_6$。

③在增广链上调整流量。

此时,增广链上都是前向边,则 $\theta = \min\{15-4, 4-0, 10-5\} = 4$,对增广链上的各边流量增加 $\theta$,可得一个新可行流,调整完毕,如图 5 - 19 所示。

第二轮:

①首先,给 $v_1$ 以标号 $(0, +)$,对 $v_1$ 进行检查,以 $v_1$ 为起点的边有 $[v_1, v_2]$ 和 $[v_1, v_3]$,在 $[v_1, v_2]$ 上有 $x_{ij} < c_{ij}$,则给 $v_2$ 以标号 $(1, +)$,$v_2$ 成为已标号而未检查点;

其次,对 $v_2$ 进行检查,以 $v_2$ 为起点的边有 $[v_2, v_4]$ 和 $[v_2, v_5]$,这两条边都不满足 $x_{ij} <$

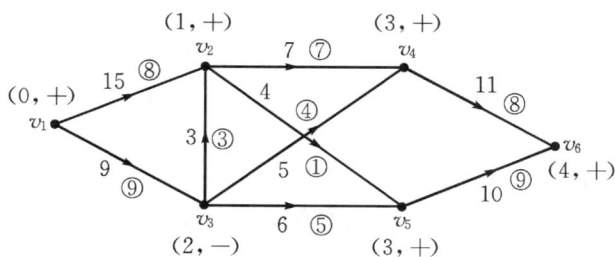

图 5-19　新可行流

$c_{ij}$。以 $v_2$ 为终点的边有 $[v_3, v_2]$，满足 $x_{ki} > 0$，则给 $v_3$ 赋以标号 $(2, -)$，这样，$v_3$ 是已标号而未检查点。

接着，对 $v_3$ 进行检查，发现 $v_4$、$v_5$ 都可得标号 $(3, +)$。在 $v_4$、$v_5$ 中任选其一，如取 $v_4$ 进行检查，发现 $v_6$ 可得标号 $(4, +)$。由于终点 $v_6$ 已获得标号，可用反向追踪法找出增广链，即有 $v_1 \rightarrow v_2 \rightarrow v_3 \rightarrow v_4 \rightarrow v_6$，其中 $[v_3, v_2]$ 是后向边。

②在增广链上调整流量，此时

$$\theta_1 = \min\{15 - 8, 5 - 1, 11 - 8\} = 3$$

$$\theta_2 = \min\{3\} = 3$$

$$\theta = \min\{3, 3\} = 3$$

对增广链上的前向边流量增加 $\theta$，对后向边流量减少 $\theta$，可得一个新可行流，调整完毕，如图 5-20 所示。

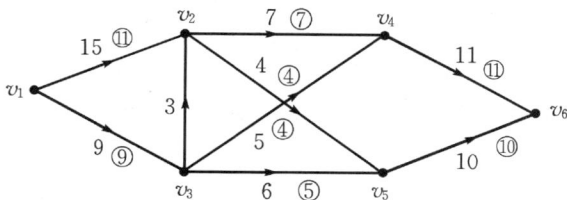

图 5-20　新可行流

第三轮：

在图 5-20 中，给 $v_1$ 标号并检查后，可给 $v_2$ 以标号 $(1, +)$，但在检查 $v_3$，$v_4$，$v_5$ 时，再不能得到新的标号，即标号过程无法继续不下去，所以，当前可行流 $\{x_{ij}\}$ 就是最大流，最大流量 $f_{\max} = 11 + 9 = 20$。

# 5.5　最小费用最大流问题

## ➤ 5.5.1　问题的提出

在上一节对网络最大流问题的研究中，只考虑了网络中各个流的流量，并没有考虑各个流的费用问题。但在实际工作中，有时要求同时考虑费用问题，即当最大流不唯一时，在这些最

大流中求出一个 $f$，使 $f$ 的总费用达到最小，这种问题称为最小费用最大流问题。

设网络 $G = \{V, E\}$ 中的每条边 $[v_i, v_j]$ 不仅具有一定的容量 $c_{ij}$，而且有确定的单位运价 $b_{ij}$，$b_{ij}$ 可以代表费用、时间、距离等，也称它为 $[v_i, v_j]$ 上的单位流量的费用。最小费用最大流问题的数学模型可以描述为：

$$\min_{f \text{为最大流}} b(f) = \sum_{[v_i, v_j] \in E} b_{ij} x_{ij}$$

$$\max f$$

$$s.t. \begin{cases} \sum_j x_{ji} - \sum_j x_{ij} = \begin{cases} -f & i = s \\ 0 & i \neq s, t \\ f & i = t \end{cases} \\ 0 \leqslant x_{ij} \leqslant c_{ij} \end{cases}$$

求解最小费用最大流问题的基本思路是：找出从 $v_s$ 到 $v_t$ 的费用最小的增广链。在该增广链上，找出最大调整量 $\theta$，并调整流量，得到一个可行流。如果此时可行流的流量等于最大流量，则当前流就是最小费用最大流，否则应继续调整。

首先，当沿着一条关于可行流 $f$ 的增广链 $\mu$，以 $\theta$ 调整 $f$，得到新的可行流 $f'$ 时，$b(f)$ 比 $b(f')$ 增加多少？可以看出：

$$b(f') - b(f) = \left[ \sum_{\mu^+} b_{ij} (x'_{ij} - x_{ij}) - \sum_{\mu^-} b_{ij} (x'_{ij} - x_{ij}) \right]$$

$$= \theta \left[ \sum_{\mu^+} b_{ij} - \sum_{\mu^-} b_{ij} \right]$$

其中，$\left( \sum_{\mu^+} b_{ij} - \sum_{\mu^-} b_{ij} \right)$ 表示将 $f$ 调整成 $f'$ 时，沿 $\mu$ 增加单位流量所需的费用，把它称为这条增广链 $\mu$ 的费用。

其次，研究如何寻找费用最小的增广链。在增广链 $\mu$ 上，若把 $\mu^-$ 中的边 $[v_i, v_j]$ 反向，并且令它的权是 $-b_{ij}$，而 $\mu^+$ 中的边方向不变，并且令它的权是 $b_{ij}$，那么，改变后的 $\mu$ 就是一条路，该路的权恰好是增广链 $\mu$ 的费用 $\left( \sum_{\mu^+} b_{ij} - \sum_{\mu^-} b_{ij} \right)$。这样，就把求最小费用增广链的问题转化成了一个求从 $v_s$ 到 $v_t$ 的最短路问题。

为了具体实现将最小费用增广链问题转化成一个从 $v_s$ 到 $v_t$ 的最短路问题，需要对网络进行改造，形成一个辅助网络图 $w(f) = (V, E')$。

辅助网络图 $w(f)$ 的顶点与原来网络图 $G$ 的顶点相同，但把 $G$ 中的每条边和边上的权按下列规则改造：

（1）若 $x_{ij} = 0$，则 $[v_i, v_j] \in E'$，并令 $w_{ij} = b_{ij}$，即原边不变；

（2）若 $x_{ij} = c_{ij}$，则 $[v_j, v_i] \in E'$，并令 $w_{ji} = -b_{ij}$，即把 $v_i$ 到 $v_j$ 的边改造成方向相反的另一条边；

（3）若 $x_{ij} < c_{ij}$，则 $[v_i, v_j]$，$[v_j, v_i] \in E'$，并令 $w_{ij} = b_{ij}$，$w_{ji} = -b_{ij}$，即把 $v_i$ 到 $v_j$ 的边改造成方向相反的两条边；

这样，在 $G$ 中求关于 $f$ 的最小费用增广链，就等价于在 $w(f)$ 中求从 $v_s$ 到 $v_t$ 的最短路。

## ➤ 5.5.2 最小费用最大流算法

综上所述，整个问题求解的步骤可以归纳如下：

(1)取 $k=0$，$f^{(0)}=0$，即以 0 流作为初始可行流。

(2)对于当前可行流，构造其辅助网络图 $w(f^{(k)})$。

(3)采用最短路算法，在辅助网络图 $w(f^{(k)})$ 中求出从 $v_s$ 到 $v_t$ 的最短路。若不存在最短路，则 $f$ 就是最小费用最大流，算法结束；若存在最短路，记为 $\mu$，则 $\mu$ 是原网络中的一个增广链，转入下一步。

(4)在增广链 $\mu$ 上调整流量，调整量为 $\theta=\min\{\min\limits_{前向}\{c_{ij}-x_{ij}^{(k)}\}, \min\limits_{后向}\{x_{ij}^{(k)}\}\}$，于是得到一个新的可行流：

$$f^{(k+1)}=\begin{cases} f^{(k)}+\theta & [v_i,v_j]\in\mu^+ \\ f^{(k)}-\theta & [v_i,v_j]\in\mu^- \\ f^{(k)} & [v_i,v_j]\notin\mu \end{cases}$$

令 $k=k+1$，转入步骤(2)。

**例 5 - 11** 求图 5 - 21 中网络从 $v_s$ 到 $v_t$ 的最小费用最大流，图中边上的数字表示 $(b_{ij}, c_{ij})$。

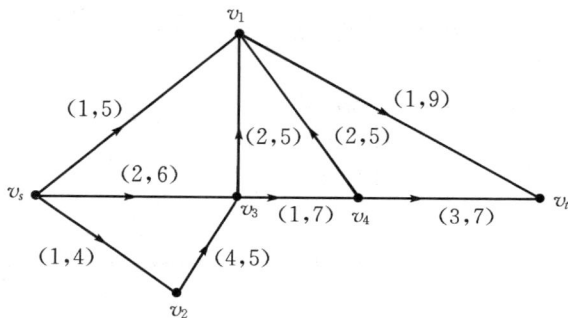

图 5 - 21

解：(1)以 0 流作为初始可行流，即取 $k=0$，$f^{(0)}=0$。

(2)构造辅助网络图 $w(f^{(0)})$，并采用最短路算法求出从 $v_s$ 到 $v_t$ 的最短路 $(v_s,v_1,v_t)$，如图 22(a)所示（双箭线即为最短路）；

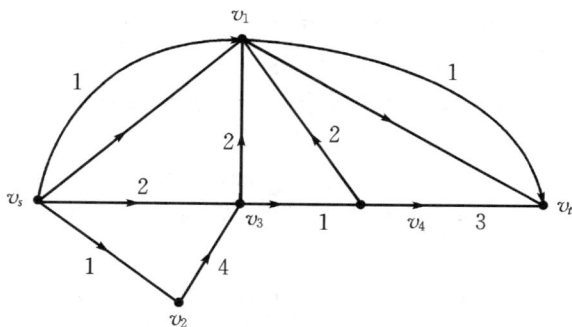

图 5 - 22(a)　$f^{(0)}$ 中最短路

(3)在原网络中得到与这条最短路相应的增广链 $\mu=(v_s,v_1,v_t)$。在 $\mu$ 上进行调整，

$$\theta=\min[5,9]=5$$

于是得到一条新的可行流 $f^{(1)}$ ，如图 5-22(b)所示；

　　(4)构造新的辅助网络图 $w(f^{(1)})$ ，并求出从 $v_s$ 到 $v_t$ 的最短路 $(v_s, v_3, v_1, v_t)$ ，如图 5-22 (c)所示；

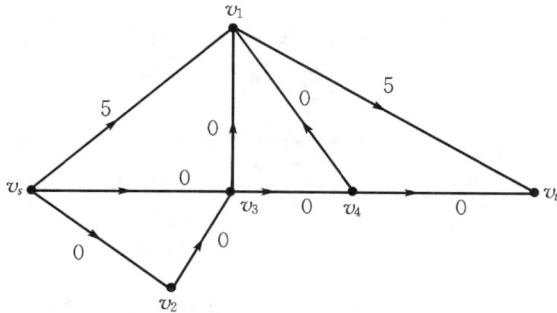

图 5-22(b)　可行流 $f^{(1)}$

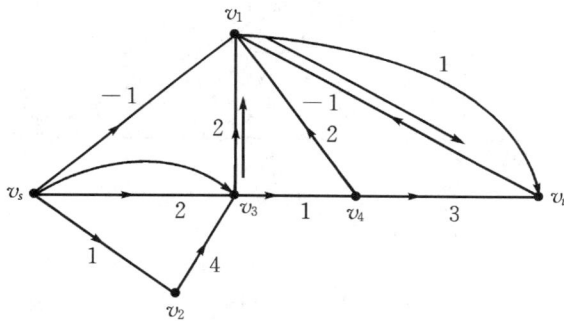

图 5-22(c)　$wf^{(1)}$ 中最短路

　　(5)在原网络图中找到相应的增广链 $\mu = (v_s, v_3, v_1, v_t)$ ，并在 $\mu$ 上进行调整，

$$\theta = \min[6, 5, 4] = 4$$

于是得到一条新的可行流 $f^{(2)}$ ，如图 5-22(d)所示；

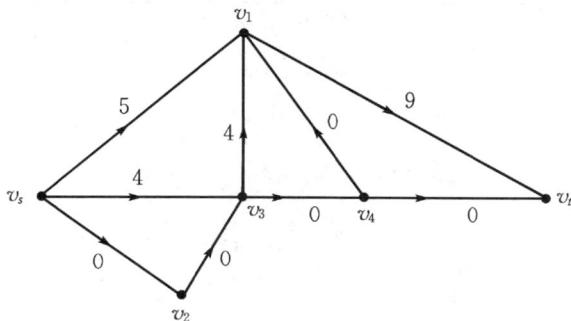

图 5-22(d)　可行流 $f^{(2)}$

（6）重复上述步骤依次得到可行流 $f^{(2)}, f^{(3)}, f^{(4)}$ 以及构造出的相应辅助网络图 $w(f^{(2)})$, $w(f^{(3)}), w(f^{(4)})$，如图（e）～（i）。

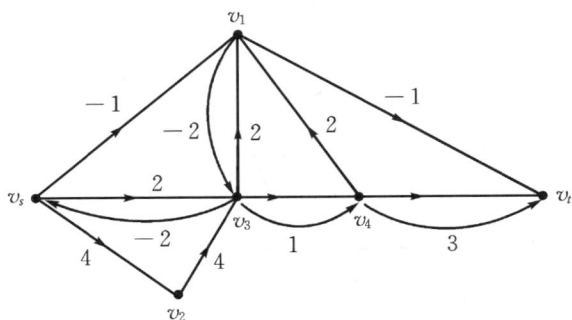

图 5-22(e)　$wf^{(2)}$ 中最短路

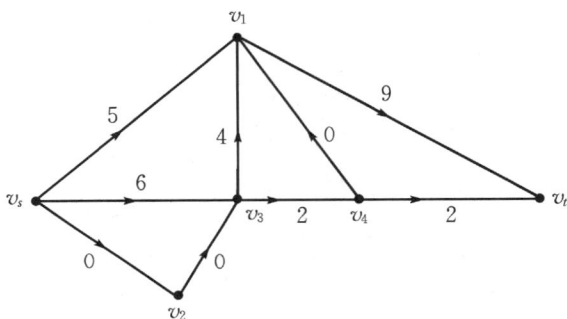

图 5-22(f)　可行流 $f^{(3)}$

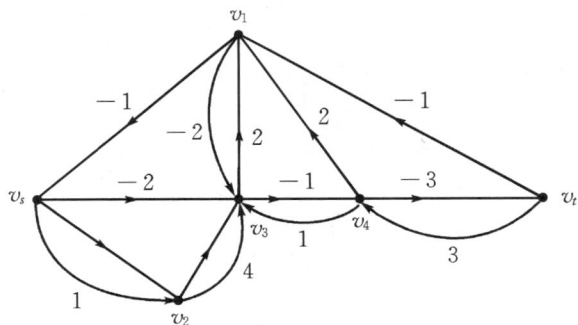

图 5-22(g)　$wf^{(3)}$ 中最短路

在图 $w(f^{(4)})$ 中，可以看到已不存在从 $v_s$ 到 $v_t$ 的最短路，所以 $f^{(4)}$ 即为所要寻找的最小费用最大流。

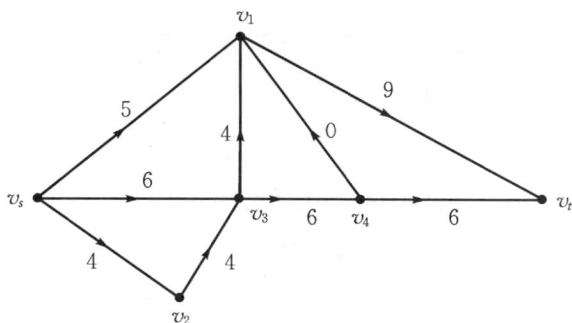

图 5-22(h)　可行流 $f^{(4)}$

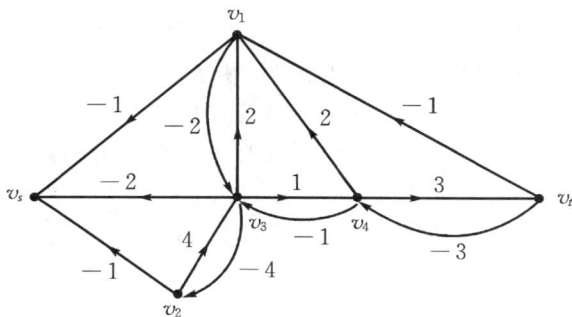

图 5-22(i)　$wf^{(4)}$ 中最短路

# 5.6　网络计划技术

## ▷ 5.6.1　网络图

所谓网络计划,就是用网络分析的方法编制计划。网络计划具有方法简便、易学易用等优点,采用网络计划技术,对于缩短工期、提高工效、降低成本、合理使用资源等方面,都有良好的效果,特别适用于生产技术复杂、工作项目繁多且联系紧密的一些跨部门的工作计划的编制。

网络计划技术的基础工作是绘制网络图。网络是具有一个发点和一个收点的赋权有向图,为此,首先必须将计划中的有关要素、各项活动的先后次序和相互关系描述出来。

**例 5-12**　某公司决定生产一种新产品,从产品设计到调试生产整个过程中的各个工序与其所需时间以及它们之间的相互衔接关系如表 5-2 所示。现要求根据表 5-2 绘制出一张反映这种新产品生产全过程的网络计划图。

表 5-2　产品网络计划

| 工序代号 | 工序内容 | 所需时间(天) | 紧前工序 |
| --- | --- | --- | --- |
| $a$ | 产品设计 | 60 | / |
| $b$ | 产品试制 | 45 | $a$ |

| $c$ | 下料、锻件 | 10 | $a$ |
| $d$ | 工装制造 | 20 | $a$ |
| $e$ | 资金筹措 | 40 | $a$ |
| $f$ | 木模、铸件 | 18 | $c$ |
| $g$ | 机械加工 | 30 | $d$ |
| $h$ | 外购零配件 | 15 | $d,e$ |
| $i$ | 装配 | 25 | $g$ |
| $j$ | 调试 | 35 | $b,i,f,h$ |

在网络计划图中,用网络中的一条边来表示一道工序,工序是指为完成整个工程在工艺技术和组织管理上相对独立的工作或活动;用点表示事项,是一个或多个工序的开始或结束,是相邻工序在时间上的分界点。一项工程由若干个工序组成。每道工序都需要一定的时间以及人力、物力等资源;用边上的权表示为完成某道工序所需要的时间或资源等数据。

两个点和一条边表示一道确定的工序。例如,图 5 - 23 中 1→2 表示一道确定的工序 $a$。一般的,称工序 $i \rightarrow j$ 开始的点 $i$ 为箭尾事项,工序结束的点 $j$ 为箭头事项。

图 5 - 23　工序

为正确反映工程中各个工序之间的相互关系,在绘制网络图时,应遵循以下规则:

(1)方向与结点编号。网络图是有向图,按照工艺流程的顺序,规定工序从左向右的排列。

(2)紧前工序与紧后工序。如果工序 $b$ 必须在工序 $a$ 结束后才能开始,则工序 $a$ 称为是工序 $b$ 的紧前工序,工序 $b$ 称为是工序 $a$ 的紧后工序。任一工序的紧前工序可以有多个,紧后工序也可以有多个。

绘制网络图时,要特别注意紧前工序与紧后工序的联结,有时还需要引入虚工序来表示这些相邻工序之间的衔接关系。虚工序是不存在的虚设的工序,它不需要时间和人力、物力等资源,用一条有方向的虚线来表示。如 $i \text{------} \rightarrow j$,它仅表示相邻工序的紧前紧后关系。图5-24中,工序 $a,b$ 是工序 $c$ 的紧前工序。

(3)平行作业和交叉作业。几道作业同时进行,称为平行作业。两件或两件以上的作业交叉进行,称为交叉作业。

(4)网络图是一个简单图。在一张网络图上,只能有一个始点表示工程的开始和一个终点表示工程的结束,分别记作 $v_s$ 和 $v_t$。当工程开始或结束时,若几个平行工序不能用一个始点或终点表示时,可用虚工序将它们与这个虚设的始点或虚设的终点连接起来。

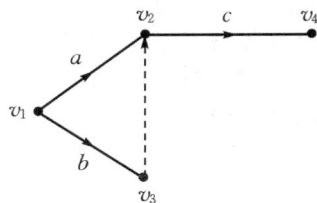

图 5 - 24　虚工序

既非始点又非终点的点既表示上一道(或若干道)工序的结束,又表示下一道(或若干道)工序的开始。除始点、终点外,其他各个点的前后都应有边连接,即图中不能有缺口,从始点经任何路线都可以到达终点。否则,将使某些工序失去与其紧后(或紧前)工序应有的联系。

在网络图中不能有回路,否则将使组成回路的工序进入循环状态,永远也不能结束,进而工程也无法完工。

既然是简单图,两点之间就只能有一条边,不能出现多重边的现象,即相邻的两个点之间只能表示一道工序,否则将造成逻辑上的混乱。

(5)网络图的分解和综合。根据网络图的不同需要,一个工序所包括的工作内容可多可少,即工序综合程度可高可低。一般情况下,工程总指挥部制订的网络计划是统筹全局的,因而是工序综合程度较高的网络图,称为母网络。下一级部门则根据母网络的要求,为本部门制订应完成的工序综合程度较低的网络图,称为子网络。将母网络分解为若干个子网络,称为网络图的分解;而将若干个子网络合并为一个母网络,则称为网络图的综合。

此外,为了使网络图清楚和便于在图上填写有关时间和资源等一些数据,在绘制边时,应该尽量用水平线或具有一段水平线的折线表示。

**例 5－13**　根据表 5－2 中的数据,绘制出一张反映这种新产品生产全过程的网络计划图。

解:根据表 5－2,绘制网络图如图 5－25 所示。点①～⑧分别表示某一工序的开始和某紧前工序的结束,边分别表示新产品生产全过程所需要的 10 道工序 $a,b,\cdots,j$。边上的权值表示为完成该道工序所需要的时间。

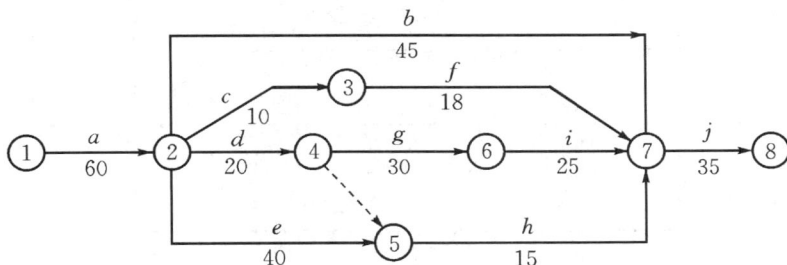

图 5－25　网络计划图

## ➤5.6.2　作业时间

画出网络图后,下一步就是要计算各项活动的作业时间。各项活动的作业时间是通过各个节点的时间参数来表示的,所以计算作业时间的关键是学会计算节点的时间参数。

作业时间计算的主要内容包括:各项工序最早开始、最早结束、最迟开始、最迟结束时间;事项的最早(开始)时间和最迟(结束)时间;关键路线的时间计算;非关键路线上的时差等。

(1)事项和工序的最早时间。

事项 $i$ 的最早时间 $T_E(i)$ 表示从结点 $i$ 发出的各项工序能最早开始的时间。$T_E(i)$ 是从始点① 开始的,按照编号从小到大的顺序,逐个计算,直至终点 $n$ 为止。

对于工序而言,任何一个工序都必须在其紧前工序结束后才能开始,因而紧前工序最早结束时间即为工序最早可能开始时间,简称为工序最早开始时间,用 $T_{ES}(i,j)$ 表示,它等于事项 $i$ 的最早时间,即 $T_{ES}(i,j) = T_E(i)$。而工序最早结束时间 $T_{EF}(i,j)$ 是工序最早可能结束时间的简称,它等于工序最早开始时间加上该工序所需时间 $t_{ij}$,即 $T_{EF}(i,j) = T_{ES}(i,j) + t_{ij}$。事项最早时间的计算和活动最早时间的计算是相互穿插进行的。

下面以图 5-25 来介绍其计算方法。

首先从网络的发点开始，按顺序计算出每个工序的最早开始时间和最早结束时间。如工序 $a$ 最早开始时间 $T_{ES}=0$，所需时间 $t_{12}=60$，可知工序 $a$ 的最早结束时间 $T_{EF}=0+60=60$。我们在网络的弧 $a$ 的上面，字母 $a$ 的右边标上这对数据，如图 5-26 所示。

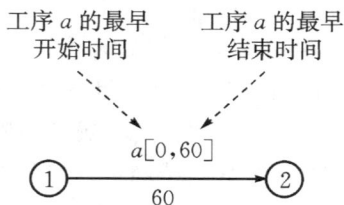

图 5-26

同样，在图 5-25 中，工序 $h$ 的最早开始时间应取工序 $d$ 和 $e$ 的最早结束时间中的最后时间，即在 80 与 100 中取最大者 100，而其最早结束时间 $T_{EF}=T_{ES}+t_{57}=100+15=115$。故在边 $h$ 上标以 $[100,115]$，如图 5-27 所示。

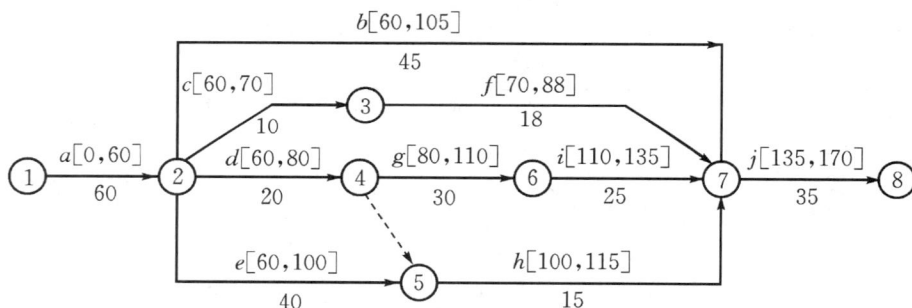

图 5-27

(2)事项和工序的最迟时间。

最迟时间包括事项的最迟时间 $T_L(i)$、工序的最迟开始时间 $T_{LS}(i,j)$ 和最迟结束时间 $T_{LF}(i,j)$。

事项 $i$ 的最迟时间 $T_L(i)$，表示进入该结点的各项工序最迟都必须结束的时间。和最早时间相反，最迟时间从终点开始计算，逐个往前，直到始点为止。为了尽量缩短工程的完工时间，把终点事项的最早时间作为其最迟时间，即令

$$T_L(n)=T_E(n)$$

事项 $i$ 的最迟时间也等于事项 $j$ 的最迟时间减去工序 $(i,j)$ 所需时间 $t_{ij}$，当箭尾事项同时引出两个箭线时，该箭尾事项的最迟时间必须同时满足这些工序的最迟开始时间。所以，在这些工序最迟必须开始时间中选一个最早时间。在一般情况下，便有下列公式：

$$T_L(n)=T_E(n)$$
$$T_L(i)=\min_j\{T_L(j)-t_{ij}\} \qquad 对所有的工序工序(i,j),\quad i=n-1,\cdots,s$$

对于工序而言,在不影响工程最早结束时间的条件下,工序最迟必须结束的时间,简称为工序最迟结束时间,用 $T_{LF}(i,j)$ 表示。它等于工序的箭头事项的最迟时间,即 $T_{LF}(i,j) = T_L(j)$。而工序最迟必须开始的时间,简称为工序最迟开始时间,用 $T_{LS}(i,j)$ 表示。它等于工序最迟结束时间减去工序所需时间 $t_{ij}$ ,即

$$T_{LS}(i,j) = T_{LF}(i,j) - t_{ij}$$

以图 5-25 来介绍其计算方法。如工序 $b$ 的 $T_{LF}$ 的值是从其紧后工序 $j$ 的 $T_{ES}$ 值得到的,即工序的 $b$ 的 $T_{LF} = 135$,而工序 $b$ 的 $T_{LS}$ 值为 $T_{LF} - t_{27} = 135 - 45 = 90$。于是,在边 $b$ 下面 45 的右边标以 $[90,135]$,如图 5-28 所示。

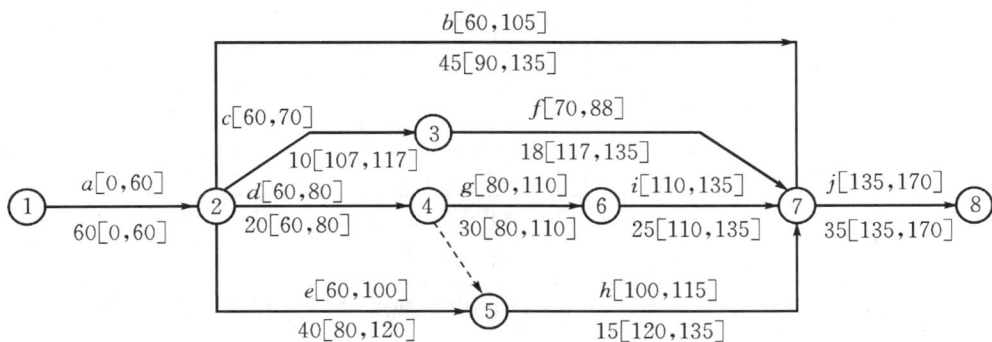

图 5-28

(3)时差和关键路线。

在不影响工程最早结束的条件下,把工序最早开始(或结束)时间可以推迟的时间,称为该工序的时差,用 $TE(i,j)$ 表示,则

$$TE(i,j) = T_{LS}(i,j) - T_{ES}(i,j)$$
$$= T_{LF}(i,j) - T_{EF}(i,j)$$

在网络计划图中,由于要干完所有工序就必须走完所有的线路,而很多工序可以同时进行,所以网络中最长的路线就决定了完成整个工程所需的最少时间,它就等于完成这条线路上的各个工序的时间之和。在此把这条线路称为关键路线,其他的路线称为非关键路线,关键路线之所以关键是因为缩短了完成这条线路上的各个工序的时间之和,由此就缩短了整个工程的完成时间。关键路线上的各个工序称为关键工序,其它的工序称为非关键工序。

不难证明,时差为零的工序就是关键工序,表明该工序的开始和结束的时间没有一点机动的余地。因此,确定关键路线最常用、最方便的一种方法就是通过计算工序的时差。

如在图 5-28 中,对工序 $b$ 来说,其时差为:

$$TE = LS - ES = 90 - 60 = 30$$

这就是说工序 $b$ 可以推迟 30 天开始(在 60 天至第 90 天之间的任何时间开始),它不至于影响整个工程的最早结束时间。这样可知工序 $b$ 是非关键工序。

而对工序 $g$ 来说,其时差为

$$TE = LS - ES = 80 - 80 = 0$$

这就是说工序 $g$ 的提前与推迟开始(或结束)都会使整个工程最早结束时间提前或推迟,这样可知工序 $g$ 是关键工序。

将各工序的时差以及其他信息构成作业时间表,如表 5-3 所示。

表 5-3  作业时间表

| 工序 | 最早开始时间 ($T_{ES}$) | 最晚开始时间 ($T_{LS}$) | 最早完成时间 ($T_{EF}$) | 最晚完成时间 ($T_{LF}$) | 时差 ($T_{LS}-T_{ES}$) | 是否为关键工序 |
|---|---|---|---|---|---|---|
| a | 0 | 0 | 60 | 60 | 0 | 是 |
| b | 60 | 90 | 105 | 135 | 30 | 否 |
| c | 60 | 107 | 70 | 117 | 47 | 否 |
| d | 60 | 60 | 80 | 80 | 0 | 是 |
| e | 60 | 80 | 100 | 120 | 20 | 否 |
| f | 70 | 117 | 88 | 135 | 47 | 否 |
| g | 80 | 80 | 110 | 110 | 0 | 是 |
| h | 100 | 120 | 115 | 135 | 20 | 否 |
| i | 110 | 110 | 135 | 135 | 0 | 是 |
| j | 135 | 135 | 170 | 170 | 0 | 是 |

这样就找到了一条由关键工序 $a,d,g,i,j$ 依次连成的从发点到收点的关键路线。

## 5.6.3  网络优化

利用前面的方法,绘制网络图、计算作业时间和确定关键路线,得到的只是一个初始网络计划方案。但在实际问题中,通常要求从时间、费用、资源等多种目标来对初始方案进行调整与完善,这些工作就称为网络优化。

从综合考虑时间、资源等目标来看,在编制网络计划时,为了使工程进度与资源利用都得到合理安排,通常可以采取以下做法:

(1)优先安排关键工序所需的资源;

(2)利用时差,把非关键工序的时间进行适当调整,拉平资源需要量的高峰。

(3)统筹兼顾工程进度和现有资源的限制,往往要经过多次综合平衡,才能得到比较合理的计划方案。

**例 5-14**  在例 5-13 中,若有 65 个工人去完成工序 $d,f,g,h,i$,并假定这些工人可以完成这五个工序中的任一个工序,$d,f,g,h,i$ 各工序所需的工人人数及各工序开始时间、所需时间及时差如表 5-4 所示,试寻求一个时间—资源协调的优化方案。

表 5-4  各工序所需数据

| 工序 | 需要工人人数 | 最早开始时间 | 所需时间 | 时差 |
|---|---|---|---|---|
| d | 58 | 60 | 20 | 0 |
| f | 22 | 70 | 18 | 47 |
| g | 42 | 80 | 30 | 0 |
| h | 39 | 100 | 15 | 20 |
| i | 26 | 110 | 25 | 0 |

解：假设上述工序都按最早开始时间安排，那么从第 60 天至第 135 天的 75 天里，所需的工人人数如图 5-29 所示。

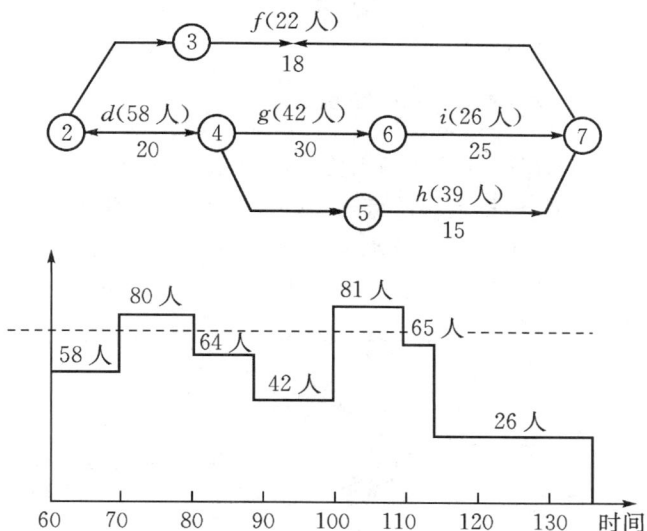

图 5-29

在图 5-29 的上半部中，工序代号后括号内的数字是所需工人人数，→·←表示非关键工序时差长度。图 5-29 的下半部表示从第 60 天至 135 天内的 75 天里所需的工人数，这样的图一般称为资源负荷图。

从图中可看到，一方面在第 70 天至第 88 天和从第 100 天至第 110 天这两段时间内，需要工人数达到 80 与 81 人，远超过了现有工人人数；另一方面在第 90 天至第 100 天和第 115 天至 135 天所需工人数仅有 42 人和 26 人，远远少于现有工人数，这种安排的资源负荷是不均匀的、不合理的。

若各工序都按最晚开始时间安排，那么在第 117 天至第 135 天时期内需要工人数为 87 人，也大大超过了现有工人数。

因此，应该优先安排关键工序所需的工人，再利用非关键工序的时差，错开各工序的开始时间，从而拉平工人需要量的高峰。经过调整，让非关键工序 f 从第 80 天开始，工序 h 从第 110 天开始，这样，就找到了一个时间—资源优化的方案，如图 5-30 所示，

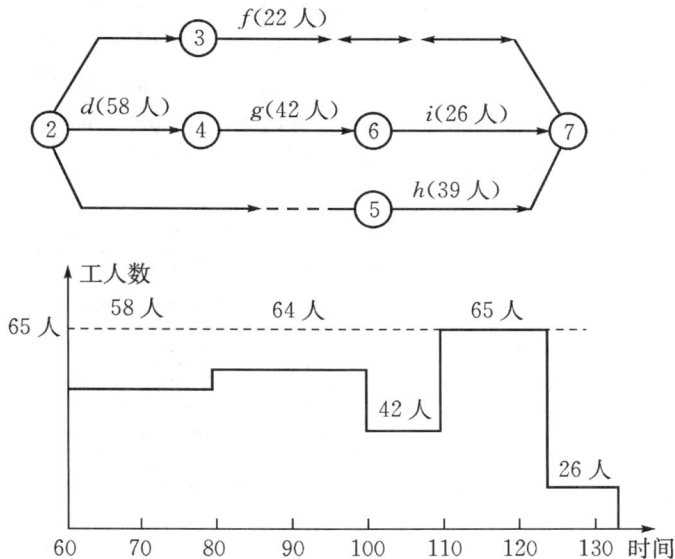

图 5-30　时间—资源优化方案

167

即在不增加工人的情况下可保证工程按期完成。

## 5.7 案例分析

### ➤ 5.7.1 通讯电缆自动充气站选址问题

电缆的气压维护是保障通讯完好畅通的重要手段,某通讯公司结合电缆分布情况,经实地测量分析,决定建立 14 个测试点,每个测试点安装一个传感器,以获得相应的遥测数据。按照技术要求,还需要建立一个自动充气站。经初步分析,选定 3 个测试点为备选自动充气站,如图 5-31 所示,图中各边上的数字代表两点间的距离。(单位:百米)

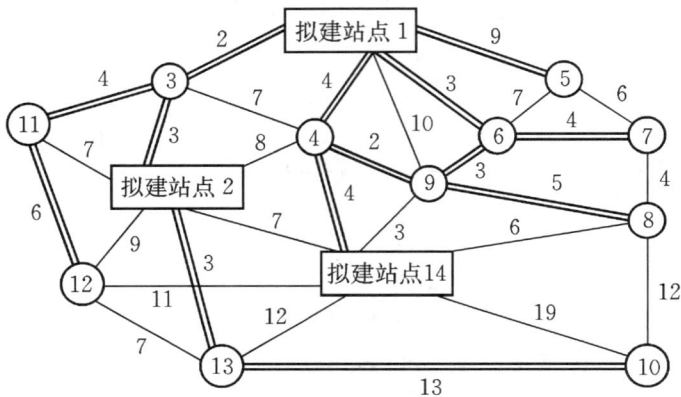

图 5-31 电缆分布网络图

已知建立遥测点每 100 米的造价是 1200 元,试确定自动充气站的位置,使得总造价最小。这是一个以充气站为起点,到达各个遥控点的总线路最短的问题。

图 5-31 所示的网络中共有 14 个节点,以拟建站点 1 为出发点,用 D 氏标号法求该点到各点的最短路。经计算可知,若在第一节点 $v_1$ 处建立自动充气站,则从 $v_1$ 到各个节点的最短路线和最短路长如图 5-32 所示,相应线路在图 5-31 中用双线标出。

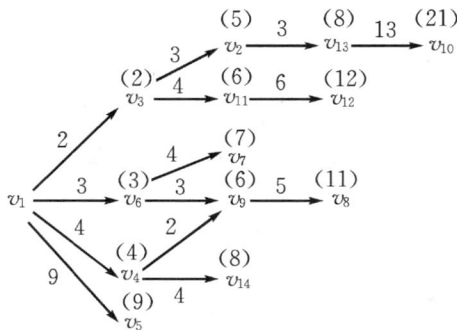

图 5-32 从 $v_1$(拟建站点 1)到各点的最短路线和最短路长

其中,箭线边的数字为相应节点间的距离,节点上括号内的数字为点 $v_1$ 到该点的最短路长。将所需修建的遥测点线路长度相加,总长为 $63×100$ 米,按每百米造价 1200 元计算,总造价为 75600 元。

若以拟建站点 2 或 14 为出发点,进行同样的计算,结果分别是:需修建线路总长 $77×100$ 米、总造价 92400 元或需修建线路总长 $74×100$ 米、总造价 88800 元。经比较,可采用在节点 1 修建自动充气站的方案。

在实际工作中,原计划要进行一周的调查、定线工作,现经计算并结合现场情况略加修正,仅用一天半的时间就确定了方案,费用比原计划至少节省了 16800 元,且缩短了工期,提前使自动充气站投入运行。

## ➤ 5.7.2　某工厂运输网络问题的诊断及改进

$v_1,v_2,v_3$ 为某工厂下属三个分厂所在地。已知三个分厂的产品生产能力各为 40、20、10 个单位,产品每天均需运往车站仓库 $v_t$。现有的运输网络如图 5-33 所示,箭线边的数字为相应运输线路的日运输能力。由于目前的运输网络不能保证每天将所有的产品及时运送到仓库,试分析原因何在,并给出改进方案。

为了改善目前的运输状况,该厂计划在车站新建一个仓库 $v'_t$,并考虑开通 $v_4 \to v'_t$,$v_4 \to v_5$ 或 $v_5 \to v_4$ 的单方向行驶运输道路(图 5-33 中虚线所示),对于新开通的运输通道,如何确定运输能力才能保证每天将所有的产品及时运送到车站仓库?单行道方向如何确定?通过分析计算,对该厂改善运输状况的计划作简单评论,并提出一些有益的设想和建议。

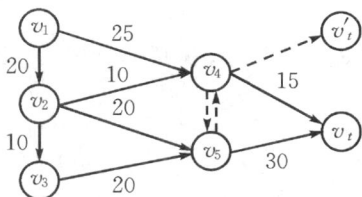

图 5-33　运输网络

要分析目前的运输网络不能保证每天将所有的产品及时运送到仓库的原因,问题归结为:究竟是属于调度不合理还是运输网络现有的运输能力不足的问题。前者是管理问题,后者是硬件设施问题。事实上可以把问题抽象成一个网络最大流问题,相应线路上的运输能力相当于容量,对当前的容量网络,可以用网络最大流算法求出最大流流量,如果该最大流流量大于等于三个分厂每天总的生产能力,那么现在的问题就是调度不合理的管理问题,反之如果该最大流流量小于三个分厂每天总的生产能力,那么问题就出在硬件设施上,应当考虑改善运输网络,增加网络的容量。

三个分厂都可以看做源点,是一个多起点的最大流问题,增加一个虚设源点,将问题变成一个单起点最大流问题,将三个分厂的生产能力分别作为相应线路的容量,构成图 5-34 所示网络。

为了计算方便,将结点 $v_s,v_1,\cdots,v_5,v_t$ 依次编号为 $1,2,\cdots,6,7$,然后用最大流标号法求解。

计算结果显示,其最大流量为 45 个单位。三个分厂的生产能力合计为 $40+20+10=70$ 个单位,因此,该网络不能保证每天将所有产品及时运到车站仓库。要解决现存的问题,必须

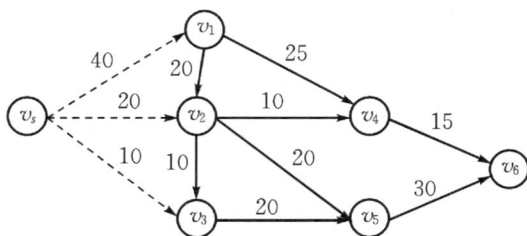

图 5-34　转化后的单起点容量网络

从硬件设施上扩大运输网络的容量。

按计划在车站新建一个仓库 $v'_t$，并考虑开通 $v_4 \rightarrow v'_t$，$v_4 \rightarrow v_5$ 或 $v_5 \rightarrow v_4$ 的单方向行驶运输道路，则该网络变成具有三个源点、两个汇点的容量网络。增加一个虚设源点和一个虚设汇点，并将结点重新编号，得到图 5-35 所示的容量网络。

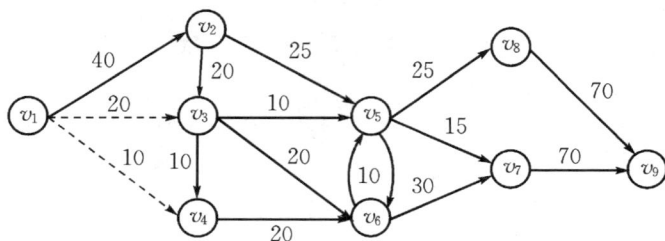

图 5-35　增加虚设源点、汇点后的容量网络

再用最大流标号法求解，结果显示，其最大流量达到了 70 个单位。去除虚设源点和汇点，可画出最大流图如图 5-36。

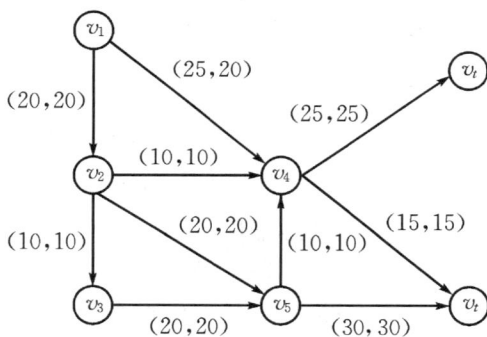

图 5-36　最大流图

根据图 5-36，新增 $v_4$ 到新建仓库 $v'_t$ 的道路容量设计不低于 25 个单位，同时开通从 $v_5$ 到 $v_4$ 的单向车道，设计容量不低于 10 个单位即可满足运输要求。届时，一分厂 40 个单位产品中 20 个单位直接运送到 $v_4$，20 个单位运送到二分厂；二分厂本身生产的 20 个单位加上一分厂调运的 20 个单位共 40 个单位产品，将其中一半运往 $v_5$，其余产品给 $v_4$ 和三分厂各调运 10 个单位，其他线路上的调运量见图 5-36 括号中第二个数字，括号中第一个数字为相应线路(边)的容量。这样总的调运量达到 70 个单位(最大流流量)，可以保证所有产品每天及时运送到车站仓库。

从图 5-36 还可以看到,除 $v_1$ 到 $v_4$ 这条线路不饱和(尚有 5 个单位的余量),其余所有线路均已饱和,即已较为充分地利用了现有的运输设施,新增路线也是刚好能满足要求。倘若从发展的角度看,应根据生产的发展情况在设计时要留有扩展的余地,同时考虑成本的要求;另外当增加虚设源点、汇点和新增路线时,对所增加的线路容量设置不同的值,结果会有相应的变化,这些问题留给有兴趣的读者作进一步讨论。

# 小结与展望

本章介绍了图的一些基本概念;研究了网络最优化的 4 个基本问题,即最小树问题、最短路问题、最大流问题和最小费用最大流问题的基本理论和求解算法;讨论了网络计划的编制以及网络优化的方法;给出了网络最优化的应用案例。对最小树问题,给出了破圈法和添边法两种求解方法;对最短路问题,提出了 Dijkstra 算法和动态规划算法;对最大流问题,在建立其数学模型的基础上,着重讨论了最大流的标号算法;对最小费用最大流问题,基于在寻找最大流的算法过程中考虑费用最小费用的基本思想,提出了相应的最小费用最大流算法。

近几十年来,由于计算机技术的发展和许多离散化问题的出现,使得图与网络的理论及其应用得到飞速发展,在组合数学、地图着色、情报检索、可靠性理论、通讯网络的设计分析、电力网络分析、信号流图与反馈理论、印刷线路板设计、人工智能、故障诊断等众多领域都得到了大量应用。图与网络不但能应用于自然科学,而且也能应用于社会科学,例如语言学、社会管理、经济学等方面。目前随着信息科学与网络技术的迅速发展,图与网络理论将会在越来越多的领域取得丰硕的成果。

# 习题 5

1. 用破圈法求图 5-37 的最小树,并计算其权数。
2. 用添边法求图 5-37 的最小树。

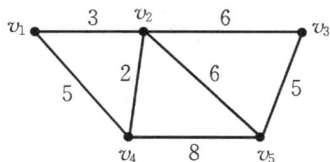

图 5-37

3. 某工厂拟将其 6 个车间连接成一个局域网,这个网络可能连通的途径如图 5-38 所示,已知每条线路的长,求使总线路长度最短的连接方案。

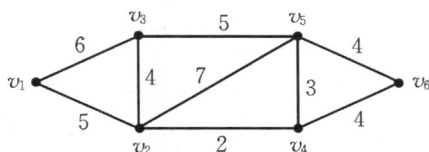

图 5-38

4.试找出图 5-39 中从 $v_1$ 到各点的最短路。

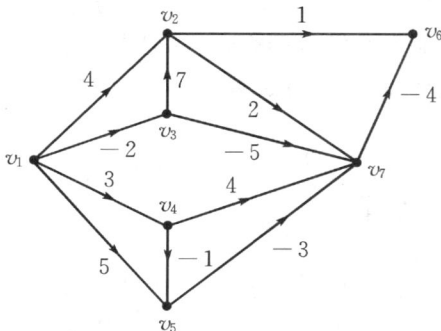

图 5-39

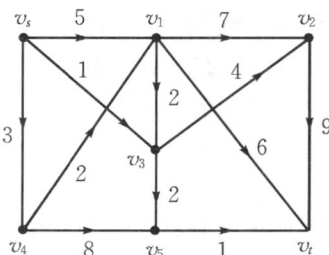

图 5-40

5.图 5-40 是一个公路交通网,边上的数字表示走这条路所需要的费用,有一批货物要从 $v_s$ 运到 $v_t$,试问走哪一条路比较合算?

6.某公司得悉有一种销路极好的新产品,而且该公司也正在研制类似的产品。为了提早研制出产品,创先占领市场,获得最大利润,该公司还有四个阶段的工作要做。为了加快进度,公司在每一阶段上还可采用"正常"、"优先"或"应急"三种态度,它们所需的时间(月)和费用(百万元)见表 5-5:

表 5-5 各阶段时间和费用表

| | 剩余时间 | | 试制 | | 工艺设计 | | 生产调拨 | |
|---|---|---|---|---|---|---|---|---|
| | 时间 | 费用 | 时间 | 费用 | 时间 | 费用 | 时间 | 费用 |
| 正常 | 6 | 2 | | | | | | |
| 优先 | 4 | 3 | 3 | 2 | 6 | 4 | 2 | 1 |
| 应急 | 2 | 5 | 2 | 4 | 4 | 5 | 1 | 3 |

若公司决定在这种产品上仅投资 1000 万元,那么在资金有限的条件下,应采取什么措施才能使产品上市时间最短?把此问题化成最短路问题,并求此问题的最优方案。

7.求图 5-41 所示的网络中从 $v_s$ 到 $v_t$ 的最大流。

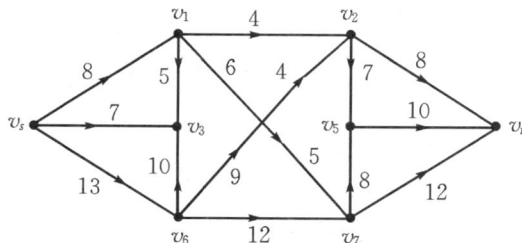

图 5-41

8.有两口油井经管道将油输送到脱水处理厂,中间需要经过几个泵厂,如图 5-42 所示。已知各个管道通过的最大能力(吨/小时),求每小时从油井输送到脱水处理厂的最大流?

9.某高校要招收数学、英语、管理、生物化学、医学这五方面的教师各一人,有五个人应聘。

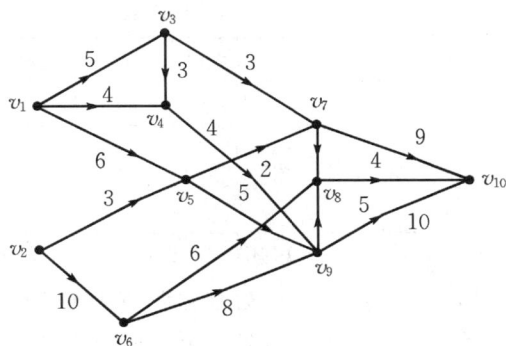

图 5 - 42

已知甲能教数学，甲、乙、丙、丁能教英文，乙和丁能教管理，甲和戊能教生物化学，丙和戊能教医学，请问这五人是否都能得到聘书，招聘后每人从事哪一方面的教学工作？若不是，最多几人能得到聘书？

10. 求图 5 - 43 中从 $v_s$ 到 $v_t$ 的最小费用最大流，边上的数字为（$b_{ij}$，$c_{ij}$）。

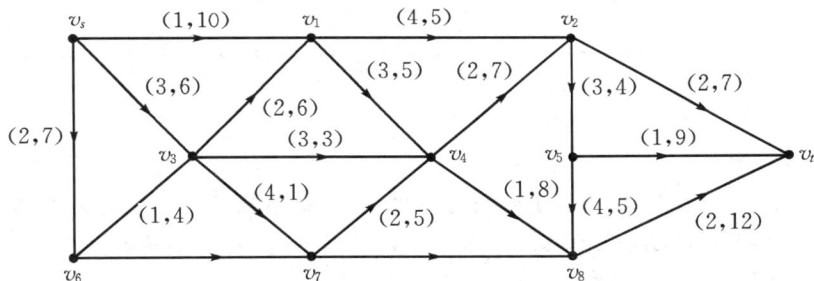

图 5 - 43

11. 表 5 - 6 给出了某运输问题的产销平衡及单位运价表，试将此问题转化为最小费用最大流问题，画出网络图，并进行求解。

表 5 - 6　产销平衡及单位运价表

|  | 1 | 2 | 3 | 4 | 产量 |
|---|---|---|---|---|---|
| A | 18 | 23 | 10 | 17 | 10 |
| B | 26 | 25 | 16 | 20 | 8 |
| C | 25 | 17 | 18 | 15 | 15 |
| 销量 | 6 | 8 | 8 | 5 | |

12. 某家小工厂根据合同要求从当年起连续三年在每年末提供 60 箱货物。已知该厂这三年内生产货物的能力及每件货物所需的成本，如表 5 - 7 所示。

表 5-7 货物成本表

| 年度 | 正常时间可完成的数量 | 加班可完成的数量 | 每项货物的生产成本（万元） |
|---|---|---|---|
| 1 | 50 | 25 | 200 |
| 2 | 65 | 25 | 300 |
| 3 | 65 | 30 | 300 |

已知加班生产时，每箱货物的生产成本要比正常生产时高 6 万元。若生产出来的货物在当年没有交，而积压到下年，则每年它所需要的存储费为 4 万元。在签订合同时，该工厂已积压了 15 箱货物，而且该厂还希望在第三年末完成合同时还能留 10 箱作为备用。试问该厂应如何安排每年的生产数量，在满足以上各项要求的条件下，使得总费用最少？

13. 有一项加工任务由 $a, b, \cdots, l$ 十二道工序完成，各工序之间其紧前紧后关系以及作业时间如表 5-8 所示：

表 5-8 各工序之间紧前紧后关系及作业时间表

| 工序代号 | $a$ | $b$ | $c$ | $d$ | $e$ | $f$ | $g$ | $h$ | $i$ | $j$ | $k$ | $l$ |
|---|---|---|---|---|---|---|---|---|---|---|---|---|
| 作业时间 | 8 | 5 | 6 | 7 | 10 | 6 | 5 | 8 | 4 | 7 | 3 | 5 |
| 紧后工序 | $c,d$ | $e,f,g$ | $k$ | $h$ | $h$ | $i,j$ | $j$ | $k$ | $l$ | $l$ | / | / |

(1) 绘制网络图；

(2) 确定关键路线。

14. 思考讨论题：

(1) 在一个网络图中，如果工序时间是随机变量，试问此时如何定义和确定一个关键工序？

(2) 最小费用最大流问题的实质是当最大流不唯一时，在这些最大流中求一个费用最小的流。试问：能否判别最大流的唯一性。

(3) 试比较最短路的一般算法与关键路线法。在绘制网络图时要求没有回路，试问：当有回路时会出现什么情况？

(4) 在最大流问题中，若将目标函数改为 min，此时称为最小费用问题，试考虑求最大流的方法是否适用于最小费用问题？

# 第6章

## 排队论

排队论(queuing theory),又称随机服务系统理论,它是研究系统随机聚散现象和随机服务系统工作过程的数学理论和方法。本章内容分为六个小节。第一节阐述了排队系统的概念、特征和所研究的问题;第二节至第四节详细地介绍了几种常见的排队系统模型,包括单服务台指数分布模型、多服务台指数分布模型和一般服务时间系统模型;第五节讨论了排队系统的优化问题;本章最后给出了一个排队问题的案例,说明排队问题的建模和求解过程。

本章的要点包括排队系统的特征和研究的问题,排队系统建模思路,排队系统数量指标的求解和应用,排队系统的优化。

## 6.1 排队系统的特征与基本排队系统

### ▷6.1.1 排队系统及其组成

排队系统中有两个基本概念:一是需求;二是服务。把提出需求的对象称为"顾客",不管对象是人、物,还是信息;把实现服务的设施称为服务机构。顾客和服务机构组成一个排队系统。

图6-1给出一个排队系统的简单示意图。

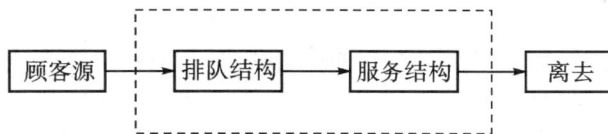

图6-1 排队系统

一般的排队系统都有三个基本组成部分:输入过程、排队规则、服务机构。

**1. 输入过程**

输入过程讨论的是顾客按怎样的规律到达。要完全描述一个输入过程需要三个方面的内容:

(1)顾客的总体数或顾客源数。这是指可能到达服务机构的顾客总数。顾客总数可能是有限,如工厂内出现故障待修的机器数显然是有限的;也可能是无限的,如到达某商店的顾客相当多,可以近似地看作是无限的。

（2）顾客到达的类型。这里指顾客是单个到达,还是成批到达。如病人到医院看病是顾客单个到达的;而在库存问题中,将进货看作是顾客,那么这种顾客则是成批到达的。

（3）顾客相继到达的时间间隔分布。顾客相继到达服务台,从表面上看是杂乱无章的,其实,常常服从某种统计规律,如定长分布（$D$）,负指数分布（$M$）,$K$ 阶爱尔朗分布（$E_k$）等。

**2. 排队规则**

排队规则研究的是顾客接受服务的先后次序问题,可分以下几种情形来讨论:

（1）损失制。顾客到达时,如果所有的服务台都正被占用,而顾客随即离去,不再接受服务,这种情况称为损失制,因为这将失去许多顾客。

（2）等待制。顾客到达时,如果所有的服务台都正被占用,而顾客排队等待服务。在等待制中,根据对顾客服务的先后次序的规则,又可分为先到先服务、后到先服务、随机服务、有优先权的服务等。

①先到先服务（FCFS）。先到先服务是按顾客到达的先后次序接受服务,这是最普遍的情形。例如,自由买票窗口就是按顾客到达的先后次序服务的。

②后到先服务（LCFS）。后到先服务是指后到达的顾客先接受服务。如堆积存放的钢板,在需要时,总是先从最上面取出使用;又如在通信系统中,后到的信息,一般比先到的有价值,因而是后到先服务。

③随机服务（SIRO）。随机服务是服务员不管顾客到达的先后次序,从等待的顾客中随机地选取某一顾客进行服务。如电话交换台接通市内电话的呼叫,乘客在停车场上随机选乘一辆出租车等,都是一种随机服务。

④优先权服务（PR）。优先权服务是指进入排队系统的顾客有不同的优先权。具有较高优先权的顾客将先于具有较低优先权的顾客接受服务,而不管其到达的先后次序。如病情严重的病人到医院将优先于一般病人得到治疗,加急电报将优先于普通电报译送等,这些都是优先权服务的例子。

此外,从占有的空间来看,有的排队系统要规定容量的最大限度。如理发店里由于可供顾客等待的座位有限,旅馆里可供住宿的房间也是有限的,所以允许排队的顾客数是有限的,这就规定了容量的最大限度,而有的系统就没有这种限制。

从排队队列的数目来看,队列可以是单列,也可以是多列。

（3）混合制。混合制是损失制和等待制的结合,有以下两种:

①队长有限制。由于空间的限制,有的系统要规定容量,当顾客排队等待服务的人数超过规定容量时,后来的顾客便会自动离去。

②排队等待时间有限制。顾客因某种原因,在队列中等待服务的时间有限。如果等待时间过长,顾客就会离队而去。

**3. 服务机构（又称服务台）**

服务机构的特征主要包括:服务台数目和服务时间的分布。在多个服务台时,是串联还是并联;对顾客是逐个进行服务还是成批服务。服务时间所遵循的分布有:定长分布（$D$）,指数分布（$N$）,$K$ 阶爱尔朗分布（$E_k$）,一般服务（$G$）等。

上述排队系统的特征可以有许多的组合,从而形成不同的排队模型,为了讨论问题的方便,对排队系统的描述采用如下形式:

$$[A/B/C]:[D/E/F]$$

其中，$A$——顾客到达排队系统的时间间隔分布；

　　$B$——服务时间的分布；

　　$C$——服务台数（或服务通道数），（$C=1,2,\cdots n$）；

　　$D$——排队系统的容量，即系统中允许的最大顾客数 $\{N,\infty\}$；

　　$E$——顾客源的总体数目 $\{m,\infty\}$；

　　$F$——服务规则 $\{FCFS,LCFS,SIRO,PR\}$。

　　例如，$[M/M/1]:[\infty/\infty/FCFS]$表示这样一种排队系统，顾客到达为泊松过程（见6.1.3），服务时间服从负指数分布。只有一个服务台，系统容量无限，顾客源无限，先到先服务，这是最简单的最常见的排队系统。

## ▶ 6.1.2　排队系统研究的问题

　　对于一个排队系统来说，如果服务机构过小，以致不能满足众多顾客的需要，那么就会产生拥挤现象，而使服务质量降低。因此顾客总体上希望服务机构越大越好，但如果服务机构过大，人力、物力等方面的开支也就相应增加，从而造成浪费。排队论研究的目的就是要在顾客和服务机构的规模之间进行协调，权衡决策使其达到合理的平衡状态。为此排队系统研究的问题大体分为三类：

　　**1. 数量指标的研究**

　　系统数量指标的研究旨在了解系统的基本特征，其主要的数量指标如下：

　　（1）队长——系统内顾客数的期望值（$L$）。

　　系统内顾客数的期望值即系统内的平均顾客数，是指任意时刻等待服务和正在接受服务的顾客数之和。这是一个随机变量，当然是希望确定它的分布，或至少知道它的平均值及有关的矩（如方差等）。队长分布是服务员和顾客共同关心的一个指标，特别是对服务系统的设计者来说更为重要，因为知道了队长分布，就能计算队长超过某个数的概率，据此考虑是否改变服务方式，确定合理的等待时间。

　　（2）列长（$L_q$）——系统中排队顾客数的期望值，即排队等待服务顾客数的期望值。

　　（3）顾客在系统内停留时间的期望值（$W$）。

　　顾客在系统内停留时间包括顾客在系统内排队等待时间和服务时间。

　　（4）顾客在系统内等待时间的期望值（$W_q$）。

　　这是顾客最关心的指标，从顾客到达时刻起到开始接受服务时刻止，这段时间叫等待时间，是个随机变量。

　　除了以上四个最重要的指标外，以下几个指标也有重要参考价值。

　　（5）忙期分布。

　　从顾客到达空闲服务机构起到服务机构再次变为空闲止，这段时间是服务机构连续工作的时间，叫做忙期。忙期是一个随机变量，忙期分布则是服务员关心的数量指标，关系到服务员的工作强度。

　　（6）服务设备利用率。

　　服务设备利用率是指服务设备工作时间占总时间的比率，是衡量服务设备工作强度、磨损和疲劳程度的指标，应该在服务系统的设计阶段研究确定。

(7)顾客损失率。

由于服务能力不足而造成顾客损失的比率叫做顾客损失率。顾客损失率过高就会使服务系统的利润减少,所以采用损失制的系统都很重视对这一问题的研究。

**2. 统计问题的研究**

对现实的系统建立数学模型时,其中的统计问题是一个有机的组成部分,包括对现实数据的处理以及研究相继到达的时间间隔是否独立分布,研究分布类型及有关参数如何确定,研究服务时间与到达时间间隔之间的独立性,以及服务时间分布等问题。

**3. 最优化问题**

这类问题涉及到排队系统的设计、控制以及系统有效性的度量。

常见的系统最优设计问题是,在输入和服务参数给定的条件下,确定系统特性指标。例如,在 $[M/M/C]$ 模型中,给定到达率 $\lambda$ 和服务率 $\mu$,如何设置服务台数目 $C$,使得某种指标(愿望指标、费用指标等)达到理想状态。

在动态控制问题中,系统运行的某些特征量可以随时间或状态而变化。例如系统的服务率可以随顾客数的改变而改变。动态控制模型大体研究两类问题:一类是根据系统的实际情况,假定一个合理的或实际可行的控制策略,然后分析系统,确定系统运行的最佳参数。例如,$M/M/C$ 系统采用这样的服务策略。当队长达到 $a$ 时,增加一个服务台,而一旦队长小于 $a$ 时再消去所增加的服务台,对于某个确定的目标函数,确定某个最佳的 $a$ 值;另一类问题是对一个具体的系统研究一个最佳的控制策略。

## ▶ 6.1.3 排队论中常见的几种理论分布

**1. 泊松分布**

设 $N(t)$ 表示在时间区间 $[0,t]$ 内到达的顾客数 $(t>0)$,令 $p_n(t_1,t_2)$ 表示在时间区间 $[t_1,t_2]$ $(t_2>t_1)$ 内有 $n(\geqslant 0)$ 个顾客到达的概率,即

$$p_n(t_1,t_2) = p\{N(t_2) - N(t_1) = n\} \quad (t_2 > t_1, n \geqslant 0)$$

当 $p_n(t_1,t_2)$ 满足下列三个条件时,称为顾客到达服从泊松分布。泊松分布具有如下三个特性:

(1)无后效性。在不相重叠的时间区间内顾客到达的数目是相互独立的,即对于任一组 $t_1 < t_2 < \cdots < t_n(n \geqslant 3)$,$N(t_2) - N(t_1)$,$N(t_3) - N(t_2)$,$\cdots N(t_n) - N(t_{n-1})$ 是相互独立的。

(2)平稳性。对充分小的 $\Delta t$ 在时间区间 $[t, t + \Delta t]$ 内有一个顾客到达的概率与 $t$ 无关,而约与区间长 $\Delta t$ 成正比,即

$$P_1(t, t + \Delta t) = \lambda \Delta t + 0(\Delta t)$$

这里 $\lambda > 0$,为常数,它表示单位时间里有一个顾客到达的概率,$0(\Delta t)$ 是 $\Delta t$ 的高阶无穷小。

(3)普遍性。对于充分小的 $\Delta t$,在时间区间 $[t, t + \Delta t]$ 内有两个或两个以上的顾客到达的概率极小,以至可以忽略不计,即

$$\sum_{n=2}^{\infty} P_n(t, t + \Delta t) = 0(\Delta t)$$

在上述条件下,可推得顾客到达数为 $n$ 的概率分布为:

$$P_n(t) = \frac{(\lambda t)^n}{n!} e^{-\lambda t} \quad (n = 0, 1, 2, \cdots, t > 0)$$

$P_n(t)$ 表示时间区间长为 $t$ 时刻到达 $n$ 个顾客的概率,而 $N(t)$ 表示在时间区间 $[0,t]$ 内到达的顾客数,对于每个给定的时刻 $t$,$N(t)$ 是一个随机变量,它们的期望、方差分别为:

$$E(N(t)) = \sum_{n=0}^{\infty} n \frac{(\lambda t)^n}{n!} e^{-\lambda t} = \lambda t \sum_{n=1}^{\infty} \frac{(\lambda t)^{n-1}}{(n-1)!} e^{-\lambda t} = \lambda t \sum_{k=0}^{\infty} \frac{(\lambda t)^k}{k!} e^{-\lambda t} = \lambda t$$

则 $\lambda = \dfrac{E(N(t))}{t}$,由此知参数 $\lambda$ 表示单位时间内到达顾客的平均数,这与单位时间里有一个顾客到达的概率是等价的。同样,$D(N(t)) = \lambda_t$。

### 2. 负指数分布

称随机变量 $T$ 服从负指数分布,如果它的分布密度是 $f(t) = \lambda e^{-\lambda t}, t \geqslant 0$,那分布函数自然为:

$$F(t) = 1 - e^{-\lambda t} \quad t > 0$$

$$E(t) = \frac{1}{\lambda}$$

$$D(t) = \frac{1}{\lambda^2}$$

负指数分布有以下两条性质:

(1)当单位时间内的顾客到达数服从以 $\lambda$ 为平均数的泊松分布时,则顾客相继到达的间隔时间 $T$ 服从负指数分布。这是因为对于泊松分布,在 $[0,t]$ 区间内至少有 1 个顾客到达的概率 $1 - P_0(t) = 1 - e^{-\lambda t}$,此概率还可表示为 $P(T \leqslant t) = 1 - e^{-\lambda t} = F(t)$,因此,相继到达的间隔时间独立且服从负指数分布,与顾客到达服从泊松分布是等价的。

(2)由条件概率的公式可知

$$p\{T > t + s \mid T > s\} = p\{T > t\}$$

这种性质为无记忆性。若 $T$ 表示排队系统中顾客到达的间隔时间,那么此性质说明,一个顾客的到来所需的时间与过去一个顾客到来所需的时间 $s$ 无关,所以这种情形下的顾客到达是纯随机的,负指数分布的这种无记忆性以后经常用到。

### 3. 爱尔朗分布

设顾客在系统内所接受服务可以分为 $k$ 个阶段,每个阶段的服务时间 $T_1, T_2, \cdots, T_k$ 为服从同一分布 $f(t) = k\mu e^{-k\mu t}$ 的 $k$ 个相互独立的随机变量,顾客在完成全部服务内容并离开系统后,另一个顾客才能进入系统服务,则顾客在系统内接受服务时间和 $T = T_1 + T_2 + \cdots + T_k$ 服从爱尔朗分布 $E_k$,其分布密度函数为:

$$f_k(t) = \frac{(k\mu)^k t^{k-1}}{(k-1)!} e^{-k\mu t} \quad (t \geqslant 0, k, \mu \geqslant 0)$$

$$E(T) = \frac{1}{\mu}$$

$$D(T) = \frac{1}{k\mu^2}$$

当 $k = 1$ 时,爱尔朗分布归结为负指数分布;当 $k \to \infty$,由 $D(T) = 0$,爱尔朗分布归结为定长分布,因而一般的爱尔朗分布是介于这两者之间的分布。

例如:如果顾客要接受串联的 $k$ 个服务台,各服务时间相互独立,且服从相同的负指数分布(参数为 $\mu$),那么,顾客接受这 $k$ 个服务台服务总共所需时间就服从爱尔朗分布。(当然,对顾客连续服务时,这里假设必须在所有 $k$ 个服务台完成对某一顾客的服务后,下一个顾客才能进入第一个服务台。)

# 6.2 单服务台指数分布排队系统

对于随机型排队系统,一般是给定顾客到达的分布形式和服务时间的分布形式,即在给定输入条件下和服务条件下研究系统的数量指标,然而,要研究系统的数量指标,首先要求解系统内有 $n$ 个顾客的概率 $P_n(n = 0,1,2 \cdots)$,然后根据概率 $P_n$ 推算这些指标。

本节将讨论顾客到达服从泊松分布,服务时间服从负指数分布的单服务台排队系统,且队列为单列。

## ➤ 6.2.1 $M/M/1/\infty/\infty$排队模型

此模型表示顾客到达的间隔时间和服务时间均服从负指数分布,只有一个服务台,顾客源和排队空间均无限,排队规则属于等待制,服务规则为先到先服务。

### 1. 系统稳态概率 $P_n$ 的计算

设在某一时刻 $t$,系统内有 $n$ 个顾客的概率为 $P_n(t)$,相应的顾客到达率为 $\lambda$,服务率为 $\mu$。当 $\Delta t$ 充分小时,在时间区间$(t,t+\Delta t)$内有一个顾客到达的概率为 $\lambda \Delta t$,有一个顾客离去的概率为 $\mu \Delta t$,有两个或两个以上的顾客到达(或离去)的概率为 $\Delta t$ 的高阶无穷小,可以忽略不计(这里是由泊松流的平衡性、普遍性所决定的),则在时间 $t+\Delta t$ 时,系统内 $n$ 个顾客的状态由以下四种方式构成:

(1)在时刻 $t$ 时有 $n$ 个顾客,在随后 $\Delta t$ 时间内没有顾客到达,也没有顾客离去;

(2)在时刻 $t$ 时有 $n-1$ 个顾客,在随后的 $\Delta t$ 时间内没有顾客离去,有一个顾客到达;

(3)在时刻 $t$ 时有 $n+1$ 个顾客,在随后的 $\Delta t$ 时间内有一个顾客离去,没有顾客到达;

(4)在时刻 $t$ 时有 $n$ 个顾客,在随后的 $\Delta t$ 时间内有一个顾客到达,同时有一个顾客离去。

各种方式所发生的概率如表 6-1 所示。

表 6-1 四种方式所发生的概率表

| 时刻 $t$ 的状态 | 概率 | $\Delta t$ 内发生的事件 | 发生的概率 |
|---|---|---|---|
| $n$ | $Pn(t)$ | 无到达,无离去 | $(1-\lambda\Delta t)(1-\mu\Delta t)$ |
| $n-1$ | $P_{n-1}(t)$ | 到达一个,无离去 | $\lambda\Delta t(1-\mu\Delta t)$ |
| $n+1$ | $P_{n+1}(t)$ | 离去一个,无到达 | $(1-\lambda\Delta t)\mu\Delta t$ |
| $n$ | $Pn(t)$ | 到达一个,离去一个 | $\lambda\Delta t \cdot \mu\Delta t$ |

由于这四种方式互不相容,故由概率的加法定律得:

$$P_n(t+\Delta t) = P_n(t) \cdot (1-\lambda\Delta t)(1-\mu\Delta t) + P_{n-1}(t) \cdot \lambda\Delta t(1-\mu\Delta t) + P_{n+1}(t) \cdot (1-\lambda\Delta t)$$
$$\mu\Delta t + Pn(t) \cdot \lambda\Delta t \cdot \mu\Delta t$$

$$\frac{dP_n(t)}{dt} = \lim_{\Delta t \to 0} \frac{P_n(t+\Delta t) - P_n(t)}{\Delta t}$$

$$= \lim_{\Delta t \to 0}(\frac{P_n(t)[(1-\lambda\Delta t)(1-\mu\Delta t)+\lambda\Delta t \cdot \mu\Delta t - 1]}{\Delta t} + \frac{P_{n-1}(t)\lambda\Delta t(1-\mu\Delta t)}{\Delta t} + \frac{P_{n+1}(t)(1-\lambda\Delta t)\mu\Delta t}{\Delta t})$$

$$= \lambda \cdot P_{n-1}(t) + \mu \cdot P_{n+1}(t) - (\lambda+\mu) \cdot Pn(t) \quad (n > 0)$$

当 $n = 0$ 时，$\dfrac{dP_0(t)}{dt} = -\lambda P_0(t) + \mu P_1(t)$，即

$$\begin{cases} \dfrac{dP_0(t)}{dt} = -\lambda P_0(t) + \mu P_1(t) \\ \dfrac{dP_n(t)}{dt} = \lambda P_{n-1}(t) + \mu P_{n+1}(t) - (\lambda + \mu) P_n(t) \end{cases} \tag{6-1}$$

这是一组差分微分方程，这组方程的解称为瞬态解。求瞬态解比较麻烦，而且所得的解也不便于应用，为此只研究稳态解。所谓稳态解，是指系统运行的时间 $t$ 充分大时所得到的解。此时系统状态的概率分布已不随时间而变化，达到了统计平衡，也就是说，在运行充分长时间以后，在任一时刻系统处于状态 $n$ 的概率为常数。比如一个理发店，早上开始营业时，可能顾客要少一些，对这个系统，就可以取营业开始一段时间后，顾客到达数比较稳定时的状态作为稳态，理发员设置多少主要是根据稳定的顾客情况来考虑的。

既然在稳态下概率分布 $P_n(t)$ 与时间无关，则 $P_n(t)$ 关于时间的变化率为 0，即对一切 $n$，都有

$$\frac{dP_n(t)}{dt} = 0$$

因为稳态与时间无关，所以用 $P_n$ 代替 $P_n(t)$，于是方程式（6-1）可以写成：

$$\begin{array}{lll} n = 0 & & 0 = -\lambda P_0 + \mu P_1 \\ n = 1 & & 0 = \lambda P_0 + \mu P_2 - (\lambda + \mu) P_1 \\ n = 2 & & 0 = \lambda P_1 + \mu P_3 - (\lambda + \mu) P_2 \\ \vdots & & \vdots \\ n = n & & 0 = \lambda P_{n-1} + \mu P_{n+1} - (\lambda + \mu) P_n \\ \vdots & & \vdots \end{array} \tag{6-2}$$

联合求解得：

$$P_1 = \frac{\lambda}{\mu} P_0$$

$$P_2 = \left( \frac{\lambda}{\mu} \right)^2 P_0$$

由于 $\displaystyle\sum_{n=0}^{\infty} P_n = 1$，得

$$p_0 + \frac{\lambda}{\mu} p_0 + \left( \frac{\lambda}{\mu} \right)^2 P_0 + \cdots + \left( \frac{\lambda}{\mu} \right)^n P_0 + \cdots = 1$$

令 $\rho = \dfrac{\lambda}{\mu}$，则上式变为

$$P_0 + \rho P_0 + \rho^2 P_0 + \cdots + \rho^n P_0 + \cdots = 1$$

即

$$P_0 (1 + \rho + \rho^2 + \cdots + \rho^n + \cdots) = 1$$

故

$$P_0 = \frac{1}{\displaystyle\sum_{k=0}^{\infty} \rho^k}$$

当 $0 \leqslant \rho < 1$ 时，$P_0 = 1 - \rho$

于是有
$$P_0 = 1 - \rho$$
$$P_1 = \rho(1 - \rho)$$
$$P_2 = \rho^2(1 - \rho)$$
$$\cdots\cdots$$
$$P_n = \rho^n(1 - \rho) \qquad (n \geqslant 1)$$

则系统的稳态解归纳为：

$$\begin{cases} P_0 = 1 - \rho & (0 \leqslant \rho \leqslant 1) \\ P_n = \rho^n(1 - \rho) & (n \geqslant 1) \end{cases} \qquad (6-3)$$

这里的 $\rho$ 有重要意义，它是相同时间间隔内顾客到达的平均数与被服务的顾客平均数之

比，即 $\rho = \dfrac{\lambda}{\mu}$，或是一个顾客的平均服务时间与顾客相继到达的平均时间间隔之比，即 $\rho = \dfrac{\frac{1}{\mu}}{\frac{1}{\lambda}}$。

$\rho$ 刻画了服务效率和服务机构利用程度，称为服务强度（在通讯领域里 $\rho$ 称为话务强度）。在推导公式中限制 $\rho < 1$，因此 $\rho = \dfrac{\lambda}{\mu} < 1$ 是系统能够到达稳定状态的充要条件。若 $\rho \geqslant 1$，即到达率大于等于服务率，对于系统容量和顾客源均无限，到达和服务又是随机的，将出现队列排至无限远，无法达到稳定状态的情形。

2. **状态转移图**

上述稳态方程式(6-2)也可以通过所谓状态转移图列出（见图 6-2），然后求解。

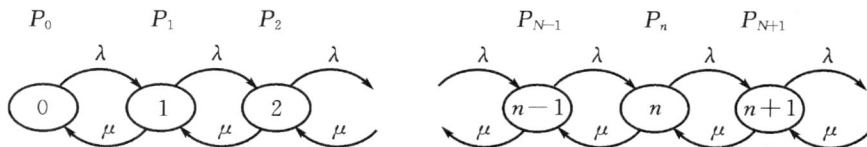

图 6-2　状态转移图(M/M/1/∞/∞型状态转移图)

图中的圆圈表示状态，圆圈中的标号 $(0,1,2,3,\cdots,n,\cdots)$ 是状态标号，它表示系统中稳定的顾客数。图中的箭头表示从一个状态到另一个状态的转移。$\lambda$ 表示由状态 $i$ 转移到 $i+1$ 的转移速度 $(i = 0,1,2,\cdots,\mu)$ 表示由状态 $j$ 转移到 $j-1$ 的转移速度 $(j = 0,1,2,\cdots)$。$P_k$ 表示系统内有 $k$ 个顾客的概率 $(k = 0,1,2,\cdots)$。系统处于稳态时，对每个状态来说，转入率应等于转出率，对于状态 $n$ 来说，转入率为 $\lambda P_{n-1} + \mu P_{n+1}$，而转出率是 $\lambda P_n + \mu P_n = (\lambda + \mu)P_n$。

因此有：　　　$\lambda P_{n-1} + \mu P_{n+1} = (\lambda + \mu)P_n$ 　　　$(n \geqslant 1)$

这个方程称为平衡方程，它和式(6-2)是等价的；而对状态 0 来说，$\lambda P_0 = \mu P_1$，它和式(6-2)的 0 状态对应的方程也等价。这就是利用状态转移图得到的稳态方程。以后的各种排队模型，都将通过状态转移图建立稳态方程来求解。

3. **系统的数量指标**

(1) 服务台空闲的概率和服务台忙的概率。

由式(6-3)可以得到服务台空闲的概率 $P_0 = 1 - \rho$，忙的概率为 $1 - P_0 = \rho$。

(2) 系统中顾客数的期望值 $L$。

系统中的顾客数是一随机变量，它的可能值为 $0,1,2,\cdots,n,\cdots$ 相应的概率为 $P_0,P_1,P_2,\cdots,P_n,\cdots$ 因而顾客数的期望值为：

$$
\begin{aligned}
L &= \sum_{k=0}^{\infty} k \cdot P_k = 0 \cdot P_0 + 1 \cdot P_1 + 2 \cdot P_2 + \cdots + n \cdot P_n + \cdots \\
&= \rho - \rho^2 + 2\rho^2 - 2\rho^3 + \cdots + n\rho^n - n\rho^{n+1} + \cdots \\
&= \frac{\rho}{1-\rho} \qquad (0 \leqslant \rho < 1)
\end{aligned}
\tag{6-4}
$$

或

$$
L = \frac{\lambda}{\mu - \lambda} \tag{6-5}
$$

(3) 排队等待服务顾客数的期望值 $L_q$。

由于是单服务台排队系统，所以当没有顾客时，自然不存在排队现象，当系统中有顾客存在时，排队等待的顾客数必定比顾客数少 1 个。如果系统只有 1 个顾客，那么排队等待的顾客数是 0；如果系统中有 $n$ 个顾客，那么排队等待的顾客数为 $n-1$，所以排队等待的顾客数的期望值为：

$$
L_q = \sum_{n=1}^{\infty} (n-1)P_n = \sum_{n=1}^{\infty} nP_n - \sum_{n=1}^{\infty} P_n = L - (1 - P_0) = L - \rho \tag{6-6}
$$

或

$$
L_q = \frac{\rho^2}{1-\rho} = \frac{\lambda^2}{\mu(\mu - \lambda)} \tag{6-7}
$$

式 (6-6) 说明，排队等待的顾客数的期望值 $L_q$ 比系统中的期望值 $L$ 少 $\rho$。当系统中有顾客时，排队等待的顾客数总是比系统中的顾客数少 1；当系统中没有顾客时，排队等待的顾客数和系统中的顾客数都为 0。系统有顾客的概率为 $\sum_{n=1}^{\infty} P_n = \rho$，所以系统中的顾客数的期望值比排队等待的顾客数的期望值大 $\rho$。

(4) 顾客在系统中排队等待时间的期望值 $W_q$。

设一个顾客进入系统时，发现他前面已有 $n$ 个顾客在系统中，则他排队等待的时间就是这 $n$ 个顾客在系统中服务时间之和，他排队等待的平均时间就是这 $n$ 个顾客的平均服务时间的总和。不管该顾客到达时，正在接受服务的顾客已经服务了多少时间，由于负指数分布的无记忆性，其剩余的服务时间服从相同的负指数分布。因此 $H_n\{$ 进入系统的顾客排队等待时间 $\mid x = n\} = \frac{n}{\mu}$，其中 $x$ 表示系统中原有顾客数。

则

$$
\begin{aligned}
W_q &= \sum_{n=0}^{\infty} H_n \cdot P_n = \sum_{n=0}^{\infty} \frac{n}{\mu} \cdot P_n = \frac{\rho(1-\rho)}{\mu} \sum_{n=0}^{\infty} n \cdot P^{n-1} \\
&= \frac{\rho(1-\rho)}{\mu} \frac{d}{d\rho}\left(\frac{1}{1-\rho}\right) = \frac{\rho}{\mu(1-\rho)} = \frac{\lambda}{\mu(\mu - \rho)}
\end{aligned}
\tag{6-8}
$$

(5) 顾客在系统中逗留时间的期望值 $W$。

顾客在系统中逗留时间是排队等待时间与服务时间之和，所以

$$W = W_q + \frac{1}{\mu} = \frac{\rho}{\mu(1-\rho)} + \frac{1}{\mu} = \frac{1}{\mu - \lambda} \tag{6-9}$$

现将本模型中最主要的四个指标公式归纳如下：

$$\begin{cases} L = \dfrac{\lambda}{\mu - \lambda} = \dfrac{\rho}{1-\rho} \\[2mm] L_q = \dfrac{\lambda^2}{\mu(\mu - \lambda)} = \dfrac{\rho^2}{1-\rho} = L - \rho \\[2mm] W_q = \dfrac{\lambda}{\mu(\mu - \lambda)} = \dfrac{\rho}{u(1-\rho)} \\[2mm] W = \dfrac{1}{\mu - \lambda} = W_q + \dfrac{1}{\mu} \end{cases} \tag{6-10}$$

不同的服务规则(先到先服务,后到先服务,随机服务),它们的不同点主要反映在等待时间分布函数不同,而期望值是相同的,上面所讨论的各种指标,因为都是期望值,所以这些指标公式对三种服务规则都适用(优先权服务除外)。

**例 6-1** 某理发店只有一个理发师,每小时平均有 4 个顾客到来,为一个顾客服务所需平均时间为 6 分钟。到达人数服从泊松分布,服务时间服从负指数分布,求:

(1)理发店空闲和忙的概率。

(2)顾客在店内平均逗留时间。

(3)顾客在店内必须消耗 15 分钟以上的概率。

(4)店内至少有一个顾客的概率。

解:依题知此题为 $M/M/1/\infty/\infty$ 型,$\lambda = 4, \mu = 10, \rho = 0.4$。

(1)理发店空闲的概率 $P_{闲} = 1 - \rho = 0.6, P_{忙} = 1 - P_{闲} = 0.4$。

(2)顾客在店内平均逗留时间 $W = \dfrac{1}{\mu - \lambda} = \dfrac{1}{6}$(小时)。

(3)由于达到间隔和服务时间均服从指数分布,所以顾客在系统内的逗留时间也服从指数分布。

已知平均逗留时间为 $\dfrac{1}{\mu - \lambda} = \dfrac{1}{6}$,则逗留时间 $T$ 的概率密度为:

$$f(t) = 6e^{-6t}, P = P\left(T \geqslant \frac{1}{4}\right) = \int_{\frac{1}{4}}^{\infty} 6e^{-6t} = 0.2331$$

(4)店内至少有一个顾客的概率相当于店内忙的概率,为 0.4。

**例 6-2** 设有一单管汽车加油站,平均 20 分钟有一辆汽车来加油,每辆汽车平均需要 15 分钟。假设此为 $M/M/1/\infty/\infty$ 型,希望有足够的停车位置给前来加油的汽车停放,要求没有位置停车的概率不超过 0.01。试问至少准备多少个汽车停车等待的位置?

解:设应准备 $N$ 个汽车停车的等待位置,依题意知:在加油站中不超过 $N+1$ 辆汽车的概率应不小于 0.99,即要求

$$\sum_{n=0}^{N+1} P_n \geqslant 0.99$$

$$\sum_{n=0}^{N+1} P_n = (1-\rho) \sum_{n=0}^{N+1} \rho^n = 1 - \rho^{N+2} \geqslant 0.99$$

取对数 $(N+2)\lg\rho \leqslant \lg 0.01 = 2$

又因为 $\qquad \lambda = \dfrac{1}{20}, \mu = \dfrac{1}{15}$，所以 $\rho = \dfrac{3}{4}, lg\rho = -0.1249$

故 $\qquad\qquad\qquad N \geqslant \dfrac{2}{0.1249} - 2 \approx 14$

即至少准备 14 个汽车停车等待位置。

4. **四个指标 $L$，$L_q$，$W$，$W_q$ 之间的关系——里特公式**（J. D. C. little）

由系统运行规律(6-10)指标公式中，可知四个数量指标 $L, L_q, W, W_q$ 均与 $\lambda, \mu$ 有关，那么这几个指标之间究竟有什么关系呢？

(1)从(6-10)式很容易得到：

$$\begin{cases} L = \lambda W \\ L_q = \lambda W_q \\ W = W_q + \dfrac{1}{\mu} \\ L = L_q + \rho \end{cases} \qquad (6-11)$$

上面四个式子称为里特公式。

排队系统中的研究都与 $L, L_q, W, W_q$ 有关，而 $W, W_q$ 的直接计算有时是比较困难的，因此通过它们之间的关系可间接求得这些指标。

(2)由于排队系统所研究的主要问题，都归结为对四个数量指标 $L, L_q, W, W_q$ 的研究，那么其它的排队系统其数量指标之间是否也具有类似于式(6-11)的关系呢？

设 $\lambda_e$ 是平均每单位时间进入系统的顾客数，称 $\lambda_e$ 为有效到达率。里特证明了在很宽的条件下，都有以下关系式：

$$W = \dfrac{L}{\lambda_e}, W_q = \dfrac{L_q}{\lambda_e}$$

如果对于不同的状态 $n$，每单位时间进入系统的顾客平均数 $\lambda_n$ 不为常数，则可用公式 $\lambda_e = \sum\limits_{n=0}^{\infty} \lambda_n P_n$，求得 $\lambda_e$。(对于 $M/M/1/\infty/\infty$ 型，由于 $\lambda_n = \lambda$ 为常数，所以 $\lambda_e = \sum\limits_{n=0}^{\infty} \lambda P_n = \lambda$)。这样里特公式就变成：

$$\begin{cases} L = \lambda_e W \\ L_q = \lambda_e W_q \\ W = W_q + \dfrac{1}{\mu} \\ L = L_q + \dfrac{\lambda_e}{\mu} \end{cases} \qquad (6-12)$$

这些公式，在以后的各种排队系统模型中均适用，只是在不同系统模型中，$L, L_q, \lambda_e$ 有不同的计算公式。

## ➤ 6.2.2　$M/M/1/N/\infty$ 排队模型和 $M/M/1/\infty/m$ 排队模型

### 6.2.2.1　$M/M/1/N/\infty$ 排队模型

上面讨论了 $M/M/1/\infty/\infty$ 排队系统的运行规律，这是在系统空间无限的前提下得到的，然而实际生活中，有些问题并非都是如此。比如大街上的自行车保管站，它所能存放车子的数量是有限的,即系统空间是有限的。一旦车牌发放完,后来的顾客就不能再进入保管站。类似于这样的问题,就是现在所要讨论的 $M/M/1/N/\infty$ 排队系统。

$M/M/1/N/\infty$ 排队系统,是顾客的到达时间间隔和服务时间均服从负指数分布,一个服务台,系统内只能容纳 $N$ 个顾客,顾客源是无限的,排队规则为混合制,服务规则为先到先服务。$M/M/1/N/\infty$ 模型示意如图 6-3 所示:

图 6-3  $M/M/1/N/\infty$ 系统模型

### 1. 系统稳定概率的计算

该模型的系统状态转移见图 6-4。

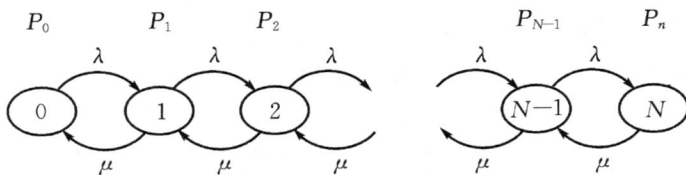

图 6-4  $M/M/1/N/\infty$ 型状态转移图

对于任一状态,转移率等于转出率,根据这一原则可得稳态方程:

$$\begin{cases} \lambda P_0 = \mu P_1 \\ \lambda P_{n-1} + \mu P_{n+1} = (\lambda + \mu) P_n \qquad (0 < n \leqslant N-1) \\ \lambda P_{N-1} = \mu P_N \end{cases}$$

仍然令 $\rho = \dfrac{\lambda}{\mu}$,并且注意到 $\sum_{i=0}^{N} P_i = 1$,解方程组得:

当 $\rho \neq 1$ 时,$\qquad P_0 = \dfrac{1-\rho}{1-\rho^{N+1}}$;$P_n = \rho^n \cdot \dfrac{1-\rho}{1-\rho^{N+1}}$ $\qquad (n \leqslant N)$

当 $\rho = 1$ 时,$\qquad P_0 = P_1 = P_2 = \cdots = P_N = \dfrac{1}{N+1}$

归纳如下:

$$P_0 = \frac{1-\rho}{1-\rho^{N+1}} \qquad (\rho \neq 1)$$

$$P_n = \rho^n \cdot \frac{1-\rho}{1-\rho^{N+1}} \qquad (\rho \neq 1, n \leqslant N) \qquad\qquad (6-13)$$

$$P_0 = P_1 = P_2 = \cdots\cdots = P_N = \frac{1}{N+1} \quad (\rho = 1)$$

这就是 $M/M/1/N/\infty$ 模型的稳态概率。

### 2. 系统的数量指标

(1)服务台闲的概率和服务台忙的概率。

由式(6-13)可以得到服务台闲的概率为 $P_0$,忙的概率为 $1-P_0$。

（2）系统中顾客数的期望值 $L$ 。

$$L = \sum_{n=0}^{N} nP_n = \rho P_0 + 2\rho^2 P_0 + \cdots\cdots + N\rho^N P_0$$

$$= \frac{\rho}{1-\rho} - \frac{(N+1)\rho^{N+1}}{1-\rho^{N+1}} \qquad (\rho \neq 1)$$

$$L = \frac{N}{2} \qquad (\rho = 1)$$

在式（6-13）中，若 $0 \leqslant \rho < 1$ 时且 $N \to \infty$，那 $L$ 值将同 $M/M/1/\infty/\infty$ 模型一样。

即

$$\lim_{\substack{N \to \infty \\ 0 \leqslant \rho < 1}} \left[ \frac{\rho}{1-\rho} - \frac{(N+1)\rho^{N+1}}{1-\rho^{N+1}} \right] = \frac{\rho}{1-\rho}$$

其余的数量指标可借助式（6-12）的里特公式求得。在有顾客数限制的系统中，系统"客满"时，新到达的顾客便不能进入系统排队，只能离去。因此，再计算有效到达率 $\lambda_e$ 时，离去的这一部分顾客到达速率为 0。

对于 $M/M/1/N/\infty$ 模型，"客满"即顾客数为 $N$ 时，有效到达率为：

$$\lambda_e = \sum_{n=0}^{N} \lambda_n P_n = \lambda \sum_{n=0}^{N-1} P_n + 0 \cdot P_N = \lambda(1 - P_N)$$

利用式（6-12）里特公式得：

$$\begin{cases} W = \dfrac{L}{\lambda_e} = \dfrac{L}{\lambda(1-P_N)} \\[3mm] L_q = L - \dfrac{\lambda_e}{\mu} = L - \dfrac{\lambda(1-P_N)}{\mu} \\[3mm] W_q = W - \dfrac{1}{\mu} = \dfrac{L}{\lambda(1-P_N)} - \dfrac{1}{\mu} \end{cases} \qquad (6-14)$$

综上所述得 $M/M/1/N/\infty$ 型的数量指标如下：

$$\begin{cases} L = \dfrac{\rho}{1-\rho} - \dfrac{(N+1)\rho^{N+1}}{1-\rho^{N+1}} \quad (\rho \neq 1) \\[3mm] L = \dfrac{N}{2} \quad (\rho = 1) \\[3mm] L_q = L - \dfrac{\lambda(1-P_N)}{\mu} \\[3mm] W = \dfrac{L}{\lambda(1-P_N)} \\[3mm] W_q = \dfrac{L}{\lambda(1-P_N)} - \dfrac{1}{\mu} \end{cases} \qquad (6-15)$$

**例6-3** 为开办一个小型汽车加油站，只设一处加油点，需要决定等待汽车使用场地的大小，设需要加油的汽车到达为泊松过程，平均每 4 分钟到达 1 辆，加油时间服从指数分布，平均每 3 分钟完成 1 辆。如果要求因等待场地不足而转向其他加油站的汽车占需加油汽车的比例接近 7% 时，应修建几辆汽车使用场地？

解：依题意知 $\lambda = 15, \mu = 20, \rho = \dfrac{3}{4}$，并设应修建 $N$ 辆汽车使用场地，

由公式知 $\qquad\qquad\qquad\qquad P_0 = \dfrac{1-\rho}{1-\rho^{N+1}}$

又因为转向其他加油站的汽车数与到达加油汽车的比例为 $\dfrac{\lambda - \lambda_e}{\lambda}$，而

$$\lambda_e = \lambda(1 - P_N) = \mu(1 - P_0)$$

所以

$$\frac{\lambda - \lambda_e}{\lambda} = \frac{\lambda - \mu(1 - P_0)}{\lambda}$$

计算结果如表 6-2 所示，由此可知应修建 5 辆汽车使用场地。

表 6-2　计算结果

| N | 1 | 3 | 5 | 6 |
|---|---|---|---|---|
| $P$ | 0.571 | 0.366 | 0.304 | 0.288 |
| $\dfrac{\lambda - \lambda_e}{\lambda}$ | 0.428 | 0.155 | 0.072 | 0.051 |
| 百分比 | 42.8% | 15.5% | 7.2% | 5.1% |

### 6.2.2.2　$M/M/1/\infty/m$ 排队模型

$M/M/1/\infty/m$ 排队系统是系统空间有限而顾客源无限的一种排队系统，但是，有些问题并非是顾客源无限的，典型的例子是机器故障维修问题，由于机器的数量有限，所以顾客源是有限的。

$M/M/1/\infty/m$ 排队系统，是顾客的到达时间间隔和服务时间均服从负指数分布，一个服务台，顾客源有限，排队规则为等待制，服务规则为先到先服务。此排队系统的主要特征是顾客总数是有限的，每个顾客来到系统中接受服务后仍回到原来的总体，还有可能再来。$M/M/1/\infty/m$ 排队系统如图 6-5 所示。

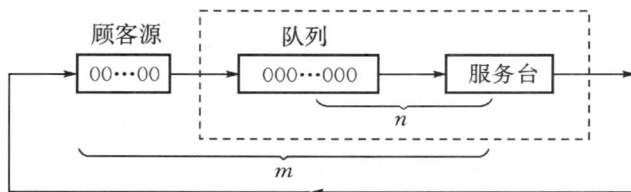

图 6-5　$M/M/1/\infty/m$ 排队模型

**1. 系统稳态概率的计算**

关于顾客的到达率，在无限源的情形中是按全体顾客来考虑的，而在有限源的情况下，必须按每一顾客来考虑。设每个顾客的到达率均为 $\lambda$（这里的 $\lambda$ 含义是单位时间内该顾客来到系统请求服务的次数）。显然，在排队系统外的顾客就是将要到达系统要求服务的顾客。若设排队系统内的顾客为 $n$，那在系统外的顾客为 $m-n$，进入排队系统的速率为：

$$\lambda_n = (m - n)\lambda \qquad (n < m)$$
$$\lambda^n = 0 \qquad (n \geqslant m)$$

其中，$\lambda^n$ 表示排队系统中有 $n$ 个顾客时，顾客的到达率。

$M/M/1/\infty/m$ 模型的状态转移图如图 6-6 所示。

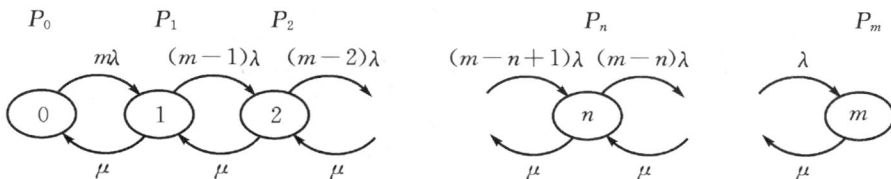

图 6-6　$M/M/1/\infty/m$ 型状态转移图

系统处于稳态时,对于任一状态,转入率等于转出率。根据这一原则,可得平衡方程为:

$$\begin{cases} m\lambda P_0 = \mu P_1 \\ [(m-n)\lambda + \mu]P_n = (m-n+1)\lambda P_{n-1} + \mu P_{n+1} \quad (1 \leqslant n \leqslant m-1) \\ \lambda P_{m-1} = \mu P_m \end{cases}$$

利用 $\sum\limits_{i=0}^{m} P_i = 1$,解方程组得:

$$\begin{cases} P_0 = \dfrac{1}{\sum\limits_{n=0}^{m} \left(\dfrac{\lambda}{\mu}\right)^n \dfrac{m!}{(m-n)}} \\ P_n = \left(\dfrac{\lambda}{\mu}\right)^n \cdot \dfrac{m!}{m-n!} P_0 \quad (1 \leqslant n \leqslant m) \end{cases} \tag{6-16}$$

这就是稳态下各状态的概率。(注:无 $\dfrac{\lambda}{\mu} < 1$ 的要求)

### 2. 系统的数量指标

根据里特公式,需要首先求出系统中顾客的有效到达率 $\lambda_e$。对 $M/M/1/\infty/m$ 本模型,设顾客总数为 $m$,为简单起见,设各个顾客的到达概率都是相同的 $\lambda$(这里 $\lambda$ 的含义是:每台机器单位运转时间内发生故障的概率或平均次数),而系统内的顾客平均数为队长 $L$,所以系统外的顾客平均数为 $m-L$,故 $\lambda_e = \lambda(m-L)$,又由于 $\dfrac{\lambda_e}{\mu} = 1 - P_0$,所以 $\mu(1-P_0) = \lambda(m-L)$。

解之,得

$$L = m - \frac{\mu}{\lambda}(1-P_0)$$

其他指标可由里特公式得到,归纳如下:

$$\begin{cases} L = m - \dfrac{\mu}{\lambda}(1-P_0) \\ L_q = L - (1-P_0) = m - \dfrac{\lambda+\mu}{\lambda}(1-P_0) \\ W = \dfrac{L}{\lambda(m-L)} = \dfrac{m}{\mu(1-P_0)} - \dfrac{1}{\lambda} \\ W_q = W - \dfrac{1}{\mu} = \dfrac{L_q}{\lambda_e} = \dfrac{L_q}{\lambda(m-L)} \end{cases} \tag{6-17}$$

针对以上数量指标,需要注意的是:

(1)在机器故障问题中 $L$ 就是平均故障台数,而 $m-L = \dfrac{\mu}{\lambda}(1-P_0)$,则就表示正常运转的平均台数。

(2)针对 $\dfrac{\lambda_e}{\mu} = 1 - P_0$,给以简单证明。由里特公式知 $L = L_q + \dfrac{\lambda_e}{\mu}$,再对于只有一个服务台的模型,排队等待的顾客数总是比系统中的总顾客数少 1。因此,从 $L_q$ 最初定义,得

$$L_q = \sum_{n=1}^{N} (n-1)_n = \sum_{n=1}^{N} nP_n - \sum_{n=1}^{N} P_n = L - (1-P_0)$$

故

$$\frac{\lambda_e}{\mu} = 1 - P_0$$

(3)这种模型也可以写成 $M/M/1/m/m$,这与 $M/M/1/\infty/m$ 是等价的。

**例 6-4** 某工厂拥有许多同类型的自动机,已知每台机器的正常运转时间服从平均数为 2 小时的指数分布,工厂看管一台机器的时间服从平均数为 12 分钟的指数分布,每个人只能看管自己的机器,工厂要求每台机器的正常运转时间不得少于 87.5%。试求在这条件下每个工人最多能看管几台机器?

解:设每个工厂最多能够看管 $m$ 台机器,则本问题就成为 $M/M/1/\infty/m$ 排队模型。

依题意知:
$$\lambda = \frac{1}{2},\ \mu = 5,\ \frac{\lambda}{\mu} = \frac{1}{10}$$

那么机器平均故障台数为:
$$L = m - \frac{\mu}{\lambda}(1 - P_0)$$

而
$$P_0 = \frac{1}{\sum_{n=0}^{m}\left(\dfrac{\lambda}{\mu}\right)^2 \dfrac{m!}{(m-n)!}}$$

根据要求,出现故障的机器数 $L \leqslant 0.125m$。

当 $m = 1, 2, 3, 4, 5$ 时,计算结果如表 6-3 所示,所以一个工人最多只能看管 4 台机器。

表 6-3　计算结果表

| $M$ | $P_0$ | $L$ | $0.125m$ | $L \leqslant 0.125$ |
|---|---|---|---|---|
| 1 | $\dfrac{10}{11}$ | 0.091 | 0.125 | √ |
| 2 | $\dfrac{50}{61}$ | 0.197 | 0.250 | √ |
| 3 | $\dfrac{500}{683}$ | 0.321 | 0.375 | √ |
| 4 | $\dfrac{1250}{1933}$ | 0.467 | 0.500 | √ |
| 5 | $\dfrac{2500}{4433}$ | 0.640 | 0.625 | × |

# 6.3　多服务台指数分布排队系统

到目前为止,所讨论的排队系统均属于单服务台排队系统。本节讨论多服务台排队系统的情形。对于多服务台排队系统,只考虑输入过程服从泊松分布,服务时间服从负指数分布的情形,而且服务台是并列的,队列为单队。

## ▶ 6.3.1　$M/M/1/\infty/\infty$ 排队模型

此模型是顾客按泊松过程到达,服务服从负指数分布,$C$ 个服务台,系统容量和顾客源均无限,属于等待制。$M/M/1/\infty/\infty$ 排队系统示意图如 6-7 所示。

**1. 系统稳态概率的计算**

设顾客到达率为 $\lambda$,各服务台工作相互独立且服务速率均为 $\mu$,则整个系统的最大服务率为 $c\mu$,令 $\rho = \dfrac{\lambda}{c\mu}$。

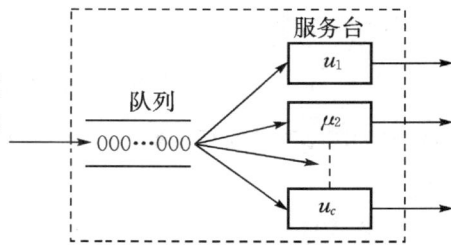

图 6-7　$M/M/C/\infty/\infty$ 排队系统示意图

显然欲使系统能稳定运行,必须有 $\rho<1$。否则到达率大于最大服务率,由于系统容量和顾客源的无限,到达服务的随机性,将会出现队列排至无限远,无法到达稳定状态。这与单服务台模型 $M/M/1/\infty/\infty$ 的要求是一致的。

分析多服务排队系统,仍从状态转移关系开始。而此模型的特点在于整个系统的服务速率与系统中的顾客数量有关。如果系统中只有 1 个顾客,则系统的服务速率等于 $\mu$,因为其他服务台处于空闲状态;如果系统中有两个顾客,则系统的服务速率等于 $2\mu$。依此类推,如果系统中的顾客达到 $c$ 个,则系统的最大服务速率为 $c\mu$,所有服务台的均投入服务,而系统的顾客数超过 $c$ 个时,多余的顾客只能进入排队系统等待服务,系统的服务速率为 $c\mu$。

依上述分析,此模型的状态转移图如图 6-8 所示。

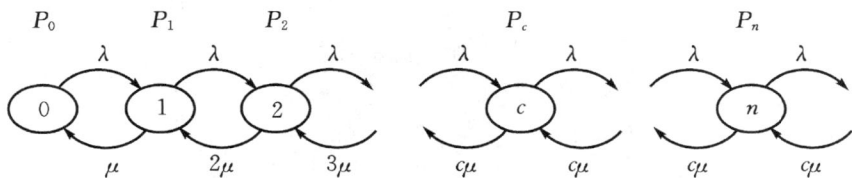

图 6-8　$M/M/C/\infty/\infty$ 模型状态转移图

根据状态转移图,可写出如下平衡方程:
$$\mu P_1 = \lambda P_0$$
$$(n+1)\mu P_{n+1} + \lambda P_{n-1} = (\lambda + n\mu)P_n \quad (1 \leqslant n \leqslant c)$$
$$c\mu P_{n+1} + \lambda P_{n-1} = (\lambda + c\mu)P_n \quad (n > c)$$

又 $\sum\limits_{i=0}^{\infty} P_i = 1$ 且 $\rho = \dfrac{\lambda}{c\mu} < 1$,

联立求解得:
$$P_0 = \left[ \sum_{n=0}^{c-1} \frac{1}{n!}\left(\frac{\lambda}{\mu}\right)^n + \frac{1}{c!}\left(\frac{\lambda}{\mu}\right)^c\left(\frac{1}{1-\rho}\right) \right]^{-1}$$

$$P_n = \begin{cases} \dfrac{1}{n!}\left(\dfrac{\lambda}{\mu}\right)^n P_0 & (1 \leqslant n \leqslant c) \\[3mm] \dfrac{1}{c!\,c^{n-c}}\left(\dfrac{\lambda}{\mu}\right)^n P_0 & (n > c) \end{cases} \tag{6-18}$$

## 2. 系统的数量指标

由于 $L = L_q + \dfrac{\lambda_e}{\mu}$,对于系统容量和顾客源均无限的情况下,$\lambda_e = \lambda$,则 $L = L_q + \dfrac{\lambda}{\mu}$,而对排队等待服务的 $L_q$,当系统有 $n+c$ 个顾客时,必有 $n$ 个顾客在排队,故

$$L_q = \sum_{n=0}^{\infty} n \cdot P_{n+c} = \sum_{n=0}^{\infty} n \cdot P_0 \frac{\lambda^{n+c}}{\mu^{n+c} c!\, c^n} = \frac{\lambda^c}{\mu^c c!} P_0 \sum_{n=0}^{\infty} n \cdot \frac{\lambda^n}{\mu^n c^n}$$

$$= \frac{\lambda^c}{\mu^c c!} P_0 \sum_{n=0}^{\infty} n \cdot \rho^n = \frac{\lambda^c}{\mu^c c!} P_0 \rho \sum_{n=0}^{\infty} \frac{d\rho^n}{d\rho} = \frac{\lambda^c}{\mu^c c!} P_0 \rho \frac{d}{d\rho}\left(\frac{1}{1-\rho}\right)$$

$$= \frac{\lambda^c P_0 \rho}{\mu^c c!\,(1-\rho)^2}$$

那
$$L = L_q + \frac{\lambda}{\mu}, \quad W_q = \frac{L_q}{\lambda}, \quad W = \frac{L}{\lambda}$$

归纳如下：

$$
\begin{cases}
L = L_q + \dfrac{\lambda}{\mu} \\[2mm]
L_q = \dfrac{\lambda^c P_0 \rho}{\mu^c c!\,(1-\rho)^2} \\[2mm]
W = \dfrac{L}{\lambda} \\[2mm]
W_q = \dfrac{L_q}{\lambda}
\end{cases}
\qquad (6-19)
$$

**例6-5** 某维修部有两个维修工人，需要修理的电器到达服从负泊松分布，维修电器时间服从指数分布，电器平均每小时到达 20 台，平均每 5 分钟修理 1 台，已知每台电器停工一分钟的平均损失费 2 元，试问电器站平均每台电器损失多少？

解：先求一台电器在维修部的平均逗留时间。

依题意知，$\lambda = \dfrac{1}{3}$，$\mu = \dfrac{1}{5}$，$\rho = \dfrac{5}{6} < 1$，

由

$$
P_0 = \left[ 1 + \frac{5}{3} + \frac{1}{2} \times \left( \frac{5}{3} \right)^2 \times 6 \right]^{-1} = \frac{1}{11}
$$

$$
W = \frac{L}{\lambda} = \frac{L_q + \dfrac{\lambda}{\mu}}{\lambda}, \ \text{而}\ L_q = \frac{\lambda^c \rho P_0}{\mu^c c!\,(1-\rho)^2}
$$

代入数据得 $W = 16.34$（分钟）。

所以，电器站平均每台电器损失 $16.34 \times 2 = 32.68$（元）。

**3. 单队多服务台和多个单队单服务台系统的比较，即 $M/M/C$ 模型系统与 $M/M/1$ 模型系数的比较**

**例6-6** 某纺织厂的织布机车间有两个布机维修组，它们分别负责各自承包的那部分布机的维修。若每一部分布机平均每天有 4 台布机需要维修，而每组平均每一天可维修 5 台布机。那么，是两组分别负责各自承包的那部分布机的维修效率高呢，还是两组合在一起共同负责这一车间的布机的维修效率高呢？也就是说，应建立一个单队多服务台系统，还是建立两个单队单服务台系统？（见图 6-9）。

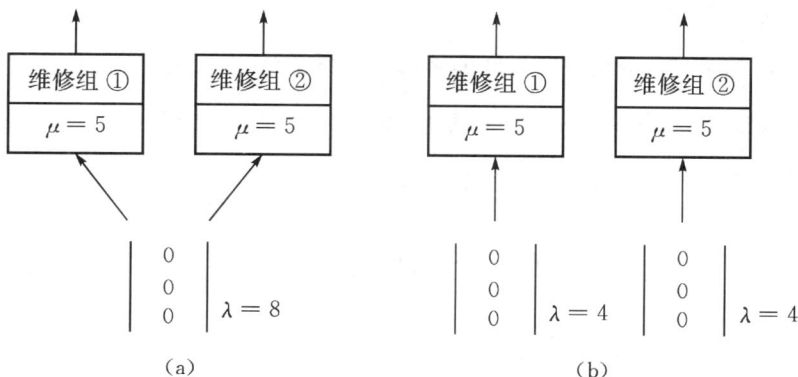

图 6-9 （a）单队多服务台（b）单队单服务台

解:对于两个单队系统 $\rho = \dfrac{\lambda}{\mu} = 0.8$,

等待时间 $W_q = \dfrac{\lambda}{\mu(\mu - \lambda)} = 0.8$(天),

对于单队多服务台系统 $\rho = \dfrac{\lambda}{C\mu} = 0.8 < 1$,

$$P_0 = \left[1 + \frac{8}{5} + \frac{1}{2}\left[\left(\frac{8}{5}\right)^2 \times \frac{1}{1 - 0.8}\right]\right]^{-1} = 0.11$$

$$W_q = \frac{\lambda^{c-1}\rho P_0}{\mu^c c!(1 - \rho)^2} = 0.35 \text{(天)}$$

由于单队多服务台系统的等待时间小于多个单队单服务台系统的等待时间,所以单队多服务台系统比多个单队单服务台系统的工作效率高。

### ▶ 6.3.2　$M/M/C/N/\infty$ 排队模型和 $M/M/C/\infty/m$ 排队模型

对于 $M/M/C/N/\infty$ 排队模型和 $M/M/C/\infty/m$ 排队模型的详细求解不再介绍,将计算结果归纳于表 $6-4$。

表 $6-4$　$M/M/C/N/\infty$ 和 $M/M/C/\infty/m$ 排队模型的求解结果

| 系统模型 | $M/M/C/N/\infty$ | $M/M/C/\infty/m$ |
|---|---|---|
| $P_0$ | $\left[\displaystyle\sum_{n=0}^{c}\frac{(c\rho)^n}{n!} + \frac{c^c\rho(\rho^c - \rho^N)}{c!(1-\rho)}\right]^{-1}$ | $\left[\displaystyle\sum_{n=0}^{c}\frac{m!}{(m-n)!n!}\left(\frac{\lambda}{\mu}\right)^n + \sum_{n=c+1}^{m}\frac{m!}{(m-n)!c!c^{n-c}}\left(\frac{\lambda}{\mu}\right)^n\right]^{-1}$ |
| $P_n$ | $\begin{cases}\dfrac{\lambda^n}{\mu^n n!}P_0 & (1 \leqslant n \leqslant c)\\[2mm] \dfrac{\lambda^n}{\mu^n c! c^{n-c}}P_0 & (c \leqslant n \leqslant N)\end{cases}$ | $\begin{cases}\dfrac{m!}{(m-n)!n!}\left(\dfrac{\lambda}{\mu}\right)^n P_0 & (1 \leqslant n \leqslant c)\\[2mm] \dfrac{m!}{(m-n)!c!c^{n-c}}\left(\dfrac{\lambda}{\mu}\right)^n P_0 & (c \leqslant n \leqslant m)\end{cases}$ |
| $L$ | $L_q + \dfrac{\lambda_e}{\mu} = L_q + c\rho(1 - P_N)$ | $\displaystyle\sum_{n=0}^{m} nP_n$ |
| $L_q$ | $\dfrac{p_0\rho(c\rho)^c}{c!(1-\rho)^2}[1 - \rho^{N-c} - (N-c)\rho^{N-c}(1-\rho)]$ | $L - \dfrac{\lambda_e}{\mu}$ |
| $W$ | $\dfrac{L_q}{\lambda_e} + \dfrac{1}{u}$ | $\dfrac{L_q}{\lambda_e} + \dfrac{1}{u}$ |
| $W_q$ | $\dfrac{L_q}{\lambda_e} = \dfrac{L_q}{\lambda(1 - P_N)}$ | $\dfrac{L_q}{\lambda_e}$ |
| 备注 | $\rho = \dfrac{\lambda}{c\mu} \neq 1$ $\lambda_e = \lambda(1 - P_N)$ | $\lambda_e = \lambda(m - L)$ |

对表 $6-4$,需要注意的是:

(1)对于 $M/M/C/N/\infty$ 系统模型,上表列出了 $\rho \neq 1$ 的计算结果,其实对此模型,对 $\rho$ 已不加限制。至于 $\rho = 1$ 时的结果请读者自行给出。

(2)上表中 $P_0$、$P_n$ 计算公式过于复杂,有专书列成表格可供使用。

# 6.4 一般服务时间的排队系统

前面所研究的模型都是建立在服从泊松到达和负指数的服务时间假设之上的,这样的假设往往与实际情况有较大差异,尤其假设负指数的服务时间与现实有较大出入。本节将讨论一般服务时间的排队系统,这一模型与前面各种模型不同的地方在于服务时间为一般任意分布。

对于 $M/G/1$ 排队模型,有如下假设:

(1)顾客的到达服从参数为 $\lambda$ 的泊松分布。

(2)对每个顾客的服务时间 $T$ 是具有相同概率分布且相互独立的随机变量 $F(t)$,且 $E(t)$ 和方差 $Var(T)$ 都存在。令 $\rho = \lambda E(t)$,且 $\rho = \lambda E(t) < 1$,即 $\lambda < \dfrac{1}{E(t)}$。

(3)有一个服务台,无限顾客源和无限排队空间。

运用"嵌入马尔可夫链"方法(有兴趣的读者可参阅相关资料),推导出对于任意一种服务时间分布,排队系统中顾客数的期望值 $L$ 有以下关系:

$$L = \rho + \frac{\rho^2 + \lambda^2 Var(T)}{2(1-\rho)} \qquad (6-20)$$

这就是朴拉切克—欣钦(Pollazak—khintchine)公式,它是排队论中最重要的公式之一。根据这个公式,不论何种服务时间分布,只要知道 $\lambda$,$E(T)$,和 $Var(T)$,那么在泊松输入的系统中,就可以求出排队系统中顾客数的期望值,再利用里特公式,可求出 $L_q$,$W$,$W_q$ 等数量指标。

$$W = \frac{L}{\lambda},\ W_q = W - E(T),\ L_q = \lambda W_q$$

如果服务时间为负指数分布,则 $E(T) = \dfrac{1}{\mu}$,$Var(T) = \dfrac{1}{\mu^2}$。

由公式(6-20)得

$$L = \frac{\lambda}{\mu} + \frac{\left(\dfrac{\lambda}{\mu}\right)^2 + \lambda^2 \dfrac{1}{\mu^2}}{2\left(1 - \dfrac{\lambda}{\mu}\right)} = \frac{\lambda}{\mu - \lambda}$$

这与 $M/M/1/\infty/\infty$ 排队模型的结果是一致的。

如果服务时间服从 $k$ 阶爱尔朗分布($E_k$),由(6.1.3)知道对顾客的服务工作必须经过串联的 $k$ 个工序,每个子工序的服务时间 $T_i$ 相互独立并服从相同的参数为 $k\mu$ 的负指数分布,则 $T = \sum_{i=1}^{k} T_i$ 服从 $k$ 阶爱尔朗分布,且

$$E(T_i) = \frac{1}{k\mu},\ Var(T_i) = \frac{1}{k^2\mu^2}$$

$$E(T) = \frac{1}{\mu},\ Var(T) = \frac{1}{k\mu^2}$$

代入公式(6-20)有

$$
\begin{cases}
L = \rho + \dfrac{\rho^2 + \dfrac{\lambda^2}{k\mu^2}}{2(1-\rho)} = \rho + \dfrac{(k+1)\rho^2}{2k(1-\rho)} \\[4mm]
L_q = \dfrac{(k+1)\rho^2}{2k(1-\rho)} \\[4mm]
W = \dfrac{L}{\lambda} \\[4mm]
W_q = \dfrac{L_q}{\lambda}
\end{cases}
\tag{6-21}
$$

如果服务时间是确定的常数，即 $M/D/1$ 排队系统，这时 $E(T) = \dfrac{1}{\mu}$，$Var(T) = 0$，那么有：

$$
\begin{cases}
L = \rho + \dfrac{\rho^2}{2(1-\rho)} \\[4mm]
W = \dfrac{L}{\lambda} \\[4mm]
W_q = W - \dfrac{1}{\mu} \\[4mm]
L_q = \lambda W_q = L - \rho
\end{cases}
\tag{6-22}
$$

可以证明，在一般服务时间分布的 $L_q$ 和 $W_q$ 中以定长服务时间为最小，这符合"服务时间越有规律，等候的时间就越短"的通俗理解，读者可在热力学或信息论中熵的概念中找出类似的性质。

## 6.5 排队系统的优化

前面已经讨论了若干排队模型，得到了系统的数量指标 $L$，$L_q$，$W$ 和 $W_q$ 等有价值的信息。排队系统中，顾客的到达情况无法控制，但服务机构是可以调整的，如服务速率、服务台的个数。问题是如何确定这些指标，使系统在经济上获得最佳效益呢？

一般情况下，提高服务水平（数量、质量）自然会降低顾客的等待费用（损失），但常常增加了服务机构成本。优化目标就是使二者费用之和最小，从而决定达到这个目标的最优的服务水平，如图 6-10 所示。而最优服务水平主要反映在服务速率和服务台的个数上，因此研究排队系统的优化问题，重在研究服务速率和服务台的个数。

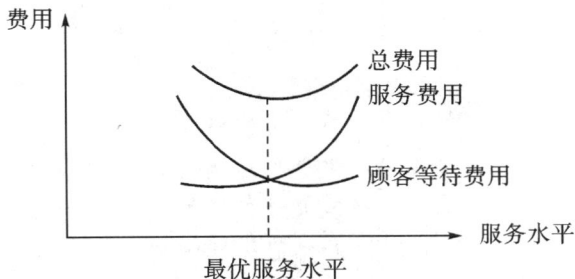

图 6-10 服务水平关系图

首先,各种费用在稳态情况下,都是按单位时间考虑。一般情况下,服务费用是可以确切计算或估计的,而顾客的等待费用就有许多不同的情况,像机械故障问题中等待费用(由于机器停机而使生产遭受损失)是可以估计的,但像病人就诊的等待费用或由于队长而失掉潜在顾客所造成的营业损失,就只能根据统计的经验资料来估计。

其次,费用函数的期望值取最小的问题属于非线性规划问题,这类非线性规划可以是有约束的,也可以是无约束的。对于这类问题常用的求解方法,离散型变量常用边际分析法或数值法;连续型变量常用经典的微分法;对于复杂问题也可以用动态规划方法或非线性方法以及模拟方法来求解。

### ➢ 6.5.1 $M/M/1$ 的最优服务率 $\mu$

1. $M/M/1/\infty/\infty$ 模型中最优的 $\mu$

假设所讨论的 $\mu$ 值与费用成线性关系。$C_s$ ——表示每增大 1 单位的 $\mu$ 所需的单位时间服务费用,即增加 $\mu$ 值的边际费用;$C_w$ ——每个顾客在系统中停留单位时间的费用,对于 $C_w$,可以理解成顾客的平均工资,或顾客以排队系统停留时间为变量的机会损失费用。那么总费用为:

$$C(\mu) = C_s\mu + C_w L$$

将 $L = \dfrac{\lambda}{\mu - \lambda}$ 代入上式,得

$$C(\mu) = C_s\mu + C_w \frac{\lambda}{\mu - \lambda}$$

因为 $C$ 是 $\mu$ 的连续函数,故用经典微分法可求费用极小值点。

$$\frac{dC(\mu)}{d\mu} = C_s - \frac{C_w\lambda}{(\mu - \lambda)^2} = 0$$

则

$$(\mu - \lambda)^2 = \frac{C_w}{C_s}\lambda$$

由于 $\mu > \lambda$,保证 $\rho < 1$,故 $\mu - \lambda$ 取正值,则

$$\mu - \lambda = \sqrt{\frac{C_w}{C_s}\lambda}$$

即

$$\mu = \lambda + \sqrt{\frac{C_w}{C_s}\lambda} \tag{6-23}$$

又因为

$$\frac{d^2 C(\mu)}{d\mu^2}\bigg|_\mu = 2C_w\lambda \left(\frac{C_w\lambda}{C_s}\right)^{-\frac{3}{2}} > 0$$

故 $\mu = \lambda + \sqrt{\dfrac{C_w}{C_s}\lambda}$ 为极小值点。

**例 6 - 7** 兴建一座港口码头,只有一个装卸船员的装置,要求设计装卸能力用每日装卸的船数表示。已知单位装卸能力每日平均耗费生产费用 $a = 2$ 千元,船只到港后如不能及时装卸,停留一日损失运输费 $b = 1.5$ 千元,预计船的平均到达率是 $\lambda = 3$。该船只到达时间间隔和装卸时间均服从负指数分布,问港口装卸能力多大时,每天的总支出最少?

解:依题意知,$C(\mu) = a\mu + bL$

即
$$C(\mu) = a\mu + b\frac{\lambda}{\mu - \lambda}$$

由式 $(6-23)$ 得，$\mu^* = \lambda + \sqrt{\dfrac{b}{a}\lambda} = 3 + \sqrt{\dfrac{1.5}{2} \times 3} = 4.5$（只／天）。

故最优装卸能力为每日装 5 只。

2. $M/M/1/N/\infty$ 模型中最优的 $\mu$

$M/M/1/N/\infty$ 模型的总费用包括三部分：服务费、顾客停留费和顾客到达却转而离去造成的损失费。设每服务一人能带来 $G$ 元的利润。当系统客满时，顾客转而离去，平均利润损失为 $G\lambda P_N$。其中 $\lambda$ 为到达率，$P_N$ 为顾客被拒绝的概率。

由于此模型系统的顾客一般为外部顾客，其单位时间等待费用不易获得，故忽略。那么总费用为：

$$C(\mu) = C_s\mu + G\lambda P_N = C_s\mu + G\lambda\frac{\lambda^N\mu - \lambda^{N+1}}{\mu^{N+1} - \lambda^{N+1}}$$

求 $\dfrac{dC(\mu)}{d\mu}$，并令 $\dfrac{dC(\mu)}{d\mu} = 0$，得

$$\frac{\rho^{N+1}[(N+1)\rho - N - \rho^{N+1}]}{(1 - \rho^{N+1})^2} = \frac{C_s}{G} \qquad \left(\rho = \frac{\lambda}{\mu}\right)$$

此式是一个关于 $\mu$ 的高次方程，要解出 $\mu^*$ 是比较困难的，所以通常用数值计算来求得 $\mu^*$ 或用图形法近似求出 $\mu^*$。

3. $M/M/1/\infty/m$ 模型中最优的 $\mu$

此模型一般用于机器维修上，所以以机器维修为例。其总费用由两部分组成：服务费用和机器维修等待时间的损失费用，而单位时间停留费用 $C_w$ 是以每台机器运转时单位时间的利润表示。

总费用为：
$$C(\mu) = C_s\mu + C_wL$$

这里直接给出 $\dfrac{dC(\mu)}{d\mu} = 0$，所得到的结果为：

$$\frac{\dfrac{m}{\rho}\left[E_{m-1}^2\left(\dfrac{m}{\rho}\right) + E_m\left(\dfrac{m}{\rho}\right)E_{m-2}\left(\dfrac{m}{\rho}\right)\right] - E_{m-1}\left(\dfrac{m}{\rho}\right)E_m\left(\dfrac{m}{\rho}\right)}{E_m^2\left(\dfrac{m}{\rho}\right)} = \frac{C_s\lambda}{C_w}$$

（其中 $E_m(x) = \displaystyle\sum_{k=0}^{m}\frac{x^k}{k!}e^{-x}$）

由上式解出 $\mu^*$ 很困难，通常利用泊松分布表通过数值计算来求得或用图形法近似求出 $\mu^*$。

## ➤ 6.5.2 $M/M/C/\infty/\infty$ 模型中最优的服务台 $C$

在多服务台模型中，服务台数目一般是一个可控因素，增加服务台去提高服务水平，但也会增加与它联系的费用。假定这个费用是线性的，即与服务台数目成正比，令 $b_c$ 表示每个服务台单位时间的费用，则总费用函数为：

$$Z(c) = b_c \cdot C + C_wL$$

其中必须有 $\dfrac{\lambda}{c\mu} < 1$，即 $C > \dfrac{\lambda}{\mu}$，又因 $b_c$ 和 $C_w$ 都是给定的。唯一可变的是服务台数，所以总

费用是 $C$ 的函数。现在的问题就是求最优解 $C^*$，使得 $Z(C^*)$ 最小，又因为 $C$ 只能取整数值，$Z(C)$ 不是连续函数，故不能用经典微分法，所以采用边际分析法进行求解。

根据 $Z(C^*)$ 是最小的特点有：

$$\begin{cases} Z(C^*) \leqslant Z(C^*-1) \\ Z(C^*) \leqslant Z(C^*+1) \end{cases}$$

即

$$\begin{cases} b_c C^* + C_w L(C^*) \leqslant b_c(C^*-1) + C_w L(C^*-1) \\ b_c C^* + C_w L(C^*) \leqslant b_c(C^*+1) + C_w L(C^*+1) \end{cases}$$

化简后得：

$$L(C^*) - L(C^*+1) \leqslant \frac{b_c}{C_w} \leqslant L(C^*-1) - L(C^*)$$

依次求 $C=1,2,3,\cdots$ 时 $L$ 的值，并做两相邻的 $L$ 值之差，因为 $\frac{b_c}{C_w}$ 为已知数，根据这个数落在哪个不等式的区间里就可定出 $C^*$。

**例 6-8** 某健康检测中心为人检查身体的健康状况，来检查的人平均到达率为 $\lambda=48$ 人次/天，每次来检查由于请假等原因带来的损失为 6 元，检查时间服从负指数分布，平均服务率 $\mu$ 为 25 人次/天，每安排一位医生的服务成本为每天 4 元，问应安排几位医生（设备）才能使总费用最小？

解：由题意知，在 $M/M/C/\infty/\infty$ 模型中

$$\lambda = 48, \mu = 25, b_c = 4, C_w = 6$$

首先，须满足 $\rho = \frac{\lambda}{C\mu} < 1$，即 $\frac{48}{25c} < 1$，解得 $C \geqslant 2$。

又因为 $L(C) = L_q(c) + \frac{\lambda}{\mu} = \frac{\lambda^c}{\mu^c C!(1-\rho)^2} \cdot P_0 + \frac{\lambda}{\mu}$

而 $P_0 = \left[ \sum_{n=0}^{c-1} \frac{1}{n!} \left( \frac{\lambda}{\mu} \right)^n + \frac{1}{C!} \left( \frac{\lambda}{\mu} \right)^c \left( \frac{1}{1-\rho} \right) \right]^{-1}$

令 $C=2,3,4$，将已知数据代入上面两个式子，算得结果如表 6-5 所示。

表 6-5 计算结果

| $C$ | $L(c)$ | $L(c)-L(c+1)$ | $L(c-1)-L(c)$ |
|---|---|---|---|
| 2 | 21.610 | 18.930 | — |
| 3 | 2.680 | 0.612 | 18.930 |
| 4 | 2.068 | — | 0.612 |

因为

$$\frac{b_c}{C_w} = 0.666$$

故由 $L(C^*) - L(C^*+1) < \frac{b_c}{C_w} < L(C^*-1) - L(C^*)$ 及上面的计算结果知：

$$0.612 < 0.666 < 18.930$$

而 $\frac{b_c}{C_w} = 0.666$，落在区间 $(0.612, 18.930)$ 中，故 $C^* = 3$。

所以安排 3 位医生可使总费用最小。

# 6.6 案例分析

**1. 问题的提出**

某市准备在市中心设立一家银行。已知顾客的到达服从泊松分布,顾客平均到达率为0.33人/分钟。银行出纳员的服务时间服从 $\mu = 0.42$ 人/分钟的负指数分布。由于顾客等待损失很难估计,所以设计时要求系统中的顾客平均数不超过六人,每个顾客的平均等待时间不超过五分钟。银行设计人员经过初步考虑提出下面三种设计方案:

(1)建立有一个出纳员的银行系统;

(2)建立有二个出纳员的银行系统;

(3)建立有一个出纳员,但配备有计算机辅助服务的银行系统。服务时间是定长的,$\mu = 0.5$ 人/分。

经过估算,雇用一个出纳的年金是7000元,建立一个出纳台的设施费是1175元/年。如果采用计算机辅助服务系统,购置计算机的设备费是5000元/年。假定银行每年工作1040小时,试进行设计决策。

**2. 模型的建立与问题的解决**

此问题属于排队问题,用排队论理论进行解决。

方案一:顾客到达服从泊松分布,服务时间服从负指数分布的单服务台排队系统,且队列为单队。顾客源和排队空间均无限,排队规则属于等待制,服务规则为先到先服务,因此属于 $M/M/1/\infty/\infty$ 排队模型。

利用单服务台指数分布排队系统的公式(6-4)至公式(6-9),可以得到如下结果:

$$\rho = \frac{\lambda}{\mu} = 0.33/0.42 = 0.79$$

$$L = \frac{\lambda}{\mu - \lambda} = \frac{\rho}{1-\rho} = \frac{0.79}{1-0.79} = 3.67(人)$$

$$L_q = \frac{\lambda^2}{\mu(\mu-\lambda)} = \frac{\rho^2}{1-\rho} = L\rho = 0.79 \times 3.67 = 2.90(人)$$

$$W = \frac{1}{\mu - \lambda} = \frac{1}{0.42 - 0.33} = 11.11(分)$$

$$W_q = \rho W = 0.78 \times 11.11 = 8.78(分)$$

繁忙时概率为:$B = 1 - P_0 = \rho = 0.79$

空闲时概率为:$I = 1 - B = 0.21$

方案二:顾客到达服从泊松分布,服务时间服从负指数分布的单服务台排队系统,且服务台是并列的,属于 $M/M/C\,\infty/\infty$ 排队系统模型。

利用公式(6-18)至公式(6-19)可得到如下结果:

$$\rho = \frac{\lambda}{2\mu} = \frac{0.33}{2 \times 0.42} = 0.39$$

$$P_0 = \left[ 1 + \left(\frac{\lambda}{\mu}\right) + \frac{1}{2}\left(\frac{\lambda}{\mu}\right)^2 \left(\frac{1}{1-\rho}\right) \right]^{-1} = 0.44$$

$$L_q = \frac{\lambda^2 P_0 \rho}{\mu^2 2!(1-\rho)^2} = 0.14(人)$$

$$L = L_q + \frac{\lambda}{\mu} = 0.14 + \frac{0.33}{0.42} = 0.93（人）$$

$$W = \frac{L}{\lambda} = \frac{0.93}{0.33} = 2.8（分）$$

$$W_q = \frac{L_q}{\lambda} = \frac{0.14}{0.33} = 0.42（分）$$

空闲时概率为：

$$I = P_0 + P_1 = P_0\left(1 + \frac{\lambda}{\mu}\right) = 0.44(1 + 0.79) = 0.79$$

方案三：根据题意，它属于定长服务时间的情况，即 $M/D/1$ 排队系统，$\mu = 0.5$ 人/分，$\rho = \frac{\lambda}{\mu} = 0.33/0.50 = 0.66$。利用公式（6-22），可得到如下结果：

$$L = \rho + \frac{\rho^2}{2(1 - \rho)} = 0.66 + 0.64 = 1.3（人）$$

$$W = \frac{L}{\lambda} = 1.3/0.33 = 3.94（分）$$

$$W_q = W - \frac{1}{\mu} = 3.94 - 2 = 1.94（分）$$

$$L_q = \frac{\rho^2}{2(1 - \rho)} = 0.64（人）$$

$$I = 1 - \rho = 0.34$$

3. **计算结果分析与讨论**

三种设计方案的计算结果见表6-6，先做如下分析和讨论。

表6-6 三种设计方案的计算结果

| 方案 | $L$ | $L_q$ | $W$ | $W_q$ | $I$ | 年费用 | | | 费用/小时 |
| | | | | | | 出纳员 | 设备 | 总计 | |
|---|---|---|---|---|---|---|---|---|---|
| $C = 1$ | 3.67 | 2.90 | 11.11 | 8.87 | 0.21 | 7000 | 1175 | 8175 | 7.86 |
| $C = 2$ | 0.92 | 0.14 | 2.80 | 0.42 | 0.79 | 14000 | 2350 | 16350 | 15.72 |
| $C = 1 +$ 计算机 | 1.30 | 0.64 | 3.94 | 1.94 | 0.34 | 7000 | 6175 | 13175 | 12.67 |

（1）如果仅把年费用作为方案评价的准则，显然应当采用 $C = 1$ 的方案。但是采用了这个方案时，顾客平均等待时间为8.78分钟，超过了要求值，因此也不能采用。比较上表中三种方案的费用和等待时间，可知方案三是满足设计要求的理想方案。

（2）如果经营者不能肯定银行开业后顾客到达率是0.33人/分，还有可能是 $\lambda = 0.25$ 人/分（悲观估计）和 $\lambda = 0.40$ 人/分（乐观估计）。并且根据分析，银行开业后 $= 0.25$ 人/分的可能性是0.1，$\lambda = 0.33$ 人/分的可能性是0.5，$\lambda = 0.4$ 人/分的可能性是0.4。同时为了估计顾客排队等待的损失，假定顾客等待一小时要损失4元，即 $C_w = 4$ 元/时，那么每小时的等待损失期望值 $E(WC) = C_w \times L$ 在上述条件下，应当采取哪种设计方案呢？

首先要根据不同的 $\lambda$ 值计算不同方案的总费用。计算方法和前面一样，计算结果见表6-7。

表 6 - 7

| 方案　　　　$\lambda$ | 0.25 | 0.33 | 0.40 |
|---|---|---|---|
| 　　　　　$P$ | 0.1 | 0.5 | 0.4 |
| $C=1$ | $1.47C_w+7.86=13.74$ | $3.67C_w+7.86=22.51$ | $20C_w+7.86=87.86$ |
| $C=2$ | $0.65C_w+15.72=18.32$ | $0.92C_w+15.72=19.4$ | $1.23C_w+15.72=20.64$ |
| $C=1+$ 计算机 | $0.75C_w+12.67=15.67$ | $1.30C_w+12.67=17.87$ | $2.4C_w+12.67=22.27$ |

再利用决策论中的期望值法进行决策,结果见表 6 - 8。

表 6 - 8

| 方案 | 期望值 |
|---|---|
| $C=1$ | $0.1(13.74)+0.5(22.54)+0.4(87.86)=47.79$ |
| $C=2$ | $0.1(18.32)+0.5(19.40)+0.4(20.64)=19.78$ |
| $C=1+$ 计算机 | $0.1(15.67)+0.5(17.87)+0.4(22.27)=19.41$ |

结果表明:采用配备计算机辅助设施和一个出纳员的方案三总费用最少。从期望值也可以看出,有两个出纳员的第二方案也不失为一个较好的设计方案。

# 小结与展望

本章从排队系统的基本特征和所要研究的问题入手,讨论了泊松分布输入和负指数服务的排队系统,介绍了六种排队模型。不论是单服务台还是多服务台排队系统,通过状态转移图建立了平衡方程,计算出系统稳态概率 $P_n$,进而求出各个数量指标,无疑是一种简便的途径。在此基础上,简单介绍了服务时间为一般分布的排队系统,最后讨论了排队系统的优化问题。

现实中的排队问题错综复杂,形式多样,往往事先无法确定该系统输入和服务到底服从什么分布。为了将排队系统的理论应用于实际,必须对实际系统的试验统计数据进行估计和假设检验,以检验所假设的模型与实际情况是否符合,所以从试验数据估计参数在排队论中有重要的意义。

目前,排队论广泛应用于工业、服务业、运输业、军事等领域。随着计算机技术的发展,对那些难以直接应用排队模型来解决的复杂系统,可以使用计算机模拟仿真产生服从到达时间间隔或服务时间分布的随机数,从而丰富了排队系统的理论。此外排队系统理论与库存论、可靠性理论、通信学科以及计算机学科等其他学科及理论之间的联系日益紧密,可以说排队系统理论的深入研究推动了这些学科和理论的发展,而这些学科和理论的研究成果又为排队系统理论准备了新的研究内容和方法。

# 习题 6

1. 判断下列说法是否正确。

(1)到达排队系统的顾客为泊松分布,则依次到达的两名顾客之间的间隔时间服从负指数分布。　　　　　　　　　　　　　　　　　　　　　　　　　　　　　　　　( )

（2）假如达到排队系统的顾客来自两个方面，分别服从泊松分布，则这两部分顾客合起来的顾客流仍旧为泊松分布。（　　）

（3）在排队系统中，一般假定对顾客服务时间的分布为负指数分布，这是因为通过对大量实际系统的统计研究，这样的假定比较合理。（　　）

（4）一个排队系统中，不管顾客到达和服务时间的情况如何，只要运行足够长的时间后，系统将进入稳定状态。（　　）

（5）排队系统中，顾客等待时间的分布不受排队系统服务规则的影响。（　　）

（6）在顾客到达及机构服务时间的分布相同的情况下，对容量有限的排队系统，顾客的平均等待时间将少于允许队长无限的系统。（　　）

（7）在顾客到达的分布相同的情况下，顾客的平均等待时间同服务时间分布的方差大小有关，当服务时间分布的方差越大时，顾客的平均等待时间就越长。（　　）

2. 试述排队系统的三个基本组成部分及各自的特征。当用符号 A/B/C/D/E/F 来表示一个排队模型时，符号中的各个字母分别代表什么？

3. 了解下列符号或名词的概念，并写出它们之间的关系表达式。

$L, L_q, W, W_q, P_n(t) n = 0, 1, \cdots, \infty$，忙期，服务设备利用率，顾客损失率。

4. 分别说明在系统容量有限及顾客源有限时的排队系统中，有效到达率 $\lambda_e$ 的含义及其计算表达式。

5. 试述排队系统中影响服务水平高低的因素，它同系统中各项费用的关系，以及排队系统优化设计的含义。

6. 表 6-9、表 6-10 为某排队服务系统顾客到达与服务员对每名顾客服务时间分布的统计。假设顾客的到达服从普阿松分布（泊松分布），服务时间服从负指数分布，试用 $\chi^2$ 检验，在置信度为 95% 时上述假设能否接受。

| 表 6-9　顾客到达统计表 | | 表 6-10　顾客服务时间分布统计表 | |
| --- | --- | --- | --- |
| 每小时到达的顾客数 $k$ | 频数 $f_k$ | 对每名顾客的服务时间 $t$ | 频数 $f_t$ |
| 0 | 23 | $0 \leqslant t \leqslant 10$ | 54 |
| 1 | 58 | $10 \leqslant t \leqslant 20$ | 34 |
| 2 | 69 | $20 \leqslant t \leqslant 30$ | 18 |
| 3 | 51 | $30 \leqslant t \leqslant 40$ | 12 |
| 4 | 35 | $40 \leqslant t \leqslant 50$ | 8 |
| 5 | 18 | $50 \leqslant t \leqslant 60$ | 6 |
| 6 | 11 | $60 \leqslant t \leqslant 70$ | 3 |
| 7 | 3 | $70 \leqslant t \leqslant 80$ | 1 |
| 8 | 1 | $80 \leqslant t \leqslant 90$ | 1 |
| 9 | 1 | $90 \leqslant t \leqslant 100$ | 1 |
| 总计 | 270 | 合计 | 138 |

7. 某修理店只有一个工人，每小时平均有 4 个顾客带来器具要求修理。这个工人检查器具的损失情况，予以修理，平均需 6min。设顾客到达是泊松流，服务时间是负指数分布，求：

(1)判断该系统属于何种排队模型;(2)修理店空闲时间的比例;(3)店内恰好有 3 个顾客的概率;(4)店内至少有 1 个顾客的概率;(5)排队系统中顾客数的期望值;(6)等待服务的顾客的平均数;(7)顾客在店内一共需要多少时间;(8)顾客等待时间的平均数。

8. 汽车按泊松分布到达某高速公路收费口,平均每小时 90 辆,每辆车通过收费口平均需要 35 秒,服从负指数分布,司机抱怨等待的时间太长,管理部分拟采用自动收款装置使收费时间缩短到 30 秒,但条件是原收费口平均等待车辆超过 6 辆,且新装置的利用率不低于 75% 时才采用,问上述条件下新装置能否被采用?

9. 三个打字员,平均打印文件的速度为 6 件/小时,文件的到达率为 15 件/小时,试求:(1)在等待打印的平均文件数 $L_q$;(2)在系统内的平均文件件数 $L$;(3)文件在系统内的平均等待时间 $W$;(4)文件的平均等待时间 $W_q$;(5)三个打字员均不空闲的概率 $P\{n \geqslant 3\}$。

10. 某厂修理车间故障机器的到达为泊松过程,$\lambda = 6$ 台/每小时,每台机器修理时间服从负指数分布,平均修理时间 7 分钟,今有一种新的修理设备,可使机器修理时间减少到 5 分钟,但每分钟这台设备需要费用 10 元,而每台故障机器估计在一分钟造成的损失费为 5 元,试问该厂是否需要购置这台新的修理设备?

11. 某加油站有一台油泵,来加油的汽车按泊松分布到达,平均每小时 20 辆,但当加油站中已有 $n$ 辆汽车时,新的汽车中将有一部分不愿等待而离去,离去的概率为 $\dfrac{n}{4}(n = 0,1,2,3,4)$,油泵给一辆汽车加油所需要的时间服从均值为 3 分钟的负指数分布。

(1)画出的排队系统的状态转移图;

(2)导出平衡方程式;

(3)求那些在加油中汽车数的稳态概率分布。

12. 某厂有一机修组织专门修理某种类型的设备,已知该设备的损失率服从泊松分布,平均每天两台。已知修复时间服从负指数分布,平均每台的修理时间为 $\dfrac{1}{\mu}$ 天,但 $\mu$ 是一个与机修人员多少及维修设备机械化程度(即与修理组织年开支费用 $K$)等有关的函数。已知 $\mu(k) = 0.1 + 0.001k$($K \geqslant 1900$ 元),又已知设备损坏后,每台一天的停产损失费为 400 元,试决定该厂修理最经济的 $k$ 值及 $\mu$ 值。(提示:以一个月为期进行计算)

13. 某海港有 A、B、C 三种装卸货物的设计方案,各方案的费用和装卸货件数如表 6-11 所示:

表 6-11 各方案费用和装卸货件数表

| 方案名称 | 固定费用(元/天) | 可变操作费(元/天) | 装卸件数(件/天) |
| --- | --- | --- | --- |
| A | 120 | 200 | 2000 |
| B | 260 | 300 | 4000 |
| C | 500 | 400 | 12000 |

(注:装卸设备一天可变费用,随服务强度 $\rho$ 而变化,当 $\rho = 1$ 时,装卸设备一天的可变费用称为可变操作费)

已知船只到达为泊松过程,平均每天(按 10 小时计)到达 15 只船,每只船平均装 100 件货,卸货时间服从负指数分布,每只船停泊一小时的费用为 30 元,试问选择哪种方案费用最小？

14. 思考与讨论题。

(1)排队的起因是什么？

(2)"顾客都不愿意等待,所以,我们总是应该提供足够的服务机构以消除排队"。你以为是这样吗？

(3)在一个排队系统中,$\lambda$和$\mu$各代表什么？

(4)在$M/M/1/\infty/\infty$模型中,假如$\lambda \geqslant \mu$,结果会怎样？

(5)试说明哪些排队模型应用条件$\rho < 1$,哪些排队模型不用此条件？为什么？

(6)"排队论是如此复杂,实际中从来不会用的",这种说法正确吗？什么时候排队论特别有用？

(7)"确定顾客准备等待多长时间,据此设置其服务台的数量",这样做合理吗？

# 第 7 章

# 库 存 论

库存论又称存储论,是运筹学中发展较早的一个分支,其重点研究有关物资储备的控制策略问题。本章共分为四个小节。第一节介绍了库存系统的基本概念和基本策略;第二节主要介绍了确定性库存模型,即库存物资的需求率为已知情况下的库存模型;第三节主要介绍了需求随机情况下的随机性库存模型;本章最后通过对某企业库存问题的分析和求解,说明了库存系统的建模思路和求解方法。

本章的要点包括库存系统的组成和库存基本策略,库存系统的建模思路以及库存系统最优策略的要求和求解。

## 7.1 基本库存问题

### ➢ 7.1.1 库存系统基本概念

库存管理的基本目的是既要适应生产和消费方面的动态需要,又要节约库存投资和降低库存费用,力求保持适当的库存水平。为此,必须建立定量化的库存系统模型,努力实现最优控制。

下面先介绍库存问题涉及到的几个基本概念:

1. **库存系统**

为了保证供给与需求在时间、空间上达到一定的协调,必须在供给与需求之间建立一个库存系统。一个库存系统可简单地表示成图 7-1。

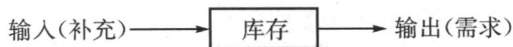

输入(补充) —————→ 库存 —————→ 输出(需求)

图 7-1　库存系统

它包括三个内容:补充、库存、需求。补充和需求改变库存,补充使库存增加,需求使库存减少。

2. **需求**

库存是为了满足未来的需求。随着需求被满足,存储量就减少。需求可能是间断发生的,也可能是连续发生的。图 7-2 和图 7-3 分别表示需求量(即库存的输出量)随时间 $t$ 变化的情况,输出量皆为 $S-W$,但两者的输出方式不同。前者是间断的,后者是连续的。

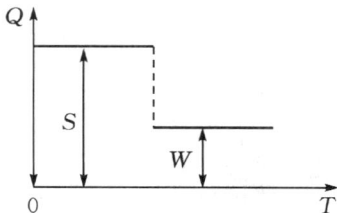

图 7 - 2 需求量随时间的间断变化          图 7 - 3 需求量随时间的连续变化

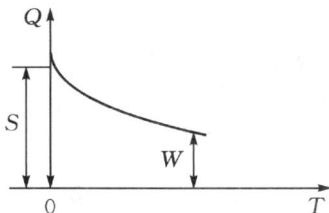

另外,需求量可以是确定型的,如某厂成品车间约定每天向厂内运输部门请求空车 20 辆;需求量也可以是随机型的,如某纺织品批发部,每天批发的商品品种和数量都不尽相同,但经大量统计后,可能会发现批发商品种和数量呈现出一定的统计规律性,称之为有一定随机分布规律的需求,简称为随机需求。

**3. 补充**

由于需求的发生,库存物不断减少。为保证以后的需求,必须及时补充库存物品。补充相当于库存系统的输入,输入中有些因素是可以控制的,一般控制的是补充量(每次订购量或生产量)和补充时机(订货的时间或生产循环时间)。补充是通过订货或生产实现的。从发出订单到货物运进仓库,往往需要一段时间,因此这段时间称为滞后时间,从另一个角度看,为了在某一时刻能补充库存,必须提前订货,那么这段时间也可以称之为提前时间。滞后时间和提前时间可能很长,也可能很短;可能是随机性的,也可能是确定性的。

## ➢ 7.1.2 库存系统基本策略

在库存论中,一个库存策略通常是指决定在什么时候对库存系统进行补充,以及补充多少库存量。常见的策略有以下三种:

**1. $T$ 循环策略**

补充过程是每隔时间 $T$ 补充一次,每次补充一个批量 $Q$,且每次补充可以为瞬时完成,或补充过程极短,补充时间可不考虑,这就是 $T$ 循环策略。即

$$X_i = \begin{cases} Q & \text{当 } i = T, 2T, \cdots, nT \\ 0 & \text{当 } i \neq T, 2T, \cdots, nT \end{cases} \qquad (nT \leqslant T_0)$$

其中 $T_0$ 为计划期,$X_i$ 为补充量。

已知需求速度(即需求率,它是需求量对时间的变化率)是固定不变的,因此可以这样安排计划,当库存量下降为零时正好补充下一批物品,其库存状态如图 7 - 4 所示。

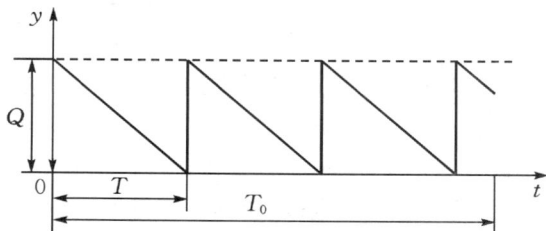

图 7 - 4 $T$ 循环策略库存状态图

## 2. (T, S)策略

每隔一个时间 $T$ 盘点一次,并及时补充,每次补充到库存水平 $S$,因此每次补充量 $Q_i$ 为一变量,即 $Q_i = S - Y_i$,$Y_i$ 为库存量,这种类型的库存状态如图 7-5 所示。

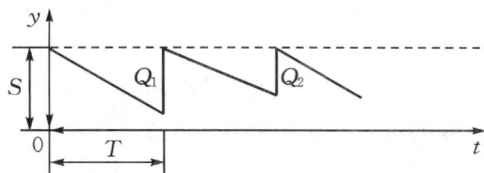

图 7-5　(T,S)策略库存状态图

## 3. (T, s, S)策略

每隔一个时间 $T$ 盘点一次,当发现库存量小于保险库存量 $s$ 时,就补充到库存水平 $S$,即

$$Q_i = \begin{cases} S - Y_i & Y_i < s \\ 0 & Y_i \geqslant s \end{cases}$$

其中 $Y_i$ 为库存量,其库存状态如图 7-6 所示。

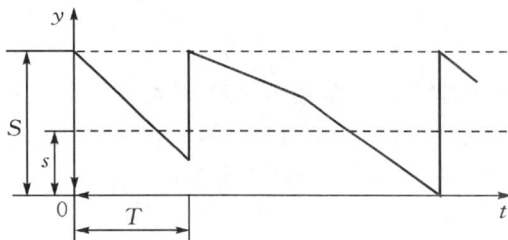

图 7-6　(T,s,S)策略库存状态图

## 4. 费用

确定库存策略时,如何评价一项策略的优劣,最直接的评价标准是计算该策略所耗用的平均费用,费用最小的为最优策略。可见,费用是确定库存策略的关键。在库存分析中,一般考虑以下几项费用:

(1)订货费。订货费是指企业向外采购物资的费用。该项费用由两项费用组成:①仅与订货次数有关,而与订货数量无关的费用,如手续费、交通费、外出采购的固定费用等;②和订购量有关的可变费用,如货物的成本费用和运输费用等。

(2)生产费。生产费是指企业自行生产库存物品的费用。它包括装备费用(与生产批量无关,而仅与生产次数有关)和生产消耗性费用(与生产批量有关)。

(3)库存费。库存费包括仓库的保管费、流动资金占用的利息以及货物损坏变质等费用。这些费用既随库存物品的增加而增加,也与库存物的性质有关。

(4)缺货费。缺货费是指当库存物的数量满足不了需求时引起的有关损失、如停工待料的损失、未完成合同而承担的赔款等。在不允许缺货的情况下,可以认为缺货费为无穷大。

以上列出的主要费用项目,随着实际问题的不同,所考虑的费用项目也会有所差别。

## 5. 目标函数

要在一类策略中选择一个最优策略,就需要有一个衡量优劣的标准,这就是目标函数。在

库存问题中,通常把目标函数取为平均费用函数或平均利润函数,选择的策略应使平均费用达到最小或平均利润达到最大。

库存论的基本研究方法是将实际问题抽象为数学模型,在形成模型过程中,对一些复杂的条件尽量加以简化。只要它能反映问题的本质就可以了,然后对模型用数学的方法加以研究,通过费用分析,求出最佳库存策略。

库存问题经过长期研究已得出一些行之有效的模型。从库存模型来看大体可分为两类:①作确定性模型,即模型中的数据皆为确定的数值;②随机性模型,即模型中含有随机变量,而不是确定的数值。本章将按确定性库存模型和随机性库存模型两大类,分别介绍一些常见的库存模型,并从中得出相应的库存策略。

## 7.2 确定性库存模型

确定性库存模型,是指对库存物资的需求率确切已知的情况。

### ➤ 7.2.1 瞬时进货,不允许缺货模型(经济批量模型)

**1. 模型假设**

为使模型简单,易于理解,便于计算,作如下假设:

(1)需求是连续均匀的,需求速度为常数 $R$,则 $t$ 时间内的需求量为 $Rt$。

(2)当库存量降至零时,可立即补充,不会造成缺货。

(3)每次订购费 $C_3$、单位货物库存费 $C_1$ 都为常数。

(4)每次订购量相同,均为 $Q_0$。

(5)缺货费无穷大。

库存状态变化图如图 7-7 所示。

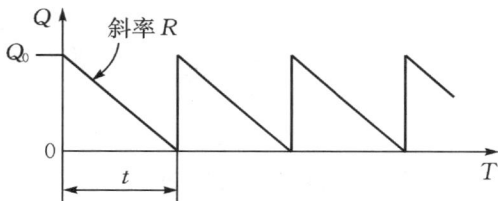

图 7-7 库存状态变化图

**2. 建立库存模型**

最优库存策略是求使总费用最小的订货批量 $Q_0$ 及订货周期 $t_0$($T$ 循环策略),所以需首先导出费用函数。

由图 7-7 知,在 $t$ 内补充一次库存,订购量 $Q_0$ 必须满足这一时期内的需求,即

$$Q_0 = Rt$$

若一次订购费为 $C_3$,货物单价为 $K$,则订购费为 $C_3 + KRt$。因此,单位时间内的订货费为 $C_3/t + KR$。

由于需求速度为常数 $R$，故一个 $t$ 时间段内的平均库存量为 $\frac{1}{t}\int_0^t RTdT = \frac{1}{2}Rt = \frac{Q_0}{2}$，而单位货物库存费为 $C_1$，则库存费用为 $C_1Rt/2$。

由于本模型不存在缺货损失，所以 t 时间内总的平均费用为：

$$C(t) = \frac{1}{2}C_1Rt + \frac{C_3}{t} + KR$$

上式中 $t$ 取何值，$C(t)$ 最小，只需对 $C(t)$ 关于 $t$ 求导，得：

$$\frac{dC(t)}{dt} = \frac{1}{2}C_1R - \frac{C_3}{t^2}$$

令 $\frac{dC(t)}{dt} = 0$，即 $\frac{1}{2}C_1R - \frac{C_3}{t^2} = 0$，解得：

$$t_0 = \sqrt{\frac{2C_3}{C_1R}} \tag{7-1}$$

即每隔 $t_0$ 时间订货一次，可使 $C(t)$ 达到最小，其订购量 $Q_0$ 为：

$$Q_0 = Rt_0 = \sqrt{\frac{2C_3R}{C_1}} \tag{7-2}$$

式(7-2)是库存论中著名的经济批量(economic ordering quantity)公式，简称 E·O·Q 公式。

由于货物单价 $K$ 与 $Q_0$、$t_0$ 无关，若无特殊需要不再考虑 $KR$ 此项费用，故得：

$$C(t) = \frac{1}{2}C_1Rt + \frac{C_3}{t} \tag{7-3}$$

将 $t_0$ 代入式(7-3)，得

$$C(t_0) = C_3 \cdot \sqrt{\frac{C_1R}{2C_3}} + \frac{1}{2}C_1R \cdot \sqrt{\frac{2C_3}{C_1R}} = \sqrt{2C_1C_3R} \tag{7-4}$$

上述最优库存策略可用费用曲线进行几何图形表示，见图7-8。

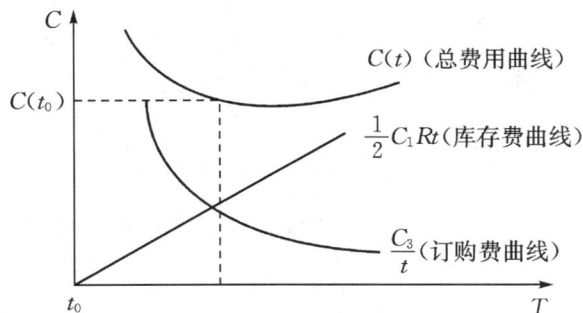

图 7-8 库存策略的费用曲线

上述公式是选 $t$ 作为库存策略变量推导出来的。如果选订货批量 $Q$ 作为变量，也可以推导出上述公式。

类似于式(7-2)、(7-3)、(7-4)，相应地有：

$$Q_0 = \sqrt{\frac{2C_3 D}{C_1}} \qquad (7-5)$$

$$C(Q) = C_1 \cdot \frac{Q}{2} + C_3 \cdot \frac{D}{Q} \qquad (7-6)$$

$$C(Q_0) = \min C(Q) = \sqrt{2C_1 C_3 D} \qquad (7-7)$$

而最佳周期 $\qquad t_0 = \dfrac{Q_0}{D} = \sqrt{\dfrac{2C_3}{C_1 D}} \qquad (7-8)$

其中，$D$ 是每年需提供的产品数，相当于经济批量公式中的 $R$。

**例 7-1** 某厂对某种材料的全年需求量为 1040 吨，其单价为 1200 元/吨，每次采购该种材料的订货量为 2040 元，每年保管费为 170 元/吨。试求工厂对该材料的最优订货批量、每年订货次数及全年的费用。

解：根据题意，知 $D = 1040$，$C_1 = 170$，$C_3 = 2040$。

由公式得最优订货批量 $Q_0 = \sqrt{\dfrac{2 \times 2040 \times 1040}{170}} = 158$（吨）

每年订货次数为 $\dfrac{1040}{158} \approx 6.58$

由于次数是非整数，所以分别以 6 次和 7 次讨论其总费用选择的最佳次数。

订货次数为 6 次的总费用为 $6 \times 2040 + \dfrac{1040}{6} \times 6 \times 1200 + \dfrac{1040 \times 170}{2 \times 6} = 1274973$（元）

订货次数为 7 次的总费用为 $7 \times 2040 + \dfrac{1040}{7} \times 7 \times 1200 + \dfrac{1040 \times 170}{2 \times 7} = 1274908$（元）

由于 $1274973 > 1274908$，所以每年应订货 7 次，每次订货量 1040/7 吨，每年的总费用为 1274908 元。

现设全年材料的消费量为原来的 4 倍，即从 1040 吨提高到 4160 吨。如果不建立库存模型，也许有人会认为新的订货批量应该是先前的 4 倍，但公式告诉我们：只需将订货批量增加 1 倍，并将订货的周期缩短一半即可。

### 7.2.2 其他确定性库存模型

#### 7.2.2.1 逐渐补充库存，不允许缺货模型

**1. 模型假设**

该模型假设的库存补充是逐渐进行的，而不是瞬时完成的，其他条件同瞬时进货，不允许缺货模型相同。

(1) 一定时间 $t_p$ 内生产批量 $Q$，单位时间内的产量即生产速率以 $P$ 表示，$P = \dfrac{Q}{t_p}$。

(2) 需求速度为 $R$，由于不允许缺货，故 $P > R$。生产的产品一部分满足需求，剩余部分才作为库存。

此模型库存状态变化如图 7-9 所示。

**2. 建立库存模型**

在上述假设下，$t_p$ 时间段内每单位时间生产了 $P$ 件产品，提取了 $R$ 件产品以满足需求，故单位时间内净增库存量为 $P - R$。到 $t_p$ 终止时，库存量为 $(P - R) t_p$，由前面模型的假定有：

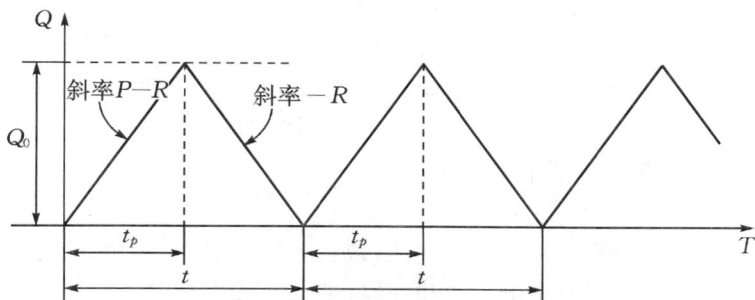

图 7-9　库存状态变化图

$$P t_p = Q = Rt$$

得

$$t_p = \frac{Rt}{P}$$

时间段 $t$ 内平均库存量为 $1/2(P-R)t_p = 1/2 \frac{P-R}{P}Rt$，相应单位时间库存费为 $\frac{1}{2}C_1$ $\frac{P-R}{P}Rt$，$t$ 时间内所需装配费为 $C_3$，则单位时间平均总费用为 $C(t) = \frac{1}{2}C_1 \frac{P-R}{P}Rt + \frac{C_3}{t}$。

类似令 $\frac{dC(t)}{dt} = 0$，得

$$\text{最佳周期 } t_0 = \sqrt{\frac{2C_3}{C_1 R}} \cdot \sqrt{\frac{P}{P-R}} \qquad (7-9)$$

$$\text{最佳生产批量 } Q_0 = Rt_0 = \sqrt{\frac{2C_3 R}{C_1}} \cdot \sqrt{\frac{P}{P-R}} \qquad (7-10)$$

$$\text{最佳生产时间 } t_p = \frac{Rt_0}{P} = \sqrt{\frac{2C_3 R}{C_1}} \cdot \sqrt{\frac{1}{P(P-R)}} \qquad (7-11)$$

$$\text{最小平均总费用 } C(t_0) = \sqrt{2C_1 C_3 R} \cdot \sqrt{\frac{P-R}{P}} \qquad (7-12)$$

将前面公式(7-1)、(7-2)中的 $t_0$，$Q_0$ 公式与公式(7-9)、(7-10)相比较，知它们相差一个因子 $\sqrt{\frac{P}{P-R}}$。当 $P \to \infty$ 时，$\sqrt{\frac{P}{P-R}} \to 1$，此时两组公式就相同了。

**例 7-2**　某电视机厂自行生产扬声器用以装备本厂生产的电视机，该厂每天生产 100 部电视机，而扬声器生产车间每天可以生产 5000 个扬声器。已知该厂每批电视机装配的生产准备费为 5000 元，而每个扬声器在一天内的库存费为 0.02 元。试确定该厂扬声器的最佳生产批量、生产时间和电视机的安装周期。

解：根据题意知：$P = 5000$，$R = 100$，$C_1 = 0.02$，$C_3 = 5000$，
由公式，得

$$\text{最佳生产批量 } Q_0 = \sqrt{\frac{2 \times 5000 \times 100}{0.02}} \cdot \sqrt{\frac{5000}{5000-100}} = 7143(\text{个})$$

$$\text{最佳生产时间 } t_p = \sqrt{\frac{2 \times 5000 \times 100}{0.02}} \cdot \sqrt{\frac{1}{5000 \times 4900}} = 1.5(\text{天}) \quad (\text{或 } t_p = \frac{Q_0}{P} \approx 1.5)$$

最佳安装周期 $t_0 = \sqrt{\dfrac{2 \times 5000}{0.02 \times 100}} \cdot \sqrt{\dfrac{5000}{5000 - 100}} = 71(天)$ （或 $t_0 = \dfrac{Q_0}{R} \approx 71$）

因此,该电视机厂每批扬声器的生产量为 7143 个,只需一天半时间,每隔 71 天装配一批电视机。

#### 7.2.2.2 瞬时进货,允许缺货模型

**1. 模型假设**

本模型允许缺货,缺货损失可以定量计算,缺货时库存量为零。由于允许缺货,所以可以减少订货和库存费用,但缺货会影响生产和销售,造成直接和间接损失。权衡费用的得失,寻找最优库存策略,使总费用达到最小,成为该模型所要研究的问题。

设单位缺货损失费为 $C_2$ 元,$S$ 为最初库存量,其余假设条件与瞬时进货,不允许缺货模型相同。

此模型库存状态变化如图 7-10 所示。

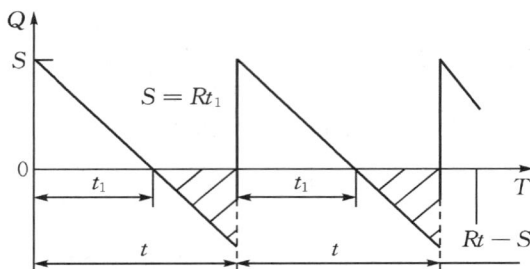

图 7-10　库存状态变化图

**2. 建立库存模型**

最初库存量为 $S$,可以满足 $t_1$ 时间内的需求,$t_1$ 内的平均库存量为 $\dfrac{1}{2}S$,而每周期 $t$ 内最大缺货量为 $Rt - S$,平均缺货量为 $\dfrac{1}{2}(Rt - S)$。

由于 $S$ 仅能满足 $t_1$ 时间的需求,即 $S = Rt_1$,所以 $t_1 = \dfrac{S}{R}$,代入平均库存量和平均缺货量可得:

$t$ 时间内所需存储费为:

$$C_1 \frac{1}{2} S t_1 = \frac{1}{2} C_1 \frac{S^2}{R}$$

$t$ 时间内所缺货损失费为:

$$C_2 \frac{1}{2}(Rt - S)(t - t_1) = \frac{1}{2} C_2 \frac{(Rt - S)^2}{R}$$

因此可得出平均总费用的函数形式为:

$$C(t,S) = \frac{1}{t}\left[\frac{1}{2} \frac{C_1 S^2}{R} + \frac{1}{2} \frac{C_2 (Rt - S)^2}{R} + C_3\right] \tag{7-13}$$

式中有 $t$ 和 $S$ 两个变量,为求 $C(t,S)$ 最小值,令

$$\frac{\partial C}{\partial t} = 0 \text{ 和 } \frac{\partial C}{\partial S} = 0$$

求得
$$t_0 = \sqrt{\frac{2C_3}{C_{1R}}} \cdot \sqrt{\frac{C_1 + C_2}{C_2}} \qquad (7-14)$$

$$S_0 = \sqrt{\frac{2RC_3}{C_1}} \cdot \sqrt{\frac{C_2}{C_1 + C_2}} \qquad (7-15)$$

而
$$Q_0 = Rt_0 = \sqrt{\frac{2RC_3}{C_1}} \cdot \sqrt{\frac{C_1 + C_2}{C_2}} \qquad (7-16)$$

$$C_0 = \min C(t, S) = C(t_0, S_0) = \sqrt{2C_1 C_3 R} \cdot \sqrt{\frac{C_2}{C_1 + C_2}} \qquad (7-17)$$

显然当不允许缺货时,即 $C_2 \to \infty$,则有 $\sqrt{\dfrac{C_2}{C_1 + C_2}} \to 1$,此时$(7-14),(7-16),(7-17)$与 $(7-1),(7-2),(7-4)$相同。

而最大缺货量 $S' = Q_0 - S_0 = \sqrt{\dfrac{2C_1 C_2 R}{C_2(C_1 + C_2)}}$ \qquad (7-18)

在允许缺货条件下,最佳库存策略是:每隔 $t_0$ 订货一次,订购量为 $Q_0$,而库存只需到达 $S_0$。由于 $\dfrac{C_1 + C_2}{C_2} > 1$,而允许缺货最佳周期 $t_0$ 为不允许缺货周期 $t_0$ 的 $\sqrt{\dfrac{C_1 + C_2}{C_2}}$ 倍,所以在允许缺货条件下,两次订货间隔时间延长了,订货次数显然减少了。

**例7-3**　某批发站每月需某种产品 100 件,每次订购费为 5 元,若每次货物到达后存入仓库,每件每月要付 0.4 元库存费。假设允许缺货,缺货费每件 0.15 元,求 $S_0$ 和 $C(t_0, S_0)$。

解:依题知 $R = 100, C_1 = 0.4, C_2 = 0.15, C_3 = 5$,

代入公式得:

$$t_0 = \sqrt{\frac{2 \times 5}{0.4 \times 100}} \times \sqrt{\frac{0.4 + 0.15}{0.15}} = 0.96$$

$$S_0 = \sqrt{\frac{2 \times 5 \times 100}{0.4}} \times \sqrt{\frac{0.15}{0.4 + 0.15}} = 26$$

$$C(t_0, S_0) = \sqrt{2 \times 0.4 \times 5 \times 100} \times \sqrt{\frac{0.15}{0.4 + 0.15}} = 10.46$$

### 7.2.2.3　逐渐补充库存,允许缺货模型

**1. 模型假设**

本模型是以上三种模型的综合,假设条件除允许缺货,生产需一定时间外,其余条件皆与瞬时进货,不允许缺货模型相同。

此模型的库存状态变化图如 7-11 所示。

设每天生产产品 $P$ 件,需求速度为 $R(P > R)$。当库存达到 $S$ 时停止生产,循环周期为 $t$,在周期 $t$ 中,生产的时间为 $t_3$,库存内有产品的时间是 $t_2$,最大库存量与最大缺货量之和为 $Q_1$,最大缺货量为 $Q_1 - S$。

**2. 建立库存模型**

设当缺货量达到 $Q_1 - S$ 时组织生产,每天生产的 $P$ 件产品中,首先满足每天 $R$ 件的需求,剩余的 $(P - R)$ 件则补充上期的缺货,多余的产品进入库存,库存量达到 $S$ 件时停止生产。总费用包括装配费用、库存费用和缺货费用。

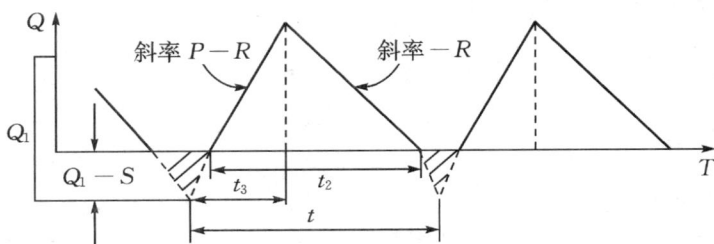

图 7-11　库存状态变化图

在一个周期 $t$ 内的平均装配费用为 $\dfrac{C_3}{t}$；在时间段 $t_2$ 内有库存产品，最大库存量为 $S$，则平均库存量为 $\dfrac{S}{2}$，那么平均库存费用为 $\dfrac{C_1 S t_2}{2t}$；缺货时间是 $t - t_2$，最大缺货量为 $Q_1 - S = Rt - S$，那么 $t$ 时间内平均缺货费用为 $\dfrac{1}{2t} C_2 (Rt - S)(t - t_2)$；因此平均总费用函数为：

$$C(t, S) = \frac{C_1 t_2 S}{2t} + \frac{C_2 (Rt - S)(t - t_2)}{2t} + \frac{C_3}{t} \qquad (7-19)$$

又因为 $Pt_3 = Rt$，则

$$t = \frac{Pt_3}{R} \qquad (7-20)$$

而在 $t_3$ 天内生产的 $Pt_3$ 件产品是这样分配的：满足 $t_3$ 天中的需求 $Rt_3$ 时，补充上期的缺货 $(Q_1 - S)$ 件，使库存到达最大 $S$ 件，所以 $Pt_3 = Rt_3 + (Q_1 - S) + S$，则

$$t_3 = \frac{Q_1}{P - R} \qquad (7-21)$$

将 $(7-21)$ 代入 $(7-20)$，得

$$t = \frac{PQ_1}{(P - R)R} \qquad (7-22)$$

根据相似三角形的比例关系得 $\dfrac{t_2}{t} = \dfrac{S}{Q_1}$，将 $(7-22)$ 代入此式得：

$$t_2 = \frac{PS}{(P - R)R} \qquad (7-23)$$

把 $(7-23)$ 代入 $(7-19)$ 得：

$$C(t, S) = \frac{C_1 S^2}{2tR} \cdot \frac{P}{P - R} + \frac{C_2 (Rt - S)[(P - R)Rt - PS]}{2(P - R)Rt} + \frac{C_3}{t} \qquad (7-24)$$

令 $\dfrac{\partial C}{\partial t} = 0$ 和 $\dfrac{\partial C}{\partial S} = 0$，得

最大库存水平 $S_0 = \sqrt{\dfrac{2RC_3}{C_1}} \cdot \sqrt{\dfrac{C_2}{C_1 + C_2}} \cdot \sqrt{\dfrac{P - R}{P}} \qquad (7-25)$

最佳循环周期 $t_0 = \sqrt{\dfrac{2C_3}{C_1 R}} \cdot \sqrt{\dfrac{C_1 + C_2}{C_2}} \cdot \sqrt{\dfrac{P}{p - R}} \qquad (7-26)$

最小平均总费用 $C(t_0, S_0) = \sqrt{2C_1 C_3 R} \cdot \sqrt{\dfrac{C_2}{C_1 + C_2}} \cdot \sqrt{\dfrac{P - R}{P}} \qquad (7-27)$

$$Q_0 = Rt_0 = \sqrt{\frac{2RC_3}{C_1}} \cdot \sqrt{\frac{C_1 + C_2}{C_2}} \cdot \sqrt{\frac{P}{P - R}} \qquad (7 - 28)$$

最大缺货量为 $Q_0 - S_0 = \sqrt{\dfrac{2C_1 C_3 R}{(C_1 + C_2)C_2}} \cdot \sqrt{\dfrac{P - R}{P}}$ $\qquad (7 - 29)$

在此模型中,当生产速度很快($P \to \infty$)并允许缺货时,便得到瞬时进货,允许缺货模型;当生产速度有限,不允许缺货($C_2 \to \infty$),便得到逐渐补充库存,不允许缺货模型;而当生产速度很快($P \to \infty$),且不允许缺货($C_2 \to \infty$),便得到瞬时进货,不允许缺货模型。因此此模型为其他三种模型的综合,而其他三种模型是此模型的特例。

**例7-4**　企业生产某种产品的速度是每月300件,销售速度是每月200件,库存费用每月每件为4元,每次生产准备费为80元,允许缺货,每件缺货损失为14元,试求 $Q_0, S_0, t_0$ 和 $C(t_0, S_0)$。

解:依题知 $P = 300, R = 200, C_1 = 4, C_2 = 14, C_3 = 80$,

由公式,得

$$Q_0 = \sqrt{\frac{2 \times 200 \times 80}{4}} \times \sqrt{\frac{4 + 14}{14}} \times \sqrt{\frac{300}{300 - 200}} \approx 175.68$$

$$S_0 = \sqrt{\frac{2 \times 80 \times 200}{4}} \times \sqrt{\frac{14}{14 + 4}} \times \sqrt{\frac{300 - 200}{300}} \approx 45.55$$

$$t_0 = \sqrt{\frac{2 \times 80}{4 \times 20}} \times \sqrt{\frac{14 + 4}{14}} \times \sqrt{\frac{300}{300 - 200}} \approx 0.88$$

$$C(t_0, S_0) = \sqrt{2 \times 4 \times 80 \times 200} \times \sqrt{\frac{14}{4 + 14}} \times \sqrt{\frac{300 - 200}{300}} \approx 182.18$$

故企业最小总费用为182.18元。

#### 7.2.2.4　价格与订货批量有关的库存模型

为了鼓励需求,或扩大市场占有率,供方常对需方实行大批量订货的价格优惠,即购买数量不同,货物的单价也不同。一般情况下,购买数量越多,单价越低。那么除货物单价随订购数量变化外,其余条件都与瞬时进货,不允许缺货模型相同,应如何确定相应的库存策略呢?

设货物单价与订货量之间有如下关系:

$$0 \leqslant Q \leqslant K_1 \qquad\qquad 单价为 S_0$$
$$K_1 \leqslant Q \leqslant K_2 \qquad\qquad 单价为 S_1$$
$$\vdots \qquad\qquad\qquad \vdots$$
$$K_n \leqslant Q \qquad\qquad\qquad 单价为 S_n$$

其中 $K(i = 1, 2, \cdots, n)$ 为价格折扣的分界点,且满足 $S_0 > S_1 > \cdots > S_n$。

那该问题的费用函数为:

$$C_i = \frac{1}{2} C_1 Rt + \frac{C_3}{t} + RS_i = \frac{1}{2} C_1 Q + \frac{C_3 R}{Q} + RS_i \qquad (i = 0, 1, \cdots, n) \quad (7 - 30)$$

下面给出此问题的求解步骤:

(1)首先不考虑价格折扣的因素,由瞬时进货,不允许缺货模型求出最佳批量 $Q^* = \sqrt{\dfrac{2C_3 R}{C_1}}$,并确定 $Q^*$ 落在哪个区间。如果落在 $[K_i, K_{i+1})$ 内,此时总费用为 $\sqrt{2C_3 R C_1} + RS_i = C(Q^*)$。

(2)由于存在折扣因素,且 $S_{i-1} > S_i$,所以不希望实际订货量 $Q < Q^*$,如果这样将导致费用增加;当 $Q > Q^*$ 时,就有可能使货物成本方面的节省超过库存费用方面的增加。因此分界点 $K_{i+1}, K_{i+2}, \cdots, K_n$ 也是最佳批量的可能值。综上分析,取 $Q$ 分别为 $K_{i+1}, K_{i+2}, \cdots, K_n$,由(7-30)计算出 $C(K_{i+1}), C(K_{i+2}), \cdots, C(K_n)$,最后取 $\min\{Q^*, C(K_{i+1}), C(K_{i+2}), \cdots, C(K_n)\}$ 的订购量为最佳订购量。

**例 7-5** 某医院药店每年需要某种药 1000 瓶,每次订购需要费用 5 元,每瓶药每年的保管费为 0.40 元,每瓶单价 2.50 元,制药厂提出价格折扣条件为:①订购 100 瓶时,价格折扣为 0.05;②订购 300 瓶时,价格折扣率为 0.10。

试问:(1)该医院是否接受折扣率为 0.10 的条件?

(2)如果医院每年对这种药的需求量为 100 瓶,而其他条件不变,那么医院应采用什么库存策略?

解:(1)首先不考虑价格折扣,得最佳批量 $Q^* = \sqrt{\dfrac{2 \times 5 \times 1000}{0.40}} = 158$(瓶)

总费用为 $\sqrt{2 \times 1000 \times 5 \times 0.4} + 1000 \times 2.5 \times 0.95 = 2438$(元)

取 $Q = 300$,总费用为 $1/2 \times 0.4 \times 300 + 5 \times 1000/300 + 1000 \times 2.5 \times 0.9 = 2327$(元)

所以应接受每次订购 300 瓶的价格折扣。

(2)同样先求最佳批量 $Q^* = \sqrt{\dfrac{2 \times 5 \times 100}{0.40}} = 50$(瓶)

总费用为 $\sqrt{2 \times 100 \times 5 \times 0.4} + 100 \times 2.5 = 270$(元)

取 $Q = 100$,总费用为 $1/2 \times 0.4 \times 100 + 5 \times 100/100 + 100 \times 2.5 \times 0.95 = 262.5$(元)

所以医院应采用订购 100 瓶的库存策略。

# 7.3  随机性库存模型

随机性库存模型的特点是需求为随机的,其概率分布为已知。因此可以用概率方法来研究库存模型,根据历史资料分析,找出其统计规律,确定概率分布,以赢利期望值的大小或损失期望值的大小作为衡量标准,确定最优库存策略。

## 7.3.1 单时期库存模型

单时期库存模型是指以一个库存周期作为时间的最小单位,而且只在周期开始时刻作一次决策,确定出订货量或生产量,也就是说是一次性订货。当货物销完后,并不补充进货;当货物销不完,剩余货物对下一周期无用。由于问题在所考虑的时期内,需求量是不确定的,这就形成两难的局面:若货订得过多,将会由于卖不出去而造成损失;订得过少,将因供不应求而失掉销售机会。该库存策略就是确定一个适当的订货量。

1. **需求是随机离散的单时期库存模型**

这类模型的一个典型问题是报童卖报问题:有一报童每天售报数量是一个离散型随机变量,设销售量 $r$ 的概率分布 $P(r)$ 为已知,每张报纸的成本为 $\mu$ 元,售价为 $v$ 元($v > \mu$)。如果报纸当天卖不出去,第二天就要降低价格处理,处理价为 $w$ 元($w < \mu$),问报童每天最好准备多少份报纸?

报童卖报问题就是一个典型的需求为离散型随机变量的单时期库存模型,下面通过此问题来分析这类模型的解决办法。

这个问题就是要确定报童每天报纸的订购量 $Q$ 为何值时,使盈利的期望值最大或损失的期望值最小?选盈利的期望值为目标函数,确定最佳订购量 $Q^*$。

如果订购量大于需求量($Q \geqslant r$)时,赢利的期望值为:

$$\sum_{r=0}^{Q} [(v-\mu) \cdot r - (\mu-w)(Q-r)] \cdot P(r)$$

如果订购量小于需求量($Q < r$)时,赢利的期望值为:

$$\sum_{r=Q+1}^{\infty} (v-\mu) \cdot Q \cdot P(r)$$

所以总赢利的期望值为:

$$C(Q) = \sum_{r=0}^{Q} [(v-\mu) \cdot r - (\mu-w)(Q-r)] \cdot P(r) + \sum_{r=Q+1}^{\infty} (v-\mu) \cdot Q \cdot P(r)$$

那么最佳订购数量 $Q^*$ 应满足:

$$\begin{cases} C(Q^*) \geqslant C(Q^*+1) & (7-31) \\ C(Q^*) \geqslant C(Q^*-1) & (7-32) \end{cases}$$

由(7-31)式出发进行推导有:

$$\sum_{r=0}^{Q} [(v-\mu) \cdot r - (\mu-w)(Q-r)] \cdot P(r) + \sum_{r=Q+1}^{\infty} (v-\mu) \cdot Q \cdot P(r)$$

$$\geqslant \sum_{r=0}^{Q+1} [(v-\mu) \cdot r - (\mu-w)(Q+1-r)] \cdot P(r) + \sum_{r=Q+2}^{\infty} (v-\mu) \cdot (Q+1) \cdot P(r)$$

经过简化后,得:

$$\sum_{r=0}^{Q} P(r) \geqslant \frac{v-\mu}{v-w} \qquad (7-33)$$

同理由(7-32)式可得: $\sum_{r=0}^{Q-1} P(r) \leqslant \frac{v-\mu}{v-w} \qquad (7-34)$

综上得: $\sum_{r=0}^{Q-1} P(r) \leqslant \frac{v-\mu}{v-w} \leqslant \sum_{r=0}^{Q} P(r) \qquad (7-35)$

由此可确定最佳订购数量 $Q^*$。

以上以赢利的期望值为目标函数,求得报童每天订购的最佳批量 $Q^*$。当然也可以以损失的期望值为目标函数来求报童每天订购的最佳批量 $Q^*$。以这种方式求最佳批量 $Q^*$,请读者自行推导。(结果是一致的)

需要指出,尽管上面讨论的只是报童买报的问题,看上去涉及的面很窄,但是如果把生产需求的某种零件,顾客需求的某种商品等看作报童所卖的报纸,那报童问题及其求解思路就具广泛的意义。

**例 7-6** 某商店出售甲商品,已知每单位甲商品成本为 50 元,售价为 70 元,如果销售不出去,每单位商品将损失 10 元。根据以往经验,甲商品销售量 $r$ 服从以参数 $\lambda = 6$ 的泊松分布。

$$P(r) = \frac{e^{-\lambda} \lambda^r}{r!} (r = 0, 1, 2, \cdots)$$

问该店最佳订货量为多少单位?

解:已知 $\mu = 50, v = 70$。而 $\mu - w = 10$,有 $w = 40$,于是

$$\frac{v - \mu}{v - w} = \frac{70 - 50}{70 - 40} = 0.667$$

而

$$F(6) = \sum_{r=0}^{6} \frac{e^{-6} 6^r}{r!} = 0.6063$$

$$F(7) = \sum_{r=0}^{7} \frac{e^{-7} 7^r}{r!} = 0.7440$$

由于

$$F(6) < 0.667 < F(7)$$

故由(7−35)知,$Q^* = 7$ 个单位。

2. 需求是随机连续的单时期库存模型

设有某种单时期需求的物资,需求量 $r$ 为连续型随机变量,已知其概率密度为 $\varphi(r)$,每件物品的成本为 $\mu$ 元,售价为 $v$ 元 $(v > \mu)$。如果当时售不完,下一期就要降价处理,处理价为 $w$ 元 $(w < \mu)$,求最佳订货数量 $Q^*$ 。

如果订货量大于需求量 $(Q \geqslant r)$ 时,赢利的期望值为:

$$\int_0^Q [(v - \mu)r - (\mu - w)(Q - r)] \varphi(r) dr$$

如果订货量小于需求量 $(Q \leqslant r)$ 时,赢利的期望值为:

$$\int_Q^\infty [(v - \mu)Q] \varphi(r) dr$$

故总利润的期望值为:

$$C(Q) = \int_0^Q [(v - \mu)r - (\mu - w)(Q - r)] \varphi(r) dr + \int_Q^\infty [(v - \mu)Q] \varphi(r) dr$$

$$= (v - \mu)Q + (v - w) \int_0^Q r\varphi(r) dr - (v - w) \int_0^Q Q\varphi(r) dr$$

利用含有参变量积分的求导公式,得:

$$\frac{dc(Q)}{dQ} = (v - \mu) + (v - w)Q\varphi(Q) - (v - w)\left[\int_0^Q \varphi(r) dr + Q\varphi(Q)\right]$$

$$= (v - \mu) - (v - w) \int_0^Q \varphi(r) dr$$

令 $\frac{dc(Q)}{dQ} = 0$ 得

$$\int_0^Q \varphi(r) dr = \frac{v - \mu}{v - w} \tag{7-36}$$

再由已知的 $\varphi(r)$ 可确定最佳订货批量 $Q^*$ 。

又因为 $\frac{d^2 c(Q)}{dQ^2} = -(v - w)\varphi(Q) < 0$

故 $Q^*$ 是使总利润的期望值最大的最佳经济批量。

例7−7 某书亭经营某种期刊杂志,每册进价 0.80 元,售价 1.00 元,如过期,处理价为 0.50 元。根据多年统计表明,需求服从均匀分布,最高需求量 $b = 1000$ 册,最低需求量 $a = 500$ 册,问应订货多少才能保证期望利润最高?

解:由概率论知需求的密度函数为:

$$\varphi(r) = \begin{cases} \dfrac{1}{b-a} & a \leqslant r \leqslant b \\ 0 & \text{其他} \end{cases}$$

由公式(7-36)得　　$\dfrac{v-\mu}{v-w} = \dfrac{1.00-0.80}{1.00-0.50} = 0.4$

即
$$\int_0^Q \varphi(r)dr = 0.40$$

$$\int_a^Q \frac{1}{b-a}dr = 0.40$$

则
$$\frac{Q-a}{b-a} = \frac{Q-500}{1000-500} = 0.40$$

$$Q^* = 700(册)$$

故应订货 700 册,才能保证期望值利润最高。

## ➢ 7.3.2　多时期库存模型

多时期库存模型是考虑了时间因素的一种随机动态库存模型,它与单时期库存模型的不同之处在于:每个周期的期末库存货物对于下个周期仍可用。由于多时期随机库存问题更为复杂和广泛,在实际应用中,库存系统的管理人员往往要根据不同物资的需求特点及货源情况,本着经济的原则而采用不同的库存策略,其中最常用的是$(s,S)$策略。

**1. 需求是随机离散的多时期$(s,S)$库存模型**

此类模型的特点在于订货的机会是周期出现的。假设在一个阶段的开始时原有库存量为 I,若供不应求,则需承担缺货损失费;供大于求,则多余部分仍需库存起来,供下阶段使用。当本阶段开始时,按订货量 Q,使库存水平达到 $S = I + Q$,则本阶段的总费用的期望值应是订货费,库存费和缺货费之和,此时就是寻找使总费用期望值最小的$(s,S)$策略。

设货物的单价成本为 K,单位库存费为 $C_1$,单位缺货损失费为 $C_2$,每次订货费为 $C_3$,且假定滞后时间为零,需求 r 是随机离散变量,概率分布列为 $P(r = r_i) = P(r_i)$,$i = 1,2,3,\cdots,m$,且 $r_i < r_{i+1}$,则本阶段所需各种费用分别是:

(1)订货费:$C_3 + KQ$;

(2)库存费:当需求 $r \leqslant I+Q$ 时,未能售完的部分库存起来,故应付库存费。当 $r \geqslant I+Q$ 时,不需付库存费,于是所需库存费期望值为:

$$\sum_{r \leqslant I+Q} (I+Q-r) \cdot c_1 \cdot P(r)$$

(3)缺货损失费:当需求 $r > I+Q$ 时,$(r-I-Q)$部分需付缺货损失费,其期望值为:

$$\sum_{r > I+Q} (r-I-Q) \cdot c_2 \cdot P(r)$$

故所需总费用的期望值为:

$$C(I+Q) = C(S) = C_3 + K(S-I) + \sum_{r \leqslant S}(S-r) \cdot c_1 \cdot P(r) + \sum_{r > S}(r-S) \cdot c_2 \cdot P(r)$$

$$(7-37)$$

所以,使(7-37)$C(S)$达到极小值的 S 就为最优库存水平,下面对 S 进行求解。

由于 r 的取值为 $r_1,r_2,\cdots,r_m$ 中的一个,所以从不产生剩余库存的角度出发,认为 S 的取

值范围也在 $r_1, r_2, \cdots, r_m$ 中。当 $S$ 取值为 $r_i$ 时，记为 $S_i$，$\Delta S_i = S_{i+1} - S_i = r_{i+1} - r_i = \Delta r_i \neq 0$，$(i = 1, 2, \cdots, m-1)$。

为选出使 $C(S_i)$ 最少的 $S$ 值，$S_i$ 应满足下列不等式：

① $C(S_{i+1}) - C(S_i) \geqslant 0$；    ② $C(S_i) - C(S_{i-1}) \leqslant 0$

其中

$$C(S_{i+1}) = C_3 + K(S_{i+1} - I) + \sum_{r \leqslant S_{i+1}} (S_{i+1} - r) \cdot c_1 \cdot P(r) + \sum_{r > S_{i+1}} (r - S_{i+1}) \cdot c_2 \cdot P(r)$$

$$C(S_i) = C_3 + K(S_i - I) + \sum_{r \leqslant S_i} (S_i - r) \cdot c_1 \cdot P(r) + \sum_{r > S_i} (r - S_i) \cdot c_2 \cdot P(r)$$

$$C(S_{i-1}) = C_3 + K(S_{i-1} - I) + \sum_{r \leqslant S_{i-1}} (S_{i-1} - r) \cdot c_1 \cdot P(r) + \sum_{r > S_{i-1}} (r - S_{i-1}) \cdot c_2 \cdot P(r)$$

定义 $\Delta C(S_i) = C(S_{i+1}) - C(S_i)$，$\Delta C(S_{i-1}) = C(S_i) - C(S_{i-1})$

由①可推导出：

$$\Delta C(S_i) = K\Delta S_i + (C_1 + C_2)\Delta S_i \sum_{r \leqslant S_i} P(r) - C_2 \Delta S_i \geqslant 0$$

因 $\Delta S_i \neq 0$，即    $K + (C_1 + C_2)\sum_{r \leqslant S_i} P(r) - C_2 \geqslant 0$

从而有 $$\sum_{r \leqslant S_i} P(r) \geqslant \frac{C_2 - K}{C_1 + C_2}$$

由②可推导出： $$\sum_{r \leqslant S_{i-1}} P(r) \leqslant \frac{C_2 - K}{C_1 + C_2}$$

令 $\dfrac{C_2 - K}{C_1 + C_2} = N$，$N$ 称为临界值，综上得：

$$\sum_{r \leqslant S_{i-1}} P(r) \leqslant N \leqslant \sum_{r \leqslant S_i} P(r) \tag{7-38}$$

取满足式（7-38）的 $S_i$ 为 $S$，从而得到订货量 $Q = S - I$。

接下来，再讨论确定 $s$ 的方法。

本模型中有订购费 $C_3$，如果本阶段不订货（$I > s$），就可以节省订购费 $C_3$，因此设想是否存在一个数 $s(s \leqslant S)$，使下面不等式成立。

$$Ks + \sum_{r \leqslant s} C_1(s-r)P(r) + \sum_{r > s} C_2(r-s)P(r) \tag{7-39}$$

$$\leqslant C_3 + KS + \sum_{r \leqslant S} C_1(S-r)P(r) + \sum_{r > S} C_2(r-S)P(r)$$

当 $s = S$ 时，不等式显然成立，因为 $C_3 > 0$。

当 $s < S$ 时，左端缺货费用的期望值虽然会增加，但订货费及库存费用期望值都减少，一增一减之间，使不等式仍有可能成立。因此一定能找到最小的 $s$，使（7-39）成立。

当然计算 $s$ 比计算 $S$ 要复杂一些，但就具体问题 $s$ 的求解是在 $S$ 求出后才进行的，其实 $S$ 的计算也并不复杂。

**例 7-8**  设某企业对于某种材料每月需求量的概率如下：

| 需求量 $r_i$ | 50 | 60 | 70 | 80 | 90 | 100 | 110 | 120 |
|---|---|---|---|---|---|---|---|---|
| 概率 $P(r = r_i)$ | 0.05 | 0.10 | 0.15 | 0.25 | 0.20 | 0.10 | 0.10 | 0.05 |

每次订货费为 500 元，每月每吨保管费为 50 元，每月每吨缺货费为 1500 元，每吨材料的

购置费为 1000 元。该企业欲采用 $(s,S)$ 库存策略来控制库存量,试求出 $S$ 和 $s$ 的值。

解:由题知 $C_1 = 50$,$C_2 = 1500$,$C_3 = 500$,$K = 1000$,

那么临界值 $N = \dfrac{C_2 - K}{C_1 + C_2} = \dfrac{1500 - 1000}{50 + 1500} = 0.323$

由于 $P(50) + P(60) + P(70) = 0.05 + 0.10 + 0.15 = 0.3$

$P(50) + P(60) + P(70) + P(80) = 0.05 + 0.10 + 0.15 + 0.25 = 0.55$

而 $0.3 < 0.323 = \dfrac{C_2 - K}{C_1 + C_2} < 0.55$

所以 $S = 80$(吨)。

取 $s = 50$、$60$、$70$、$80$,分别代入 $(7-39)$ 不等式左端得:

当 $s = 50$ 时,左端 $= 1000 \times 50 + 1500[(60-50) \times 0.1 + (70-50) \times 0.15 + (80-50) \times 0.25 + (90-50) \times 0.20 + (100-50) \times 0.1 + (110-50) \times 0.1 + (120-50) \times 0.05] = 101000$

把 $S = 80$ 代入不等式右端,得 $500 + 1000 \times 80 + 50[(80-70) \times 0.15 + (80-60) \times 0.1 + (80-50) \times 0.05] + 1500[(90-80) \times 0.2 + (100-80) \times 0.1 + (110-80) \times 0.1 + (120-80) \times 0.05] = 94250$

显然,$101000 > 94250$,故 $s = 50$ 时,不满足不等式。

同理当 $s = 60$ 时,左端 $= 96775 > 94250$,仍不满足不等式。

当 $s = 70$ 时,左端 $= 94100 < 94250$,满足不等式。

所以 $s = 70$。

因此该企业的库存策略为:每当库存 $I \leqslant 70$ 时,补充库存达到 80,当 $I > 70$ 时不补充。

**2. 需求是随机连续的多时期 $(s, S)$ 模型**

设货物的单价成本为 $K$,单位库存费为 $C_1$,单位缺货损失费为 $C_2$,每次订货费为 $C_3$。假设滞后时间为零,需求 $r$ 是连续的随机变量,概率密度为 $\varphi(r)$,期初库存量为 $I$,订货量为 $Q$。问如何确定订货量 $Q$,使总费用的期望值最小?

本阶段所需的各种费用有:

(1)订购费:$C_3 + KQ$。

(2)库存费:当需求 $r \leqslant I + Q$ 时,未能售完的部分库存起来,故应付库存费。当 $r \geqslant I + Q$ 时,不需付库存费,于是所需库存费期望值为:

$$\int_0^{I+Q} [(I + Q - r)C_1] \cdot \varphi(r) dr = \int_0^{S} [(S - r)C_1] \cdot \varphi(r) dr$$

$S = I + Q$ 为最大库存量。

(3)缺货损失费:当需求 $r > I + Q$,$(r - S)$ 部分需付缺货费,其期望值为:

$$\int_S^{\infty} C_2 \cdot (r - S)\varphi(r) dr$$

那么所需要总费用的期望值为:

$$C(S) = C_3 + KQ + \int_0^{S} [(S - r)C_1] \cdot \varphi(r) dr + \int_S^{\infty} C_2 \cdot (r - S)\varphi(r) dr$$

$$= C_3 + K(S - I) + \int_0^{S} [(S - r)C_1] \cdot \varphi(r) dr + \int_S^{\infty} C_2 \cdot (r - S)\varphi(r) dr$$

利用含参变量积分的求导,得:

$$\frac{dC(S)}{dS} = K + C_1 \int_0^S \varphi(r)dr - C_2 \int_S^\infty \varphi(r)dr$$

$$= K + C_1 \int_0^S \varphi(r)dr - C_2 \left( \int_0^\infty \varphi(r)dr - \int_0^S \varphi(r)dr \right)$$

$$= K + (C_1 + C_2) \int_0^S \varphi(r)dr - C_2$$

令 $\frac{dC(S)}{dS} = 0$ 得 $\qquad \int_0^S \varphi(r)dr = \frac{C_2 - K}{C_1 + C_2} \qquad\qquad (7-40)$

令 $N = \dfrac{C_2 - K}{C_1 + C_2}, N$ 称为临界值。

由式(7-40)可确定 $S$ 值,再由 $Q^* = S - I$ 确定最佳订货批量。

接下来,再讨论确定 $s$ 的方法。

本模型中有订货费 $C_3$,如果本阶段不订货,就可以节省订货费 $C_3$,因此设想是否存在一个数 $s(s \leqslant S)$ 使下面不等式成立。

$$Ks + C_1 \int_0^s (s-r)\varphi(r)dr + C_2 \int_s^\infty (r-s)\varphi(r)dr$$

$$\leqslant C_3 + KS + C_1 \int_0^S (S-r)\varphi(r)dr + C_2 \int_S^\infty (r-S)\varphi(r)dr \qquad (7-41)$$

与上一模型分析类似,一定能找到一个使(7-41)成立的最小的 $s$。

**例 7-9** 某商店经销一种电子产品,根据统计资料分析,这种电子产品的销售量服从在区间 $[75,100]$ 内均匀分布,即

$$\varphi(r) = \begin{cases} 1/25 & 75 \leqslant r \leqslant 100 \\ 0 & \text{其他} \end{cases}$$

每台进货价为 4000 元,单位库存费为 60 元,若缺货,商店为了维护自己的信誉,以每台 4300 元向其他商店进货后再卖给顾客,每次订购费为 5000 元,期初无库存,试确定最佳订货量及 $s, S$ 值。

**解:** 由题知 $C_1 = 60, C_2 = 4300, C_3 = 5000, K = 4000, I = 0,$

临界值 $N = \dfrac{C_2 - K}{C_1 + C_2} = \dfrac{4300 - 4000}{60 + 4300} \approx 0.069$

令 $\qquad\qquad\qquad\qquad \int_0^S \varphi(r)dr = 0.069$

即 $\qquad\qquad\qquad\qquad \int_{75}^S \frac{1}{25}dr = 0.069$

$$\frac{1}{25}(S - 75) = 0.069$$

$$S \approx 77$$

那最佳订货量 $Q^* = S - I = 77 - 0 = 77$(台)

将不等式(7-41)视为等式求解,即

$$4000s + 60 \int_{75}^s (s-r)\frac{1}{25}dr + 4300 \int_s^{100} (r-s)\frac{1}{25}dr$$

$$= 5000 + 4000 \times 77 + 60 \int_{75}^{77} (77-r)\frac{1}{25}dr + 4300 \int_{77}^{100} (r-77)\frac{1}{25}dr$$

经积分和整理,得

$$87.2s^2 - 13380s + 508258 = 0$$

解得　　$s = 84.292$ 或 $s = 69.147$(台)。

由于 $84.292 > 77$,不合模型规定,所以取 $s = 69.147 \approx 70$(台)。

该商店的最优策略为最佳订购批量为 77 台,最大库存量为 77 台,最低库存量为 70 台。

# 7.4　案例分析

## 北京亚洲科技发展有限公司的存储决策问题

### 1. 问题的提出

北京亚洲科技发展有限公司,涉足多媒体网络应用、数字视频、电子出版和桌面印刷制版等技术领域。公司提供从产品开发、网络集成、系统销售,到专业化的影视后期编辑、平面设计、电子出版物制作等多项服务。

非线性视音频编辑系统(简称"非线性")是公司的主要产品之一。"非线性"是应用于广播电视领域的专业计算机多媒体设备,主要用来完成电影、电视节目(如:新闻、专题、电视剧……)的编辑制作。

目前,公司的"非线性"产品的核心硬件(Finish qxc/NT、Finish V60 及 Finish V80),均是从美国进口的,如何订货才能使公司的成本最低是在年初计划时必须解决的问题。具体统计数据如表 7-1 所示:

表 7-1　套裁方案

|  | 年订货量(套) | 单位产品成本(元) | 订货费(元) | 年存储费(元) | 缺货损失(元) |
|---|---|---|---|---|---|
| Finish qxc/NT | 1800 | 26500 | 3000 | 15800 | 1400 |
| Finish V60 | 1000 | 42000 | 3000 | 24500 | 2000 |
| Finish V80 | 120 | 92000 | 3000 | 54000 | 4600 |

注:

(1)由于计算机多媒体技术发展非常快,技术折旧大。也就是说,产品如果购进后没能及时售出,其技术折旧所带来的损失非常大。因此在产品的年存储费中,仅仅考虑库存成本,是很不全面的。所以在本问题的计算过程中,年存储费不但有库存费,还包括了产品的年技术折旧损失。

(2)缺货损失是指由于缺货而带来的合同损失费用,以及由此产生的公司信用等软性损失。

### 2. 问题的分析

由于该产品的订货折扣是一定的,且在实际销售过程中并不要求必须是现货供应,且认为需求是连续均匀的。又因为企业可以在存储降至零后,还可以再等一段时间后再订货,当顾客遇到缺货时,损失很小并且顾客会耐心等待直到新的补充到来。缺货会给公司带来直接或间接的损失,可以权衡得失,寻找最优的库存策略使总费用达到最小。这个问题正是允许缺货的经济订货批量模型(允许缺货模型)所研究的问题。因此,用允许缺货的经济订货批量模型(允许缺货模型)来求解。

（1）对于 Finish qxc/NT。

有 $D = R = 1800$ 套/年，$C_1 = 15800$ 元/套年，$C_3 = 3000$ 元/次，$C_2 = 1400$ 元套/年。

用公式（7－16）求得最优订货批量为：

$$Q = \sqrt{\frac{2RC_3}{C_1}} \cdot \sqrt{\frac{C_1 + C_2}{C_2}} = \sqrt{\frac{2 \times 1800 \times 3000(15800 + 1400)}{15800 \times 1400}} \approx 91.6（套）$$

用公式（7－18）求得最大缺货量为：

$$S = \frac{c_1}{c_1 + c_2} Q = \frac{15800}{17200} \times 91.6 \approx 84.1（套）$$

每年订货次数为：

$$\frac{D}{Q} \approx 19.6（次）$$

由于 19.6 是非整数，所以分别以 19 次和 20 次讨论其总费用，最后选择最佳订货次数。

①当订货次数为 19 次时，

$$Q = 1800/19 = 94.7（套）$$

$$S = \frac{15800}{17200} \times 94.7 = 87（套）$$

用公式（7－13）求得一年的总费用为：

$$
\begin{aligned}
TC &= \frac{(Q-S)^2}{2Q}c_1 + \frac{D}{Q}c_3 + \frac{S^2}{2Q}c_2 \\
&= \frac{(94.7-87)^2}{189.4} \times 15800 + 19 \times 3000 + \frac{87^2}{189.4} \times 1400 \\
&\approx 4946 + 57000 + 55948.3 \\
&= 117894.3（元）
\end{aligned}
$$

②当订货次数为 20 次时，

$$Q = 1800/20 = 90（套）$$

$$S = \frac{15800}{17200} \times 90 = 82.7（套）$$

用公式（7－13）求得一年的总费用为：

$$
\begin{aligned}
TC &= \frac{(Q-S)^2}{2Q}c_1 + \frac{D}{Q}c_3 + \frac{S^2}{2Q}c_2 \\
&= \frac{(90-82.7)^2}{180} \times 15800 + 20 \times 3000 + \frac{82.7^2}{180} \times 1400 \\
&\approx 4716.2 + 60000 + 53155.9 \\
&= 117872.1（元）
\end{aligned}
$$

由于 117894.3＞117872.1，所以每年应订货 20 次，每次订货 90 套，最大缺货量为 82 套。

所需的最少周转资金为：

$$26500 \times 90 + 117872.1/20 = 2390893（元）$$

以上是在没有资金短缺问题的情况下的最优库存策略，如果公司的资金比较紧张可以根据自身情况适当减少订货量，增加订货次数。

(2)对于 Finish V60。

有 $D = R = 1000$ 套／年，$C_1 = 24500$ 元／套年，$C_3 = 3000$ 元／次，$C_2 = 2000$ 元套／年。
用公式(7-16)求得最优订货批量为：

$$Q = \sqrt{\frac{2RC_3}{C_1}} \cdot \sqrt{\frac{C_1 + C_2}{C_2}} = \sqrt{\frac{2 \times 1000 \times 3000(24500 + 2000)}{24500 \times 2000}} \approx 57(\text{套})$$

用公式(7-18)求得最大缺货量为：

$$S = \frac{c_1}{c_1 + c_2} Q = \frac{24500}{26500} \times 57 \approx 52.7(\text{套})$$

每年订货次数为：

$$\frac{D}{Q} \approx 17.5(\text{次})$$

由于 17.5 是非整数，所以分别以 17 次和 18 次讨论其总费用，最后选择最佳订货次数。
①当订货次数为 17 次时，

$$Q = 1000/17 = 58.8(\text{套})$$

$$S = \frac{24500}{26500} \times 58.8 = 54.3(\text{套})$$

用公式(7-13)求得一年的总费用为：

$$\begin{aligned}
TC &= \frac{(Q-S)^2}{2Q}c_1 + \frac{D}{Q}c_3 + \frac{S^2}{2Q}c_2 \\
&= \frac{(58.8-54.3)^2}{117.6} \times 24500 + 17 \times 3000 + \frac{54.3^2}{117.6} \times 2000 \\
&\approx 4218.7 + 51000 + 50144.4 \\
&= 105363(\text{元})
\end{aligned}$$

②当订货次数为 18 次时，

$$Q = 1000/18 = 55.6(\text{套})$$

$$S = \frac{24500}{26500} \times 55.6 = 51.4(\text{套})$$

用公式(7-13)求得一年的总费用为：

$$\begin{aligned}
TC &= \frac{(Q-S)^2}{2Q}c_1 + \frac{D}{Q}c_3 + \frac{S^2}{2Q}c_2 \\
&= \frac{(55.6-51.4)^2}{111.2} \times 24500 + 18 \times 3000 + \frac{51.4^2}{111.2} \times 2000 \\
&\approx 3886.5 + 54000 + 47517.3 \\
&= 105403.8(\text{元})
\end{aligned}$$

由于 105403.8＞105363，所以每年应订货 17 次，每次订货 59 套，最大缺货量为 54 套。
所需最少周转资金为：

$$42000 \times 59 + 105363/17 = 2484198(\text{元})$$

对于 Finish V80，分析方法与上面两种产品相同，本书不再讨论。

# 小结与展望

本章从介绍库存系统的基本概念开始，分别介绍了确定性和随机性库存模型。模型之间虽然有差异,但基本思路都是通过从目标函数达到最优来确定最优的库存策略。

确定性库存模型简洁明了,它清楚地给出经济订货量、订货周期与订货费、缺货费及年均需求量之间的关系,对于库存管理实践具有指导意义。虽然随机性库存模型所涉及的背景较为复杂,计算困难,但仍成为库存论研究的重点,因此本章介绍了几种较为常见的随机性库存模型。

库存管理是现代企业生产经营管理中的一个重要环节。随着企业管理水平的提高,提出了一些新的库存问题,这些问题的研究在丰富库存理论以及应用的同时,所运用的数学方法也日趋多样。不仅包含了如微积分、概率统计和数值计算等一些常见的数学方法,而且也应用了运筹学的其他分支的方法,如排队论、动态规划、马尔可夫决策规划、计算机模拟及随机线形规划等方法。所以当运筹学其他分支发展的时候,也促进了库存论的发展。

# 习题 7

1. 某产品中有一外购件,年需求量为 10000 件,单价为 100 元,由于该件可在市场采购,故订货提前期为零,并不允许缺货。已知每组织一次采购需 2000 元,每件每年的库存费为该件单价的 20%。试求经济订货批量及每年最小的总费用。

2. 某建筑公司每天需要某种标号的水泥 100 吨,该公司每次向水泥厂订购,需支付订购费 100 元,每吨水泥在该公司仓库内每存放一天需支付 0.08 元的保管费,若不允许缺货,且一订货就可以提货。试问:

(1)每批订购时间多长,每次订购多少吨水泥,费用最省,且最小费用为多少?

(2)从订购之日到水泥入库需 7 天时间,那当库存为多少时应订货?

3. 某单位每年需零件 A 5000 件,这种零件可以从市场买到,不用提前预定。设该零件的单价为 5 元/件,年存贮费用为单价的 20%,不允许缺货。若每组织采购一次的费用为 49 元,又一次购买 1000～2499 件时,给予 3% 折扣,购买 2500 件以上时,给予 5% 折扣。试确定一个使采购加存贮费用之和为最小的采购批量。

4. 某生产线单独生产一种产品时的能力为 8000 件/年,但对该产品的需求仅为 2000 件/年,故在生产线上组织多品种轮番生产。已知该产品的存贮费为 1.6 元/件·年,不允许缺货,更换生产品种时,需要准备结束费 300 元。目前该生产线上每季度安排生产该产品 500 件,问这样安排是否经济合理;如不合理? 提出你的建议,并计算建议实施后可能节约的费用。

5. 某电子设备厂对一种元件的需求为 2000 件/年,订购提前期为零,每次订货费为 25 元。该元件每件成本为 50 元,年存贮费为成本的 20%,如发生供应短缺,可在下批货到达时补上,但缺货损失为每件每年 30 元。试求经济订货批量及全年的总费用。

6. 对某产品的需求量为 350 件/年(设一年以 300 工作日计),已知每次订货费为 50 元,该产品的库存费为 13.75 元/件·年,缺货时的损失为 25 元,订货提前期为 5 天。该产品由于结构特殊,需用专门车辆运送,在向订货单位发货期间每天发货量为 10 件。试问:

(1)经济订货批量及最大缺货量。

(2)年最小费用。

7. 已知某产品所需的三种配件的有关数据见表 7-2:

表 7 - 2

| 配件 | 年需求/年 | 订货费/元 | 单价/元 | 年存贮费占单价的分数/% |
|------|-----------|-----------|---------|------------------------|
| 1 | 1000 | 50 | 20 | 20 |
| 2 | 500 | 75 | 100 | 20 |
| 3 | 2000 | 100 | 50 | 20 |

若存贮费占单件价格的 25%，不允许缺货，订货提前期为零。又限定外购件库存总费用不超过 240000 元，仓库面积为 250m²，试确定每种外购件的最优订货量。

8. 某时装屋在某年的春季销售一种流行款式时装的数量为一随机变量。据估计其销售可能情况如下：

| | | | | | |
|---|---|---|---|---|---|
| $r$ | 150 | 160 | 170 | 180 | 190 |
| $p(r)$ | 0.05 | 0.1 | 0.5 | 0.3 | 0.05 |

该款式时装进价 180 元/套，售价 200 元/套。因隔季会过时，则在本季末抛售价为 120 元/套。设本季内仅能进货一次，问该店本季内进货多少为宜？

9. 对某产品的需求量服从正态分布，已知 $\mu = 150$，$\sigma = 25$，又知每个产品的进价为 8 元，售价为 15 元，如销售不完按每个 5 元退回原单位。问该产品的订货量应为多少个，使预期利润为最大？

10. 某厂生产需某种部件，该部件外购价为 850 元/只，订货费每次 2825 元，若自产，则每只成本 1250 元，单位库存费为 45 元。该部件需求量如下：

| | | | | | |
|---|---|---|---|---|---|
| $r$ | 80 | 90 | 100 | 110 | 120 |
| $p(r)$ | 0.1 | 0.2 | 0.3 | 0.3 | 0.1 |

在选择外购策略时，若发生订购数小于实际需求量，则工厂将自产差额部分。假定期初存货为零，求工厂的订购策略。

11. 已知某产品的单位成本 $K = 3$ 元，单位库存费为 1 元，缺货费为 5 元，订购费为 5 元，需求量 $x$ 的概率密度函数为：

$$f(x) = \begin{cases} 1/5 & 5 \leqslant x \leqslant 10 \\ 0 & x \text{ 为其他值} \end{cases}$$

设期初库存为零，试确定库存策略 $(s, S)$。

12. 思考讨论题：

(1)库存的主要原因是什么？

(2)举出在生产和生活中库存问题的例子，并说明库存对改进企业经营管理的意义。

(3)库存系统的要回答的主要问题是什么？

(4)EOQ 分析的主要假设是什么？

(5)对比确定性库存模型，试说明前三个模型是后一个模型的特例。

(6)针对三种库存策略，试指出所讨论的库存模型属于哪一种库存策略的模型。

(7)指出单时期库存模型与多时期库存模型的不同点。

# 第 8 章

## 决 策 论

决策是人们在政治、经济、技术、管理以及日常生活中普遍遇到的一种选择方案的行为。决策论(decision theory),又称决策分析,是运筹学的重要分支之一,是帮助人们进行科学决策的理论和方法。本章分为六个小节。第一节介绍了决策问题的构成和类型,第二节和第三节讨论了非确定型决策和风险决策,第四节介绍了效用理论及其应用,第五节介绍了多目标决策的基本概念和两种广泛应用的方法:层次分析法(analytic hierarchy process,AHP)和数据包络分析法(data envelopment analysis, DEA),本章最后通过两个研究工作实例说明了层次分析法和数据包络分析法的应用。

本章的要点包括不确定性决策问题,风险型决策问题,效用理论在决策中的应用,多目标决策的基本概念和基本方法。

## 8.1 决策问题的构成和类型

### ➤ 8.1.1 决策问题的构成

所谓决策,是指人们为实现预定的目标,在一定条件下,采用科学的方法和手段,从所有可供选择的方案中找出最满意的一个方案,进行实施,直至目标的实现。

任何决策问题都由以下要素构成决策模型:

(1)决策者。决策者是指单个人或者一组人(如管理委员会等机构),决策者的任务就是进行决策。一般指领导者或者领导集体。

(2)行动或策略 $A_i$。任何决策问题都必须具有两个或两个以上的行动方案。行动方案简称行动、方案或行为,也称为策略或决策。令 $A = \{A_1, A_2, \cdots, A_m\}$ 为策略集合,而 $A_1, A_2, \cdots, A_m$ 为策略变量。

(3)准则。这是决策者识别所选择的行动方案是否最优的根据,在决策时有单一准则和多准则之分。

(4)结果状态 $s_j$。任何决策问题,无论采取哪一个行动方案,都存在一种或几种自然状态。自然状态简称为状态,也称为事件。通常用 $s_j(j = 1, 2, \cdots, n)$ 表示每一状态,称为状态变量。状态变量的全体构成的集合,称为状态集合,记为 $S = \{s_1, s_2, \cdots, s_n\}$。

(5)后果或收益 $r_{ij}$。每一事件的发生将会产生某种结果,如获得收益或损失。通常采用损益函数来描述,损益函数表示采取方案 $A_i$ 后,在状态 $s_j$ 下带来的损失或收益,可以用 $R(A_i, s_j)$ 表示损益函数。

进行决策的目的在于根据各种可能的情况,选择某一策略方案,使得损益达到最优。能使损益达到最优的方案,称为最优策略方案,记为 $A^*$;相应的损益值,称为最优值,记为 $R^* = R(A^*)$;而选择的这种最优方案的决策,称为最优决策。

一个决策问题所必备的基本条件有:①决策者有一个明确的预期达到的目标,如收益最大或损失最小;②存在着两个或两个以上可供决策者选择的行动方案;③对每一行动方案所面临的各种可能的自然状态都可以知道;④每个行动方案在不同状态下的损益值能够定量地估算出来。

一般采用表格的形式来表示不同方案在不同状态下的损益值之间的对应关系,这样的表称为损益表或决策表。表 8-1 就是一般决策问题的决策表,而决策表就是一种基本的决策模型。

表 8-1　决策表

| 状态 / 收益值 / 策略 | $s_1$ | $s_2$ | ⋯ | $s_j$ | ⋯ | $s_n$ |
|---|---|---|---|---|---|---|
| $A_1$ | $r_{11}$ | $r_{12}$ | ⋯ | $r_{1j}$ | ⋯ | $r_{1n}$ |
| $A_2$ | $r_{21}$ | $r_{22}$ | ⋯ | $r_{2j}$ | ⋯ | $r_{2n}$ |
| ⋮ | ⋮ | ⋮ | | ⋮ | | ⋮ |
| $A_m$ | $r_{m1}$ | $r_{m2}$ | ⋯ | $r_{mj}$ | ⋯ | $r_{mn}$ |

## ▷ 8.1.2　决策的分类

决策根据不同的标准,可进行如下分类:

(1)按决策的重要性不同,可分为战略决策、策略决策和执行决策。战略决策是涉及某组织发展和生存有关的全局性、长远问题的决策;策略决策是为完成战略决策所规定的目的而进行的局部性、阶段性的决策;执行决策是根据策略决策的要求对执行行为方案的选择。

(2)按决策问题的重复性程度不同,可分为程序决策和非程序决策。程序决策又称理性决策、常规决策,是一种有章可循的决策,一般是为了解决那些重复出现、性质相近的例行性问题;非程序性决策一般是无章可循的决策,决策者难以按章行事,需要凭借其经验直觉来做出应变,一般是一次性的。

(3)按决策目标的个数,决策可分为单目标决策和多目标决策。单目标决策就是对单一问题进行的决策,一般只考虑某个主要或者关键的决策目标;多目标决策是解决多项问题所进行的较为复杂的决策,通常需要考虑决策问题的多个目标或因素。多目标决策问题的最优方案确定过程相对困难。

(4)按决策环境不同,决策可分为确定型、非确定型和风险型决策。确定型决策是指自然状态完全确定,并且做出选择的结果也是确定的;风险型决策是指决策的环境不完全确定,但可以预测决策环境发生的概率;非确定型决策是指决策者对将发生结果的概率一无所知,只能凭借决策者的主观倾向进行决策。

# 8.2 非确定型决策

根据决策者主观态度的不同,不确定型决策的准则可分为:乐观主义准则、悲观主义准则、等可能性准则、最小机会损失准则和折中主义准则。以下用例子对这些准则分别进行介绍。

**例8-1** 设某工厂是按批生产某产品并按批销售,每件产品的成本为30元,批发价格为每件35元。若每月生产的产品当月销售不完,则每件损失1元。工厂每投产一批是10件,最大月生产能力是40件,决策者可选择的生产方案为0、10、20、30、40五种。假设决策者对其产品的需求情况一无所知,试问这时决策者应如何决策?

这个问题可用决策矩阵来描述。决策者可选的行动方案有五种,这是决策者的策略集合,记作 $\{A_i\}$,$i=1,2,\cdots,5$。经分析决策者可断定将发生五种销售情况:即销量为0、10、20、30、40五种,但不知它们发生的概率,这就是事件集合,记作 $\{S_j\}$,$j=1,2,\cdots,5$。每个"策略—事件"都可以计算出相应的收益值或损失值。如当选择月产量为20件,而销出量为10件时,这时的收益额为:

$$10 \times (35-30) - 1 \times (20-10) = 40(元)$$

可以一一计算出各"策略—事件"对应的收益值或损失值,记作 $r_{ij}$。将这些数据汇总在矩阵中,见表8-2。

**表8-2 决策矩阵**

| $S_i$ / $A_j$ | 事件 | | | | |
|---|---|---|---|---|---|
| | 0 | 10 | 20 | 30 | 40 |
| 0 | 0 | 0 | 0 | 0 | 0 |
| 10 | −10 | 50 | 50 | 50 | 50 |
| 20 | −20 | 40 | 100 | 100 | 100 |
| 30 | −30 | 30 | 90 | 150 | 150 |
| 40 | −40 | 20 | 80 | 140 | 200 |

(策略)

这就是决策矩阵。根据决策矩阵中元素所示的含义不同,可分别称为收益矩阵、损失矩阵、风险矩阵、后悔值矩阵等。

下面讨论决策者是如何应用决策准则进行决策的。

## ➢ 8.2.1 乐观主义决策准则

乐观主义准则又称最大最大准则。决策者所持的是乐观态度,当决策者面临情况不明的决策情景时,他绝不放弃任何一个能够获得最好结果的机会。决策者确定每个方案在最佳自然状态下的收益值,选择的最优方案是其中最大收益值对应的方案。例8-1的乐观主义决策矩阵见表8-3。

表8-3 乐观主义决策矩阵

| $S_i$ / $A_j$ | 事件 | | | | | max |
|---|---|---|---|---|---|---|
| | 0 | 10 | 20 | 30 | 40 | |
| 策略 0 | 0 | 0 | 0 | 0 | 0 | 0 |
| 策略 10 | —10 | 50 | 50 | 50 | 50 | 50 |
| 策略 20 | —20 | 40 | 100 | 100 | 100 | 100 |
| 策略 30 | —30 | 30 | 90 | 150 | 150 | 150 |
| 策略 40 | —40 | 20 | 80 | 140 | 200 | 200 |

根据乐观主义决策准则,有
$$\max(0,50,100,150,200)=200$$
它对应的策略为$S_5$。用公式可以表示为$S_k^* \rightarrow \max_i \max_j (r_{ij})$。

## 8.2.2 悲观主义决策准则

悲观主义准则又称最大最小准则。持悲观主义决策准则的决策者对待风险的态度与乐观主义决策者不同。当决策者面临着各事件的发生概率不清楚时,认为未来将出现最差的自然状态。决策者分析每个方案最坏的可能结果,选择的最优方案是在最差自然状态下带来最大收益的方案。例8-1的悲观主义决策矩阵见表8-4。

表8-4 悲观主义决策矩阵

| $S_i$ / $A_j$ | 事件 | | | | | min |
|---|---|---|---|---|---|---|
| | 0 | 10 | 20 | 30 | 40 | |
| 策略 0 | 0 | 0 | 0 | 0 | 0 | 0 |
| 策略 10 | —10 | 50 | 50 | 50 | 50 | —10 |
| 策略 20 | —20 | 40 | 100 | 100 | 100 | —20 |
| 策略 30 | —30 | 30 | 90 | 150 | 150 | —30 |
| 策略 40 | —40 | 20 | 80 | 140 | 200 | —40 |

根据悲观主义决策准则,有
$$\max(0,-10,-20,-30,-40)=0$$
它对应的策略为$S_1$,表示什么也不做,但在实际工作中,选择此策略表示先看一看,然后再做决定,上述准则用公式可以表示为$S_k^* \rightarrow \max_i \min_j (r_{ij})$。

## 8.2.3 等可能性准则

等可能性准则是指当决策者面临某事件集合时,无法确定各种事件发生的概率,只能认为事件发生的概率是相等的,即每一事件发生的概率数是事件数的倒数。在此基础上,计算各个策略的期望收益值,选择期望值最大者,以此作为最终方案。例8-1的等可能性决策矩阵见表8-5。

表 8-5　等可能性决策矩阵

| $A_j$＼$S_i$ | 事件 | | | | | $E(S_i) = \sum\limits_j pr_{ij}$ |
|---|---|---|---|---|---|---|
| | 0 | 10 | 20 | 30 | 40 | |
| 策略 0 | 0 | 0 | 0 | 0 | 0 | 0 |
| 10 | −10 | 50 | 50 | 50 | 50 | 38 |
| 20 | −20 | 40 | 100 | 100 | 100 | 64 |
| 30 | −30 | 30 | 90 | 150 | 150 | 78 |
| 40 | −40 | 20 | 80 | 140 | 200 | 80 |

在本例子中,每一事件发生的概率 $P = \dfrac{1}{5}$,期望值为 $E(S_i) = \sum\limits_j pr_{ij}$,

$$\max\{E(S_i)\} = \max\{0,38,64,78,80\} = 80$$

在此准则下,决策者选择的最优策略为 $S_5$。

## 8.2.4　最小机会损失准则

决策者在制定决策时只能选择某一状态下收益最大的方案,由于事件的不确定性,决策者无法预知这一状态是否确定发生。因此,在实施决策后,决策者可能会认为如果采取其他方案将会有更好的收益,由此所造成的损失价值就是后悔值。

若发生 $k$ 事件,各策略的收益为 $r_{ik}, i = 1,2,\cdots,5$,其中最大者为 $r_{ik} = \max\limits_i(r_{ik})$。这时,各个策略的机会损失值为 $r_{ik} = \{\max\limits_i(r_{ik}) - r_{ik}\}, i = 1,2,\cdots,5$。从所有最大机会损失值中选取最小者,它对应的策略为决策策略,表示为 $S_k^* \rightarrow \min\limits_i \max\limits_j (r'_{ij})$。

表 8-6　最小机会损失决策矩阵

| $E_j$＼$S_i$ | 事件 | | | | | max |
|---|---|---|---|---|---|---|
| | 0 | 10 | 20 | 30 | 40 | |
| 策略 0 | 0 | 0 | 0 | 0 | 0 | 200 |
| 10 | −10 | 50 | 50 | 50 | 50 | 150 |
| 20 | −20 | 40 | 100 | 100 | 100 | 100 |
| 30 | −30 | 30 | 90 | 150 | 150 | 50 |
| 40 | −40 | 20 | 80 | 140 | 200 | 30 |

本例的计算结果如表 8-6 所示,本例的决策策略为 $S_5 \rightarrow \min\{200,150,100,50,30\} = 30$。

## 8.2.5　折中主义准则

在决策过程中,最好和最差的自然状态都有可能出现,决策者用乐观准则或是悲观准则都属于一种极端的行为。因此,可以将两种决策准则予以结合,设定一个乐观系数 $a(0 \leqslant a \leqslant 1)$,悲观系数即为 $1-a$,以这两个系数表示最佳与最差自然状态下的权重,来反映决策者的风险态度。用公式表示为:

$$H_i = ar_{imax} + (1-a)r_{imin}$$

其中 $r_{imax}$，$r_{imin}$ 分别表示第 $i$ 个策略可能得到的最大收益值与最小收益值。应选择的决策策略为 $S_k^* \to \max\limits_i(H_i)$。例 8-1 的折中主义决策矩阵见表 8-7

本例中，假设 $a = \dfrac{1}{3}$，则决策策略为 $S_5 \to \max\{0,10,20,30,40\} = 40$。

**表 8-7 折中主义决策矩阵**

| $S_i$ \ $A_j$ | 事件 | | | | | $H_i$ |
|---|---|---|---|---|---|---|
| | 0 | 10 | 20 | 30 | 40 | |
| 策略 0 | 0 | 0 | 0 | 0 | 0 | 0 |
| 10 | −10 | 50 | 50 | 50 | 50 | 10 |
| 20 | −20 | 40 | 100 | 100 | 100 | 20 |
| 30 | −30 | 30 | 90 | 150 | 150 | 30 |
| 40 | −40 | 20 | 80 | 140 | 200 | 40 |

# 8.3 风险决策

风险决策是指决策者无法确知未来将会出现何种事件，但对将发生各事件的可能性概率是已知的。决策者可以根据自己已有的经验、资料和信息，设定或推算出各事件可能发生的概率。决策者无论采取哪一种方案，都需要承担一定的风险，因此将这种决策称为风险决策。风险型决策问题应具备以下几个条件：

（1）具有决策者希望的一个明确目标；

（2）具有两个以上不以决策者的意志为转移的自然状态；

（3）具有两个以上的决策方案可供决策者选择；

（4）不同决策方案在不同自然状态下的损益值可以计算出来；

（5）不同自然状态出现的概率，决策者可以事先计算出来。

相对于非确定型决策，风险决策的自然状态是不确定的，至少有两种且每种自然状态出现的概率分布是可以推算的，因此风险型决策更加复杂。风险决策最基本的分析方法主要有最大可能法、期望值法和决策树法。

## ➤ 8.3.1 最大可能法

最大可能法是将风险决策化为确定型决策而进行决策分析的一种方法。一个事件的概率越大，它发生的可能性就越大。基于这种思想，在风险型决策中选择一个概率最大的自然状态进行决策，把这种自然状态发生的概率看作 1，而其他自然状态发生的概率看作 0。这样，问题就成为只存在一种确定的自然状态，用确定型决策分析方法来进行决策。

以例 8-1 的数据进行计算，见表 8-8。

表 8 - 8 最大可能法决策矩阵

| | $E_j$ | 事件 | | | | |
|---|---|---|---|---|---|---|
| | $P_j$ | 0 | 10 | 20 | 30 | 40 |
| $A_i$ | | $P(S_1)=0.1$ | $P(S_2)=0.3$ | $P(S_3)=0.2$ | $P(S_4)=0.5$ | $P(S_5)=0.6$ |
| 策略 | 0 | 0 | 0 | 0 | 0 | 0 |
| | 10 | $-10$ | 50 | 50 | 50 | 50 |
| | 20 | $-20$ | 40 | 100 | 100 | 100 |
| | 30 | $-30$ | 30 | 90 | 150 | 150 |
| | 40 | $-40$ | 20 | 80 | 140 | 200 |

策略 $S_5$ 的概率 $0.6$ 最大,按照最大可能法只考虑该事件的收益值,从而成为确定型问题。本例的决策策略为 $S_5 \rightarrow \max\{0,50,100,150,200\} = 200$。

## 8.3.2 期望值法

期望值法是进行风险决策时较为常用的一种方法。期望值法的基本思想是将每个行动方案的期望值求出,通过比较各方案的期望收益值进行决策。常用的期望值法有最大期望收益决策法和最小机会损失收益法。

### 1. 最大期望收益法(EMV)

每个方案的期望收益值为各事件的收益值 $a_{ij}$ 与对应概率 $p_j$ 的乘积之和,最大期望收益决策准则是指选择期望收益值最大的方案作为最优方案,即 $S_k^* \rightarrow \max_i \sum_j p_j a_{ij}$。

以例 8 - 1 的数据进行计算,见表 8 - 9。

表 8 - 9 最大期望收益决策矩阵

| | $E_j$ | 事件 | | | | | EMV |
|---|---|---|---|---|---|---|---|
| | $P_j$ | 0 | 10 | 20 | 30 | 40 | |
| $A_i$ | | $P(S_1)=0.1$ | $P(S_2)=0.3$ | $P(S_3)=0.2$ | $P(S_4)=0.5$ | $P(S_5)=0.6$ | |
| 策略 | 0 | 0 | 0 | 0 | 0 | 0 | 0 |
| | 10 | $-10$ | 50 | 50 | 50 | 50 | 44 |
| | 20 | $-20$ | 40 | 100 | 100 | 100 | 76 |
| | 30 | $-30$ | 30 | 90 | 150 | 150 | 84 |
| | 40 | $-40$ | 20 | 80 | 140 | 200 | 80 |

本例的决策策略为 $S_4 \rightarrow \max\{0,44,76,84,80\} = 84$。

EMV 决策准则适用于一次决策多次重复进行生产的情况,所以它是平均意义下的最大收益。

### 2. 最小机会损失决策准则(EOL 准则)

最小机会损失决策准则是选择机会损失值最小的方案作为最优方案,每个方案的机会损失值为各状态的损失值 $a'_{ik}$ 与对应概率 $p_j$ 的乘积之和。

用期望值进行决策分析,主要针对同样的决策多次重复的情况,在多次重复中,决策者有得有失,这时期望值能很好地反映决策者获得的平均收益。得失相抵后使自己的平均收益最大,选择期望值最大的策略是合理的,这实际上是"以不变应万变"的策略。

### 8.3.3 决策树法

除以上介绍的两种方法外,还可以利用一种树状的网络图形——决策树来进行风险决策分析。用决策树来表示风险决策模型,便于对问题未来的发展进行预测,能随意删去非最优方案分支,在增加新的情况时,也可以随时增添新的分支。它是风险决策分析中最常用的方法之一,这种方法不仅直观方便,而且能够更有效地解决比较复杂的决策问题。

每个决策树都由五个部分组成:

(1)决策点,以□代表,表示决策者应在决策点从若干个策略中进行选择;

(2)策略枝,从决策点引出的用来表示可能选取的策略的分枝;

(3)事件点,以○代表,表示在每个策略确定后,可能发生不同的状态;

(4)概率枝,从事件点引出的用来表示可能的状态的分枝,其上标注的数字是该状态发生的概率;

(5)结果点,用△代表,表示决策问题的一个可能结果,旁边的数字为这一结果下的损益值。

用决策树进行风险型决策分析的步骤基本与期望值法相同,只是用决策树来代替决策表。其具体步骤是:①按照从左到右的正向顺序画决策树,画决策树的过程本身就是一个对决策问题进一步深入探索的过程。②按照从右到左的顺序,反向归纳计算各方案的损益期望值,并将结果标注在相应的状态节点处。③选择收益期望值最大的(或损失期望值最小的)作为最优方案,并将其期望值标注在决策节点处,同时将不考虑的方案分支节点。

决策树方法具有这样的优点:它可以构成一个简单的决策过程,使决策者可以有顺序、有步骤地周密思考各有关因素,从而进行决策;它能够使决策者在相互不同的决策迷宫中找出一条最优的可行道路;另外,决策树法便于集体决策。

**例8-2** 为了适应市场的需要,某地提出了扩大电视机生产的两个方案。一个方案是建设大工厂,第二个方案是建设小工厂。

建设大工厂需要投资600万元,可使用10年。销路好每年赢利200万元,销路不好则亏损40万元。

建设小工厂投资280万元,如销路好,3年后扩建,扩建需要投资400万元,可使用7年,每年赢利190万元。不扩建则每年赢利80万元。如销路不好则每年赢利60万元。

试用决策树法选出合理的决策方案。经过市场调查,市场销路好的概率为0.7,销路不好的概率为0.3。

解:计算各点的期望值:

点②:$0.7 \times 200 \times 10 + 0.3 \times (-40) \times 10 - 600$(投资)$= 680$(万元)

点⑤:$1.0 \times 190 \times 7 - 400 = 930$(万元)

点⑥:$1.0 \times 80 \times 7 = 560$(万元)

比较决策点4的情况可以看到,由于点⑤(930万元)与点⑥(560万元)相比,点⑤的期望利润值较大,因此应采用扩建的方案,而舍弃不扩建的方案。

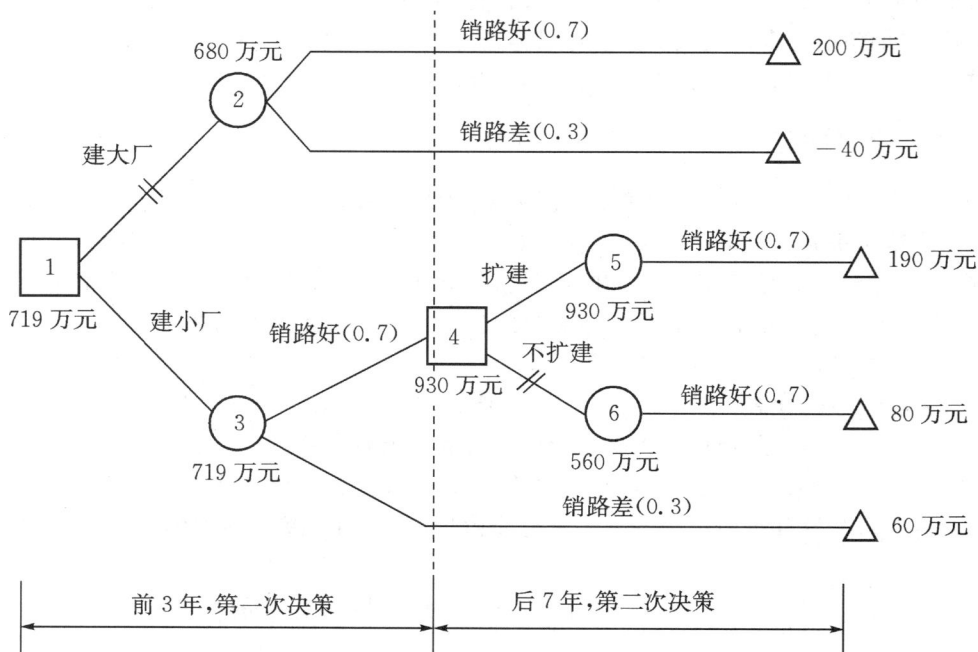

图 8-1　决策树

把点⑤的 930 万元移到点 4 来,可计算出点③的期望利润值为:

点③:0.7×80×3+0.7×930+0.3×60×(3+7)−280 ＝ 719(万元)

最后比较决策点 1 的情况:

由于点③(719 万元)与点②(680 万元)相比,点③的期望利润值较大,因此取点③而舍点②。这样,相比之下,建设大工厂的方案不是最优方案,合理的策略应采用前 3 年建小工厂,如销路好,后 7 年进行扩建的方案。

# 8.4　效用理论及其应用

## ➢ 8.4.1　效用及效用曲线

效用这一概念首先是由贝努利提出的,他认为人们对其钱财的真实价值的考虑与他的钱财拥有量之间有对数关系。如图 8-2 所示,就是贝努利的货币效用函数。所谓效用,就是用一种相对数量指标(无量纲)来表示决策者对风险的态度、对某事物的倾向和对某种后果的偏爱程度等主观因素的强弱程度。一般地说,货币值大的,相应的效用值就大,但是货币值数量和相当的效用值数量之间不是线性函数关系,所以通常以效用期望值作为

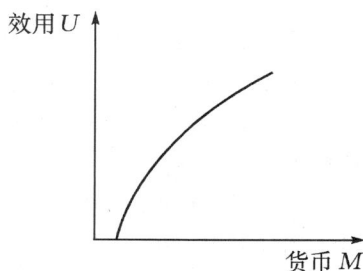

图 8-2　效用曲线

效用大小的一种度量。

效用值是相对的一个指标值,一般可规定:凡对决策者最爱好、最倾向的事件的效用值赋予 1,反之赋予 0。也可用其他数值范围来表示,如 0～100。通过效用指标可以将某些难以量化有质的差别的事件给予量化。如某人面临多种方案的选择工作时,要考虑地点、工作性质、单位福利,等等。在对这类问题进行决策时,可将要考虑的因素折合为效用值,得到各方案的综合效用值,然后选择效用值最大的方案,这就是最大效用值决策准则。

## 8.4.2　效用曲线的确定和画法

### 1. 效用曲线的确定

由于决策者的经济地位、个人素质以及对风险态度等不同,同样的期望损益值可能赋予不同的效用值。在直角坐标系中,用横坐标表示损益值,用纵坐标表示效用值,就可以画出某个人的效用曲线,相应的函数关系就是效用函数。可见,一般不同的人其效用曲线也不同。为了使效用曲线既能反映货币量的客观价值,又能反映决策者的决策偏向和评价标准,往往在征求意见时,采取与决策者对话的方式,建立相应的效用函数。与决策者对话有两种基本方法:直接提问法和对比提问法。

(1)直接提问法。

直接提问法是向决策者提出一系列问题,使决策者进行主观衡量并作出回答。通过不断提问与回答,可绘制出决策者的获利效用曲线,显然这种方法的提问与回答都很模糊,难以确切,所以这种方法应用较少。

(2)对比提问法。

设决策者面临两种可选方案 $A_1$、$A_2$。其中 $A_1$ 表示决策者无任何风险地得到一笔金额 $x_2$,方案 $A_2$ 表示决策者以概率 $p$ 得到一笔金额 $x_1$,或以概率 $(1-p)$ 损失金额 $x_3$ 的方案;且 $x_1 > x_2 > x_3$。设 $U(x_1)$ 表示金额 $x_1$ 的效用值,在某一条件下,决策者认为 $A_1$、$A_2$ 两个方案等价时,可表示为:

$$pu(x_1) + (1-p)u(x_3) = u(x_2)$$

上式可理解为,决策者认为 $x_2$ 的效用值等价于 $x_1$ 和 $x_3$ 的期望效用值。表达式中有 4 个变量,如果其中三个变量为已知的,就可通过对比提问法,向决策者提问未知变量该如何取值,应取的值为多少。提问的方式一般有三种:

① 每次固定 $x_1$,$x_2$,$x_3$ 的值,改变 $p$,提问决策者:"$p$ 取何值时,认为 $A_1$ 和 $A_2$ 等价?"

② 每次固定 $p$,$x_1$,$x_3$ 的值,改变 $x_2$,提问决策者:"$x_2$ 取何值时,认为 $A_1$ 和 $A_2$ 等价?"

③ 每次固定 $p$,$x_2$,$x_3$(或 $x_1$)的值,改变 $x_1$(或 $x_3$)时,问决策者:"$x_3$(或 $x_1$)取何值时,认为 $A_1$ 和 $A_2$ 等价?"

在实际运用的过程中,通常采用标准效用测定法,每次取 $p = 0.5$,固定 $x_1$ 和 $x_2$ 的值,利用

$$0.5u(x_1) + 0.5u(x_3) = u(x_2)$$

改变 $x_2$ 三次,提问三次,确定三点,这样就可以得到决策者的效用曲线。

### 2. 效用曲线的画法

(1)决定两个数作为参考点,一般选决策问题中最小及最大损益值所对应的效用值分别为 0 和 1。

（2）以效用分配到可能状态的适当概率的加权和，形成各方案的期望效用值。

（3）用同样的方法求出效用曲线上的点，然后将这些点联结成一条光滑曲线，即效用曲线。

构造一个效用函数，已知所有可能收益的区间为 $[-100, 200]$，即 $x_1 = 200$，$x_3 = -100$，则

$$u(200) = 1, u(-100) = 0$$
$$0.5u(x_1) + 0.5u(x_3) = u(x_2)$$

第一问："你认为 $x_2$ 取何值时，上式成立？"若决策者回答"在 $x_2 = 0$ 时"，那么 $u(0) = 0.5$，$x_2$ 的效用值为 0.5。在坐标系中给出第一点，利用

$$0.5u(x_1) + 0.5u(x_2) = u(x_2')$$

提第二问，请决策者回答"你认为 $x_2'$ 取何值时，上式成立？"若决策者回答"在 $x_2 = 80$ 时"，则有

$$u(80) = 0.5 \times 0.5 + 0.5 \times 1 = 0.75$$

即 $x_2'$ 的效用值为 0.75，在坐标系中给出第二点，根据

$$0.5u(x_2) + 0.5u(x_3) = u(x_2'')$$

对决策者提问，"你认为 $x_2''$ 取何值时，上式成立？"若决策者回答 "$x_2'' = -60$ 时"，则有

$$u(-60) = 0.5 \times 0.5 + 0.5 \times 0 = 0.25$$

即 $x_2''$ 的效用值为 0.25，在坐标系中给出第三点。根据这三个点，就可以绘制出决策者对风险的效用曲线。

从以上决策者提问及回答的情况来看，不同的决策者会选择不同的 $x_2$，$x_2'$，$x_2''$ 的值，使上式成立。这就能得到不同形状的效用曲线，并表示了不同决策者对待风险的不同态度。

效用曲线一般分为保守型、中间型和冒险型三种类型。保守型决策者对损失金额越多越敏感，对收入的增加反应较为迟钝，即他不愿承受损失的风险；中间型决策者认为收入金额的增长与效用值的增长成等比关系；冒险型决策者对收入损失比较迟钝，对收入增加反应敏感，即他可以承受损失的风险。

# 8.5　多目标决策

前几节讨论的决策问题都只有一个决策目标，属于单目标决策问题。但在生产、经济和科学技术活动中，还经常需要对包含多目标的方案进行决策。在决策者追求的多个目标中，有些是一致的，能够相互代替，但大部分情况下，这些目标之间是不一致的，甚至会相互矛盾。采用线性规划和非线性规划的方法，只能解决单一目标的问题。20 世纪 60 年代以来，多目标最优化的研究无论在理论还是应用上都取得了很大的成效，这些研究涉及经济管理、系统工程、运筹等方面。由于多目标决策问题的复杂性和篇幅的限制，在本节只介绍多目标最优化问题的几个基本概念和两种多目标决策方法。

## ➤ 8.5.1　基本概念

在处理单目标最优化问题时，我们的任务是选择一个或一组变量 $X$，使得目标函数 $f(X)$ 取极大或极小值。对任意两个解，只要对比它们相应的目标函数值，就能够判断谁优谁劣。但在多目标最优化问题中，由于多个目标之间往往存在相互矛盾的特征，无法使所有的目标都达

到最优,因此多目标问题的最优解一般不存在。

假定有 $m$ 个目标 $f_1(x),\cdots,f_m(x)$ 同时需要考察,并要求越大越好。在不考虑其他目标时,记第 $i$ 个目标的最优值为

$$f_i^{(0)} = \max_{x \in R} f_i(x)$$

相应的最优解记为 $x^{(i)}, i = 1, 2, \cdots, m$;其中 $R$ 是解的约束集合。

$$R = \{x \mid g(x) > 0\} \qquad g(x) = \{g_1(x), \cdots, g_t(x)\}^T$$

当这些 $x^{(i)}$ 都相同时,就以这些共同解作为这些多目标的共同最优解。但它们一般不会全相同,当 $x^{(1)} \neq x^{(2)}$ 时,这两个解就难比优劣,但它们一定都是非劣解(也称有效解,或 pareto 解)。

为了与单目标最优化的表达方式有所区别,用

$$V - \max_{x \in R} F(x) \qquad \text{或} \qquad V - \max_{g(x) \geqslant 0} F(x)$$

表示在约束集合 $R$ 内求多目标问题的最优(亦称求向量最优);其中

$$F(x) = \{f_1(x), \cdots, f_m(x)\}^T$$

若各目标值都要求越小越好,就用下式表示:

$$V - \min_{x \in R} F(x)$$

下面考察使目标值越大越好,为了简易起见,本节一般只考虑 $n$ 维欧式空间 $E^n$,即

$$x = (x_1, x_2, \cdots, x_n) \in E^n, \quad R \in E^n, F(x) \in E^m$$

实际上是当 $x_0$ 为最优解时,即表示 $\forall x \in R$,有

$$F(x) \leqslant F(x_0)$$

当 $x_0$ 是非劣解时,即不存在 $x \in R$,有

$$F(x) \geqslant F(x_0)$$

以后用"$\geqslant$"表示 $F(x) \geq F(x_0)$,但当 $F(x) \neq F(x_0)$ 时,即至少有一个分量,"$>$" 才成立,即一定大于。相应的 $F(x_0)$ 在目标函数空间中成为非劣点或有效点。有的还进一步引入弱非劣解,即当 $x_0$ 是弱非劣解,若不存在 $x \in R$,有

$$F(x) > F(x_0)$$

对于多目标决策问题,主要是在一定条件下寻找使决策者感到满意的满意解。当最优解存在时,最优解一定是满意解;否则,就在有效解或弱有效解中寻找满意解,提供给决策者选择。在复杂的决策过程中,找出各种有效解或弱有效解的工作是由所谓"分析者"来做的,而最终决定满意解的工作是由"决策者"来做的。一般地,目标常采用以下三种方式来得出最后结果:

(1)"决策者"与"分析者"事先商定一种原则和方法来确定满意解;

(2)"分析者"只提供有效解或弱有效解,满意解由"决策者"来选择;

(3)"决策者"和"分析者"不断交换对解的看法逐步改进有效解或弱有效解,直到最后找到满意解为止。

这三种方法中,以第一种方法较简单,但难以确定原则,而第三种方法在处理复杂的多目标决策问题中越来越受到人们的重视。

## ▷ 8.5.2 层次分析法

层次分析法(analytic hierarchy process,AHP)是 20 世纪 70 年代由著名运筹学家 T. L.

Saaty 提出的,是一种定性与定量分析相结合的多目标决策分析方法。它的基本原理是具有递阶结构的目标、子目标(准则)、约束条件及部门等评价方案,用两两比较的方法确定判断矩阵,然后把判断矩阵的最大特征根相应的特征向量的分量作为相应的系数,最后综合出各个方案各自的权重(优先程度)。

运用 AHP 方法解决多目标决策问题,一般步骤如下:

(1)确定问题目标,建立问题的递阶层次结构模型;

(2)构造两两比较判断矩阵;

(3)进行层次单排序,并进行一致性检验;

(4)进行层次总排序,并进行总排序的一致性检验。

1. *层次分析法原理*

人们在日常生活中经常要从一堆同样大小的物品中挑选出最重的物品,这就需要通过两两比较才能达到目的。假设有 $n$ 件物品,它们的重量分别为 $w_1, w_2, \cdots, w_n$,如果将它们两两比较重量,可得出一个重量比矩阵 $A$。

$$A = \begin{bmatrix} \dfrac{w_1}{w_1} & \dfrac{w_1}{w_2} & \cdots & \dfrac{w_1}{w_n} \\ \dfrac{w_2}{w_1} & \dfrac{w_2}{w_2} & \cdots & \dfrac{w_2}{w_n} \\ \cdots & \cdots & \cdots & \cdots \\ \dfrac{w_n}{w_1} & \dfrac{w_n}{w_2} & \cdots & \dfrac{w_n}{w_n} \end{bmatrix}$$

如果用矩阵 $A$ 左乘重量向量 $W^T = \begin{bmatrix} w_1 w_2 \cdots w_n \end{bmatrix}$,则有

$$AW = \begin{bmatrix} w_1/w_1 & \cdots & w_1/w_n \\ \cdots & \cdots & \cdots \\ w_n/w_1 & \cdots & w_n/w_n \end{bmatrix} \begin{bmatrix} w_1 \\ \vdots \\ w_n \end{bmatrix} = nW$$

即 $(A - nI)W = 0$,$I$ 为单位阵。

$n$ 是 $A$ 的特征值,$W$ 为矩阵 $A$ 的特征向量。如果 $W$ 未知,则可通过利用求重量比矩阵之特征向量的方法来获得。当 $W$ 未知时,决策者可对两两物品之间的关系,主观地做出比值的判断,或者用头脑风暴法、德尔菲法来确定这些比值,使 $A$ 成为已知矩阵。通常把通过两两比较得出的矩阵,称为判断矩阵。

如果判断矩阵 $A$ 有以下特点:

(1) $a_{ij} > 0$;

(2) $a_{ij} = 1/a_{ji}$;

(3) $a_{ij} = a_{ik}/a_{jk}$;

(4) $a_{ii} = 1$。

其中 $i, j = 1, 2, \cdots, n$,则该矩阵具有唯一非零的最大特征值 $\lambda_{\max}$,且 $\lambda_{\max} = n$,同时判断矩阵 $A$ 具有完全一致性。但决策者对复杂事物的各因素进行两两比较时,较难做到判断的完全一致性,从而存在估计误差,这将导致特征值和特征向量也存在偏差。

当 $A$ 完全一致时,因 $a_{ii} = 1$,$\sum_{i=1}^{n} \lambda_i = \sum_{i=1}^{n} a_{ii} = n$,存在唯一的非零 $\lambda = \lambda_{\max} = n$。

当 $A$ 存在判断不一致时，一般 $\lambda_{\max} \geqslant n$。这时

$$\lambda_{\max} + \sum_{i \neq \max} \lambda_i = \sum_{i=1}^{n} a_{ii} = n$$

可得

$$\lambda_{\max} - n = -\sum_{i \neq \max} \lambda_i$$

以其平均值作为检验判断矩阵的移植性指标 $CI$，即

$$CI = \frac{\lambda_{\max} - n}{n-1} = \frac{-\sum\limits_{i \neq \max} \lambda_i}{n-1}$$

当 $\lambda_{\max} = n$ 时，$CI = 0$，判断矩阵完全是一致的；$CI$ 值越大，判断矩阵的完全一致性就越差。一般当 $CI \leqslant 0.10$，可以认为判断矩阵的一致性在可接受的范围内，否则就需要重新进行两两比较判断。

判断矩阵的维数 $n$ 越大，判断矩阵的一致性就越差，所以应放宽对高维判断矩阵的一致性要求。引入平均随机一致性指标的修正值 $RI$，取更为合理的 $CR$ 作为衡量判断矩阵一致性的指标。

$$CR = \frac{CI}{RI}$$

表 8 - 10　不同维度的随机指数

| 维数 | 1 | 2 | 3 | 4 | 5 | 6 | 7 | 8 | 9 |
|---|---|---|---|---|---|---|---|---|---|
| $RI$ | 0.00 | 0.00 | 0.58 | 0.96 | 1.12 | 1.24 | 1.32 | 1.41 | 1.45 |

**2. 标度**

为了使各因素之间进行两两比较得到量化的判断矩阵，引入由 Satty 提出的 1—9 标度，如表 8 - 11 所示。对于 $n \times n$ 矩阵，只需要给出 $n(n-1)/2$ 个判断数值。

表 8 - 11　标度表

| 标度 $a_{ij}$ | 含义 |
|---|---|
| 1 | 元素 $i$ 与元素 $j$ 相同重要 |
| 3 | 元素 $i$ 比元素 $j$ 略重要 |
| 5 | 元素 $i$ 比元素 $j$ 较重要 |
| 7 | 元素 $i$ 比元素 $j$ 非常重要 |
| 9 | 元素 $i$ 比元素 $j$ 绝对重要 |
| 2,4,6,8 | 为以上相邻判断之间的中间状态对应的标度值 |
| 倒数 | 若元素 $j$ 与元素 $i$ 比较，得判断值为 $a_{ji} = 1/a_{ij}$，$a_{ii} = 1$ |

**3. 层次模型**

根据具体问题一般分为目标层、准则层和措施层。复杂的问题可分为目标层、子目标层、准则层、方案措施层，或分为层次更多的结构。

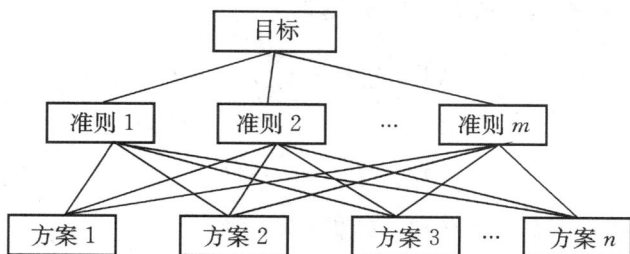

图 8-3　层次分析结构

**4.计算方法**

一般来说,在层次分析法中计算判断矩阵的最大特征根和特征向量,并不需要很高的精度,因此可以采用近似法计算。

(1)方根法。

其计算步骤为:

①计算判断矩阵每行元素的几何平均值为:

$$\overline{\omega}_i = \sqrt[n]{\prod_{i=1}^{n} a_{ij}} \qquad (i=1,2,\cdots,n)$$

对 $\overline{\omega}_i$ 进行归一化,得

$$\omega_i = \frac{\overline{\omega}_i}{\sum_{j=1}^{n} \overline{\omega}_j} \qquad (i=1,2,\cdots,n)$$

则 $\omega_i(i=1,2,\cdots,n)$ 即为所求特征向量的近似值,也是各因素的相对权重。

②计算判断矩阵的最大特征根 $\lambda_{\max}$ 为:

$$\lambda_{\max} = \sum_{i=1}^{n} \frac{(AW)_i}{n\omega_i}$$

其中 $(AW)_i$ 为向量 $AW$ 的第 $i$ 个元素。

根据公式计算判断矩阵一致性指标,检验其一致性。

(2)组合权重计算。

设有目标层 $A$、准则层 $C$ 和方案层 $P$ 构成的层次模型,目标层 $A$ 对准则层 $C$ 的相对权重为:

$$\omega^{(1)} = (\omega_1^{(1)}, \omega_2^{(1)}, \cdots, \omega_k^{(1)})^T$$

准则层的各准则 $C_i(i=1,2,\cdots,k)$ 对方案层 $p_1, p_2, \cdots, p_k$ 的相对权重向量为:

$$\omega_l^{(2)} = (\omega_{1l}^{(2)}, \omega_{2l}^{(2)}, \cdots, \omega_{nl}^{(2)})^T \qquad (l=1,2,3,\cdots,k)$$

那么方案层 $P$ 的各方案对目标层 $C$ 而言,其相对权重是由权重 $\omega^{(1)}$ 和 $\omega_l^{(2)}$ 组合而得。其计算可采用表格方式进行,如表 8-12 所示。

这时得到的 $V^{(2)} = (v_1^{(2)}, v_2^{(2)}, \cdots, v_n^{(2)})^T$ 为方案层 $P$ 相对于目标层的权重向量。

表 8-12　层次分析组合权重

| C 层 权重 P 层 | 元素及权重 | | | | 组合权重 $V^{(2)}$ |
|---|---|---|---|---|---|
| | $C_1$ | $C_2$ | ····. | $C_k$ | |
| | $\omega_1^{(1)}$ | $\omega_2^{(1)}$ | ··· | $\omega_k^{(1)}$ | |

续表 8 - 12

| | | | | | |
|---|---|---|---|---|---|
| $p_1$ | $\omega_{1l}^{(2)}$ | $\omega_{12}^{(2)}$ | $\cdots$ | $\omega_{1k}^{(2)}$ | $v_1^{(2)} = \sum\limits_{i=1}^{k} \omega_i^{(1)} \omega_{1l}^{(2)}$ |
| $p_2$ | $\omega_{21}^{(2)}$ | $\omega_{22}^{(2)}$ | $\cdots$ | $\omega_{2k}^{(2)}$ | $v_2^{(2)} = \sum\limits_{i=1}^{k} \omega_i^{(1)} \omega_{2l}^{(2)}$ |
| $\vdots$ | $\vdots$ | $\vdots$ | $\vdots$ | $\vdots$ | $\vdots$ |
| $p_n$ | $\omega_{n1}^{(2)}$ | $\omega_{n2}^{(2)}$ | $\cdots$ | $\omega_{nk}^{(2)}$ | $v_1^{(n)} = \sum\limits_{i=1}^{k} \omega_i^{(1)} \omega_{nl}^{(2)}$ |

## ➤ 8.5.3 数据包络分析法

数据包络分析法(data envelopment analysis,DEA)是由 Charnes 和 Cooper 等人于 1978 年开始创建的。数据包络分析法是使用数学规划模型评价具有多个输入和输出的"部门"或"单位"(称为决策单元,简记为 DMU)间的相对有效性(称为 DEA 有效)。根据对各 DMU 观察的数据判断 DMU 是否为 DEA 有效。

DEA 方法可以看作是一种非参数的经济估计方法,实质是根据一组关于输入—输出的观察值来确定有效生产前沿面。DEA 方法的应用领域也很广泛,可以用于多种方案之间的有效性评价、技术进步评估、规模报酬评价及企业效益评价等。

**1. 数据包络分析的基本概念**

(1)决策单元(decision making unit,DMU)。

一个经济系统或者一个生产过程都能看作一个单位(或一个部门)在一定范围内,通过投入一定数量的生产要素并产出一定数量的"产品"的活动。尽管这种活动的具体内容不尽相同,但有尽可能地使这一活动取得最大收益的共同目的。从"投入"到"产出"需要经过一系列决策才能够实现,由于"产出"是决策的结果,所以这样的单位(或部门)被称为决策单元(decision making units,DMU)。

(2)$C^2R$ 模型的引入。

假设有 $n$ 个决策单元,每个决策单元都有 $m$ 种类型的"输入"(表示该决策单元对"资源"的耗费)以及 $s$ 种类型的"输出"(表示该决策单元消耗了"资源"后产生了"成效"的信息),各决策单元输入和输出的信息见表 8 - 13。

**表 8 - 13 决策单元的输入输出数据**

| 决策单元 | | 1 | 2 | $\cdots$ | $j$ | $\cdots$ | $n$ | | | |
|---|---|---|---|---|---|---|---|---|---|---|
| $v_1$ | 1 → | $x_{11}$ | $x_{12}$ | $\cdots$ | $x_{1j}$ | $\cdots$ | $x_{1n}$ | | | |
| $v_2$ | 2 → | $x_{21}$ | $x_{22}$ | $\cdots$ | $x_{2j}$ | $\cdots$ | $x_{2n}$ | | | |
| $\vdots$ | $\vdots$ | $\vdots$ | $\vdots$ | | $\vdots$ | | $\vdots$ | | | |
| $v_m$ | $m$ → | $x_{m1}$ | $x_{m2}$ | $\cdots$ | $x_{mj}$ | | $x_{mn}$ | | | |
| | | $y_{11}$ | $y_{12}$ | $\cdots$ | $y_{1j}$ | $\cdots$ | $y_{1n}$ | → | 1 | $v_1$ |
| | | $y_{21}$ | $y_{22}$ | $\cdots$ | $y_{2j}$ | $\cdots$ | $y_{2n}$ | → | 2 | $v_2$ |
| | | $\vdots$ | $\vdots$ | | $\vdots$ | | $\vdots$ | | $\vdots$ | $\vdots$ |
| | | $y_{s1}$ | $y_{s2}$ | | $y_{sj}$ | | $y_{sn}$ | → | $s$ | $v_s$ |

表中：$x_{ij}$ 为第 $j$ 个决策单元对第 $i$ 种输入的投入量，$x_{ij} > 0$；

$y_{rj}$ 为第 $j$ 个决策单元对第 $r$ 种输入的产出量，$y_{rj} > 0$；

$v_i$ 为第 $i$ 种输入的一种度量（或称权系数）；

$u_r$ 为第 $r$ 种输出的一种度量（或称权系数）；

其中，$i = 1, 2, \cdots, m, r = 1, 2, \cdots, s, j = 1, 2, \cdots, n$。

为方便起见，记

$$x_j = (x_{1j}, x_{2j}, \cdots x_{mj})^T \quad (j = 1, 2, \cdots, n)$$
$$y_j = (y_{1j}, x_{2j}, \cdots x_{sj})^T \quad (j = 1, 2, \cdots, n)$$

对应的权系数为：

$$v = (v_1, v_2, \cdots, v_m)^T$$
$$u = (u_1, u_2, \cdots, u_s)^T$$

对于权系数 $v \in E^m$ 和 $u \in E^s$，决策单元 $j$ 的效率评价指数为：

$$h_j = \frac{\sum\limits_{r=1}^{s} u_r y_{rj}}{\sum\limits_{i=1}^{m} v_i x_{ij}}$$

总能够取适当的权系数 $v$ 和 $u$，使其满足：

$$h_j \leqslant 1 \quad (j = 1, 2, \cdots, n)$$

对第 $j_0 (1 \leqslant j_0 \leqslant n)$ 个决策单元的效率进行评价，以权系数 $v$ 和 $u$ 为变量，以第 $j_0$ 个决策单元的效率指数为目标，以所有决策单元的效率指数

$$h_j \leqslant 1 \quad (j = 1, 2, \cdots, n)$$

为约束，构成的 $C^2R$ 模型为：

$$C^2R \begin{cases} \max \dfrac{\sum\limits_{r=1}^{s} u_r y_{ro}}{\sum\limits_{i=1}^{s} v_i x_{io}} \\[4mm] s.t. \quad \dfrac{\sum\limits_{r=1}^{s} u_r y_{rj}}{\sum\limits_{i=1}^{m} v_i x_{ij}} \leqslant 1 \quad (j = 1, 2, \cdots, n) \\[4mm] v = (v_1, v_2, \cdots, v_m)^T \geqslant 0 \\[2mm] u = (u_1, u_2, \cdots, u_s)^T \geqslant 0 \end{cases}$$

其中"$v \geqslant 0$"表示每个分量 $v_i \geqslant 0$，且至少有某个分量 $v_{io} > 0$。

使用矩阵向量表示为：

$$\overline{P}\begin{cases} \max \dfrac{u^T y_o}{v^T x_o} = V_{\overline{P}} \\ s.t. \quad \dfrac{u^T y_j}{v^T x_j} \leqslant 1 \quad (j=1,2,\cdots,n) \\ v \geqslant 0 \\ u \geqslant 0 \end{cases}$$

上式是一个分式规划,使用 $C-C$（Charnes－Cooper）变换,令

$$t = \frac{1}{v^T x_0}, \omega = tv, \mu = tu$$

则有

$$\mu^T y_0 = \frac{u^T y_0}{v^T x_0}$$

$$\frac{\mu^T y_j}{\omega^T x_j} = \frac{u^T y_j}{v^T x_j} \leqslant 1 \quad (j=1,2,\cdots,n)$$

$$\omega^T x_0 = 1$$

$$\omega \geqslant 0, \mu \geqslant 0$$

因此,分式规划可以表示为:

$$(P)\begin{cases} \max \mu^T y_0 = V_P \\ s.t. \quad \omega^T x_j - \mu^T y_j \geqslant 0 \quad (j=1,2,\cdots,n) \\ \omega^T x_0 = 1 \\ \omega \geqslant 0, \mu \geqslant 0 \end{cases}$$

可以证明,上式就是由分式规划转化的线性规划,两者是等价的,而且最优值相等。

线性规划 $P$ 的对偶规划为:

$$(D)\begin{cases} \min \theta = V_D \\ s.t. \quad \sum\limits_{j=1}^{n} x_j \lambda_j + s^- = \theta x_o \\ \sum\limits_{j=1}^{n} y_j \lambda_j - s^+ = y_o \\ \lambda_j \geqslant 0 \quad (j=1,2,\cdots,n) \\ s^+ \geqslant 0 \quad s^- \geqslant 0 \end{cases}$$

其中 $s^+, s^-$ 分别为正、负偏差变量。不难证明线性规划 $(P)$ 和线性规划 $(D)$ 都存在最优解,并且最优值 $V_D = V_P \leqslant 1$。

**定义 8-1** 若线性规划 $(P)$ 的最优解 $\omega_0, \mu_0$ 满足

$$V_P = \mu^{0T} y_0 = 1$$

则称决策单元 $j_o$ 为弱 DEA 有效。

**定义 8-2** 如果线性规划 $(P)$ 的最优解中存在 $\omega_0 > 0, \mu_0 > 0$ 满足

$$V_P = \mu^{0T}y_0 = 1$$

则称决策单元 $j_0$ 为 DEA 有效。

根据线性规划的对偶理论和"松紧定理",我们也可以由对偶规划($D$)去判断决策单元的弱 DEA 有效性和有效性。

**定理 8-1** 对于对偶线性规划($D$)有:

(1) 若($D$)的最优值 $V_D = 1$,则决策单元 $j_0$ 为弱 DEA 有效,反之亦然。

(2) 若($D$)的最优值 $V_D = 1$,并且它的每个最优解 $\lambda^0 = (\lambda_1^0, \lambda_2^0, \cdots, \lambda_n^0)^T, s^{0+}, s^{0-}, \theta^0$ 都有 $s^{0+} = 0, s^{0-} = 0$,则决策单元 $j_0$ 为弱 DEA 有效,反之亦然。

**2. DEA 有效性的判定方法**

无论利用线性规划($P$)还是它的对偶规划($D$)来判断 DAE 有效性都不是很容易得到的。以下通过引入 A. Charnes 和 W. W. Cooper 提出的非基米德无穷小概念来构造判断 DEA 有效性的数学模型。

令 $\varepsilon$ 是非阿基米德无穷小量,它是一个小于任何正数且大于零的数,那么带有非阿基米德无穷小的 $C^2R$ 相应的线性规划模型为:

$$(P_\varepsilon) \begin{cases} \max \mu^T y_0 = V_P(\varepsilon) \\ s.t. \quad \omega^T x_j - \mu^T y_j \geqslant 0 \quad (j = 1, 2, \cdots, n) \\ \omega^T x_0 = 1 \\ \omega^T \geqslant \hat{\varepsilon} e^T \\ \mu^T \geqslant \varepsilon e^T \end{cases}$$

它的对偶问题为:

$$(D_\varepsilon) \begin{cases} \min[\theta - \varepsilon(\hat{e}^T s^- + e^T s^+)] = V_D(\varepsilon) \\ s.t. \quad \sum_{j=1}^{n} x_j \lambda_j + s^- = \theta x_0 \\ \sum_{j=1}^{n} y_j \lambda_j - s^+ = y_0 \\ \lambda_j \geqslant 0 \quad (j = 1, 2, \cdots, n) \\ s^+ \geqslant 0, s^- \geqslant 0 \end{cases}$$

其中 $\hat{e}^T = (1, 1, \cdots, 1) \in E^m, e^T = (1, 1, \cdots, 1) \in E^s$。

求解线性规划的复杂程度主要取决于它的约束条件的数量,而不是变量的数量,而求解线性规划的对偶问题更为实用和易求,对带有非阿基米德无穷小量的模型 $P_\varepsilon$ 和 $D_\varepsilon$ 也这样考虑。现在给出与上式等同的分量形式为:

$$(D_\varepsilon) \begin{cases} \min\left[\theta - \varepsilon\left(\sum_{i=1}^{m} s_i^- + \sum_{r=1}^{s} s_r^+\right)\right] \\ s.t. \quad \sum_{j=1}^{n} x_{ij} \lambda_j + s_i^- = \theta x_{io} \quad (i = 1, 2, \cdots, m) \\ \sum_{j=1}^{n} y_j \lambda_j - s_r^+ = y_{r0} \quad (r = 1, 2, \cdots, s) \\ \lambda_j \geqslant 0 \quad (j = 1, 2 \cdots, n) \\ s_i^+ \geqslant 0, s_r^- \geqslant 0 \end{cases}$$

**定理 8 - 2** 设 $\varepsilon$ 为非阿基米德无穷小,并且线性规划 $(D_\varepsilon)$ 的最优解为 $\lambda^0, s^{0+}, s^{0-}, \theta^0$,则有:

① 若 $\theta^0 = 1$,则决策单元 $j_0$ 为弱 DEA 有效;

② 若 $\theta^0 = 1$,并且 $s^{0-} = 0, s^{0+} = 0$,则决策单元 $j_0$ 为 DEA 有效。

(1)生产可能集。

设某个 DMU 在一项经济(生产)活动中的输入和产出的向量分别为 $X = (x_1, x_2, \cdots, x_m)^T$ 和 $Y = (y_1, y_2, \cdots, y_n)^T$,一般用 $(X, Y)$ 来表示该决策单元的整个生产活动。称集合 $T = \{(x, y) \mid$ 产出 $y$ 能用输入 $x$ 生产出来$\}$ 为所有可能的生产活动构成的生产可能集。

生产可能集 $T$ 的构成应该满足以下 4 条公理。

① **凸性** 对任意的 $(x, y) \in T$ 和 $(x', y') \in T$,对任意的 $\lambda \in [0, 1]$ 均有
$$\lambda(x, y) + (1 - \lambda)(x', y')$$
$$= [\lambda x + (1 - \lambda)x', \lambda y + (1 - \lambda y')] \in T$$

上式表明,如果分别以 $x$ 和 $x'$ 的 $\lambda$ 倍和 $(1 - \lambda)$ 倍之和作为新的输入,则可以产生相同比例之和的输出。凸性说明 $T$ 为一个凸集。

② **锥性** 对任意 $(x, y) \in T$ 和 $k \geqslant 0$,均有
$$k(x, y) = (kx, ky) \in T$$

上式说明如果以输入量 $x$ 的 $k$ 倍进行投入,那么输出量以原来输出量的 $k$ 倍产出也是可能的。

③ **无效性** 对任意 $(x, y) \in T$,并且 $x' \geqslant x$,均有 $(x', y) \in T$;或者对任意 $(x, y) \in T$,并且 $y' \leqslant y$,均有 $(x, y') \in T$。这说明,在原来生产活动的基础上,增加输入量或减少输出量都是可能的。

④ **最小性** 生产可能集 $T$ 是能够满足以上条件的所有集合的交集。

可以看出,能够满足上述条件的集合 $T$ 是唯一确定的:
$$T = \left\{ (x, y) \,\middle|\, \sum_{j=1}^{n} x_j \lambda_j \leqslant x, \sum_{j=1}^{n} y_j \lambda_j \geqslant y, \lambda_j \geqslant 0, j = 1, 2, \cdots, n \right\}$$

(2)生产函数。

生产函数是生产过程中,反映生产要素投入量的组合与实际产出量之间依存关系的数学表达式。目前常用的生产函数形式很多,但在实际工作中建立生产函数的数学模型,一般是凭经验先确定函数的某种形式,然后用统计方法进行参数估计和检验。应用 DEA 方法不需要提前预设生产函数的形式,可根据一组关于输入/输出的观察值,以此来估计有效生产前沿面。为了简单起见,只考虑单输入和单输入的情况。

**例 8 - 3** 表 8 - 14 给出了 4 个决策单元的输入数据和输出数据。

表 8 - 14 输入输出矩阵

| 决策单元 | 1 | 2 | 3 | 4 |
|---|---|---|---|---|
| 输入数据 | 1 | 2 | 3 | 4 |
| 输出数据 | 3 | 1 | 4 | 2 |

决策单元对应的数据 $(x_j, y_j)$ 在图中用黑点标出,上述 4 个决策单元确定的生产可能集 $T$ 为图 8-4 的斜线部分。

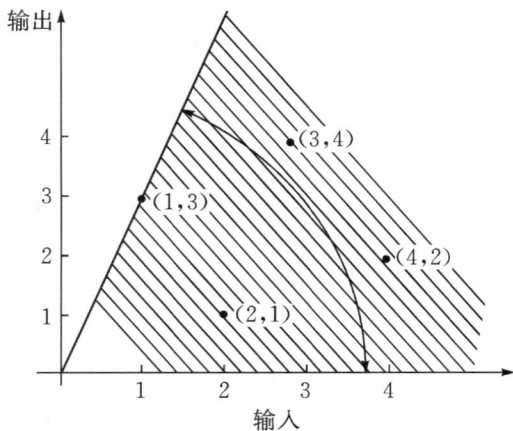

图 8-4  生产可能集

下面仍以单输入和单输出的情况来说明 DEA 有效性的经济含义。

一般地,生产函数 $Y = y(x)$ 表示生产处于最好的理想状态时,当投入量为 $x$ 时,$Y$ 所能获得的最大输出。因此,生产函数图像上的点($x$ 表示输入,$Y$ 表示输出)所对应的决策单元,从生产函数的角度来看,是处于技术有效的状态。

生产函数 $Y = y(x)$ 的图像如图 8-5 所示。由于生产函数的边际 $Y' = y'(x) > 0$,生产函数为增函数。

当 $x \in (0, x_1)$ 时,$Y'' = y''(x) > 0$(即 $Y = y(x)$ 为凸函数),表示当投入值小于 $x_1$ 时,边际函数 $Y' = y'(x)$ 为增函数,厂商有投资的积极性,此时称为规模收益递增。当 $x \in (x_1, +\infty)$ 时,$Y'' = y''(x) < 0$(即 $Y = y(x)$ 为凹函数),表示当投入 $x_1$ 再增加时,边际函数 $Y' = y'(x)$ 为减函数,厂商已经没有继续增加投资的积极性,此时称为规模收益递减。

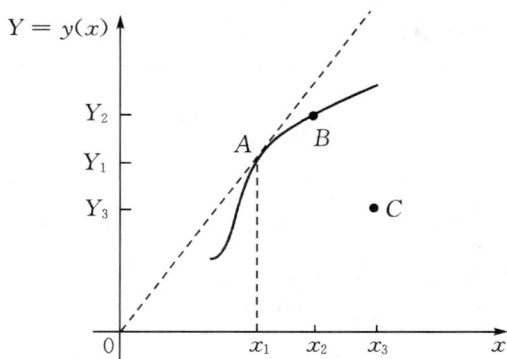

图 8-5  生产曲线

从图 8-5 可以看出,生产函数图象上的 $A$ 点对应的决策单元 $(x_1, Y_1)$,从生产理论的角度看,除了是技术有效外,还是规模有效的,因为少于投入量 $x_1$ 以及大于投入量 $x_1$ 的生产规模都不是最好的。$B$ 点对应的决策单元 $(x_2, Y_2)$ 是技术有效的,因为它位于生产曲线上,但它却不是规模有效的。点 $C(x_3, Y_3)$ 所对应的决策单元既不是规模有效也不是技术有效,因为它不位于生产曲线上,而且投入规模 $x_3$ 过大。

现在来研究 $C^2R$ 模型下 DEA 有效性的经济含义。

检验决策单元 $j_0$ 的 DEA 有效性,即考虑线性规划问题

$$(D)\begin{cases} \min\theta = V_D \\ s.t. \quad \sum_{j=1}^{n} x_j\lambda_j \leqslant \theta x_0 \\ \sum_{j=1}^{n} y_j\lambda_j \geqslant y_0 \\ \lambda_j \geqslant 0 \quad (j=1,2,\cdots,n) \end{cases}$$

由于 $(x_0, y_0) \in T$，即 $(x_0, y_0)$ 满足

$$\sum_{j=1}^{n} x_j\lambda_j \leqslant x_0$$

$$\sum_{j=1}^{n} y_j\lambda_j \geqslant y_0$$

其中 $\lambda_j \geqslant 0$，$j = 1,2,\cdots,n$。

可以看出，线性规划 $(D)$ 是表示在生产可能集 $T$ 内，当产出 $y_0$ 保持不变时，尽量将投入量 $x_0$ 按照同一比例 $\theta$ 减少。如果投入量 $x_0$ 不能按同一比例 $x_0$ 减少，即线性规划 $(D)$ 的最优值 $V_D = \theta^0 = 1$。在单输入与单输出的情况下，决策单元 $j_0$ 不为技术有效或规模有效。

下面用例子作进一步说明。

**例 8-4** 表 8-15 给出了三个决策单元的输入数据和输出数据，相应的决策单元对应的点 $A$、$B$、$C$ 在图 8-6 中已经标出，其中点 $A$ 和点 $C$ 在生产曲线上，点 $B$ 则在生产曲线的下方。由三个决策单元所确定的生产可能集 $T$ 已在图中标出，试确定哪些点是 DEA 有效，哪些是 DEA 无效？

**表 8-15 输入输出矩阵**

| 决策单元 | 1 | 2 | 3 |
|---|---|---|---|
| 输入数据 | 2 | 4 | 5 |
| 输出数据 | 2 | 1 | 3.5 |

解：①可见决策单元 1（对应于图中点 $A$）是技术有效和规模有效的。

从 DEA 有效角度来看，决策单元 1 对应的带有非阿基米德无穷小的 $C^2R$ 模型为：

$$(D)\begin{cases} \min\theta \\ s.t. \quad 2\lambda_1 + 4\lambda_2 + 5\lambda_3 \leqslant 2\theta \\ 2\lambda_1 + \lambda_2 + 3.5\lambda_3 \geqslant 2 \\ \lambda_1, \lambda_2, \lambda_3 \geqslant 0 \end{cases}$$

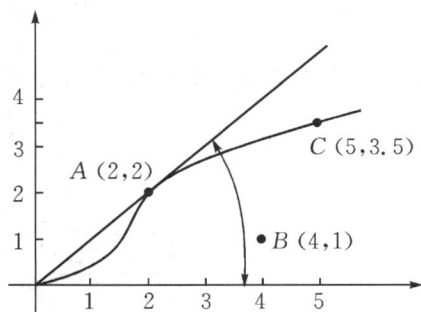

图 8-6 生产可能集

线性规划 $(D)$ 的最优解为 $\lambda^0 = (1,0,0)^T$，$\theta^0 = 0$。可见决策单元 1（对应图中 $A$ 点）为 DEA 有效。

②决策单元 2（对应于图中 $B$ 点），不是技术有效，因为点 $B$ 不在生产函数曲线上，同时也不是规模有效，因为它的投资规模太大。

决策单元 2 对应的线性规划问题($D_1$)为：

$$(D_1)\begin{cases} \min\theta = V_D \\ s.t. \quad 2\lambda_1 + 4\lambda_2 + 5\lambda_3 \leqslant 4\theta \\ 2\lambda_1 + \lambda_2 + 3.5\lambda_3 \geqslant 1 \\ \lambda_1, \lambda_2, \lambda_3 \geqslant 0 \end{cases}$$

它的最优解为 $\lambda^0 = \left(\dfrac{1}{2}, 0, 0\right)^T, \theta^0 = \dfrac{1}{4}$。

由于最优值 $V_D = \theta^0 < 1$，所以决策单元 2（对应于图中 $B$ 点）不为 DEA 有效。

③分析决策单元 3，其对应的点 $C$ 在生产函数曲线上，因此为技术有效的，但是由于它的投入规模过大，所以不是规模有效的。它对应的线性规划问题（$D_2$）为：

$$(D_3)\begin{cases} \min\theta = V_D \\ s.t. \quad 2\lambda_1 + 4\lambda_2 + 5\lambda_3 \leqslant 5\theta \\ 2\lambda_1 + \lambda_2 + 3.5\lambda_3 \geqslant 3.5 \\ \lambda_1, \lambda_2, \lambda_3 \geqslant 0 \end{cases}$$

它的最优解为 $\lambda^0 = \left(\dfrac{7}{4}, 0, 0\right)^T, \theta^0 = \dfrac{7}{10}$。

由于最优值 $V_D = \theta^0 < 1$，所以决策单元 3（对应于图中 $C$ 点）不为 DEA 有效。

# 8.6 案例分析

## ➤ 8.6.1 航天电子元器件应用验证 AHP 综合评价

航天电子元器件应用验证指将电子元器件应用于航天工程前，为确定其技术和应用状态满足航天应用的研制成熟度和在航天工程中的适用度，并综合分析评价进而得出其可用度而开展的一系列试验、评估、测试和综合评价等工作。宇航元器件应用验证可用度综合评价是实施应用验证工程的主要途径之一，主要从生产过程、功能性能、可靠性和应用适应性四个方面对元器件开展评价。现对 $D_1$、$D_2$、$D_3$ 三个同类元器件开展可用度综合评价，试用 AHP 方法进行决策。

（1）首先通过专家咨询、分析，得到图 8-7 所示的层次结构。

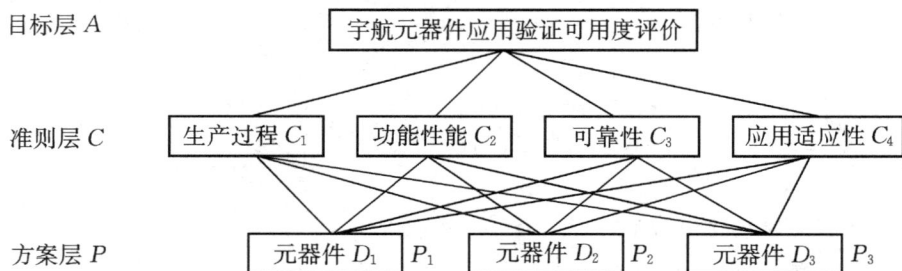

图 8-7 宇航元器件应用验证综合可用度评价层次结构

(2)通过两两比较确定判断矩阵。

①对于生产过程准则,见表 8-16:

表 8-16

| $C_1$ | $P_1$ | $P_2$ | $P_3$ |
|---|---|---|---|
| $P_1$ | 1 | 1/2 | 3 |
| $P_2$ | 2 | 1 | 5 |
| $P_3$ | 1/3 | 1/5 | 1 |

②对于功能性能准则,见表 8-17:

表 8-17

| $C_2$ | $P_1$ | $P_2$ | $P_3$ |
|---|---|---|---|
| $P_1$ | 1 | 2 | 1 |
| $P_2$ | 1/2 | 1 | 3 |
| $P_3$ | 1 | 1/3 | 1 |

③对于可靠性准则,见表 8-18:

表 8-18

| $C_3$ | $P_1$ | $P_2$ | $P_3$ |
|---|---|---|---|
| $P_1$ | 1 | 2 | 3 |
| $P_2$ | 1/2 | 1 | 1 |
| $P_3$ | 1/3 | 1 | 1 |

④对于应用适应性准则,见表 8-19:

表 8-19

| $C_4$ | $P_1$ | $P_2$ | $P_3$ |
|---|---|---|---|
| $P_1$ | 1 | 3 | 2 |
| $P_2$ | 1/3 | 1 | 2 |
| $P_3$ | 1/2 | 1/2 | 1 |

通过比较四个准则对目标而言的优先序,得到判断矩阵见表 8-20:

表 8-20

| $A$ | $C_1$ | $C_2$ | $C_3$ | $C_4$ |
|---|---|---|---|---|
| $C_1$ | 1 | 1/2 | 1/3 | 1/5 |
| $C_2$ | 2 | 1 | 1/3 | 1/2 |
| $C_3$ | 3 | 3 | 1 | 1/2 |
| $C_4$ | 5 | 2 | 2 | 1 |

(3)进行层次单排序,并进行一致性检验。

使用方根法,对表 8-20,求得 $M_1 = 0.033, M_2 = 0.333, M_3 = 4.5, M_4 = 20; \overline{\omega_1} =$

$\sqrt[4]{0.033} = 0.427, \overline{\omega_2} = \sqrt[4]{0.333} = 0.76, \overline{\omega_3} = \sqrt[4]{4.5} = 1.456, \overline{\omega_4} = \sqrt[4]{20} = 2.115$。进行归一化处理后,得:

$$\omega_1 = \frac{0.427}{0.427 + 0.76 + 1.456 + 2.115} = \frac{0.427}{4.758} = 0.09$$

$$\omega_2 = \frac{0.76}{0.427 + 0.76 + 1.456 + 2.115} = \frac{0.76}{4.758} = 0.16$$

$$\omega_3 = \frac{1.456}{0.427 + 0.76 + 1.456 + 2.115} = \frac{1.456}{4.758} = 0.306$$

$$\omega_4 = \frac{2.115}{0.427 + 0.76 + 1.456 + 2.115} = \frac{2.115}{4.758} = 0.444$$

对表 8-16,求得 $M_1 = 1.5, M_2 = 10, M_3 = 0.067, \omega_1 = 0.309, \omega_2 = 0.581, \omega_3 = 0.1$。

对表 8-17,求得 $M_1 = 2, M_2 = 1.5, M_3 = 0.333, \omega_1 = 0.407, \omega_2 = 0.37, \omega_3 = 0.223$。

对表 8-18,求得 $M_1 = 6, M_2 = 0.5, M_3 = 0.333, \omega_1 = 0.55, \omega_2 = 0.24, \omega_3 = 0.21$。

对表 8-19,求得 $M_1 = 6, M_2 = 0.667, M_3 = 0.25, \omega_1 = 0.547, \omega_2 = 0.263, \omega_3 = 0.19$。

(4)进行层次总排序。

$\omega_1 = 0.09 \times 0.309 + 0.16 \times 0.407 + 0.306 \times 0.55 + 0.444 \times 0.547 = 0.504$

$\omega_2 = 0.09 \times 0.581 + 0.16 \times 0.37 + 0.306 \times 0.24 + 0.444 \times 0.263 = 0.302$

$\omega_3 = 0.09 \times 0.1 + 0.16 \times 0.223 + 0.306 \times 0.21 + 0.444 \times 0.19 = 0.193$

综合以上分析结果可知,$D_1$ 元器件的综合评价值占优势,其次是 $D_2$,最次是 $D_3$。据此,决策者可以做出 $D_1$ 元器件可用度最优的决策。

### ▶ 8.6.2 航空武器装备项目带偏好的区间 DEA 评价

航空武器装备是以战争需要为需求背景的特殊商品。国际空间组织的调查表明,许多国家把发展航空武器作为缩小与发达国家差距的捷径,但是如果航空武器装备项目方案选择不恰当,可能会降低收益甚至会给国家带来损失。由于论证不周而导致失败的例子不胜枚举,不仅在经济上造成重大的损失,而且失去了宝贵的时间,因此用恰当的方法对航空武器项目方案进行有效的评价显得尤为重要。

**1. 指标体系**

无论是研制新的武器装备还是改造旧的武器系统,都需要投入一定的经费、人力以及时间,其目的是为了实现能体现武器系统性能的单项性能、综合性能、效能等指标的预定目标。因此,决策过程中要从投入资源和获取收益两方面进行分析,指标体系如图 8-8 所示。

(1)方案投入指标:投入经费 $X_1$;投入时间 $X_2$;投入人力 $X_3$。

以上 3 项投入指标集中反映了投入资源的规模。一般来说,规模越大收益越多,但费用效益比不一定最佳。

(2)方案产出指标。

①系统单项性能 $Y_1$。武器系统单项性能是对若干单项性能战术技术指标的综合度量,量化在[0,1]范围内。

②系统综合性能 $Y_2$。武器系统综合性能是对若干综合性能指标的综合度量,每一项综合性能指标都是对有关的几种单项性能指标的综合度量,量化在[0,1]范围内。

③系统效能 $Y_3$。系统效能既是对单项性能指标的综合度量,也是对所有综合性能指标

的综合度量,量化在[0,1]范围内。

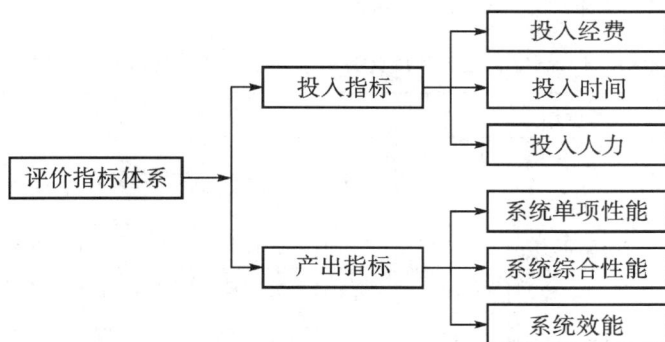

图 8-8 航空武器装备项目评价指标体系结构图

### 2. 带偏好的区间数据包络分析模型

带偏好的区间数据包网络分析模型如下:

$$\min \frac{\sum\limits_{i=1}^{m} w_i h_i}{\sum\limits_{i=1}^{m} w_i}$$

$$s.t. \quad \sum_{j=1}^{n} [\underline{X_j}, \overline{X_j}] \lambda_j + S^- = h_i [\underline{X_{j_0}}, \overline{X_{j_0}}]$$

$$\sum_{j=1}^{n} [\underline{Y_j}, \overline{Y_j}] \lambda_j - S^+ = [\underline{Y_{j_0}}, \overline{Y_{j_0}}]$$

$$S^- = (S_1^-, S_2^-, \cdots, S_i^- \cdots, S_m^-) \geqslant 0$$

$$S^+ = (S_1^+, S_2^+, \cdots, S_r^+ \cdots, S_s^+) \geqslant 0;$$

$$\lambda_j \geqslant 0 \quad (j = 1, 2, \cdots, n; i = 1, 2, \cdots, m; r = 1, 2, \cdots, s)$$

其中,$w_i$ 是预先确定的权重系数,它们反映了 DMU 希望减少每个现有输入量的不同程度。当某 $w_i = 0$ 时,表示 DMU 不能减少该输入项,这时取相应的 $h_i = 1$。

求解过程与 DEA 模型的求解过程相似:对于其他决策单元的输入取区间的最大点,输出取区间最小点;而被评价的决策单元 DMU₀ 的输入却取区间的最小点,输出取区间最大点;那么用 $C^2R$ 模型得到决策单元 DMU₀ 有效性系数为有效性系数区间的最大点,记作 $\overline{\theta_j} = \sum\limits_{i=1}^{m} w_i$ $\overline{h_{ji}} / \sum\limits_{i=1}^{m} w_i$。对于其他决策单元的输入取区间的最小点,输出取区间的最大点;而被评价的决策单元 DMU₀ 的输入却取区间的最大点,输出取区间最小点,那么用 $C^2R$ 模型得到决策单元 DMU₀ 有效性系数为有效性系数区间的最小点,记作 $\underline{\theta_j} = \sum\limits_{i=1}^{m} w_i \, \underline{h_{ji}} / \sum\limits_{i=1}^{m} w_i$,详细过程见有关文献。

**3. 实例测算及其结果**

本案例所用的原始数据如表 8 – 21 所示。

表 8 – 21　航空武器装备项目有效性评价 DMU 及输入输出数据

| 决策单元 | 投入指标 | | | 产出指标 | | |
|---|---|---|---|---|---|---|
| | 经费 $X_1$（百万元） | 时间 $X_2$（月） | 人力 $X_3$（人） | 单项性能 $Y_1$ | 系统综合性能 $Y_2$ | 系统性能 $Y_3$ |
| $DMU_1$ | [90,110] | [22.5,26.0] | 20 | [0.1913,0.1957] | [0.1920,0.1966] | [0.1884,0.1918] |
| $DMU_2$ | [115,125] | [25.0,31.0] | 19 | [0.1912,0.1982] | [0.1925,0.1975] | [0.1897,0.1943] |
| $DMU_3$ | [100,120] | [21.5,26.5] | 20 | [0.1913,0.1963] | [0.1923,0.1963] | [0.1889,0.1931] |
| $DMU_4$ | [120,140] | [29.0,31.5] | 22 | [0.1925,0.1981] | [0.1941,0.1993] | [0.1903,0.1947] |
| $DMU_5$ | [80,100] | [19.5,21.0] | 18 | [0.1908,0.1948] | [0.1921,0.1957] | [0.1885,0.1915] |

对于 $DMU_1$ 而言，代入数据得：

$$\min \quad 0.54\overline{h_{11}} + 0.221\overline{h_{12}} + 0.236\overline{h_{13}}$$

$$s.t. \quad 90\lambda_1 + 125\lambda_2 + 120\lambda_3 + 140\lambda_4 + 100\lambda_5 + S_1^- = 90\overline{h_{11}}$$

$$22.5\lambda_1 + 31\lambda_2 + 26.5\lambda_3 + 31.5\lambda_4 + 21\lambda_5 + S_2^- = 22.5\overline{h_{12}}$$

$$20\lambda_1 + 19\lambda_2 + 20\lambda_3 + 22\lambda_4 + 18\lambda_5 + S_3^- = 20\overline{h_{13}}$$

$$0.1957\lambda_1 + 0.1912\lambda_2 + 0.1913\lambda_3 + 0.1925\lambda_4 + 0.1908\lambda_5 - S_1^+ = 0.1957$$

$$0.1966\lambda_1 + 0.1925\lambda_2 + 0.1923\lambda_3 + 0.1941\lambda_4 + 0.1921\lambda_5 - S_2^+ = 0.1966$$

$$0.1918\lambda_1 + 0.1897\lambda_2 + 0.1889\lambda_3 + 0.1903\lambda_4 + 0.1885\lambda_5 - S_3^+ = 0.1918$$

$$S^- = (S_1^-, S_2^-, S_3^-) \geqslant 0$$

$$S^+ = (S_1^+, S_2^+, S_3^+) \geqslant 0$$

$$\lambda_j \geqslant 0 \quad (j = 1,2,3,4,5; i = 1,2,3; r = 1,2,3)$$

用 QSB 进行计算，得 $\overline{h_{11}} = 1, \overline{h_{12}} = 1, \overline{h_{13}} = 1$，则 $\overline{\theta_1} = 0.543 \times 1 + 0.221 \times 1 + 0.236 \times 1 = 1$。

$$\min \quad 0.54\underline{h_{11}} + 0.221\underline{h_{12}} + 0.236\underline{h_{13}}$$

$$s.t. \quad 110\lambda_1 + 115\lambda_2 + 100\lambda_3 + 120\lambda_4 + 80\lambda_5 + S_1^- = 110\underline{h_{11}}$$

$$26\lambda_1 + 25\lambda_2 + 21.5\lambda_3 + 29\lambda_4 + 19.5\lambda_5 + S_2^- = 26\underline{h_{12}}$$

$$20\lambda_1 + 19\lambda_2 + 20\lambda_3 + 22\lambda_4 + 18\lambda_5 + S_3^- = 20\underline{h_{13}}$$

$$0.1913\lambda_1 + 0.1982\lambda_2 + 0.1963\lambda_3 + 0.1981\lambda_4 + 0.1948\lambda_5 - S_1^+ = 0.1913$$

$$0.1920\lambda_1 + 0.1975\lambda_2 + 0.1963\lambda_3 + 0.1993\lambda_4 + 0.1957\lambda_5 - S_2^+ = 0.1920$$

$$0.1884\lambda_1 + 0.1943\lambda_2 + 0.1931\lambda_3 + 0.1947\lambda_4 + 0.1915\lambda_5 - S_3^+ = 0.1884$$

$$S^- = (S_1^-, S_2^-, S_3^-) \geqslant 0$$

$$S^+ = (S_1^+, S_2^+, S_3^+) \geqslant 0$$

$$\lambda_j \geqslant 0 \quad j = 1,2,3,4,5; i = 1,2,3; r = 1,2,3$$

用 QSB 进行计算,得 $h_{11} = 0.7155, h_{12} = 0.7379, h_{13} = 0.8854$,则 $\theta_1 = 0.54 \times 0.7155 + 0.221 \times 0.7379 + 0.236 \times 0.8854 \approx 0.7605$

同理可得到其他决策单元(项目)的有效性评价结果,见表 8 - 22。

表 8 - 22　航空武器装备项目有效性评价结果

| 决策单元 | DEA 模型 | 优劣排序 | 含偏好的 DEA 模型 | 优劣排序 |
|---|---|---|---|---|
| DMU$_1$ | [0.8854, 1.0000] | 3 | [0.7605, 1.0000] | 2 |
| DMU$_2$ | [0.9385, 0.9841] | 4 | [0.7034, 0.9156] | 4 |
| DMU$_3$ | [0.8878, 1.0000] | 2 | [0.7270, 0.9993] | 3 |
| DMU$_4$ | [0.8131, 0.8652] | 5 | [0.6362, 0.8364] | 5 |
| DMU$_5$ | [1.0000, 1.0000] | 1 | [0.9707, 1.0000] | 1 |

### 4. 结果分析

从表 8 - 22 可以看出,由 DEA 模型得到的优劣排序与含偏好的 DEA 模型得到的优劣排序是不同的,DMU$_3$ 由排名第 2 位降到了第 3 位,而 DMU$_1$ 则由排名第 3 位升到了第 2 位。这是因为在 DMU$_3$ 中投入指标 $X_1$ 比较大,而在含偏好的 DEA 模型中投入指标 $X_1$ 的权重增大,从而导致了 DMU$_3$ 相对有效性的下降。

## 小结与展望

决策问题在人们的工作、生活中无处不在,决策方法的学习目的在于帮助提高决策的水平。本章主要介绍了决策问题的构成、类型以及解决决策问题的一些科学方法。决策一般分为确定型决策、非确定型决策和风险型决策,决策准则的不同将会影响到决策者最终的决策。非确定型决策的决策准则一般有乐观决策准则、悲观决策准则、等可能性准则、最小机会损失准则和折中准则五种。风险决策常用的方法有最大可能法、期望值法和决策树法等。根据决策目标的多少,决策问题也分为单目标决策和多目标决策。在多目标决策问题中,本章介绍了多目标决策的基本概念以及两种常用的方法:层次分析法和数据包络分析法,并通过实际案例对这两种方法如何应用进行了说明。

决策论发展到今天已经成为一门内容丰富、应用广泛的学科,包括社会学、决策心理学、决策行为学、决策的量化方法和评价、决策支持系统和决策自动化等多学科和多领域的综合应用。计算机辅助决策支持系统(decision support system)的广泛应用使许多决策问题得以解决,在一定程度上代替了人们对一些常见问题的决策分析过程。由于决策环境的不确定性、决策目标的多重性等因素,现实中往往遇到的是复杂的决策问题,单凭个人判断是无法解决的,需要发挥群体的智慧,所以,群体决策将是今后决策论研究的一个重要方向。

## 习题 8

1. 某地方书店希望订购最新出版的图书,根据以往经验,新书的销售量可能为 50、100、150 或 200 本。假定每本新书的订购价为 4 元,销售价为 6 元,剩书的处理价为每本 2 元。要求:(1)建立损益矩阵;(2)分别用悲观法、乐观法及等可能法决策该书店应订购的新书数量;(3)建立后悔矩阵,并用后悔值法决定书店应订购的新书数;(4)书店据以往统计资料新书销售量的规律见表8-23,分别用期望值法和后悔值法决定新书订购数量。

表8-23 新书销售量规律表

| 需求数 | 50 | 100 | 150 | 200 |
|---|---|---|---|---|
| 比例(%) | 20 | 40 | 30 | 10 |

2. 某非确定型决策问题的决策矩阵如表8-24所示:

表8-24 决策矩阵

| | $E_1$ | $E_2$ | $E_3$ | $E_4$ |
|---|---|---|---|---|
| $S_1$ | 4 | 16 | 8 | 1 |
| $S_2$ | 4 | 5 | 12 | 14 |
| $S_3$ | 15 | 19 | 14 | 13 |
| $S_4$ | 2 | 17 | 8 | 17 |

(1)若乐观系数 $a=0.4$,矩阵中的数字是利润,请用非确定型决策的各种决策准则分别确定出相应的最优方案。

(2)若表中的数字为成本,问对应于上述决策准则所选择的方案有何变化?

3. 某工厂正在考虑是现在还是明年扩大生产规模问题,由于可能出现的市场需求情况不一样,预期利润也不同。已知市场需求高($E_1$)、中($E_2$)、低($E_3$)的概率及不同方案时的预期利润如表8-25所示。

表8-25 工厂决策矩阵 　　　　　　　　　　　　(单位:万元)

| 方案 概率 事件 | $E_1$ | $E_2$ | $E_3$ |
|---|---|---|---|
| | $P(E_1)=0.2$ | $P(E_2)=0.5$ | $P(E_3)=0.3$ |
| 现在扩大 | 10 | 8 | -1 |
| 明年扩大 | 8 | 6 | 1 |

对该厂来说,损失1万元效用值为0,获利10万元效用值为100,对以下事件效用值无差别:①肯定得8万元或0.9概率得10万和0.1概率失去1万;②肯定得6万元或0.8概率得10万和0.2概率失去1万;③肯定得1万元或0.25概率得10万和0.75概率失去1万。

求:(1)建立效用值表;

(2)分别根据实际盈利额和效用值按期值法确定最优决策。

4. 有一种游戏分两阶段进行。第一阶段,参加者需先付10元,然后从含45%白球和55%红球的罐中任摸一球,并决定是否继续第二阶段;如继续需再付10元,根据第一阶段摸到球的颜色的相同颜色罐子中再摸一球。已知白色罐子中含70%蓝球和30%绿球,红色罐子中含 10% 蓝球和 90% 绿球。当第二阶段摸到蓝色球时,参加者可得 50 元,如摸到绿球,或不参加第二阶段游戏的均无所得。试用决策树法确定参加者的最优策略。

5. 某投资商有一笔投资,如投资于 $A$ 项目,一年后能肯定得到一笔收益 $C$;如投资于 $B$ 项目,一年后或以概率 $P$ 得到的收益 $C_1$,或以概率 $(1-P)$ 得到收益 $C_2$,已知 $C_1 < C < C_2$。试依据 EMV 原则讨论 $P$ 为何值时,投资商将分别投资于 $A,B$,或两者收益相等。

6. $A$ 和 $B$ 两家厂商生产同一种日用品。$B$ 估计 $A$ 厂商对该日用品定价为 6、8、10 元的概率分别为 0.25、0.50 和 0.25。若 $A$ 的定价为 $P_1$,则 $B$ 预测自己定价为 $P_2$ 时它下一月度的销售额为 $1000+250\times(P_2-P_1)$ 元。$B$ 生产该日用品的每件成本为 4 元,试帮助其决策当将每件日用品分别定价为 6、7、8、9 元时的各自期望收益值,并按 EMV 准则选哪种定价为最优。

7. 某人有 1000 元要投资,在今后三年,每一年的开头将有机会把该金额投入 $A$、$B$ 两项中的任何一项。投资 $A$ 在一年末有 0.4 的概率会丧失全部资金,有 0.6 的概率能回收 2000 元(盈利 1000 元)。而投资 $B$ 在年末有 0.9 的概率正好回收原来的 1000 元(不亏不盈),有 0.1 的概率能回收 2000 元。每年只允许做一项投资,且每次只能投入 1000 元(任何多余的积累资金都闲置不用)。试用决策树法求使三年后至少有 2000 元的概率为最大的投资方案,并求出在此投资方案下三年后至少有 2000 元的概率。

# 第9章

# 对策论

对策论(game theory)也称竞赛论或博弈论,是研究具有斗争或竞争性现象的数学理论和方法。一般认为,它既是现代数学的一个新分支,也是运筹学中的一个重要学科。本章分为六个小节。第一节简要地叙述了对策论的一般概念,包括对策论的基本要素和对策的分类;第二节和第三节着重介绍矩阵对策,给出它的基本性质、解法及其应用;第四节和第五节拓展了非零和对策以及动态对策的理论及其应用;本章最后一节介绍了冲突分析理论及其应用。

本章的要点包括对策论的基本要素,矩阵对策的基本性质、解法和应用,非零和对策的建模、解法及应用,动态对策的理论和应用。

## 9.1 对策论的一般概念

### 9.1.1 对策论的三个基本要素

对策现象形形色色,千差万别,但本质上都必须包括以下三个基本要素:

(1)局中人(players)。

在一场竞争或斗争中(或一局对策)都有这样的参加者,他们为了在一局对策中力争好的结局,必须制定对付对手的行动方案,把这样有决策权的参加者称为局中人。

一般要求一个对策中至少要有两个局中人,如在"齐王赛马"的例子中,局中人是齐王和田忌,但孙膑却不是。

对策中关于局中人的概念具有广义性,局中人除了可理解为个人外,还可理解为某一集体,如企业等。当研究在不确定的条件下进行某项与条件有关的生产决策时,也可把大自然当做局中人,同时,为研究问题更清楚,把那些利益完全一致的参加者看作一个局中人,例如桥牌游戏中,东西双方利益一致,南北两面得失相当,所以虽有四个人参加,只能算有两个局中人。

(2)策略(strategies)。

一局对策中,每个局中人都有供他选择的实际可行的、完整的行动方案,此方案是一个可行的、自始至终通盘筹划的行动方案,称为局中人的一个策略,而把局中人的策略全体,称为局中人的策略集合。一般每一局中人的策略集合中至少应有两个策略,在"齐王赛马"的例子中,如果用(上、中、下)表示上马、中马、下马依次参赛这样一个次序,这就是一个完整的行动方案,即为一个策略。可见,局中人齐王和田忌都有六个策略:(上中下)、(上下中)、(中上下)、(中下上)、(下上中)、(下中上),这六个策略全体就称为局中人的策略集合。

（3）赢得函数(支付函数)(payoff function)。

一局对策中,把从每个局中人的策略集中各取一个策略所组成的策略组称为"局势"。当局势出现后,对策的结果也就确定了,每个局中人都有所得或所失,显然局中人的得失是局势的函数,把这个函数称为赢得函数。例如,齐王赛马中,齐王取策略(上、中、下),田忌取策略(下、上、中),便得到一个局势,齐王赢得值为-1,而田忌赢得值为1。

以上讨论了局中人、策略和赢得函数这三个概念,一般当这三个基本要素确定后,一个对策模型也就给定了。

**例9-1** A、B两人各有1角、5分和1分的硬币各一枚,在双方互不知道情况下各出一枚硬币,并规定当和为奇数时,A赢得B所出硬币;当和为偶数时,B赢得A所出硬币,试根据此列出对策模型。

**解**:根据题可知,此对策的局中人为A、B两人,每个局中人的策略集为{1角(10分),5分,1分},那么局中人A的赢得函数如表9-1所示:

表9-1

| B<br>A | 10分 | 5分 | 1分 |
|---|---|---|---|
| 10分 | -10 | 5 | 1 |
| 5分 | 10 | -5 | -5 |
| 1分 | 10 | -1 | -1 |

局中人B的赢得函数如表9-2所示:

表9-2

| B<br>A | 10分 | 5分 | 1分 |
|---|---|---|---|
| 10分 | 10 | -5 | -1 |
| 5分 | -10 | 5 | 5 |
| 1分 | -10 | 1 | 1 |

## ➤ 9.1.2 对策的分类

对策的种类很多,可以依据不同的原则进行分类,如根据局中人的数目可分为二人对策(two-person game)和多人对策(n-person game);根据局中人策略集中的策略的有限或无限可分为有限对策(finite game)和无限对策(infinite game);根据局中人赢得函数值的代数和是否为零可分为零和对策(zero-sum game)和非零和对策(non-zero game);根据策略与时间的关系分为静态对策和动态对策,等等。这样例9-1就属于静态二人有限零和对策。而主要的对策模型分类如图9-1所示:

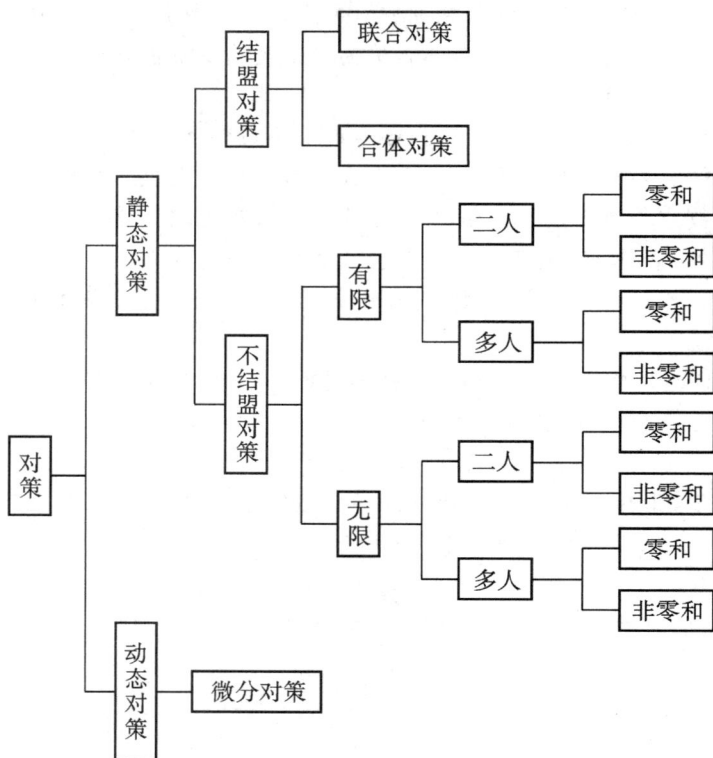

图 9-1 对策的分类

在众多对策模型中,占有重要地位的是二人有限零和对策,这类对策又称为矩阵对策。截至目前为止,它是在理论研究和求解方法方面都比较完善的一类对策,又是研究其他类型对策模型的基础。因此,本章主要介绍矩阵对策的基本理论与方法。

## 9.2　矩阵对策的基本定理

矩阵对策就是二人有限零和对策,它有两个局中人,每个局中人都只有有限个策略,并且对每一局势,两个局中人的赢得之和总是等于零。矩阵对策虽然是对策模型中最简单的一种,但它包含了对策论的基本思想,在理论上比较成熟,是整个对策论的基础。

### ➤ 9.2.1　最优纯策略和鞍点

设两个局中人为 I 和 II,局中人 I 的策略集为 $S_1 = \{\alpha_1, \alpha_2, \cdots, \alpha_m\}$,局中人 II 的策略集为 $S_2 = \{\beta_1, \beta_2, \cdots, \beta_n\}$,对于局势 $(\alpha_i, \beta_j)$,局中人 II 支付给局中人 I 是 $a_{ij}$,即 I 的赢得值为 $a_{ij}$,II 的赢得值为 $-a_{ij}$,并称矩阵

$$A = (a_{ij})_{m \times n} = \begin{pmatrix} a_{11} & \cdots & \cdots & a_{1n} \\ a_{21} & \cdots & \cdots & a_{2n} \\ \vdots & \vdots & \vdots & \vdots \\ a_{m1} & \cdots & \cdots & a_{mn} \end{pmatrix}$$

为局中人Ⅰ的赢得矩阵(或为局中人Ⅱ的支付矩阵)。由于假定对策为零和,故局中人Ⅱ的赢得矩阵为 $-A$。

一般地,当局中人Ⅰ、Ⅱ和策略集 $s_1,s_2$ 及局中人Ⅰ的赢得矩阵 $A$ 给定后,一个矩阵对策就确定了,因此通常把矩阵对策记成 $G=\{s_1,s_2;A\}$。为了和后面的混合策略区分开,称策略 $\alpha_i,\beta_j$ 为纯策略(pure strategy),局势 $(\alpha_i,\beta_j)$ 为纯局势。

齐王赛马是一个矩阵对策,不难得到齐王的赢得矩阵为:

$$A=\begin{array}{c}\\ \alpha_1\\ \alpha_2\\ \alpha_3\\ \alpha_4\\ \alpha_5\\ \alpha_6\end{array}\begin{array}{cccccc}\beta_1&\beta_2&\beta_3&\beta_4&\beta_5&\beta_6\\ \begin{bmatrix}3&1&1&1&-1&1\\ 1&3&1&1&-1&1\\ 1&-1&3&1&1&1\\ -1&1&1&3&1&1\\ 1&1&-1&1&3&1\\ 1&1&1&-1&1&3\end{bmatrix}\end{array}$$

其中,$\alpha_1$——(上,中,下);$\alpha_2$——(上,下,中);$\alpha_3$——(中,上,下);$\alpha_4$——(中,下,上);$\alpha_5$——(下,中,上);$\alpha_6$——(下,上,中)。$\beta_1$——(上,中,下);$\beta_2$——(上,下,中);$\beta_3$——(中,上,下);$\beta_4$——(中,下,上);$\beta_5$——(下,中,上);$\beta_6$——(下,上,中)。

矩阵对策给定后,每个局中人面临的问题是如何选取对自己最有利的纯策略以取得最大赢得。下面通过一个具体例子来分析局中人应采取的策略。

**例 9 - 2** 设矩阵对策 $G=\{s_1,s_2;A\}$,其中 $S_1=\{\alpha_1,\alpha_2,\alpha_3\}$,$S_2=\{\beta_1,\beta_2,\beta_3\}$,

$$A=\begin{bmatrix}14&2&3\\ 7&10&5\\ 6&12&4\end{bmatrix}$$

由 $A$ 可以看出,Ⅰ为了能得到最大赢得 14,会采用策略 $\alpha_1$,此时,Ⅱ可以采用 $\beta_2$,使Ⅰ不但得不到 14,反而得到最小赢得 2;当Ⅱ采用 $\beta_2$ 时,Ⅰ会采用 $\alpha_3$,使Ⅱ的支付增大为 12。同样的道理,当Ⅰ采用 $\alpha_3$ 时,Ⅱ会采用 $\beta_3$;当Ⅱ采用 $\beta_3$,Ⅰ又会采用 $\alpha_2$,这时Ⅰ和Ⅱ都不会改变自己的策略了,因为当Ⅰ采用 $\alpha_2$,Ⅱ必须采用 $\beta_3$,否则它将支付更多;同样,当Ⅱ采用 $\beta_3$,Ⅰ必须采用 $\alpha_2$,否则它将赢得更少,这是因为纯局势 $(\alpha_2,\beta_3)$ 具有下述性质:$a_{23}=5$ 是第二行中的最小元素,同时又是第三列的最大元素,这时称策略 $\alpha_2,\beta_3$ 分别是局中人Ⅰ,Ⅱ的最优纯策略。

对于一般的矩阵对策,有如下定义:

**定义 9 - 1** 设矩阵对策 $G=\{s_1,s_2;A\}$,其中 $S_1=\{\alpha_1,\alpha_2,\cdots,\alpha_m\}$,$S_2=\{\beta_1,\beta_2,\cdots,\beta_n\}$,
$$A=(a_{ij})_{m\times n}$$
如果存在纯局势 $(\alpha_{i^*},\beta_{j^*})$,使得
$$a_{ij^*}\leqslant a_{i^*j^*}\leqslant a_{i^*j}\quad(i=1,2,\cdots,m;j=1,2,\cdots,n)\tag{9-1}$$
则称 $(\alpha_{i^*},\beta_{j^*})$ 是对策 $G$ 的纯策略解或最优局势,$\alpha_{i^*},\beta_{j^*}$ 分别是局中人Ⅰ,Ⅱ的最优纯策略(optimal pure strategy),称 $a_{i^*j^*}$ 是对策 $G$ 的值,记为 $V_G$。

由定义 9 - 1 可知,在例 9 - 2 中,$(\alpha_2,\beta_3)$ 是对策的纯策略解,$\alpha_2$ 和 $\beta_3$ 分别是Ⅰ和Ⅱ的最优纯策略,对策值 $V_G=a_{23}=5$。从前面的分析可以看到,当矩阵对策存在纯对策解时,如果两个局中人都不存在侥幸心理的话,都会采用最优纯策略,因为最优纯策略是最保险和最稳妥的策略。

在给出矩阵对策有纯策略解的条件以前,先看一个引理和一个定义。

**引理 9-1** 任何矩阵对策 $G = \{s_1, s_2; A\}$,总有

$$\max_i \min_j a_{ij} \leqslant \min_j \max_i a_{ij} \tag{9-2}$$

**证明:** 对任意的 $i$、$j$,$i = (1, 2, \cdots, m)$,$j = (1, 2, \cdots, n)$,都有

$$\min_s a_{is} \leqslant a_{ij} \leqslant \max_t a_{tj}$$

由于右端与 $i$ 无关,左端对 $i$ 求最大值后,不等式仍然成立,得

$$\max_i \min_s a_{is} \leqslant \max_t a_{tj}$$

同理右端对 $j$ 求最小值后,得

$$\max_i \min_s a_{is} \leqslant \min_j \max_t a_{tj}$$

又因为 $\min_s a_{is} = \min_j a_{ij}$,$\max_t a_{tj} = \max_i a_{ij}$,所以(9-2)式成立。

实际上对引理 9-1 可这样理解,对矩阵对策 $G = \{s_1, s_2; A\}$ 来说,局中人有把握的至少赢得是 $\max_i \min_j a_{ij}$,局中人 Ⅱ 有把握的至多损失为 $\min_j \max_i a_{ij}$,一般赢得值不会多于损失值,即总有 $\max_i \min_j a_{ij} \leqslant \min_j \max_i a_{ij}$。

**定义 9-2** 设矩阵对策 $G = \{s_1, s_2; A\}$,如果

$$\max_i \min_j a_{ij} = \min_j \max_i a_{ij} = a_{i^* j^*} \tag{9-3}$$

则称 $(\alpha_{i^*}, \beta_{j^*})$ 是对策 $G$ 的鞍点(saddle point)。

下面的定理 9-1 给出矩阵对策有纯策略的充分必要条件。

**定理 9-1** 矩阵对策 $G$ 有纯策略解的充分必要条件是 $G$ 有鞍点。

**证明:** ①必要性。设 $(\alpha_{i^*}, \beta_{j^*})$ 是 $G$ 的纯策略解,由定义 9-1 有

$$a_{ij^*} \leqslant a_{i^* j^*} \leqslant a_{i^* j} \quad (i = 1, 2, \cdots, m; j = 1, 2, \cdots, n)$$

故

$$\max_i a_{ij^*} \leqslant a_{i^* j^*} \leqslant \min_j a_{i^* j}$$

又因为

$$\min_j \max_i a_{ij} \leqslant \max_i a_{ij^*}$$

$$\min_j a_{i^* j} \leqslant \max_i \min_j a_{ij}$$

所以

$$\min_j \max_i a_{ij} \leqslant a_{i^* j^*} \leqslant \max_i \min_j a_{ij} \tag{9-4}$$

由引理 9-1 得:$\max_i \min_j a_{ij} \leqslant \min_j \max_i a_{ij}$ \tag{9-5}

由式(9-4)和式(9-5)得:$\max_i \min_j a_{ij} \leqslant \min_j \max_i a_{ij} = a_{i^* j^*}$

因此,$G$ 有鞍点 $(\alpha_{i^*}, \beta_{j^*})$。

②充分性。假设对策 $G$ 有鞍点 $(\alpha_{i^*}, \beta_{j^*})$,由定义有

$$\max_i \min_j a_{ij} \leqslant \min_j \max_i a_{ij} = a_{i^* j^*}$$

则有

$$\min_j a_{i^* j} = a_{i^* j^*}$$

而

$$\min_j a_{i^* j} \leqslant a_{i^* j}$$

因此

$$a_{i^* j^*} \leqslant a_{i^* j} \tag{9-6}$$

同理有

$$\max_i a_{ij^*} \geqslant a_{i^* j}$$

因此

$$a_{i^* j^*} \geqslant a_{ij^*} \tag{9-7}$$

由式(9-6)和式(9-7)得:

$$a_{ij^*} \leqslant a_{i^* j^*} \leqslant a_{i^* j} \quad (i = 1, 2, \cdots, m; j = 1, 2, \cdots, n)$$

因此，$(\alpha_{i^*}, \beta_{j^*})$ 是 $G$ 的纯策略解。

由定理的证明可知：对策 $G$ 的纯策略就是鞍点，反之亦然。

对于例 9-2 有 $\max\limits_{i}\min\limits_{j}a_{ij} = \min\limits_{j}\max\limits_{i}a_{ij} = 5 = a_{23}$，因此 $(\alpha_2, \beta_3)$ 是对策的鞍点，局中人 Ⅰ 和 Ⅱ 的纯策略分别是 $\alpha_2, \beta_3$，对策值 $V_G = 5$，这与前面的结论一致。

而对于齐王赛马，由齐王的赢得矩阵，得

$$\max\limits_{i}\min\limits_{j}a_{ij} = -1 \qquad \min\limits_{j}\max\limits_{i}a_{ij} = 3$$

两者不相等，故不存在鞍点，也就不存在纯策略解。由此可见：不是所有的矩阵对策都有鞍点、都有最优纯策略。

根据式(9-3)还可以这样来理解最优纯策略：假设局中人 Ⅰ 和 Ⅱ 都很理智，在选择策略时不存在侥幸心理，于是他们都从最坏处着想，去争取最好的结果。对于 Ⅰ 来说，他采取策略 $\alpha_i$ 的最坏情况是赢得 $\min\limits_{j}a_{ij}$，这 $m$ 个最坏情况中的最好结果是 $\max\limits_{i}\min\limits_{j}a_{ij}$。因而，Ⅰ 应采取保守的最小最大原则；而对于 Ⅱ 来说，他采用策略 $\beta_j$ 的最坏情况是付出 $\max\limits_{i}a_{ij}$，这 $n$ 个最坏情况的最好结果是付出 $\min\limits_{j}\max\limits_{i}a_{ij}$，因而 Ⅱ 应取保守的最大最小原则。如果式(9-3)成立，Ⅰ 和 Ⅱ 自然会分别采取策略 $\alpha_{i^*}$ 和 $\beta_{j^*}$，赢得支付预期的值 $V_G = a_{i^*j^*}$，除非他们中有人想冒一下险，把宝押在对方的失误上。

**例 9-3** 已知矩阵对策 $G$ 的赢得矩阵为：

$$A = \begin{bmatrix} 2 & 3 & 2 & 5 \\ 2 & 6 & 2 & 4 \\ -3 & 8 & 1 & 4 \\ 0 & 1 & -5 & 3 \end{bmatrix}$$

试判断此对策是否有纯策略解，若有，纯策略解的对策值是什么？

解：根据定理 9-1 可知，只需判断对策是否有鞍点，计算如表 9-3 所示：

由表(9-3)有 $\max\limits_{i}\min\limits_{j}a_{ij} = \min\limits_{j}\max\limits_{i}a_{ij} = 2$，知对策有纯策略解。

表 9-3

| Ⅱ   Ⅰ | $\beta_1$ | $\beta_2$ | $\beta_3$ | $\beta_4$ | $\min\limits_{j}$ |
|---|---|---|---|---|---|
| $\alpha_1$ | $2^*$ | 3 | $2^*$ | 5 | $2^*$ |
| $\alpha_2$ | $2^*$ | 6 | $2^*$ | 4 | $2^*$ |
| $\alpha_3$ | $-3$ | 8 | 1 | 4 | $-3$ |
| $\alpha_4$ | 0 | 1 | $-5$ | 3 | $-5$ |
| $\max\limits_{i}$ | $2^*$ | 8 | $2^*$ | 5 | 2 |

而 $(\alpha_1, \beta_1)$、$(\alpha_1, \beta_3)$、$(\alpha_2, \beta_1)$、$(\alpha_2, \beta_3)$ 都是 $G$ 的鞍点，因而它们也都是最优纯策略解，对策值 $V_G = 2$，Ⅰ 的最优纯策略解是 $\alpha_1$、$\alpha_2$，Ⅱ 的最优纯策略解是 $\beta_1$、$\beta_3$。

由例 9-3 知，当矩阵对策有纯策略解时，解可能不唯一，但对策值是唯一的。

一般地，纯策略解有以下两条性质：

(1)无差别性。若 $(\alpha_{i_1}, \beta_{j_1})$，$(\alpha_{i_2}, \beta_{j_2})$ 是对策 $G$ 的两个纯策略解，则 $a_{i_1 j_1} = a_{i_2 j_2}$。

由定理 9-1 知 $(\alpha_{i_1},\beta_{j_1})$，$(\alpha_{i_2},\beta_{j_2})$ 是 $G$ 的鞍点，由鞍点的定义得：

$$a_{i_1j_1} = \max_i \min_j a_{ij} = \min_j \max_i a_{ij} = a_{i_2j_2}$$

(2)可交换性。若 $(\alpha_{i_1},\beta_{j_1})$，$(\alpha_{i_2},\beta_{j_2})$ 是对策 $G$ 的两个纯策略解，则 $(\alpha_{i_1},\beta_{j_2})$，$(\alpha_{i_2},\beta_{j_1})$ 也是对策 $G$ 的纯策略解。

由定义 9-1 有 $\quad a_{ij_1} \leqslant a_{i_1j_1} \leqslant a_{i_1j} \quad (i=1,2,\cdots,m;j=1,2,\cdots,n)$

特别取 $i=i_2,j=j_2$，有 $a_{i_2j_1} \leqslant a_{i_1j_1} \leqslant a_{i_1j_2}$ $\hfill(9-8)$

同样的又有 $\quad a_{i_1j_2} \leqslant a_{i_2j_2} \leqslant a_{i_2j_1}$ $\hfill(9-9)$

由式(9-8)和式(9-9)，得

$$a_{i_1j_1} \leqslant a_{i_1j_2} \leqslant a_{i_2j_2} \leqslant a_{i_2j_1} \leqslant a_{i_1j_1}$$

从而 $\quad a_{i_1j_1} = a_{i_1j_2} = a_{i_2j_2}$

又因为对任意的 $i$、$j$ 有 $\quad a_{ij_2} \leqslant a_{i_2j_2} = a_{i_1j_2} = a_{i_1j_1} \leqslant a_{i_1j}$

所以 $\quad a_{ij_2} \leqslant a_{i_1j_2} \leqslant a_{i_1j}$

即 $(\alpha_{i_1},\beta_{j_2})$ 是 $G$ 的纯策略解。

同理可证 $(\alpha_{i_2},\beta_{j_1})$ 也是 $G$ 的纯策略解。

纯策略解的两条性质表明,矩阵对策的纯策略解可以不唯一,但对策值唯一,也就是说,局中人 Ⅰ 采用构成解的最优纯策略,不管局中人 Ⅱ 采用什么样的纯策略,都不会影响 Ⅰ 赢得 $V_G$。

## ▶ 9.2.2　混合策略与混合扩充

对矩阵对策 $G=\{s_1,s_2;A\}$ 来说,局中人 Ⅰ 有把握的至少赢得是 $\max_i \min_j a_{ij}$,局中人 Ⅱ 有把握的至多损失是 $\min_j \max_i a_{ij}$。由引理 9-1 知 $\quad \max_i \min_j a_{ij} \leqslant \min_j \max_i a_{ij}$,如果等式成立,自然存在纯策略解,且 $V_G = \max_i \min_j a_{ij} = \min_j \max_i a_{ij}$,但一般情况下出现较多的是 $\max_i \min_j a_{ij} < \min_j \max_i a_{ij}$。由定义 9-2 知,对策 $G$ 没有鞍点,也就不存在纯策略解,那么情况又是怎样的呢? 接下来先看一个例子:

**例 9-4**　设矩阵对策 $G$ 的赢得矩阵为:

$$A = \begin{bmatrix} 5 & 2 \\ 3 & 7 \end{bmatrix}$$

此时 $\quad \max_i \min_j a_{ij} = 3 < 5 = \min_j \max_i a_{ij}$,对策 $G$ 没有鞍点。

仿照 9.2.1 的思想来分析局中人可能采取的做法,为了获得最大赢得 Ⅰ 采取策略 $\alpha_2$,此时 Ⅱ 当然采用策略 $\beta_1$,使 Ⅰ 仅赢得 3;当 Ⅱ 采用 $\beta_1$ 时,Ⅰ 又会采用 2,以便赢得 5,而这时 Ⅱ 又会采用 $\beta_2$,接下去就会出现下列重复过程:

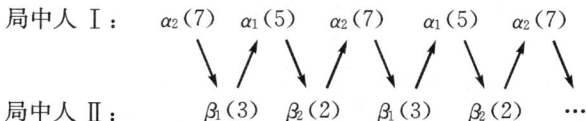

如此循环不已,不可能得到一个稳定的、双方都不得不接受的局势,因此,对策没有纯策略解,局中人也没有最优纯策略,在这种情况下,一个合乎实际的想法是:既然局中人没有最优纯策略可出,是否可以给出一个选取不同策略的概率分布呢? 为此,给出下述定义:

**定义 9-3** 设矩阵对策 $G=\{s_1,s_2;A\}$，$S_1=\{\alpha_1,\alpha_2,\cdots,\alpha_m\}$，$S_2=\{\beta_1,\beta_2,\cdots,\beta_n\}$，

$$A=(a_{ij})_{m\times n}$$

集合

$$X=\{(x_1,x_2,\cdots,x_m)\mid\sum_{i=1}^m x_i=1\text{ 且 }x_i\geqslant0,i=1,2,\cdots,m\}$$

$$Y=\{(y_1,y_2,\cdots,y_n)\mid\sum_{i=1}^n y_i=1\quad\text{且}\quad y_i\geqslant0,j=1,2,\cdots,n\}$$

称为局中人Ⅰ和Ⅱ的混合策略集，$x\in X$ 和 $y\in Y$ 分别称为局中人Ⅰ和Ⅱ的混合策略（mixed strategy），简称策略，$(x,y)$ 是对策 $G$ 的一个混合局势，简称局势，而称 $E(x,y)=\sum_{i=1}^m\sum_{j=1}^n a_{ij}x_iy_j$ 为给定局势 $(x,y)$ 时，局中人Ⅰ的赢得也为局中人Ⅱ的付出。

这样得到一个新的对策记成 $G^*=\{X,Y;E\}$，称 $G^*$ 为对策 $G$ 的混合扩充。实际上，局中人Ⅰ的混合策略 $x$ 是 $s_1$ 上的概率分布，即Ⅰ分别以概率 $x_1,x_2,\cdots,x_m$ 采用策略 $\alpha_1,\alpha_2,\cdots,\alpha_m$，同样局中人Ⅱ的混合策略 $y$ 是 $s_2$ 上的概率分布，即Ⅱ分别以概率 $y_1,y_2,\cdots,y_n$ 采用策略 $\beta_1,\beta_2,\cdots,\beta_n$。

事实上，纯策略是混合策略的特例，例如局中人Ⅰ的纯策略 $\alpha_k$ 相当于混合策略

$$x=(x_1,x_2,\cdots,x_m)\in X,\text{其中 }x_i=\begin{cases}1 & i=k\\0 & i\neq k\end{cases}$$

类似纯策略解，定义对策的混合策略解如下：

**定义 9-4** 设 $G^*=\{X,Y;E\}$，是矩阵对策 $G=\{s_1,s_2;A\}$ 的混和扩充，如果存在混合局势 $(x^*,y^*)$ 使得对所有 $x\in X,y\in Y$，有

$$E(x,y^*)\leqslant E(x^*,y^*)\leqslant E(x^*,y)\qquad(9-10)$$

则称 $(x^*,y^*)$ 是对策 $G$ 的混合策略解，简称对策 $G$ 的解，或称最优混合局势，简称最优局势。称 $x^*,y^*$ 分别是局中人Ⅰ和Ⅱ的最优混合策略（optimal mixed strategy），简称最优策略，而 $E(x^*,y^*)$ 称做对策的值，仍记做 $V_G$。

根据式（9-10），最优混合策略也具有最优纯策略的下述性质：如果局中人Ⅰ采用最优混合策略 $x^*$，则不管Ⅱ采用什么混合策略，Ⅰ的平均赢得都不会小于对策值 $V_G$；同样的，如果局中人Ⅱ采用最优混合策略 $y^*$，则不管Ⅰ采用什么混合策略，Ⅱ的平均付出不会大于对策值 $V_G$。因而，最优混合策略是局中人最稳妥、最保险的策略。当局中人采用最优混合策略时，也可以公开自己的策略，而不会因此受到损害。但要注意的是，在每一局对策中，局中人要根据一定的概率随机选择在这一局采用的纯策略，而这个选定的纯策略是绝对不能公开的，这是矩阵对策存在鞍点与不存在鞍点的重大区别。

引理 9-1 和定理 9-1 以及纯策略解的有关性质可以推广到矩阵对策的混合扩充上。现叙述如下（引理和定理的证明与前面证明类似，请读者自行完成）：

**引理 9-2** 设 $G^*=\{X,Y;E\}$ 是矩阵对策 $G=\{s_1,s_2;A\}$ 的混合扩充，总有

$$\max_{x\in X}\min_{y\in Y}E(x,y)\leqslant\min_{y\in Y}\max_{x\in X}E(x,y)$$

**定理 9-2** 矩阵对策 $G$ 有混合策略解 $(x^*,y^*)$ 的充分必要条件是

$$\max_{x\in X}\min_{y\in Y}E(x,y)=\min_{y\in Y}\max_{x\in X}E(x,y)$$

矩阵对策 $G$ 的混合策略解也具有下述性质：

(1)无差别性。若 $(x_1,y_1)$，$(x_2,y_2)$ 是 $G$ 的两个混合策略解，则 $E(x_1,y_1)=E(x_2,y_2)$。

(2)可交换性。若$(x_1,y_1),(x_2,y_2)$是$G$的两个混合策略解,则$(x_1,y_2),(x_2,y_1)$也是$G$的混合策略解。

矩阵对策$G$的混合策略解的求法将在下一节详细介绍,这里就不叙述了。

### 9.2.3 矩阵对策基本定理

矩阵对策的解$(x^*,y^*)$,由定义9-4知,要使对所有$x \in X,y \in Y$满足

$$E(x,y^*) \leqslant E(x^*,y^*) \leqslant E(x^*,y)$$

由于集合$X,Y$的无限性,所以要对无限个不等式进行验证,这给研究问题带来困难,是否能够简化呢?下面的定理可以解决这个问题。

**定理9-3** 设矩阵对策$G,(x^*,y^*)$是$G$的解的充分必要条件是:对任意$i=1,2,\cdots,m$; $j=1,2,\cdots,n$有

$$\sum_j a_{ij}y_j^* \leqslant E(x^*,y^*) \leqslant \sum_i a_{ij}x_i^* \tag{9-11}$$

**证明:**①充分性。若式(9-11)成立,得

$$E(x,y^*) = \sum_{i=1}^m \sum_{j=1}^n a_{ij}x_i y_j^* \leqslant E(x^*,y^*) \sum_{i=1}^m x_i = E(x^*,y^*)$$

$$E(x^*,y) = \sum_{j=1}^n \sum_{i=1}^m a_{ij}x_i^* y_j \geqslant E(x^*,y^*) \sum_{j=1}^n y_j = E(x^*,y^*)$$

由此得 $\qquad E(x,y^*) \leqslant E(x^*,y^*) \leqslant E(x^*,y) \quad x \in X,y \in Y$

由定义9-4知$(x^*,y^*)$是$G$的解。

②必要性。若$(x^*,y^*)$是$G$的解,有$E(x,y^*) \leqslant E(x^*,y^*) \leqslant E(x^*,y)$成立,特别的取

$$x = (1,0,\cdots,0),(0,1,\cdots,0),\cdots,(0,0,\cdots,1)$$
$$y = (1,0,\cdots,0),(0,1,\cdots,0),\cdots,(0,0,\cdots,1)$$

不等式仍成立,则式(9-11)成立。

定理9-3的意义在于,把需要对无限个不等式进行验证的问题转化为只要对有限个不等式($m \times n$个)进行验证的问题,使问题大大简化。

**定理9-4** 设矩阵对策$G,(x^*,y^*)$是$G$的解的充分必要条件是:存在数$V$,使得

$$\begin{cases} \sum_j a_{ij}y_j^* \leqslant V \quad (i=1,2,\cdots,m) \\ \sum_j y_j^* = 1 \\ y_j^* \geqslant 0 \quad (j=1,2,\cdots,n) \end{cases} \tag{9-12}$$

和

$$\begin{cases} \sum_i a_{ij}x_i^* \geqslant V \quad (j=1,2,\cdots,n) \\ \sum_i x_i^* = 1 \\ x_i^* \geqslant 0 \quad (i=1,2,\cdots,m) \end{cases} \tag{9-13}$$

成立。

定理9-4的证明由定理9-3很容易得证,只要令$E(x^*,y^*)=V$即可,详细证明留给读者。

下面给出矩阵对策的基本定理,也是本节中最重要的结果。

**定理 9-5** (解的存在性定理)任何一个矩阵对策都存在混合策略解(简称解)。

**证明:** 根据定理 9-3,只需证明存在 $x^* \in X, y^* \in Y$,使(9-11)成立。

为此考虑如下两个线性规划问题:

$$（Ⅰ）\max\omega \qquad\qquad （Ⅱ）\min\mu$$

$$\begin{cases} \sum_i a_{ij}x_i \geqslant \omega & (j = 1, 2, \cdots, n) \\ \sum_i x_i = 1 \\ x_i \geqslant 0 & (i = 1, 2, \cdots, m) \end{cases} \text{和} \begin{cases} \sum_j a_{ij}y_j \leqslant \mu & (i = 1, 2, \cdots, m) \\ \sum_j y_j = 1 \\ y_j \geqslant 0 & (j = 1, 2, \cdots, n) \end{cases}$$

不难看出（Ⅰ）和（Ⅱ）互为对偶问题,并且 $x = (1, 0, \cdots, 0)^T, \omega = \sum \min a_{1j}$ 是（Ⅰ）的可行解;$y = (1, 0, \cdots, 0)^T, \mu = \max_i a_{i1}$ 是（Ⅱ）的可行解,况且 $\omega$ 有上界,$\mu$ 有下界,故（Ⅰ）和（Ⅱ）存在最优解。

分别设（Ⅰ）的最优解为 $(x^*, \omega^*)$,（Ⅱ）的最优解为 $(y^*, \mu^*)$,由对偶理论知,$\omega^* = \mu^*$,即存在 $x^* \in X, y^* \in Y$ 和数 $\omega^*$,使

$$\sum_j a_{ij}y_j^* \leqslant \omega^* \leqslant \sum_i a_{ij}x_i^*$$

又由

$$E(x^*, y^*) = \sum_i \sum_j a_{ij}x_i^* y_j^* \leqslant \omega^* \sum_i x_i^* = \omega^*$$

$$E(x^*, y^*) = \sum_j \sum_i a_{ij}x_i^* y_j^* \geqslant \omega^* \sum_j j_j^* = \omega^*$$

得

$$\omega^* = E(x^*, y^*)$$

故式(9-11)成立,则定理 9-5 成立。

定理 9-5 的证明不仅证明了矩阵对策解的存在性,而且还给出了利用线性规划方法求解矩阵对策的思想,即线性规划问题的最优解为对策问题两局中人的最优混合策略,最优值为对策值。

下面的定理 9-6、定理 9-7 和定理 9-8 讨论了矩阵对策解的重要性质。

**定理 9-6** 设 $(x^*, y^*)$ 是矩阵对策 $G$ 的最优混合局势,记对策值 $V = V_G = E(x^*, y^*)$,那么

(1)若 $x_i^* \neq 0$,则 $\sum_{j=1}^n a_{ij}y_j^* = V$;

(2)若 $y_j^* \neq 0$,则 $\sum_{i=1}^m a_{ij}x_i^* = V$;

(3)若 $\sum_{j=1}^n a_{ij}y_j^* < V$,则 $x_i^* = 0$;

(4)若 $\sum_{i=1}^m a_{ij}x_i^* > V$,则 $y_j^* = 0$。

**定理 9-7** 设有两个矩阵对策 $G_1 = \{S_1, S_2; A\}, G_2 = \{S_1, S_2; B\}$,其中 $A = (a_{ij})_{m \times n}$,$B = (b_{ij})_{m \times n}$,如果 $b_{ij} = a_{ij} + d(i = 1, 2, \cdots, m; j = 1, 2, \cdots, n), d$ 为常数,则 $G_1$ 和 $G_2$ 有相同的混合策略解,且 $V_{G_2} = V_{G_1} + d, V_{G_1}$ 和 $V_{G_2}$ 分别是 $G_1$ 和 $G_2$ 的对策值。

**定理 9-8** 设有两个矩阵对策 $G_1 = \{S_1, S_2; A\}$，$G_2 = \{S_1, S_2; aA\}$，其中 $a > 0$，则 $G_1$ 和 $G_2$ 有相同的混合策略解，且 $V_{G_2} = aV_G$。

定理 9-6 在求解矩阵对策中起着重要作用，它提供了一种求解的思想，第三节将会提到。定理 9-7、9-8 在求解矩阵对策中起着简化矩阵、减少运算量的作用。

例如求解矩阵对策 $A = \begin{bmatrix} 6 & 2 & 2 \\ 2 & 2 & 10 \\ 2 & 8 & 2 \end{bmatrix}$，利用定理 9-7，可以将原矩阵每个元素减去 2，得

$A' = \begin{bmatrix} 4 & 0 & 0 \\ 0 & 0 & 8 \\ 0 & 6 & 0 \end{bmatrix}$。先求出对策 $G' = \{S_1, S_2; A'\}$ 的解，然后由定理 9-7 知原对策 $G = \{S_1, S_2; A\}$，

与 $G'$ 有相同的混合策略解，并且 $V_G = V_{G'} + 2$，而计算 $G'$ 要比 $G$ 简便的多（在第三节可以看出）。

# 9.3 矩阵对策的解法

给定矩阵对策 $G$，首先检查它是否有鞍点，如果 $G$ 有鞍点，则不难求得它的纯策略解。本节将讨论矩阵对策 $G$ 不存在鞍点时，如何求矩阵对策的混合策略解。

## ➤ 9.3.1 等式试算法

给定矩阵对策 $G = \{S_1, S_2; A\}$，由定理 9-4 知，求对策的解只需求解不等式组（9-12）和（9-13），再根据定理 9-6，如果最优策略中的 $x_i^*$ 和 $y_j^*$ 均不为零，即可把问题转化为求解下面两个方程组的问题。

$$\begin{cases} \sum_{i=1}^{m} a_{ij} x_i = V \\ \sum_{i=1}^{m} x = 1 \end{cases} \quad (j = 1, 2, \cdots, n) \quad (9-14)$$

和

$$\begin{cases} \sum_{j=1}^{n} a_{ij} y_j = V \\ \sum_{j=1}^{n} y_j = 1 \end{cases} \quad (i = 1, 2, \cdots, m) \quad (9-15)$$

如果方程组（9-14）和（9-15）存在解 $x^*$（$x_i^* > 0$）和 $y^*$（$y_j^* > 0$），那么便可求得对策的一个解 $(x^*, y^*)$，对策值 $V_G = V$。如果上述两个方程组求出的解 $x^*$ 和 $y^*$ 的分量不全为正，则可视具体情况，将式（9-14）和（9-15）中的某些等式改写成不等式，继续试算求解，直到求出对策的解，等式试算法也由此而来。由于此方法事先假设 $x^*$ 和 $y^*$ 不为零，一旦求出的解 $x^*$ 和 $y^*$ 中分量不满足此条件，我们就要试算，而试算过程无固定规律可循，因此这种方法在应用上有一定的局限性。

**例 9-5** 求矩阵对策齐王赛马的解。

解：齐王赛马的赢得矩阵为：

$$A = \begin{bmatrix} 3 & 1 & 1 & 1 & -1 & 1 \\ 1 & 3 & 1 & 1 & 1 & -1 \\ 1 & -1 & 3 & 1 & 1 & 1 \\ -1 & 1 & 1 & 3 & 1 & 1 \\ 1 & 1 & 1 & -1 & 3 & 1 \\ 1 & 1 & -1 & 1 & 1 & 3 \end{bmatrix}$$

我们知道 $A$ 没有鞍点,由定理 $9-5$ 知其必有混合策略解。设齐王和田忌的最优混合策略为 $x^* = (x_1^*, x_2^*, x_3^*, x_4^*, x_5^*, x_6^*)$ 和 $y^* = (y_1^*, y_2^*, y_3^*, y_4^*, y_5^*, y_6^*)$,根据等式试算法的条件,事先假定 $x_i^* > 0, y_j^* > 0, i, j = 1, 2, \cdots, 6$。实际上,齐王和田忌选取每个纯策略的可能性都是存在的,因此假定是合理。下面求解线性方程组

$$\begin{cases} 3x_1 + x_2 + x_3 - x_4 + x_5 + x_6 = V \\ x_1 + 3x_2 - x_3 + x_4 + x_5 + x_6 = V \\ x_1 + x_2 + 3x_3 + x_4 + x_5 - x_6 = V \\ x_1 + x_2 + x_3 + 3x_4 - x_5 + x_6 = V \\ -x_1 + x_2 + x_3 + x_4 + 3x_5 + x_6 = V \\ x_1 - x_2 + x_3 + x_4 + x_5 + 3x_6 = V \\ x_1 + x_2 + x_3 + x_4 + x_5 + x_6 = 1 \end{cases} \quad (9-16)$$

和

$$\begin{cases} 3y_1 + y_2 + y_3 + y_4 - y_5 + y_6 = V \\ y_1 + 3y_2 + y_3 + y_4 + y_5 - y_6 = V \\ y_1 - y_2 + 3y_3 + y_4 + y_5 + y_6 = V \\ -y_1 + y_2 + y_3 + 3y_4 + y_5 + y_6 = V \\ y_1 + y_2 + y_3 - y_4 + 3y_5 + y_6 = V \\ y_1 + y_2 - y_3 + y_4 + y_5 + 3y_6 = V \\ y_1 + y_2 + y_3 + y_4 + y_5 + y_6 = V \end{cases} \quad (9-17)$$

将式$(9-16)$前 6 个等式相加得:

$$6(x_1 + x_2 + x_3 + x_4 + x_5 + x_6) = 6V \qquad 得 V = 1$$

代入式$(9-16)$ 解得 $x_1^* = x_2^* = x_3^* = x_4^* = x_5^* = x_6^* = \dfrac{1}{6}$

同样由式$(9-17)$解得 $y_1^* = y_2^* = y_3^* = y_4^* = y_5^* = y_6^* = \dfrac{1}{6}$

注意到所有 $x_i^*$ 和 $y_j^*$ 均大于零,故所求得的解是对策的最优混合策略,即齐王和田忌的最优混合策略为$(\dfrac{1}{6}, \dfrac{1}{6}, \dfrac{1}{6}, \dfrac{1}{6}, \dfrac{1}{6}, \dfrac{1}{6})$,对策值为千金,也就是说,齐王和田忌都应该等概率的随机采用每一个策略,正如前节指出的那样,尽管齐王和田忌都可以公开宣布自己的这个最优策略,但是在每场比赛时,他们采用的纯策略是绝对不能透露给对方的。在齐王赛马的这个历史故事中,田忌能赢得千金,正是他知道齐王的马的出场顺序,即齐王采用的纯策略。

特别地,对于 $2 \times 2$ 矩阵对策,如果没鞍点,则 $x_1^*, x_2^*$ 和 $y_1^*, y_2^*$ 均不为零(留给读者证明),因此,由定理 $9-6$ 知,方程组

$$\begin{cases} a_{11}x_1 + a_{21}x_2 = V \\ a_{12}x_1 + a_{22}x_2 = V \\ x_1 + x_2 = 1 \end{cases} \quad 和 \quad \begin{cases} a_{11}y_1 + a_{12}y_2 = V \\ a_{21}y_1 + a_{22}y_2 = V \\ y_1 + y_2 = 1 \end{cases} \quad 的最优混合策略为:$$

$$V_G = \frac{a_{11}a_{22} - a_{12}a_{21}}{(a_{11} + a_{22}) - (a_{12} + a_{21})}$$

$$x_1^* = \frac{a_{22} - a_{21}}{(a_{11} + a_{22}) - (a_{12} + a_{21})}; x_2^* = \frac{a_{11} - a_{12}}{(a_{11} + a_{22}) - (a_{12} + a_{21})} \qquad (9-18)$$

$$y_1^* = \frac{a_{22} - a_{12}}{(a_{11} + a_{22}) - (a_{12} + a_{21})}; y_2^* = \frac{a_{11} - a_{21}}{(a_{11} + a_{22}) - (a_{12} + a_{21})}$$

这五个等式通常称做求解 $2 \times 2$ 矩阵对策公式,遇到此类矩阵对策,直接代入公式,便可求得对策的解。

对于例 $9-4$,赢得矩阵 $A = \begin{pmatrix} 5 & 2 \\ 3 & 7 \end{pmatrix}$,它没有鞍点,代入式 $(9-18)$,解得

$$V_G = 3, x_1^* = \frac{4}{7}, x_2^* = \frac{3}{7}; y_1^* = \frac{5}{7}, y_2^* = \frac{2}{7}$$

## ➤ 9.3.2  $2 \times n$ 和 $m \times 2$ 矩阵对策的解法

对于赢得矩阵为 $2 \times n$ 和 $m \times 2$ 阶的对策问题,有一种特别方便的方法——图解法。下面举例说明图解法。

**例 9-6**  已知矩阵对策的赢得矩阵 $A = \begin{bmatrix} 2 & 5 & -1 & 3 \\ 4 & 1 & 3 & -2 \end{bmatrix}$ $(2 \times n, n = 4)$,求对策的解及对策值。

解:由题易知此矩阵对策没有鞍点,设局中人 I 的混合策略为 $(x_1, x_2)$,那么由定理 $9-5$ 的证明知,局中人 I 最优的混合策略及对策值是下列线性规划的解。

$$\max \omega$$

$$s.t. \begin{cases} 2x_1 + 4x_2 \geqslant \omega \\ 5x_1 + x_2 \geqslant \omega \\ -x_1 + 3x_2 \geqslant \omega \\ 3x_1 - 2x_2 \geqslant \omega \\ x_1 + x_2 = 1 \\ x_1, x_2 \geqslant 0 \end{cases}$$

将 $x_2 = 1 - x_1$ 代入约束条件,将其化为:

$$\begin{cases} 4 - 2x_1 \geqslant \omega \\ 1 + 4x_1 \geqslant \omega \\ 3 - 4x_1 \geqslant \omega \\ -2 + 5x_1 \geqslant \omega \\ 0 \leqslant x_1 \leqslant 1 \end{cases}$$

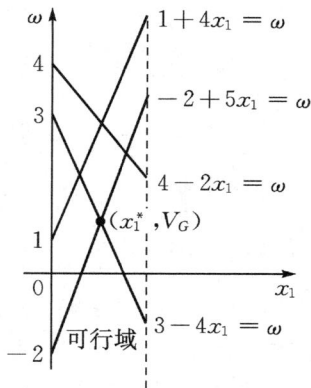

图 9-2

作图求得可行域,见图 9-2:

那么 $\omega$ 的最大值 $V_G$ 是直线 $3 - 4x_1 = \omega$ 和 $-2 + 5x_1 = \omega$ 的

交点的纵坐标,联立

$$\begin{cases} 3 - 4x_1 = \omega \\ -2 + 5x_1 = \omega \end{cases}$$

解得 $V_G = \dfrac{7}{9}$,局中人 I 的最优混合策略 $x_1^* = \dfrac{5}{9}, x_2^* = 1 - x_1^* = \dfrac{4}{9}$,对于 $x^*$,4 个不等式左端的值为:

$$2x_1^* + 4x_2^* = \frac{26}{9} > V_G$$

$$5x_1^* + x_2^* = \frac{29}{9} > V_G$$

$$-x_1^* + 3x_2^* = \frac{7}{9} = V_G$$

$$3x_1^* - 2x_2^* = \frac{7}{9} = V_G$$

由定理 9-6 知 $y_1^* = y_2^* = 0$,又由 $x_1^* \neq 0, x_2^* \neq 0$,有

$$\begin{cases} 2y_1^* + 5y_2^* - y_3^* + 3y_4^* = \dfrac{7}{9} \\ 4y_1^* + y_2^* + 3y_3^* - 2y_4^* = \dfrac{7}{9} \end{cases}$$

于是有

$$\begin{cases} -y_3^* + 3y_4^* = \dfrac{7}{9} \\ 3y_3^* - 2y_4^* = \dfrac{7}{9} \\ y_3^* + y_4^* = 1 \end{cases}$$

解得

$$y_3^* = \frac{5}{9}, \quad y_4^* = \frac{4}{9}$$

综上知局中人 I 最优策略 $x^* = \left(\dfrac{5}{9}, \dfrac{4}{9}\right)$,局中人 II 最优策略 $y^* = \left(0, 0, \dfrac{5}{9}, \dfrac{4}{9}\right)$,对策值 $V_G = \dfrac{7}{9}$。

一般地,设 $2 \times n$ 矩阵对策的赢得矩阵 $A = \begin{bmatrix} a_{11} & a_{12} & \cdots & a_{1n} \\ a_{21} & a_{22} & \cdots & a_{2n} \end{bmatrix}$,首先作图求得满足下述不等式组

$$\begin{cases} a_{11}x_1 + a_{21}x_2 = a_{21} + (a_{11} - a_{21})x_1 \geqslant w \\ a_{12}x_1 + a_{22}x_2 = a_{22} + (a_{12} - a_{22})x_1 \geqslant w \\ \qquad\qquad\vdots \\ a_{1n}x_1 + a_{2n}x_2 = a_{2n} + (a_{1n} - a_{2n})x_1 \geqslant w \\ x_2 = 1 - x_1 \\ 0 \leqslant x_1 \leqslant 1 \end{cases}$$

的 $w$ 之最大值(记作 $V_G$)及其对应的 $x_1, x_2$(记作 $x_1^*, x_2^*$),若 $a_{1j}x_1 + a_{2j}x_2 > V_G$,则 $y_j^* = 0$ 代入方程组

$$\begin{cases} a_{11}y_1^* + a_{12}y_2^* + \cdots + a_{1n}y_n^* = V_G \\ y_1^* + y_2^* + \cdots + y_n^* = 1 \end{cases}$$

解之得到 $y_1^*, y_2^*, \cdots, y_n^*$。

$m \times 2$ 矩阵对策的求解与 $2 \times n$ 矩阵对策的求解类似,下面以例子进行说明。

**例 9-7**  求解矩阵对策 $G = \{S_1, S_2; A\}$,其中

$$A = \begin{vmatrix} 4 & 2 \\ 10 & -2 \\ 2 & 6 \\ 6 & 4 \\ 1 & 3 \end{vmatrix} (m \times 2, m = 5)$$

解:此矩阵对策没有鞍点,设局中人 I 的混合策略为 $(y_1, y_2)$,那么由定理 9-5 的证明知,局中人 II 的混合策略及对策值是下列线性规划的解。

$$\min u$$

$$s.t. \begin{cases} 4y_1 + 2y_2 \leqslant \mu \\ 10y_1 - 2y_2 \leqslant \mu \\ 2y_1 + 6y_2 \leqslant \mu \\ 6y_1 + 4y_2 \leqslant \mu \\ y_1 + 3y_2 \leqslant \mu \\ y_1, y_2 \geqslant 0 \end{cases}$$

把 $y_2 = 1 - y_1$ 代入约束条件,得

$$\begin{cases} 2 + 2y_1 \leqslant \mu \\ -2 + 12y_1 \leqslant \mu \\ 6 - 12y_1 \leqslant \mu \\ 4 + 2y_1 \leqslant \mu \\ 3 - 2y_1 \leqslant \mu \\ 0 \leqslant y_1 \leqslant 1 \end{cases}$$

作图求可行域,见图 9-3:

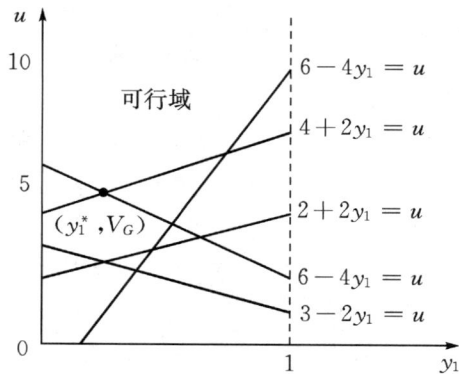

图 9-3

由图可知 $u$ 的最小值 $V_G$ 是直线 $6-4y_1=\mu$ 与直线 $4+2y_1=\mu$ 的交点的纵坐标,联立

$$\begin{cases} 6-4y_1=\mu \\ 4+2y_1=\mu \end{cases}$$

解得 $V_G=\dfrac{14}{3}$,$y_1^*=\dfrac{1}{3}$,$y_2^*=1-y_1^*=\dfrac{2}{3}$;

对于 $y^*$,不等式左边的值分别为:

$$4y_1^*+2y_2^*=\frac{8}{3}<V_G$$

$$10y_1^*-2y_2^*=2<V_G$$

$$2y_1^*+6y_2^*=\frac{14}{3}<V_G$$

$$6y_1^*+4y_2^*=\frac{14}{3}<V_G$$

$$y_1^*+8y_2^*=\frac{7}{3}<V_G$$

因此 $x_1^*=x_2^*=x_5^*=0$,由方程组

$$\begin{cases} 4x_1^*+10x_2^*+2x_3^*+6x_4^*+x_5^*=\dfrac{14}{3} \\ x_1^*+x_2^*+x_3^*+x_4^*+x_5^*=1 \end{cases}$$

代入 $x_1^*$,$x_2^*$,$x_5^*$ 的值,有

$$\begin{cases} 2x_3^*+6x_4^*=\dfrac{14}{3} \\ x_3^*+x_4^*=1 \end{cases}$$

解得
$$x_3^*=\frac{1}{3},x_4^*=\frac{2}{3}$$

综上,局中人 I 和局中人 II 的最优混合策略分别为 $x^*=(0,0,\dfrac{1}{3},\dfrac{2}{3},0)$ 和 $y^*=(\dfrac{1}{3},\dfrac{2}{3})$,$V_G=\dfrac{14}{3}$。

一般地,设 $m\times 2$ 矩阵对策的赢得矩阵 $A=\begin{bmatrix} a_{11} & a_{12} \\ a_{21} & a_{22} \\ \vdots & \vdots \\ a_{m1} & a_{m2} \end{bmatrix}$,首先,作图求得满足下述不

等式组

$$\begin{cases} a_{11}y_1+a_{12}y_2=a_{12}+(a_{11}-a_{12})y_1\leqslant u \\ a_{21}y_1+a_{22}y_2=a_{22}+(a_{21}-a_{22})y_1\leqslant \mu \\ \qquad\qquad\qquad \vdots \\ a_{m1}y_1+a_{m2}y_2=a_{m2}+(a_{m1}-a_{m2})y_1\leqslant \mu \\ y_2=1-y_1 \\ 0\leqslant y_1\leqslant 1 \end{cases}$$

的 $\mu$ 之最小值(记作 $V_G$)及其对应的 $y_1$,$y_2$(记作 $y_1^*$,$y_2^*$),若 $a_{i1}y_1^*+a_{i2}y_2^*<V_G$,则 $x_i^*=0$

代入方程组

$$\begin{cases} a_{11}x_1^* + a_{21}x_1^* + \cdots + a_{m1}x_m^* = V_G(\text{或 } a_{12}x_1^* + a_{22}x_1^* + \cdots + a_{m2}x_m^* = V_G) \\ x_1^* + x_1^* + \cdots + x_m^* = 1 \end{cases}$$

解之得到 $x_1^*, x_2^*, \cdots, x_m^*$。

### ➤ 9.3.3 优超

**定义 9-5** 设矩阵对策 $G = \{S_1, S_2; A\}$，其中 $s_1 = \{\alpha_1, \alpha_2, \cdots, \alpha_m\}$，$s_2 = \{\beta_1, \beta_2, \cdots, \beta_n\}$，$A = (a_{ij})_{m \times n}$，如果 $a_{ij} \leqslant a_{kj}(j = 1, 2, \cdots, n)$，则称策略 $\alpha_k$ 优超于策略 $\alpha_i$。类似的，如果 $\beta_{ij} \leqslant \beta_{il}(i = 1, 2, \cdots, m)$，则称策略 $\beta_l$ 优超于策略 $\beta_j$。

如果 $\alpha_k$ 优超于 $\alpha_i$，那么当局中人 Ⅱ 采用任何策略时，Ⅰ 采用 $\alpha_k$ 的赢得都不会小于 $\alpha_i$ 的赢得，故可以把 $\alpha_i$ 从 Ⅰ 的策略集中删去，相应地删去 $A$ 的第 $i$ 行。记新得到的矩阵对策为 $G_1$，显然 $G_1$ 的混合策略解也是 $G$ 的混合策略解。类似地，如果 $\beta_l$ 优超于 $\beta_j$，那么，当局中人 Ⅰ 采用任何策略时，Ⅱ 采用 $\beta_l$ 的付出都不会多于 $\beta_j$ 的付出，从而把 $\beta_j$ 从 Ⅱ 的策略集中删去，相应地删去 $A$ 的第 $j$ 列，所得到的矩阵对策的解也必是原矩阵对策的解。利用优超方法可以降低 $A$ 的阶数，从而减少求解对策的计算量。

**例 9-8** 求解矩阵对策 $G = \{S_1; S_2; A\}$，其中

$$A = \begin{pmatrix} 2 & 3 & 4 & 5 & 6 \\ 2 & 1 & 3 & 4 & 0 \\ 5 & 9 & 1 & 0 & 3 \\ 6 & 8 & 3 & 6 & 4 \end{pmatrix}$$

解：此矩阵对策没有鞍点。由于根据定义 9-5 知，$\alpha_1$ 优超于 $\alpha_2$，因此，可以删去 $A$ 的第 2 行，得

$$A_1 = \begin{array}{c} \\ \alpha_1 \\ \alpha_3 \\ \alpha_4 \end{array} \begin{array}{c} \beta_1 \quad \beta_2 \quad \beta_3 \quad \beta_4 \quad \beta_5 \\ \begin{pmatrix} 2 & 3 & 4 & 5 & 6 \\ 5 & 9 & 1 & 0 & 3 \\ 6 & 8 & 3 & 6 & 4 \end{pmatrix} \end{array} \qquad x_2^* = 0$$

关于 $A_1$，$\beta_1$ 优超于 $\beta_2$，$\beta_3$ 优超于 $\beta_5$，可删去 $A_1$ 的第 2 列和第 5 列，得

$$A_2 = \begin{array}{c} \\ \alpha_1 \\ \alpha_3 \\ \alpha_4 \end{array} \begin{array}{c} \beta_1 \quad \beta_3 \quad \beta_4 \\ \begin{pmatrix} 2 & 4 & 5 \\ 5 & 1 & 0 \\ 6 & 3 & 6 \end{pmatrix} \end{array} \qquad y_2^* = 0, y_5^* = 0$$

关于 $A_2$，$\alpha_4$ 优超于 $\alpha_3$，可删去 $A_2$ 的第 2 行，得

$$A_3 = \begin{array}{c} \\ \alpha_1 \\ \alpha_4 \end{array} \begin{array}{c} \beta_1 \quad \beta_3 \quad \beta_4 \\ \begin{pmatrix} 2 & 4 & 5 \\ 6 & 3 & 6 \end{pmatrix} \end{array} \qquad x_3^* = 0$$

关于 $A_3$，$\beta_1$ 优超于 $\beta_4$，可删去 $A_3$ 的第 3 列，得

$$A_4 = \begin{array}{c} \\ \alpha_1 \\ \alpha_4 \end{array} \begin{array}{c} \beta_1 \quad \beta_3 \\ \begin{pmatrix} 2 & 4 \\ 6 & 3 \end{pmatrix} \end{array} \qquad y_4^* = 0$$

这样,最后把问题化成一个 $2 \times 2$ 矩阵对策,利用公式(9-18)解得 $V_G = 3.6, x_1^* = 0.6,$ $x_4^* = 0.4, y_1^* = 0.2, y_3^* = 0.8$。

综上知局中人 I 的最优策略为 $x^* = (0.6, 0, 0, 0.4)$,局中人 II 的最优策略为 $y^* = (0.2, 0, 0.8, 0), V_G = 3.6$。

### ▷ 9.3.4　线性规划解法

由定理 9-5 的证明知道,任一矩阵对策 $G = \{S_1, S_2; A\}$ 的求解均等价于一对互为对偶的线性规划问题。

$$（ I ）\max w \qquad\qquad （ II ）\min \mu$$

$$\begin{cases} \sum_i a_{ij} x_i \geqslant w & (j = 1, 2, \cdots, n) \\ \sum_i x_i = 1 \\ x_i \geqslant 0 & (i = 1, 2, \cdots, m) \end{cases} \text{和} \begin{cases} \sum_j a_{ij} y_i \geqslant \mu & (i = 1, 2, \cdots, m) \\ \sum_j y_j = 1 \\ y_j \geqslant 0 & (j = 1, 2, \cdots, n) \end{cases}$$

作变换(根据定理 9-7,不妨设 $w, \mu$ 均大于零,否则只需在 $A$ 的每一个元素上加一个常数,使 $a_{ij} > 0$,从而确保 $w, \mu$ 大于零,这样做不会影响对策的解,但对策值相差一个常数),令 $x'_i = \dfrac{x_i}{w}(i = 1, 2, \cdots, m)$,则( I )问题的约束条件变成

$$\begin{cases} \sum_i a_{ij} x'_i \geqslant 1 & (j = 1, 2, \cdots, n) \\ \sum_i x'_i = \dfrac{1}{w} \\ x'_i \geqslant 0 & (i = 1, 2, \cdots, m) \end{cases}$$

这样 $\max w$ 相当于 $\min \sum_i x'_i$,因而 I 问题变成

$$\min \sum_i x'_i$$

$$\begin{cases} \sum_i a_{ij} x'_i \geqslant 11 & (j = 1, 2, \cdots, n) \\ x'_i \geqslant 0 & (i = 1, 2, \cdots, m) \end{cases} \tag{9-19}$$

同理,令 $y'_i = \dfrac{y_i}{\mu}$ $(j = 1, 2, \cdots, n)$,则 II 问题变成

$$\max \sum_j y'_j$$

$$\begin{cases} \sum_j a_{ij} y'_j \leqslant 1 & (i = 1, 2, \cdots, m) \\ y'_j \geqslant 0 & (j = 1, 2, \cdots, n) \end{cases} \tag{9-20}$$

显然,问题(9-19)和问题(9-20)互为对偶问题,故只需解出一个,另一个的解可从最终的单纯形表中得到。通常是求解约束条件少的那个线性规划,计算量小些;若两问题约束条件相同,一般选择解线性规划( II ),求出问题的解后再利用变换 $V_G = \dfrac{1}{\min \sum_i x'_i}$(或

$$\frac{1}{\max\sum\limits_j y'_j}),x^* = V_G \cdot x',y^* = V_G \cdot y',$$ 即可求出原对策问题的解及对策值。

**例 9 - 9** 已知矩阵对策的赢得矩阵 $A = \begin{bmatrix} 1 & 3 & 3 \\ 4 & 2 & 1 \\ 3 & 2 & 2 \end{bmatrix}$,求其策略解。

解:此矩阵对策无鞍点,用线性规划法求混合策略解。考虑线性规划

$(\mathrm{I}) \min(x'_1 + x'_2 + x'_3)$          $(\mathrm{II}) \max(y'_1 + y'_2 + y'_3)$

$$\begin{cases} x'_1 + 4x'_2 + 3x'_3 \geqslant 1 \\ 3x'_1 + 2x'_2 + 2x'_3 \geqslant 1 \\ 3x'_1 + x'_2 + 2x'_3 \geqslant 1 \\ x'_i \geqslant 0 \quad (i = 1,2,3) \end{cases}$$ 和 $$\begin{cases} y'_1 + 3y'_2 + 3y'_3 \leqslant 1 \\ 4y'_1 + 2y'_2 + y'_3 \leqslant 1 \\ 3y'_1 + 2y'_2 + 2y'_3 \leqslant 1 \\ y'_j \geqslant 0 \quad (j = 1,2,3) \end{cases}$$

用单纯形法解(II),经过计算最后得到表 9 - 4,其中 $Z_1,Z_2,Z_3$ 是松弛变量。

表 9 - 4

| $c_B$ | $Y_B$ | $b$ | $c_j$ 1 | 1 | 1 | 0 | 0 | 0 |
|---|---|---|---|---|---|---|---|---|
| | | | $y'_1$ | $y'_2$ | $y'_3$ | $Z_1$ | $Z_2$ | $Z_3$ |
| 1 | $y'_1$ | $\frac{1}{7}$ | 1 | 0 | 0 | $-\frac{2}{7}$ | 0 | $\frac{3}{7}$ |
| 1 | $y'_2$ | $\frac{1}{7}$ | 0 | 1 | 0 | $\frac{5}{7}$ | 1 | $-\frac{11}{7}$ |
| 1 | $y'_3$ | $\frac{1}{7}$ | 0 | 0 | 1 | $-\frac{2}{7}$ | -1 | $\frac{10}{7}$ |
| | $\sigma_j$ | | 0 | 0 | 0 | $-\frac{1}{7}$ | 0 | $-\frac{2}{7}$ |

由表 9 - 4 可得

$$y'_1 = \frac{1}{7},y'_2 = \frac{1}{7},y'_3 = \frac{1}{7},x'_1 = \frac{1}{7},x'_2 = 0,x'_3 = \frac{2}{7}$$

$$V_G = \frac{1}{y'_1 + y'_2 + y'_3} = \frac{7}{3}$$

$$y_1^* = y'_1 \cdot V_G = \frac{1}{3},y_2^* = y'_2 \cdot V_G = \frac{1}{3},y_3^* = y'_3 \cdot V_G = \frac{1}{3}$$

$$x_1^* = x'_1 \cdot V_G = \frac{1}{3},x_2^* = x'_2 \cdot V_G = 0,x_3^* = x'_3 \cdot V_G = \frac{2}{3}$$

故对策的最优策略为 $x^* = (\frac{1}{3},0,\frac{2}{3}),y^* = (\frac{1}{3},\frac{1}{3},\frac{1}{3}),V_G = \frac{7}{3}$。

以上介绍了常见的几种矩阵对策求解的方法。一般对于一个具体的矩阵对策,首先判断它是否有鞍点,若没有,判断一下是否有优超现象,或是否能用定理 9 - 7、9 - 8 来简化矩阵,减小计算量,然后对具体情况选择合适的方法给予求解。

# 9.4 非零和对策

非零和对策是相对于零和对策而言的,对策按赢得函数的和是否为零分为零和对策和非

零和对策。如果对于每一个局势,对侧重所有局中人的赢得函数的值之和为零,则称这个对策为零和对策(zero - sum - game),否则称为非零和对策(non - zero - game)。非零和对策分为有限二人非零和对策、有限多人非零和对策等。许多经济活动过程中的对策模型,很多都是非零和对策。下面用例子介绍二人有限非零和对策的数学模型及其解法。

**例9-10** (核裁军问题)假定只有两个国家拥有核武器。目前他们拥有的核力量相当,因而受到核袭击的可能性都是 0.5。如他们裁减核武器,则他们受到对方核袭击的可能性减小到 0.2;如果一国裁减核武器,而另一国不裁减,则裁减核武器的国家受核袭击的可能性增加到 0.9,不裁减的国家受到核袭击的可能性为 0.1。试给出这个问题的对策模型。

解:局中人是这两个国家,分别称作 $A$ 和 $B$。$A$ 的策略为 $\alpha_1$——不裁减核武器;$\alpha_2$——裁减核武器。$B$ 的策略为 $\beta_1$——不裁减核武器;$\beta_2$——裁减核武器。以受到核袭击的概率作为该国的赢得,$A$ 的赢得函数如表 9-5 所示,$B$ 的赢得函数如表 9-6 所示。

表 9-5

| $B$ \ $A$ | $\beta_1$ | $\beta_2$ |
|---|---|---|
| $\alpha_1$ | 0.5 | 0.1 |
| $\alpha_2$ | 0.9 | 0.2 |

表 9-6

| $B$ \ $A$ | $\beta_1$ | $\beta_2$ |
|---|---|---|
| $\alpha_1$ | 0.5 | 0.9 |
| $\alpha_2$ | 0.1 | 0.2 |

这是一个有限非零和对策。

**例9-11** 甲乙两家面包店在市场竞争中,各自都在考虑是否要降价,如果两家都降价,则每家可得 300 元的利润;如果都不降价,则每家可得利润 500 元;如果一家降价,另一家不降价,降价的一家可得利润 600 元,不降价的一家由于剩余等原因而亏损 400 元,问双方如何选择行动较为合理?

解:依据题意把上述数据整理成表(见表 9-7):

表 9-7

| 乙店 \ 甲店 | $\beta_1$(降价) | $\beta_2$(不降价) |
|---|---|---|
| $\alpha_1$(降价) | (3,3) | (6,-4) |
| $\alpha_2$(不降价) | (-4,6) | (5,5) |

在表 9-7 中,甲乙两家面包店分别有两个纯策略:降价与不降价,它们构成的策略集分别为 $S_甲 = \{\alpha_1, \alpha_2\}$,$S_乙 = \{\beta_1, \beta_2\}$,由局势 $(\alpha_i, \beta_j)$ 所确定的数组 $(a_{ij}, b_{ij})$ 表示甲面包店的利润为 $a_{ij}$,乙面包店的利润为 $b_{ij}$。例如 $(-4,6)$ 表示在局势 $(\alpha_2, \beta_1)$ 下,甲面包店亏损 400 元,乙面包店盈利 600 元。

一般地,二人有限非零和对策的数学模型可用 $G = \{S_1, S_2; (A, B)\}$ 表示,其中 $S_1$ 和 $S_2$ 分别为局中人 Ⅰ 和 Ⅱ 的纯策略集 $S_1 = \{\alpha_1, \alpha_2, \cdots, \alpha_m\}$,$S_2 = \{\beta_1, \beta_2, \cdots, \beta_n\}$,矩阵 $A = (a_{ij})_{m \times n}$,矩阵 $B = (b_{ij})_{m \times n}$ 分别为局中人 Ⅰ 和 Ⅱ 的赢得矩阵,$(A, B) = (a_{ij}, b_{ij})_{m \times n}$,一般 $B \neq -A$。

随着 $A, B$ 的确定,二人有限非零和对策也就确定。因此,二人有限非零和对策又称为双矩阵对策。当 $B = -A$ 时,双矩阵对策就是矩阵对策,矩阵对策是双矩阵对策的一种特殊情况。

在例 9-11 中，

$$A = \begin{pmatrix} 3 & 6 \\ -4 & 5 \end{pmatrix}, B = \begin{pmatrix} 3 & -4 \\ 6 & 5 \end{pmatrix}$$

表 9-7 中概述了降价竞争问题，在这个对策中，两家面包店在没有互通信息非合作情况下，各自都有两种策略的选择：降价或不降价，显然，双方最好策略的选择都是降价，即 $(\alpha_1, \beta_1)$。因为选择降价至少可得到 300 元利润，如果选择不降价，则可能由于对方降价而蒙受 400 元的损失。当然，在两店互通信息，进行合作的情况下，双方采取不降价的策略，各自都能从合作中多得 200 元。

**例 9-12**　设想一个垄断企业已占领市场（称为"在位者"），另一个企业很想进入市场（称为"进入者"），在位者想保持其垄断地位，就要阻挠进入者进入。假定进入者进入前，在位者的垄断利润为 300，进入后两者的利润和为 100（各得 50），进入成本为 10。二者各种策略组合下的赢得矩阵如表 9-8 所示：

表 9-8

| 进入者＼在位者 | $\beta_1$（默许） | $\beta_2$（斗争） |
|---|---|---|
| $\alpha_1$（进入） | $(40, 50)$ | $(-10, 0)$ |
| $\alpha_2$（不进入） | $(0, 300)$ | $(0, 300)$ |

表 9-8 中反映了市场进入阻挠对策问题，进入者的策略集 $S_进$ 中有两个纯策略：$\alpha_1$（进入）和 $\alpha_2$（不进入），在位者的策略集 $S_在$ 中也有两个纯策略：$\beta_1$（默许）和 $\beta_2$（斗争），进入者和在位者赢得矩阵分别为：

$$A = \begin{pmatrix} 40 & -10 \\ 0 & 0 \end{pmatrix}, B = \begin{pmatrix} 50 & 0 \\ 300 & 300 \end{pmatrix}$$

容易知道，$(\alpha_1, \beta_1)$（进入，默许）和 $(\alpha_2, \beta_2)$（不进入，斗争）是双方所能选择的最好局势。因为当进入者选定 $\alpha_1$（进入）时，在位者选择 $\beta_1$（默许）可赢得利润 50，而选择 $\beta_2$（斗争）则赢得为 0，所以 $\beta_1$（默许）是在位者的最优策略；同样当在位者选择 $\beta_1$（默许），进入者的最优选择是 $\alpha_1$（进入），尽管进入者选择 $\alpha_2$（不进入）时，$\beta_1$（默许）和 $\beta_2$（斗争）对在位者是同一个意思，只有当在位者选择 $\beta_2$（斗争）时，$\alpha_2$（不进入）才是进入者最好的选择。

从以上例子可以看到非零和对策比零和对策更为复杂，求解也更加困难。

# 9.5　动态对策——微分对策

前几节主要讨论了几种静态对策模型，本节将对动态对策（微分对策）进行初步探讨。微分对策的提出最初是出于军事上的需要，在 20 世纪中叶，高新技术日益发展，对制导系统拦截飞行器、航天技术中有关机动追击等军事问题的研究，采用经典对策论的方法难以取得令人满意的结果。于是，以美国数学家 Issacs 为首的研究小组将现代控制论中的一些模型引入到对策论中来，取得了突破性的进展，并开创了对策论新的研究领域——微分对策。如今，动态对策的应用已经深入到社会、经济、生活等各个领域的方方面面,比如生产与投资、劳资与谈判、招标与投标等,动态对策也正在发挥着越来越重要的作用。

### ➢ 9.5.1  动态对策的基本概念

研究动态对策的一个主要难点在于控制函数 $u(t)$ 和 $v(t)$,而对策进行的过程是一个连续的过程,因此采用离散序列法将连续问题离散化。

假设每个局中人都有过去的完全信息,即了解自己及对手在过去所采取的行动,还假设双方均不知道对手未来会采取什么行动。

对任意正整数 $n$,令 $\delta = T_0/n$,于是,区间 $[0,T_0]$ 被分成了 $n$ 个长度为 $\delta$ 的小区间,即
$$I_1 = [0,\delta]$$
$$I_j = [(j-1)\delta, j\delta] \quad (j=2,3,\cdots,n)$$

记 $U_j, V_j$ 为 $U, V$ 在 $I_j$ 上的限制。若局中人甲在区间 $I_j(j=1,2,\cdots,n)$ 上采取行动
$$\sum{}^{\delta j}: V_1 \times U_1 \times V_2 \times U_2 \times \cdots \times V_{j-1} \times U_{j-1} \times V_j \to U_j$$

则称 $\sum{}^{\delta} = (\sum{}^{\delta 1}, \sum{}^{\delta 2}, \cdots, \sum{}^{\delta n})$ 为甲的上 $\delta$ 策略;若局中人乙在 $I_j$ 上采取行动
$$\square^{\delta j}: U_1 \times V_1 \times U_2 \times V_2 \times \cdots \times U_{j-1} \times V_{j-1} \times U_j \to V_j$$

则称 $\square^{\delta} = (\square^{\delta 1}, \square^{\delta 2}, \cdots, \square^{\delta n})$ 为乙的上 $\delta$ 策略;若局中人甲在 $I_j$ 上采取行动
$$\sum{}_{\delta j}: U_1 \times V_1 \times U_2 \times V_2 \times \cdots \times U_{j-1} \times V_{j-1} \to U_j$$

则称 $\sum{}_{\delta} = (\sum{}_{\delta 1}, \sum{}_{\delta 2}, \cdots, \sum{}_{\delta n})$ 为甲的下 $\delta$ 策略;若局中人乙在 $I_j$ 上采取行动
$$\square_{\delta j}: V_1 \times U_1 \times V_2 \times U_2 \times \cdots \times V_{j-1} \times U_{j-1} \to V_j$$

则称 $\square_{\delta} = (\square^{\delta 1}, \square^{\delta 2}, \cdots, \square^{\delta n})$ 为乙的下 $\delta$ 策略。

由以上定义易知,所谓上 $\delta$ 策略,实际上是说该局中人在信息方面比对手占优势。在对策进行过程中,有以下几种可能情形:

(1)某一局中人采用上 $\delta$ 策略,另一局中人采用下 $\delta$ 策略;

(2)双方均采用下 $\delta$ 策略;

(3)混合情形,即某些阶段局中人甲在信息方面占优势,某些阶段局中人乙占优势,而剩下的那些阶段中双方谁也不占优势。

很显然,不可能在同一时刻双方均在信息方面占优势,因而不可能双方同时采用上 $\delta$ 策略。

对于任意给定的策略对 $(\square_{\delta}, \sum{}^{\delta})$,可以唯一地构造出局中人甲、局中人乙的控制函数 $u^{\delta}(t)$ 和 $v_{\delta}(t)$,称 $(u^{\delta}, v_{\delta})$ 为对应于 $(\square_{\delta}, \sum{}^{\delta})$ 的局势。记 $u^{\delta}, v_{\delta}$ 在 $I_j$ 上的限制为 $u_j, v_j$,可按下式构造:
$$\begin{cases} v_1 = \square_{\delta 1} \\ v_j = \square_{\delta j}(v_1, u_1, \cdots, v_{j-1}, u_{j-1}) \quad (j=2,3,\cdots,n) \\ u_j = \sum{}^{\delta j}(v_1, u_1, \cdots, v_{j-1}, u_{j-1}) \quad (j=1,2,\cdots,n) \end{cases} \tag{9-21}$$

相应地,支付泛函可以记为
$$J(u^{\delta}, v_{\delta}) = J[\square_{\delta}, \sum{}^{\delta}] = J[\square_{\delta 1}, \sum{}^{\delta 1}, \cdots, \square_{\delta n}, \sum{}^{\delta n}] \tag{9-22}$$

**定义 9 - 6** 在二人零和微分对策中,若局中人甲选用上 $\delta$ 策略 $\sum^{\delta}$,局中人乙选用下 $\delta$ 策略 $\square_{\delta}$,按(9 - 21)式进行对局,支付由(9 - 22)式确定,则称该对策为上 $\delta$ 策略,记作 $\Gamma^{\delta}$。记

$$v^{\delta} = \inf_{\square_{\delta 1}} v \sup_{\sum^{\delta 1}} \cdots \inf_{\square_{\delta n}} \sup_{\sum^{\delta n}} J[\square_{\delta 1}, \sum^{\delta 1}, \cdots, \square_{\delta n}, \sum^{\delta n}]$$

则称 $v^{\delta}$ 为对策 $\Gamma^{\delta}$ 的上 $\delta$ 值。

同样也可以定义下 $\delta$ 策略 $\Gamma_{\delta}$,即局中人甲采用下 $\delta$ 策略 $\sum_{\delta}$,局中人乙采用上 $\delta$ 策略 $\square^{\delta}$,按照

$$\begin{cases} v_1 = \square_{\delta 1} \\ v_j = \square_{\delta j}(v_1, u_1, \cdots, v_{j-1}, u_{j-1}) \quad (j = 2, 3, \cdots, n) \\ u_j = \sum^{\delta j}(v_1, u_1, \cdots, v_{j-1}, u_{j-1}) \quad (j = 1, 2, \cdots, n) \end{cases}$$

进行对局,支付由

$$J(u^{\delta}, v_{\delta}) = J[\square_{\delta}, \sum^{\delta}] = J[\square_{\delta 1}, \sum^{\delta 1}, \cdots, \square_{\delta n}, \sum^{\delta n}]$$

确定,此时 $(u^{\delta}, v_{\delta})$ 称为对应于 $(\sum_{\delta}, \square^{\delta})$ 的局势。记

$$v_{\delta} = \sup_{\sum_{\delta 1}} \inf_{\square^{\delta 1}} \cdots \sup_{\sum_{\delta n}} \inf_{\square^{\delta n}} J[\sum_{\delta 1}, \square^{\delta 1}, \cdots, \sum_{\delta n}, \square^{\delta n}]$$

则称 $v_{\delta}$ 为 $\Gamma_{\delta}$ 的下 $\delta$ 值。

若双方均采用下 $\delta$ 策略,这样的对策称为 $\delta$ 对策,记为 $\Gamma(\delta)$。读者可自行写出 $\Gamma(\delta)$ 的策略、局势和支付函数。

## ➤ 9.5.2 动态对策的数学模型

首先,看一个例子。

**例 9 - 13** 平面拦截对策。飞机 $A$ 与 $B$ 在同一水平面上做拦截对策。两飞机相向飞行,前向速度分别为常量 $v_1$ 和 $v_2$,横向速度分别为 $u(t)$ 和 $v(t)$,横向位置分别为 $x_1(t)$ 和 $x_2(t)$,并设 $t = 0$ 时,$A, B$ 的横向位置分别为 $x_1^0, x_2^0$,两飞机之间的前向距离为 $L$,则飞机运动的状态方程组为:

$$\begin{cases} \dot{x}_1 = u \\ \dot{x}_2 = v \\ x_1(0) = x_1^0, x_2(0) = x_2^0 \end{cases}$$

若记 $x(t) = x_1(t) - x_2(t)$,$x_0 = x_1^0 - x_2^0$,则上述方程组可以化为:

$$\begin{cases} \dot{x} = u - v \\ x(0) = x_0 \end{cases}$$

采用下面的支付函数来衡量拦截效果,即

$$J(u, v) = \frac{1}{2} x^2(T_0) + \frac{1}{2} \int_0^{T_0} (\alpha u^2(t) - \beta v^2(t)) dt$$

其中,$T_0 = \dfrac{L}{(v_1 + v_2)}$ 是拦截时间,$\alpha, \beta \geq 0$ 是与飞机性能相关的参数。$x(T_0)$ 是截击时两飞机的横向距离,又称终端距离。飞机 $A$ 控制 $u(t)$,使 $J(u, v)$ 尽可能大,而飞机 $B$ 则控制 $v(t)$,使 $J(u, v)$ 尽可能小。

在这个例子中,飞机 $A,B$ 的利益是根本对立的,即一个局中人的所得为另一个局中人的损失,从而是二人零和微分对策。下面给出二人零和微分对策的一般形式。

设 $x \in R^m, U \subseteq R^q$,其中 $U,V$ 是有界非空闭集,并设 $u = u(t):[0,T_0] \to U$ 是可测函数,称为局中人甲的控制函数(control function); $v = v(t):[0,T_0] \to V$ 也是可测函数,称为局中人乙的可测函数。集合 $U,V$ 分别称为甲、乙的控制集(control set)。

于是二人零和微分对策的一般形式可由下面的微分方程和支付函数来描述:

$$\begin{cases} \dot{x} = f(t,x,u,v) \\ x(0) = x_0 \end{cases} \tag{9-23}$$

$$J(u,v) = g(t(u,v),x(t(u,v))) + \int_0^{t(u,v)} h(t,x(t),u(t),v(t))dt \tag{9-24}$$

其中 $t(u,v)$ 满足终端约束

$$\psi(t(u,v),x(t(u,v))) = 0 \tag{9-25}$$

$\psi(t,x)$ 是关于 $t$ 和 $x$ 的连续函数。

关于 $f(t,x,u,v),g(t,x)$ 和 $h(t,x,u,v)$,做如下约定:

① $f = (f_1,f_2,\cdots,f_m)^T \in R^m$,而 $f_i(t,x,u,v)(i=1,2,\cdots,m)$ 是 $[0,T_0] \times R^m \times U \times V$ 上的连续函数,且使状态微分方程(9-23)有唯一解:

$$x(t) = x_0 + \int_0^t f(\tau,x(\tau),u(\tau),v(\tau))d\tau \tag{9-26}$$

② $g(t,x)$ 是 $[0,T_0] \times R^m$ 上的实函数,且满足有界约束,即

$$| g(t,x) | < \infty, \forall t \in [0,T_0], \forall x \in R^m \text{ 且 } \Box x \Box < \infty$$

③ $h(t,x,u,v)$ 是定义在 $[0,T_0] \times R^m \times U \times V$ 上的连续函数。

称由(9-26)式给出的 $x(t)$ 为对应于控制函数 $u(t)$ 和 $v(t)$ 的轨迹(orbit);称满足(9-25)式的 $(t,x)$ 的全体为终端集(terminal set)或目标集(goal set),记为 $F$,即

$$F = \{ | (t,x) | \psi(t,x) = 0,(t,x) \in [0,T_0] \times R^m \}$$

很显然,终端集 $F$ 是闭集。对于给定的控制函数 $u(t)$ 和 $v(t),t(u,v)$ 是对策结束的时刻,所以,终端约束(9-25)式可以视为对策结束的条件。

## 9.5.3　动态对策的应用

动态对策在军事上的应用是十分广泛和深入的,这里仅举一个浅显易懂而又不乏代表性的例子——阵地防御问题。

设红军防御阵地 $\Omega$,而蓝军企图入侵该阵地,其中 $\Omega \subseteq R^2$ 是有界闭凸集。两军在平面上做匀速率运动,其速率均为 1,蓝军若不选择接近阵地 $\Omega$,则遭受损失 $M$,其中 $M>0$ 充分大;而红军若没防御好阵地 $\Omega$,则支付为 0。

图 9-4 给出了阵地以及红、蓝两军位置关系的示意图,其中 $CD$ 为线段 $AB$ 的中垂线。这里假设 $\Omega$ 与红军位于 $CD$ 的同一侧。若不然,蓝军总可以侵入 $\Omega$ 中。

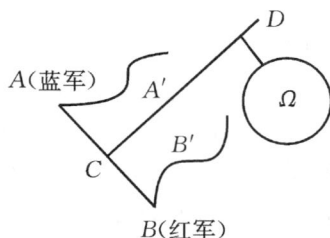

图 9-4 阵地 $\Omega$ 和红蓝两军位置关系示意图

这是一个生存型微分对策,状态方程为:

$$
\begin{cases}
\dot{x}_1 = u_1 \\
\dot{y}_1 = u_2 \\
\dot{x}_2 = v_1 \\
\dot{y}_2 = v_2 \\
x_1(0) = (x_1^0, y_1^0), x_2(0) = (x_2^0, y_2^0)
\end{cases}
$$

其中 $t \in [0, T_0]$,$T_0$ 充分大。$x_1 = (x_1, y_1)$,$x_2 = (x_2, y_2)$ 是红蓝两军在平面上的坐标。红军初始位置 $x_1(0)$ 在 $B$ 处,蓝军初始位置 $x_2(0)$ 在 $A$ 处。

终端集 $F$ 取为:

$$
F = \{(t, x_1, x_2) \mid x_1 = x_2, 0 \leqslant t < T_0\} \bigcup \{(T_0, x_1, x_2) \mid x_1, x_2 \in R^2\}
$$

接下来考虑支付泛函的选取。用 $d(z, \Omega)$ 表示点 $z \in R^2$ 到 $\Omega$ 的距离,设 $\bar{t} = t(u, v)$ 为捕获时间,若 $0 \leqslant \bar{t} < T_0$,即在 $\bar{t}$ 时刻红军将蓝军捕获,规定此时 $J(u, v) = d(x_2(\bar{t}), \Omega)$;若 $\bar{t} = T_0$,且 $x_2(\bar{t})$ 与 $A$ 点处于 $CD$ 的同侧时,认为蓝军没有努力去接近阵地 $\Omega$,故此时 $J(u, v) = M$;若 $\bar{t} = T_0$,且 $x_2(\bar{t})$ 与 $B$ 点处于 $CD$ 的同一侧,认为红军没有防御好 $\Omega$,此时 $J(u, v) = 0$。红军应选取 $u$ 使 $J(u, v)$ 尽量达最大,而蓝军应选取 $v$ 使 $J(u, v)$ 尽量最小。

# 9.6　应用举例

对策论是一门研究带有竞争现象的理论,虽然它发展的时间并不长,但发展速度很快,对策论中涉及的竞争在我们日常生活中无处不在,大到国家、企业,小到个人,有人与人之间的竞争,也有人与自然界的竞争。目前,对策论在农业、体育、商业竞争和军事方面等都得到一定的发展和应用,日益引起学者们的广泛注意。

下面通过举例,说明对策论应用的基本思想和方法。

**例 9-14**　(二指莫拉问题)甲、乙两人游戏,每人出一个或两个手指,同时又把猜测对方说出的指数叫出来。如果只有一个人猜测正确,则他所应得的数目为两人所出数字之和,否则重新开始。写出该对策中各局中人的策略集合及甲的赢得矩阵。

解:依题知,对策局中人为甲、乙,设 $(i, j)$($i, j = 1$ 或 $2$)表示局中人出 $i$ 个手指且猜测对方出 $j$ 个手指的策略,那么,局中人甲、乙的策略集合为 $(1,1), (1,2), (2,1), (2,2)$,那么甲的赢得函数如表9-9所示。

表9-9

| 甲＼乙 | (1,1) | (1,2) | (2,1) | (2,2) |
|---|---|---|---|---|
| (1,1) | 0 | 2 | −3 | 0 |
| (1,2) | −2 | 0 | 0 | 3 |
| (2,1) | 3 | 0 | 0 | −4 |
| (2,2) | 0 | −3 | 4 | 0 |

甲的赢得矩阵为：

$$A = \begin{bmatrix} 0 & 2 & -3 & 0 \\ -2 & 0 & 0 & 3 \\ 3 & 0 & 0 & -4 \\ 0 & -3 & 4 & 0 \end{bmatrix}$$

**例9-15** （证券投资）某人计划将50万元投资于三种不同的债券$A$、$B$、$C$，投资期为一年，到期收益视当时债券市场状况而定，不同市场状况赢得矩阵预测如表9-10所示，问最合理的投资策略。

表9-10

| 债券＼市场状况 | 熊市 | 一般 | 牛市 |
|---|---|---|---|
| $A$ | −8 | −2 | 8 |
| $B$ | −6 | 0 | 6 |
| $C$ | −4 | 2 | 4 |

**解**：将三种债券$A$、$B$、$C$看作局中人Ⅰ的三个策略，市场状况看作局中人Ⅱ的三个策略，这样就可以将此问题看作一个矩阵对策问题。由于$\max\limits_i \min\limits_j a_{ij} = \min\limits_j \max\limits_i a_{ij} = -4$，所以此问题有纯策略解，即投资于债券$C$比较合理。

**例9-16** （医药方面）一个病人的症状说明它可能患有三种疾病的一种，这时可以开的药有两种，两种药对不同疾病治愈的概率见表9-11。

表9-11

| 药＼治愈率＼病 | $A$ | $B$ | $C$ |
|---|---|---|---|
| $M$ | 0.5 | 0.4 | 0.6 |
| $N$ | 0.7 | 0.7 | 0.8 |

解：这个问题可以看成一个对策问题，把医生当作局中人Ⅰ，而病人看作局中人Ⅱ。由于 $\max\limits_i \min\limits_j a_{ij} = \min\limits_j \max\limits_i a_{ij} = 0.4$，则对策有纯策略解 $(M, B)$，所以医生最稳妥的策略是给病人开药 $M$，这个想法与我们常识上的想法一致。

**例 9 - 17**　（兵力分配问题，许多文献中称它为 Blotto 上校对策）设红、蓝两军各有指挥官统帅相当数量的军队，他们为争夺某地区的几个阵地而部署必要的兵力。为具体起见，不妨设共有两个阵地 $A$、$B$，红军有四个营的兵力，蓝军有三个营的兵力，设 $x$ 表示用于争夺阵地 $A$ 的兵力数（单位：营），$y$ 表示用于争夺阵地 $B$ 的兵力数，那么 $(x, y)$ 便可以表示红方指挥官的一种兵力分配策略，因而红方的五种策略为 $(4,0),(0,4),(3,1),(1,3),(2,2)$，类似地，蓝方指挥官的四个策略为 $(3,0),(0,3),(2,1),(1,2)$。若支付矩阵的元素代表战斗效果评分，规则为：消灭对方一营记一分，占领阵地一个记一分，双方得失相当记 0 分，一方得分为另一方失分，试着写出红军的支付矩阵并求解。

解：根据评分规则可得红军的支付矩阵为：

$$
\begin{array}{c}
\quad\quad\quad (3,0)\quad (0,3)\quad (2,1)\quad (1,2) \\
\begin{array}{c}(4,0)\\(0,4)\\(3,1)\\(1,3)\\(2,2)\end{array}
\left[
\begin{array}{cccc}
4 & 0 & 2 & 1 \\
0 & 4 & 1 & 2 \\
1 & -1 & 3 & 0 \\
-1 & 1 & 0 & 3 \\
-2 & -2 & 2 & 2
\end{array}
\right] = A
\end{array}
$$

由于 $\max\limits_i \min\limits_j a_{ij} = 0 \neq 3 \neq \min\limits_j \max\limits_i a_{ij}$，所以此对策无纯策略解。因此用线性规划解法求混合策略，但矩阵有负元素，首先给原矩阵各元素加上 2，得

$$
A_1 = \begin{bmatrix}
6 & 2 & 4 & 3 \\
2 & 6 & 3 & 4 \\
3 & 1 & 5 & 2 \\
1 & 3 & 2 & 5 \\
0 & 0 & 4 & 4
\end{bmatrix}
$$

考虑两个线性规划问题

$$
\begin{aligned}
&\min(x'_1 + x'_2 + x'_3 + x'_4 + x'_5) \\
&\quad 6x'_1 + 2x'_2 + 3x'_3 + x'_4 \geq 1 \\
&\quad 2x'_1 + 6x'_2 + x'_3 + 3x'_4 \geq 1 \\
s.t.\;&\quad 4x'_1 + 3x'_2 + 5x'_3 + 2x'_4 + 4x'_5 \geq 1 \\
&\quad 3x'_1 + 4x'_2 + 2x'_3 + 5x'_4 + 4x'_5 \geq 1 \\
&\quad x'_i \geq 0 \quad (i = 1,2,3,4,5)
\end{aligned}
\tag{9-26}
$$

$$\max(y'_1 + y'_2 + y'_3 + y'_4)$$

$$s.t. \begin{cases} 6y'_1 + 2y'_2 + 4y'_3 + 3y'_4 \leqslant 1 \\ 2y'_1 + 6y'_2 + 3y'_3 + 4y'_4 \leqslant 1 \\ 3y'_1 + y'_2 + 5y'_3 + 2y'_4 \leqslant 1 \\ y'_1 + 3y'_2 + 2y'_3 + 5y'_4 \leqslant 1 \\ 4y'_3 + 4y'_4 \leqslant 1 \\ y'_j \geqslant 0 \quad (j=1,2,3,4) \end{cases} \qquad (9-27)$$

用单纯形法求解(9-27),并用对偶理论,得

$$x'_1 = 0.125, x'_2 = 0.125, x'_3 = 0, x'_4 = 0, x'_5 = 0.031$$
$$y'_1 = 0.022, y'_2 = 0.009, y'_3 = 0.1, y'_4 = 0.150$$

那么
$$V_G = \frac{1}{0.281} \approx 3.6$$

则
$$x_1^* = x'_1 \times V'_G = 0.45, x_2^* = 0.45, x_3^* = 0, x_4^* = 0, x_5^* = 0.1$$
$$y_1^* = 0.08, y_2^* = 0.03, y_3^* = 0.36, y_4^* = 0.53$$

根据定理9-7,知$V'_G - 2 = 1.6$。

所以,红方采用策略$\{4,0\},\{0,4\},\{2,2\}$的概率为$0.45,0.45,0.1$,而不采用策略$\{3,1\}$和$\{1,3\}$至少赢得战斗效果为$1.6$分。

**例9-18** (体育方面)有甲、乙两支游泳队举行包括三个项目的对抗赛,这两支游泳队各有一名健将级运动员(甲队为赵,乙队为张),在三个项目中成绩都突出,但规则准许他们每人只能参加两项比赛,每队的其他两名运动员可参加全部三项比赛。已知各运动员平时成绩见表9-12。假定各运动员在比赛中都发挥正常水平,又比赛第一名得5分,第二名得3分,第三名得1分。问教练员应决定让自己队健将参加哪两项比赛使本队得分最多。

表 9-12

|  | 甲队 | | | 乙队 | | |
|---|---|---|---|---|---|---|
|  | $A_1$ | $A_2$ | 赵 | 王 | $B_1$ | $B_2$ |
| 100米蝶泳 | 59.7 | 63.2 | 57.1 | 58.6 | 61.4 | 64.8 |
| 100米仰泳 | 67.2 | 68.4 | 63.2 | 61.5 | 64.7 | 66.5 |
| 100米蛙泳 | 74.1 | 75.5 | 70.3 | 72.6 | 73.4 | 76.9 |

**解**:先求甲乙两队健将不参加某项比赛时甲乙两队的得分表,见表9-13和9-14。

表 9-13

| 乙队得分表 | 王不参加 | | |
|---|---|---|---|
|  |  | 蝶泳 | 仰泳 | 蛙泳 |
| 赵不参加 | 蝶泳 | 13 | 14 | 15 |
|  | 仰泳 | 14 | 15 | 15 |
|  | 蛙泳 | 15 | 15 | 14 |

表 9-14

| 甲队得分表 | 王不参加 | | |
|---|---|---|---|
|  |  | 蝶泳 | 仰泳 | 蛙泳 |
| 赵不参加 | 蝶泳 | 14 | 13 | 12 |
|  | 仰泳 | 13 | 12 | 12 |
|  | 蛙泳 | 12 | 12 | 13 |

将甲队得分表中各元素分别减去乙队得分表中对应元素,得甲队赢得矩阵为:

$$A = \begin{pmatrix} 1 & -1 & -3 \\ -1 & -3 & -3 \\ -3 & -3 & -1 \end{pmatrix}$$

由于 $\max_i \min_j a_{ij} = -3 \neq -1 \neq \min_i \max_j a_{ij}$,所以此对策无纯策略解,需求混合策略。由于矩阵第 1 列元素均大于第 2 列元素,划去第 1 列元素,得

$$A' = \begin{pmatrix} -1 & -3 \\ -3 & -3 \\ -3 & -1 \end{pmatrix}$$

而 $A'$ 第 1 行元素均大于第 2 行元素,划去第二行,得

$$A'' = \begin{pmatrix} -1 & -3 \\ -3 & -1 \end{pmatrix}$$

用公式法求解,得

$$x_1^* = \frac{-1-(-3)}{(-1-1)-(-3-3)} = \frac{1}{2}, x_2^* \text{ 自然为 } 0$$

$$x_3^* = \frac{-1-(-3)}{(-1-1)-(-3-3)} = \frac{1}{2}$$

$$y_2^* = \frac{-1-(-3)}{(-1-1)-(-3-3)} = \frac{1}{2}, y_1^* \text{ 自然为 } 0$$

$$y_3^* = \frac{-1-(-3)}{(-1-1)-(-3-3)} = \frac{1}{2}$$

$$V_G = (-1)x_1^* - 3x_2^* - 3x_3^* = -2$$

所以,甲队赵健将应参加仰泳比赛,并以 1/2 概率参加蝶泳和蛙泳比赛,乙队王健将应参加蝶泳,并以 1/2 概率参加仰泳和蛙泳,这样甲队最多失 2 分,而乙队最少得 2 分。

# 小结与展望

本章介绍了对策论的一些基本概念,着重讨论了矩阵对策的有关概念、性质、定理以及求解方法。矩阵对策 $G$ 有纯策略解的充分必要条件是 $G$ 有鞍点,并且 $G$ 的纯策略解就是鞍点。寻找对策的纯策略解就是找出对策的鞍点,而且鞍点的存在与否也是判断矩阵对策是有纯策略解还是有混合策略解的依据。同时给出了矩阵对策的基本定理——任何矩阵对策都有混合策略解,进而介绍了几种求矩阵对策混合策略解的方法。最后对非零和对策以及动态对策理论作了简要的介绍。

本章主要介绍的是二人有限零和对策,但实际对策过程中各局中人的赢得往往是非零和的。例如许多现实经济活动过程都是创造新价值的,所以在经济过程中的对策模型一般都是非零和的,因此对于非零和对策的研究就显得十分重要。另外对策论与其他学科充分融合,产生了一些新的研究领域,例如统计判决函数的研究使对策论应用于统计学,某些经济学理论的研究引起了人们对多人合作对策的兴趣等。

# 习题 9

1. 甲、乙两人进行游戏，在对局中同时说出"老虎"、"棒子"、"虫子"之一，规定老虎吃虫子，虫子蛀棒子，棒子打老虎，赢者得一分。试写出这个对策。

2. 任放一张红牌或黑牌，让 $A$ 看但不让 $B$ 知道，如为红牌，$A$ 可以置一枚硬币或让 $B$ 猜，掷硬币出现正反面的概率各为 $1/2$，如出现正面，$A$ 赢得 $p$ 元，出现反面，$A$ 输 $q$ 元；若让 $B$ 猜，$B$ 猜红，$A$ 输 $r$ 元，猜黑，$A$ 赢 $s$ 元；如为黑牌，$A$ 只能让 $B$ 猜，如猜红，$A$ 赢 $t$ 元，如猜黑，$A$ 输 $u$ 元。试列出 $A$ 的赢得矩阵。

3. 假设甲、乙双方交战，乙方用三个师的兵力防守一座城市，有两条公路可通过该城。甲方用两个师的兵力进攻这座城，可能两个师各攻一条公路，也可能都进攻同一条公路，防守方可用三个师的兵力防守一条公路，也可以用两个师防守一条公路，用一个师防守另一条公路，哪方军队在某一条公路上个数量多，哪方军队就控制这条公路，如果军队数量相同，则有一半机会防守方控制这条公路，一半机会进攻方攻入该城。若把进攻方作为局中人 Ⅰ，攻下这座城的概率作为支付矩阵，写出该问题的矩阵对策。

4. 某公司做设备投资计划有两个方案，第一个方案是：明年市场景气的话，取得 4 亿日元，市场平常可得 2 亿日元，如果不景气就要亏损 2 亿日元；第二方案是：明年市场景气的话，可得 2 亿日元，市场平常可得 3 亿日元，不景气时预计亏损 1 亿日元。用对策论研究时，可得什么结果呢？

5. 某城分东南西三个地区，分别居住着 $40\%$、$30\%$、$30\%$ 的居民，有两个公司甲和乙都计划在城内修建溜冰场，公司甲计划修两个，公司乙计划修一个，每个公司都知道，如果在某个区内设有两个溜冰场，那么这两个溜冰场将平分该区的业务；如果在某个城区只有一个溜冰场，则该溜冰场将独揽这个城区的业务；如果在一个城区没有溜冰场，则该区的业务平分给三个溜冰场。每个公司都想使自己的营业额尽可能地多。试把这个问题表示成一个矩阵对策，写出公司甲的赢得矩阵，并求两个公司的最优策略以及占有多大的市场份额。

6. 敌方可以使用六种不同类型的武器 $\beta_1,\beta_2,\beta_3,\beta_4,\beta_5,\beta_6$，我方采用四种不同类型的武器 $\alpha_1,\alpha_2,\alpha_3,\alpha_4$ 与其对抗，我方采用四种不同武器的概率由支付矩阵给定，试提出合理使用对抗武器的方案，以保证在缺少敌方所用武器情报的条件下，最大限度的击毁对方。

$$A=\begin{bmatrix} 0.0 & 1.0 & 0.9 & 0.85 & 0.9 & 0.83 \\ 0.0 & 0.8 & 0.8 & 0.7 & 0.5 & 0.6 \\ 1.0 & 1.0 & 0.7 & 0.6 & 0.7 & 0.5 \\ 1.0 & 0.9 & 0.3 & 0.3 & 0.2 & 0.4 \end{bmatrix}$$

7. 要杀害四类害虫 $\beta_1,\beta_2,\beta_3,\beta_4$，有四种杀虫剂 $\alpha_1,\alpha_2,\alpha_3,\alpha_4$，每个单位药量喷洒杀伤每一类害虫的能力（单位以十万计）如支付矩阵 $A$ 所示，问如何配方才能使杀伤能力最大。

$$A=\begin{bmatrix} 6 & 15 & 6 & 6 \\ 12 & 6 & 6 & 6 \\ 6 & 6 & 21 & 6 \\ 6 & 6 & 6 & 18 \end{bmatrix}$$

8. 某公司生产某种产品，缺少一种元件需要向其他厂商进货，目前市场上有三家厂商可提供这种元件，但进货的优劣直接影响产品的性能。第一家厂商提供的是"三级品"，每只售价

1 元,但如果是次品,那么因此而带来的更换、测试、检验等项费用将达到 9 元,加上本身进价总共每只 10 元;第二家厂商提供的是"二级品",每只售价 6 元,但次品保换直到使元件正常为止;第三家厂商提供的是"一级品",每只售价 10 元,厂商保证,若发现是次品可以换货并原价退款,问该公司应怎样制定订货策略?

9.(1)在一个矩阵对策问题中,如对策矩阵为反对称矩阵 $(A' = -A)$,证明:对策者 I 和对策者 II 的最优策略相同,并且其对策值为零。

(2)设矩阵对策局中人 I 的赢得如表 9-15 所示:

①当局中人 I 采用策略 $x^0 = (0.2, 0.5, 0.3)$ 时,II 应采用何策略?

②当局中人 II 采用策略 $y^0 = (\frac{5}{7}, \frac{2}{7})$ 时,I 应采用何策略?

③ $x^0, y^0$ 是否是局中人 I 和局中人 II 的最优策略?为什么?若不是,试求最优策略和对策值。

表 9-15

| II ＼ I | $\beta_1$ | $\beta_2$ |
|---|---|---|
| $\alpha_1$ | -2 | 4 |
| $\alpha_2$ | 3 | -2 |
| $\alpha_3$ | 1 | 3 |

10. 证明本章定理 9-6、9-7、9-8。

# 参考答案

## 习题 1

1. (1) $x_1 = 0.5, x_2 = 0, z^* = 3$, 唯一最优解;

(2) 无界解;

(3) 无可行解;

(4) 无穷多解, $z^* = 18$。

2. (1) 答案如下表所示, 表中加■的是基可行解, 加▲号的是最优解。

| $x_1$ | $x_2$ | $x_3$ | $x_4$ | $x_5$ | $z$ | |
|---|---|---|---|---|---|---|
| 0 | 0 | 4 | 12 | 18 | 0 | ■ |
| 4 | 0 | 0 | 12 | 6 | 12 | ■ |
| 6 | 0 | $-2$ | 12 | 0 | 18 | |
| 4 | 3 | 0 | 6 | 0 | 27 | ■ |
| 0 | 6 | 4 | 0 | 6 | 30 | ■ |
| 2 | 6 | 2 | 0 | 0 | 36 | ▲ |
| 4 | 6 | 0 | 0 | $-6$ | 42 | |
| 0 | 9 | 4 | $-6$ | 0 | 45 | |

(2) 答案如下表所示, 表中加■的是基可行解, 加▲号的是最优解。

| $x_1$ | $x_2$ | $x_3$ | $x_4$ | $x_5$ | $z$ | |
|---|---|---|---|---|---|---|
| 0 | 0 | 0 | $-3$ | $-5$ | 0 | |
| 3 | 0 | 0 | 0 | $-5$ | 12 | |
| 0 | 0 | 1 | 0 | $-3$ | 18 | |
| $-9/2$ | 0 | $5/2$ | 0 | 0 | 27 | |
| 0 | $5/2$ | 0 | $-3$ | 0 | 30 | |
| 0 | $3/2$ | 1 | 0 | 0 | 36 | ▲ |
| 3 | $5/2$ | 0 | 0 | 0 | 42 | ■ |
| 0 | 0 | $5/2$ | $9/2$ | 0 | 45 | ■ |

3. 略。

4. (1) $x_1 = \dfrac{15}{4}, x_2 = \dfrac{3}{4}, z^* = \dfrac{33}{4}$; 单纯形表迭代的第一步得 $X^{(0)} = (0,0,15,24)^T$, 对应图解法中的原点 $(0,0)$, 迭代的第二步得 $X^{(1)} = (4,0,3,0)^T$, 对应图解法中的点 $(4,0)$, 迭代的第三步得 $X^{(2)} = \left(\dfrac{15}{4}, \dfrac{3}{4}, 0, 0\right)^T$, 对应图解法中的点 $\left(\dfrac{15}{4}, \dfrac{3}{4}\right)$。

(2) $x_1 = 1, x_2 = \dfrac{3}{2}, z^* = \dfrac{35}{2}$; 单纯形表迭代的第一步得 $X^{(0)} = (0,0,9,8)^T$, 对应图解法

中的原点 $(0,0)$，迭代的第二步得 $X^{(1)} = (\frac{8}{5}, 0, \frac{21}{5}, 0)^T$，对应图解法中的点 $(\frac{8}{5}, 0)$，迭代的第三步得 $X^{(2)} = (1, \frac{3}{2}, 0, 0)^T$，对应图解法中的点 $(1, \frac{3}{2})$。

5.（1）无可行解；

（2）唯一最优解，$x_1 = 0, x_2 = 7.5, x_3 = 0, x_4 = 22.5, z^* = 30$；

（3）无界解；

（4）无穷多最优解，如 $X_1 = (4, 0, 0)^T, X_2 = (0, 0, 8)^T$。

6.（1）$d \geqslant 0, c_1 < 0, c_2 < 0$；

（2）$d \geqslant 0, c_1 \leqslant 0, c_2 = 0$ 或 $d \geqslant 0, c_1 = 0, c_2 \leqslant 0$；

（3）$d \geqslant 0, c_1 \leqslant 0, c_2 > 0, a_1 \leqslant 0$；

（4）$d \geqslant 0, c_1 > 0, c_1 > c_2, a_3 > 0, \frac{3}{a_3} < \frac{d}{4}$。

7.（1）$a = 2, b = 0, c = 0, d = 1, e = \frac{4}{5}, f = 0, g = -5$；

（2）表中给出的解是最优解。

8.$a = -3, b = 2, c = 4, d = -2, e = 2, f = 3, g = 1, h = 0, i = 5, j = -5, k = \frac{3}{2}, l = 0$；

变量下标为 $m = 4, n = 5, s = 1, t = 6$。

9.略。

10.略。

11.略。

12.略。

13.略。

14.略。

# 习题 2

1.（1）$\max w = 36y_1 + 6y_2$

$$s.t. \begin{cases} 6y_1 - y_2 \leqslant 3 \\ 12y_1 + y_2 \leqslant 6 \\ -18y_1 + 4y_2 \leqslant 3 \\ y_1, y_2 \leqslant 0 \end{cases}$$

（2）$\min w = 6y_1 + 7y_2 + 5y_3$

$$s.t. \begin{cases} 5y_1 + 3y_2 - y_3 \geqslant -2 \\ -2y_1 + y_2 - 3y_3 \geqslant -3 \\ y_1 - 2y_2 - 4y_3 = 4 \\ -3y_1 + 2y_3 \geqslant 1 \\ 2y_2 + y_3 \leqslant -1 \\ y_1 \geqslant 0, y_2 \text{ 自由}, y_3 \leqslant 0 \end{cases}$$

$(3) \min w = \sum_{k=1}^{m} s_k y_k + \sum_{i=1}^{n} p_i y_i$

$s.t. \begin{cases} \sum_{i=1}^{n} a_{ik} y_k + \sum_{k=1}^{m} b_{ik} z_i \geqslant c_{ik} \quad (i=1,\cdots,n; k=1,\cdots,m) \\ y_k, z_i \text{ 自由} \end{cases}$

$(4) \min w = \sum_{i=1}^{m} b_i y_i$

$s.t. \begin{cases} \sum_{i=1}^{m} a_{ij} y_i \leqslant c_j \quad (j=1,\cdots,n_1) \\ \sum_{i=1}^{m} a_{ij} y_i \geqslant c_j \quad (j=n_1+1,\cdots,n_2) \\ \sum_{i=1}^{m} a_{ij} y_i = c_j \quad (j=n_2+2,\cdots,n) \\ y_i \geqslant 0 \quad (i=1,\cdots,m_1) \\ y_i \text{ 自由} \quad (i=m_1+1,\cdots,m_2) \\ y_i \leqslant 0 \quad (i=m_2+1,\cdots,m) \end{cases}$

2. 略。

3. 略。

4. 略。

5. 原问题最优解为 $X^* = (0,0,4,4)^T$，目标函数最优值为 $z^* = 44$。

6. (1) $X^* = (0,1,2)^T, z^* = 19$；

(2) $X^* = (3,2,0)^T, z^* = 17$；

(3) 无可行解；

(4) $X^* = (\frac{8}{5}, \frac{2}{5}, 0, 0)^T, z^* = \frac{19}{5}$。

7. (1) $\frac{15}{4} \leqslant c_1 \leqslant 50, \frac{4}{5} \leqslant c_2 \leqslant \frac{40}{3}$；

(2) $\frac{24}{5} \leqslant b_1 \leqslant 16, \frac{9}{2} \leqslant b_2 \leqslant 15$；

(3) $X^* = (\frac{8}{5}, 0, \frac{21}{5}, 0)^T$；

(4) $X^* = (\frac{11}{3}, 0, 0, \frac{2}{3})^T$。

8. (1) $t \leqslant \frac{1}{2}$ 时，$X^* = (0,5,2,0)^T, z^* = 5-2t$；

$\frac{1}{2} \leqslant t \leqslant 1$ 时，$X^* = (2,1,0,t)^T, z^* = 3$；

$t > 1$ 时，$X^* = (0,2,0,1)^T, z^* = 2+2t$。

(2) $t < 0$ 时，无可行解；

$0 \leqslant t \leqslant 1$ 时，$X^* = (2t, 5-2t, 0, 1-t, 0)^T$，$z^* = 2-2t$；

$1 \leqslant t \leqslant 3$ 时，$X^* = (3-t, 1+2t, -1+t, 0, 0)^T$，$z^* = 0$；

$3 \leqslant t \leqslant 4$ 时，$X^* = (0, 7, 8-2t, 0, -3+t)^T$，$z^* = -24+8t$；

$t > 4$ 时，无可行解。

# 习题 3

1.

| 运量 销地 产地 | $B_1$ | $B_2$ | $B_3$ | $B_4$ | 产量 |
|---|---|---|---|---|---|
| $A_1$ | | 1 | | 15 | 16 |
| $A_2$ | 20 | 4 | | | 24 |
| $A_3$ | | | 20 | 10 | 30 |
| 销量 | 20 | 25 | 10 | 15 | |

总运价为：$Z = 10 \times 20 + 1 \times 3 + 4 \times 7 + 20 \times 4 + 10 \times 8 + 15 \times 6 = 481$。

2. 最优调运方案为：

| 运量 销地 产地 | $B_1$ | $B_2$ | $B_3$ | $B_4$ | 产量 |
|---|---|---|---|---|---|
| $A_1$ | 15 | 55 | | | 70 |
| $A_2$ | 30 | | 50 | | 80 |
| $A_3$ | | 10 | | 30 | 40 |
| 销量 | 45 | 65 | 50 | 30 | 190 |

最小总运价为：$Z = 5 \times 15 + 8 \times 55 + 3 \times 30 + 4 \times 50 + 12 \times 10 + 5 \times 30 = 1075$。

3.

| 运量 销地 产地 | $B_1$ | $B_2$ | $B_3$ | $B_4$ | 产量 |
|---|---|---|---|---|---|
| $A_1$ | 1 | 2 | 1 | | 0 |
| $A_2$ | | | 3 | 6 | $-2$ |
| $A_3$ | 4 | | | | $-5$ |
| $v_j$ | 10 | 6 | 7 | 11 | |

4.

| 运量<br>销地<br>产地 | $B_1$ | $B_2$ | $B_3$ | $B_4$ | 产量 |
|---|---|---|---|---|---|
| $A_1$ | 20 | | | 35 | 55 |
| $A_2$ | 30 | 35 | | | 65 |
| $A_3$ | | | 60 | 10 | 70 |
| 销量 | 50 | 45 | 55 | 60 | 190 |

总运价为：$Z = 3 \times 20 + 5 \times 30 + 3 \times 35 + 5 \times 60 + 4 \times 35 + 8 \times 10 = 835$。

5.

| 运价<br>销地<br>产地 | 甲 | 乙 | 丙 | 丁 | 产量 |
|---|---|---|---|---|---|
| A | | 25 | 15 | | 40 |
| B | 50 | | 10 | | 60 |
| C | | | 10 | 35 | 45 |
| 销量 | 50 | 25 | 35 | 35 | |

检验数 $\delta_{32} = 0$，则有多重最优解。也可以是：

| 运价<br>销地<br>产地 | 甲 | 乙 | 丙 | 丁 | 产量 |
|---|---|---|---|---|---|
| A | | 15 | 25 | | 40 |
| B | 50 | | 10 | | 60 |
| C | | 10 | | 35 | 45 |
| 销量 | 50 | 25 | 35 | 35 | |

6.

| 运量<br>销地<br>产地 | 甲 | 乙 | 丙 | 产量 |
|---|---|---|---|---|
| 1 | | 300 | | 300 |
| 2 | 200 | 100 | 200 | 500 |
| 3 | | | 100 | 100 |
| 销量 | 200 | 400 | 300 | |

总运价为：$Z = 10 \times 200 + 16 \times 300 + 10 \times 100 + 8 \times 200 + 10 \times 100 = 10400$。

7.

| 产地＼销地 运价 | $B_1$ | $B_2$ | $B_3$ | $B_4$ | 产量 |
|---|---|---|---|---|---|
| $A_1$ | | | 5 | 2 | 7 |
| $A_2$ | 3 | | | 1 | 4 |
| $A_3$ | | 6 | | 3 | 9 |
| 销量 | 3 | 6 | 5 | 6 | |

最小运费为 85。

8. 最优方案为：甲－V，乙－III，丙－II，丁－IV，戊－I；总共花费时间最优为：$\min z = 21$。

9. 满意解为 $X_1^* = 10, X_2^* = 0$；偏差变量分别为：$d_1^+ = 0; d_2^- = 6; d_3^- = 16; d_1^- = d_2^+ = d_3^+ = 0$。

10. (1) 满意解为 $X_1^* = 70, X_2^* = 20$；偏差变量为：$d_1^+ = 10, d_3^- = 6, d_1^- = d_2^- = d_2^+ = d_3^+ = d_4^- = d_4^+ = 0$；

(2) 满意解为：$X_1^* = 70, X_2^* = 45$；偏差变量为：$d_1^+ = 35, d_4^+ = 25, d_1^- = d_2^- = d_2^+ = d_3^- = d_3^+ = d_4^- = 0$。

# 习题 4

1. (1) $z^* = 42$，最优解有两个 $x_1^* = 0, x_2^* = 3$ 和 $x_1^* = 7, x_2^* = 1$；

(2) $z^* = 36$，最优解为 $x_1^* = 0, x_2^* = 9$。

2. 从 $A$ 地到 $E$ 地的最短距离为 20，最短路径有两条：$A \rightarrow B_1 \rightarrow C_1 \rightarrow D_1 \rightarrow E_2$ 和 $A \rightarrow B_2 \rightarrow C_3 \rightarrow D_2 \rightarrow E_3$。

3. 最短培训时间 32 天，培训项目 D→E→J→M。

4. 最佳分配方案为不给中心 1 分配脚踏车，给中心 2 分配 3 辆脚踏车，给中心 3 分配 5 辆脚踏车。此时，公司的总收入达到最大，28.6 元/小时。

5. 最佳方案为给社区 1、2、3 分别分配 3、2、3 支巡逻队，这可使一年内预期发生的事故的次数最少，55 次。

6. 最佳方案为批准申请 1、2、4。

7. 最佳种植方案为 2 垄西红柿、1 垄豆角和 6 垄玉米。

8. 最佳方案为第一个月生产 25 台机器，第二个月生产 5 台机器，第三个月生产 30 台机器，第四个月生产 10 台机器；该方案使生产总成本最小，980000 元。

9. 最优策略为第 1 周租赁 7 辆客车，第 2 周归还 2 辆客车，第 3 周再租 3 辆客车，最后一周租 2 辆客车；该方案使得租车总费用最小，47400 元。

10. 最优策略为在部件 1、2、3 上分别并联 2、1、3 个元件；这样可使电器稳定性最强，达到 0.504。

# 习题 5

1. 总权数 ＝16，最小树如下图所示：

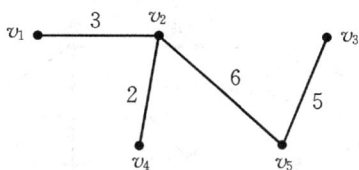

2. 最小树如下图所示：

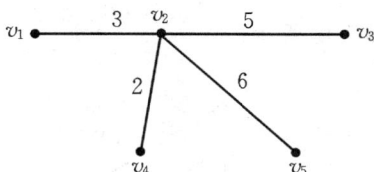

3. 总权数＝18，连接方案如下图所示：

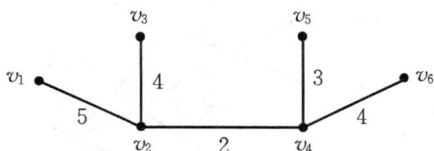

4. $v_1$ 到各个 $v_j$ 的最短路分别为：

$P_1 = \{ v_1 \}, P_2 = \{ v_1, v_2 \}, P_3 = \{ v_1, v_3 \}, P_4 = \{ v_1, v_4 \}, P_5 = \{ v_1, v_4, v_5 \}, P_6 = \{ v_1, v_3, v_7, v_6 \}, P_7 = \{ v_1, v_3, v_7 \}$。

5. $v_s$ 到 $v_t$ 的的路线是 $\{ v_s, v_3, v_5, v_t \}$，费用 ＝ 4 。

6. 最短路问题，如下图所示：

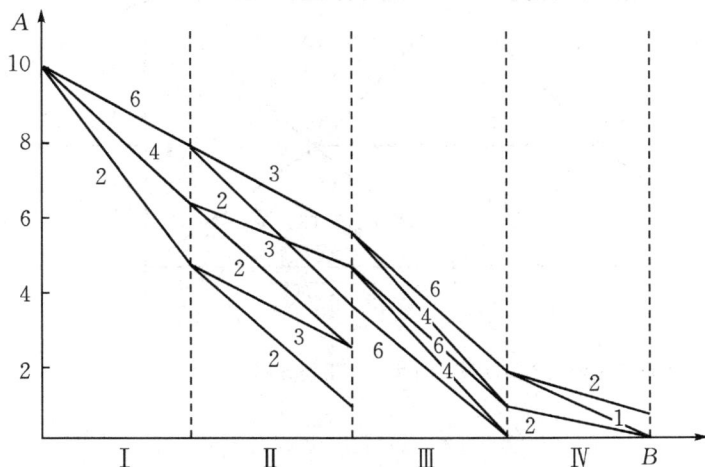

方案 1：产品设计（正常）→试制（优先）→工艺设计（应急）→生产调拨（优先）；

方案 2：产品设计（优先）→试制（优先）→工艺设计（优先）→生产调拨（优先）。

7. 最大流量 ＝ 25，$v_s$ 到 $v_t$ 的最大流如下图所示：

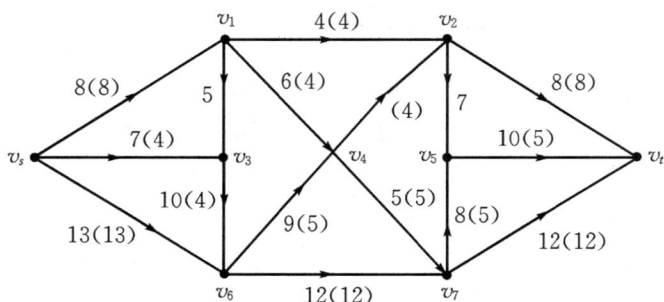

8. 最大流量＝20,最大流如下图所示:

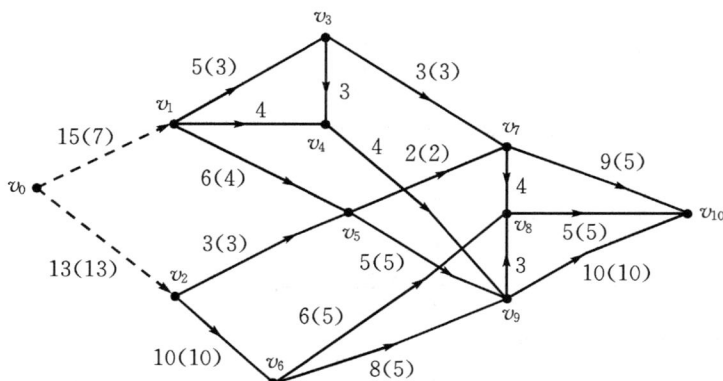

9. 招聘方案为:甲—数学,乙—管理,丙—医学,丁—英语,戊—生物化学。

10. 最大流量＝23,最小费用最大流如下图所示:

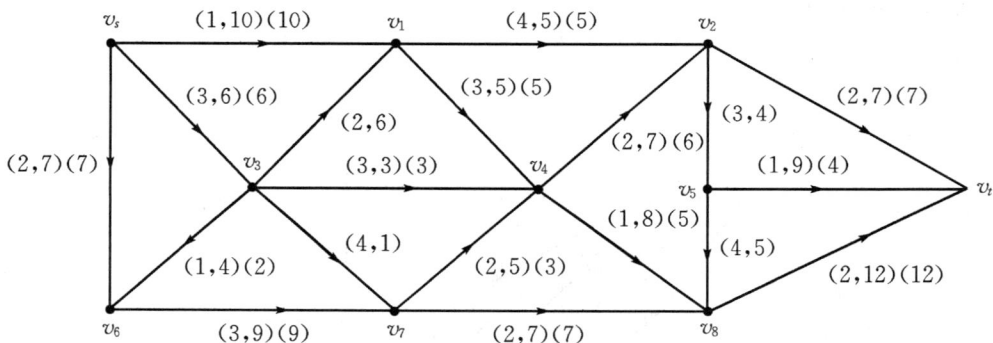

11. 最小费用＝423。

12. 最优生产策略是第1、2、3年分别生产75、35、65件。

13. 略。

14. 略。

# 习题 6

1. (1)正确;(2)正确;(3)不正确;(4)不正确;(5)不正确;(6)正确;(7)正确。

2. 略。

3. 略。

4. 略。

5. 略。

6. 均可以接受。

7. (1)( $M/M/1/\infty/\infty$ )；(2)空闲时间概率＝0.6；(3)恰有 3 个顾客的概率＝0.0384；(4)至少有 1 个顾客的概率＝0.4；(5)顾客数的期望值＝0.67；(6)等待服务的顾客平均数＝0.27；(7)顾客在店内共需要的时间＝10；(8)顾客等待时间的平均数＝4。

8. 新装置可以采用。

9. (1) $L_q = 3.51$ ；(2) $L = 6.01$ ；(3) $W = 0.4$ ；(4) $W_q = 0.234$ ；(5) $P\{n \geqslant 3\} = 0.716$ 。

10. 不要。

11. (1)状态转移图下图所示：

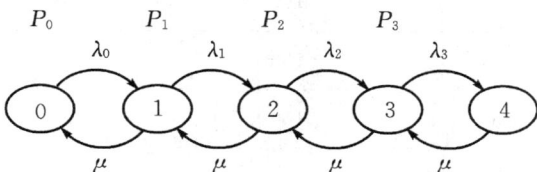

(2)平衡方程式：

$n = 0 : uP_1 = \lambda_0 P_0$ ；

$n = 1 : \lambda_0 P_0 + uP_2 = (\lambda_1 + u)P_1$ ；

$n = 2 : \lambda_1 P_1 + uP_3 = (\lambda_2 + u)P_2$ ；

$n = 3 : \lambda_2 P_2 + uP_4 = (\lambda_3 + u)P_3$ ；

$n = 4 : \lambda_3 P_3 = uP_4$ 。

(3) $P_0 = 0.311 ; P_1 = 0.311 ; P_2 = 0.233 ; P_3 = 0.117 ; P_4 = 0.028$ 。

12. $k = 17550 ; u = 17.65$ 。

13. 选择 B 方案费用最小。

14. 略。

## 习题 7

1. 经济订货量＝1414(件)；每年最小的总费用＝28284.3(元)。

2. (1)水泥订购量＝500(吨)；最小费用＝40(元)；(2)库存量＝700(吨)。

3. 采购批量为 1000 件。

4. 不合理。建议采用如下策略:按每半年组织生产一批,每批生产 1000 件,可以节约费用＝300(元)。

5. 经济订货量＝115(件),全年总费用＝866(元)。

6. (1)经济订货量＝67(件);最大缺货量＝23.7(件);(2)年最小费用＝523.69(元)。

7. 外购件 1 的最优订货量＝207;外购件 2 的最优订货量＝78;外购件 3 的最优订货量＝257。

8. 进货量＝160。

9. 订货量＝163。

10. 订购策略＝(90,100)。

11. 库存策略( $s$ , $S$ )＝(3.78,6.7)。

12. 略。

# 习题 8

1.(1)损益矩阵如下表所示：

**损益矩阵**

| 销售<br>订购 | $E_1$<br>50 | $E_2$<br>100 | $E_3$<br>150 | $E_4$<br>200 |
|---|---|---|---|---|
| $S_1$　50 | 100 | 100 | 100 | 100 |
| $S_2$　100 | 0 | 200 | 200 | 200 |
| $S_3$　150 | −100 | 100 | 300 | 300 |
| $S_4$　200 | −200 | 0 | 200 | 400 |

(2)悲观法: $S_1$ ；乐观法: $S_4$ ；等可能法: $S_2$ 或 $S_3$ ；

(3)后悔矩阵如下表所示：

**后悔矩阵**

| | $E_1$ | $E_2$ | $E_3$ | $E_4$ | 最大后悔值 |
|---|---|---|---|---|---|
| $S_1$ | 0 | 100 | 200 | 300 | 300 |
| $S_2$ | 100 | 0 | 100 | 200 | 200 |
| $S_3$ | 200 | 100 | 0 | 100 | 200 |
| $S_4$ | 300 | 200 | 100 | 0 | 300 |

按后悔值法决策为: $S_2$ 或 $S_3$ ；

(4)按期望值法和后悔值法决策,书店订购新书的数量都是 100 本。

2.(1)悲观主义准则: $S_3$ ;乐观主义准则: $S_3$ ;等可能性准则: $S_3$ ;最小机会损失准则: $S_1$ ;折中主义准则: $S_3$ 。

(2)悲观主义准则: $S_2$ ;乐观主义准则: $S_3$ ;等可能性准则: $S_1$ ;最小机会损失准则: $S_1$ ;折中主义准则: $S_1$ 或 $S_2$ 。

3.(1)见下表：

**效用值表**

| $M$ | $U(M)$ |
|---|---|
| −1 | 0 |
| 1 | 0.25 |

| 6 | 0.8 |
|---|-----|
| 8 | 0.9 |
| 10 | 1 |

（2）按实际盈利额选现在扩建的方案；如按效用值选明年扩建的方案。

4. 最优策略是应参加第一次摸球。当摸到的白球，继续摸第二次；如摸到的红球，则不摸第二次。

5. 当 $p = \dfrac{C-C_2}{C_1-C_2}$ 时，投资项目 $A$ 或 $B$ 收益相等；当 $p < \dfrac{C-C_2}{C_1-C_2}$ 时，投资项目 $A$；反之，投资项目 $B$。

6. 当定价为 6、7、8、9 元时，其期望盈利值分别为 3000、3750、4000 和 3750。定价 8 元时，期望的盈利值为最大。

7. 第一年和第二年都投 $B$，第二年末如果手里仍只有 1000 元，则第三年投 $A$，否则第三年仍投 $B$。在此方案下，三年后至少有 2000 元的概率是 0.676。

## 习题 9

1. 对策如下表所示：

| 甲<br>乙 | 老虎 | 棒子 | 虫子 |
|----------|------|------|------|
| 老虎 | 0 | $-1$ | 1 |
| 棒子 | 1 | 0 | $-1$ |
| 虫子 | $-1$ | 1 | 0 |

2.

$$A \text{ 的赢得矩阵} = \begin{matrix} \text{掷硬币} \\ \text{让} B \text{猜} \end{matrix} \overset{\begin{matrix} \text{猜红} & \quad \text{猜黑} \end{matrix}}{\begin{bmatrix} \frac{1}{4}(p-q+2t) & \frac{1}{4}(p-q-2u) \\ \frac{1}{2}(t-r) & \frac{1}{2}(s-u) \end{bmatrix}}$$

3. 矩阵对策为：

$$\begin{matrix} \alpha_1 \\ \alpha_2 \end{matrix} \overset{\begin{matrix} \beta_1 & \beta_2 \end{matrix}}{\begin{bmatrix} 1 & \frac{1}{2} \\ \frac{1}{2} & \frac{3}{4} \end{bmatrix}}$$

$\alpha_1$——甲方用两个师各攻一条公路；$\alpha_2$——甲方用两个师同攻一条公路；

$\beta_1$——乙方用三个师防守一条公路；$\beta_2$——乙方用两个师防守一条，用一个师防守另一条。

4. 选择第二方案。

5. 甲公司的最优策略＝在东、南两区或东、西两区各建一个冰场,甲公司的市场份额＝70%;乙公司的最优策略＝在东区建一个冰场,乙公司的市场份额＝30%。

6. 使用对抗武器的策略为:以 38% 使用 $\alpha_1$ 武器,以 62% 使用 $\alpha_3$ 武器,至少击毁敌方武器的 62.4%。

7. 使杀伤能力最大的配方为:杀虫剂 $\alpha_1$、$\alpha_2$、$\alpha_3$、$\alpha_4$ 分别以 26%、39%、16%、19% 配制,每个单位杀虫剂至少杀伤 83 万 4 千只害虫。

8. 最优混合策略为(0,1,0),即公司购买第二家厂商的元件。

9. ① Ⅱ应采用的策略＝ $\beta_2$ ;

② Ⅰ应采用何策略＝ $\alpha_2$ 或 $\alpha_3$ ;

③ $x^0$ 不是局中人Ⅰ的最优策略, $y^0$ 是局中人Ⅱ的最优策略,那局中人Ⅰ最优策略 $x^* = (0, \frac{2}{7}, \frac{5}{7})$, $V_G = \frac{11}{7}$ 。

10. 略。

# 参考文献

[1] 运筹学教材编写组.运筹学[M].(修订版).北京:清华大学出版社,1990.

[2] 牛映武,等.运筹学[M].2版.西安:西安交通大学出版社,2011.

[3] 中国运筹学会.中国运筹学发展研究报告[J].运筹学学报,2012(9):1—48.

[4] 吴祈宗.运筹学〔M〕.北京:北京理工大学出版社,2011.

[5] 王春华,陈海杰.运筹学[M].2版.北京:中国铁道出版社,2010.

[6] 运筹学教材编写组.运筹学[M].3版.北京:清华大学出版社,2005.

[7] 蒋绍忠.管理运筹学教程[M].杭州:浙江大学出版社,2005.

[8] J.J.Moders,S.E.Elmaghraby.运筹学手册[M].上海:上海科学技术出版社,1987.

[9] H.P.Williams.数学规划模型建立与计算机应用[M].北京:国防工业出版社,1991.

[10] 胡运权,等.运筹学基础及应用[M].4版.北京:高等教育出版社,2004.

[11] 张建中,许绍吉.线性规划[M].北京:科学出版社,1990.

[12] Williams H.P. Model Building in Mathematical Programming[M]. Fourhe ed. Wiley, 1999.

[13] Frederick S. Hillier,等.运筹学导论[M].9版.北京:清华大学出版社,2010.

[14] 裘宗沪.解线性规划的单纯形算法中避免循环的几种方法[J].数学的实践与认识,1978.

[15] Cliff Ragsdale. Spreadsheet Modeling and Decision Analysis:A Practical Introduction to Management Science[J]. 6th ed. ,Virginia Polytechnic Indtitute and State University College Bookstore ,2011.

[16] 何坚勇,等.运筹学基础[M].北京:清华大学出版社,2000.

[17] 牛映武,等.运筹学[M].西安:西安交通大学出版社,1994.

[18] 宋荣兴,等.运筹学[M].北京:经济科学出版社,2011.

[19] 希利尔,利伯曼.运筹学导论[M].胡运权,译.北京:清华大学出版社,2007.

[20] 张伯生,等.运筹学[M].北京:科学出版社,2008.

[21] 郭鹏,曹朝喜.关于运输问题最优解的进一步讨论[J].数学的实践与认识,2006(05):140—146.

[22] 郭鹏,曹朝喜.再论运输问题的多重最优解[J].工业工程与管理,2006(01):41—45.

[23] 钱颂迪,等.运筹学[M].北京:清华出版社,2012.

[24] 胡运权,郭耀煌.运筹学教程[M].北京:清华大学出版社,2007.

[25] Hamdy A. Taha.运筹学导论[M].薛毅,刘德刚,朱建明,侯思祥,译.北京:人民邮电出版社,2008.

[26] Sntedovich, M. Dynamic programming[M]. New York:Marcel Dekker,1991.

[27] Denardo,E. Dynamic programming theory and applications[M]. New York:Prentice Hall,1982.

[28] 刘鹏鹏,左洪福,苏艳,孙见忠. 基于图论模型的故障诊断方法研究进展综述[J]. 中国机械工程,2013(05).

[29] 徐俊明. 图论及其应用[M]. 3 版. 北京:中国科学技术大学出版社,2010.

[30] 张先迪,李正良. 图论及其应用[M]. 北京:高等教育出版社,2005.

[31] 王树禾. 图论[M]. 2 版. 北京:科学出版社,2009.

[32] (美)Douglas B. West. 图论导引[M]. 2 版. 李建中,骆吉洲,译. 北京:机械工业出版社,2006.

[33] 程钊. 图论中若干重要定理的历史注记[J]. 数学的实践与认识,2013(01).

[34] Kleinrock, L. ,Queueing Systems[M]. Vol. 1:Theory,1975;Vol. 2:Computer Applications. Wiley—Interscience,1976.

[35] Gross, Donald,Carl M. Harris. Fundamentals of Queueing Theory[M]. Wiley, 1998.

[36] 徐光辉. 随机服务系统[M]. 北京:科学出版社, 1980.

[37] 张和国. 运用排队论解决实际生产问题一例[J]. 系统工程理论与实践,1983(03).

[38] 侯玉梅,刘倩,孙华宝,刘连伟,谷晓燕. 成批到达的有特殊服务时间的多重休假排队系统分析[J]. 运筹与管理,2006(04).

[39] 郭耀煌,钟小鹏. 动态车辆路径问题排队模型分析[J]. 管理科学学报,2006(01).

[40] 严颖,程世学,程侃. 运筹学随机模型[M]. 北京:中国人民大学出版社,1995.

[41] 赵启兰. 生产计划与供应链中的库存管理[M]. 北京:电子工业出版社,2003.

[42] 侯玉梅. 简单生产——库存系统的优化控制[J]. 系统工程理论与实践,2003(04).

[43] 禹海波. 具有不确定性产出库存系统的随机比较[J]. 系统工程理论与实践,2005(07).

[44] 董云庭,王智勇. 多品种随机库存控制联合补充问题的实用策略[J]. 管理工程学报,1995(03).

[45] 党耀国,李帮义,朱建军等. 运筹学[M],北京:科学出版社,2009.

[46] 王宗军. 综合评价的方法、问题及其研究趋势[J].管理科学学报,1998,(1):73—79.

[47] 郭鹏,郑唯唯. AHP 应用的一些改进[J]. 系统工程,1995(01):28—31.

[48] 梁燕华,郭鹏,朱煜明. 基于区间数的多时点多属性灰靶决策模型[J]. 控制与决策,2012(10):1527—1530.

[49] 郭鹏,梁燕华,朱煜明. 基于组合权法的棕地再开发多层次灰色评价[J]. 运筹与管理,2010(05):129—134.

[50] Owen G. Game Theory[M]. Salt Lake City:Academic Press,1982.

[51] Osborne, M, A. Rubinstein . A Course in Game Theory[M]. Cambridge and London:The MIT Press,1994.

[52] 奥斯本,鲁宾斯坦. 博弈论教程[M]. 魏玉根,译. 北京:中国社会科学出版社,2000.

[53] 张嗣瀛. 微分对策[M]. 北京:科学出版社, 1987.

[54] Hu J S,Jin Y,Da Q L. Matrix games with fuzzy payoff and its solution[J]. Journal of Industrial Engineering ,1998.

[55] 姚洪兴,徐峰. 双寡头有限理性广告竞争博弈模型的复杂性分析[J]. 系统工程理论与实践,2005(12).

[56] 郭鹏,杨娅芳,曹朝喜. 基于合作博弈论的纵向一体化战略决策模型研究[J]. 工业工程,2007(01):91—94.

**图书在版编目(CIP)数据**

运筹学/郭鹏主编. —西安:西安交通大学出版社,
2013.12(2025.7 重印)
ISBN 978 - 7 - 5605 - 5787 - 8

Ⅰ.①运…  Ⅱ.①郭…  Ⅲ.①运筹学  Ⅳ.①022

中国版本图书馆 CIP 数据核字(2013)第 260600 号

| | | |
|---|---|---|
| 书　　名 | 运筹学 | |
| 主　　编 | 郭　鹏 | |
| 责任编辑 | 王建洪 | |

| | | |
|---|---|---|
| 出版发行 | 西安交通大学出版社 | |
| | (西安市兴庆南路 1 号　邮政编码 710048) | |
| 网　　址 | http://www.xjtupress.com | |
| 电　　话 | (029)82668357　82667874(发行中心) | |
| | (029)82668315(总编办) | |
| 传　　真 | (029)82668280 | |
| 印　　刷 | 陕西奇彩印务有限责任公司 | |

| | | | |
|---|---|---|---|
| 开　　本 | 787mm×1092mm　1/16 | 印张 19.625 | 字数 471 千字 |
| 版次印次 | 2013 年 12 月第 1 版　2025 年 7 月第 7 次印刷 | | |
| 书　　号 | ISBN 978 - 7 - 5605 - 5787 - 8 | | |
| 定　　价 | 36.80 元 | | |

读者购书、书店添货、如发现印装质量问题,请与本社发行中心联系、调换。
订购热线:(029)82665248　(029)82665249
投稿热线:(029)82668133
读者信箱:xj_rwjg@126.com